高等学校经济与工商管理系列教材

西方经济学
（第2版）

主　编　穆红莉
参　编　牛晓耕　李　晨　李新娥

清华大学出版社
北京交通大学出版社
·北京·

内 容 简 介

本书共12章。第1章导论是对西方经济学的概括与介绍，第2～7章为微观经济学部分，第8～12章为宏观经济学部分。

本书侧重经济学理论与经济管理实践的结合与应用，在叙述方式上进行了一些实用性的创新：各章前都安排了"学习导图"以帮助学生掌握本章的知识框架；"经济问题"引出本章的重点内容，在每章后对经济问题进行分析；"实践训练"注重培养学生运用所学经济学知识解决实际问题的能力。

本书适合作为财经类、管理类专业本科生、成人教育学生学习西方经济学的教材。

本书封面贴有清华大学出版社防伪标签，无标签者不得销售。
版权所有，侵权必究。侵权举报电话：010-62782989　13501256678　13801310933

图书在版编目（CIP）数据

西方经济学／穆红莉主编．—2版．—北京：北京交通大学出版社：清华大学出版社，2021.3
高等学校经济与工商管理系列教材
ISBN 978-7-5121-4389-0

Ⅰ.①西…　Ⅱ.①穆…　Ⅲ.①西方经济学－高等学校－教材　Ⅳ.①F091.3

中国版本图书馆CIP数据核字（2021）第030367号

西方经济学
XIFANG JINGJIXUE

责任编辑：黎　丹
出版发行：清 华 大 学 出 版 社　邮编：100084　电话：010-62776969　http://www.tup.com.cn
　　　　　北京交通大学出版社　邮编：100044　电话：010-51686414　http://www.bjtup.com.cn
印　刷　者：北京鑫海金澳胶印有限公司
经　　销：全国新华书店
开　　本：185 mm×260 mm　印张：19.25　字数：518千字
版 印 次：2010年10月第1版　2021年3月第2版　2021年3月第1次印刷
印　　数：1～3 000册　定价：49.00元

本书如有质量问题，请向北京交通大学出版社质监组反映。对您的意见和批评，我们表示欢迎和感谢。
投诉电话：010-51686043，51686008；传真：010-62225406；E-mail：press@bjtu.edu.cn。

前言

本书是为适应我国经济发展，培养高质量的应用型经济管理人才而编写的西方经济学教材。本次修订延续了以应用为目的、突出实践性的宗旨。在本书中，对经济学理论的探讨力求精炼，图形分析、模型分析以必需、够用为度，将重点放在阐释如何运用经济学基本理论分析、解决现实经济问题。

本书力求体现以下特色。

（1）创设以问题为导向的教学情境。本书的每章都设置了经济问题、章前导读和经济问题分析栏目，改变了以往教材的先讲解理论再引申出问题和思考的惯例，按照先提出问题，进而讲解理论，最后根据理论提出对策的顺序展开。这样设置的意图是为学生创设以问题为导向的教学情境，激发学生的自主探究意识。

（2）注重实训。应用型人才的培养更加强调理论与实践的结合，更加重视理论与实践的贯通环节。本书在每章后都设置了实践训练环节，要求学生运用本章的知识，以团队合作方式，解决相关实际问题。这个环节的目的是培养学生理论联系实际，分析解决问题及实现职业可持续发展的能力。

（3）强调知识体系。本书注重帮助学生构建知识体系，引导学生把握知识脉络。在各章开始都设置了学习导图栏目，以帮助学生掌握本章的知识框架和各个知识点之间的内在逻辑关系。本书在微观经济学部分和宏观经济学部分两大框架结构下，梳理知识内在的逻辑关系，将微观部分的内容整合为供求与价格、消费者行为、生产者行为、市场理论、要素市场定价理论、微观经济政策六大板块；将宏观部分的内容整合为国民收入核算、国民收入决定、宏观经济政策实践、失业与通货膨胀、经济周期与经济增长五大板块。

本书由穆红莉担任主编。穆红莉负责全书的整体设计和改稿、统稿，并编写了第1、2、4、7、12章；牛晓耕编写了第8、9、10、11章；李晨编写了第3、6章；李晨、李新娥合作编写了第5章；穆红莉和李新娥承担了资料收集整理和书稿校对工作。

本书配有教学课件和相关的教学资源，有需要的读者可以发邮件至 cbsld@jg.bjtu.edu.cn 索取。

本书得到了"北京联合大学规划教材建设项目"的资助。在编写过程中，参阅了参考文献中提到的教材和著作，在此表示感谢。

限于编写人员的知识水平和教学经验，不足和错误之处再所难免，敬请同行和读者批评指正。

作　者
2020 年 11 月

目 录

第1章 导论 ... 1
- 1.1 经济学的研究对象 ... 2
- 1.2 经济学的发展脉络 ... 5
- 1.3 经济学的主要研究内容 ... 6
- 1.4 经济学的研究工具 ... 10
- 本章小结 ... 13
- 练习题 ... 13
- 实践训练 ... 14

第2章 需求、供给和商品价格 ... 16
- 2.1 需求 ... 17
- 2.2 供给 ... 21
- 2.3 需求弹性和供给弹性 ... 24
- 2.4 均衡价格 ... 33
- 本章小结 ... 36
- 练习题 ... 37
- 实践训练 ... 39

第3章 消费者行为 ... 42
- 3.1 效用理论 ... 43
- 3.2 边际效用分析与消费者均衡 ... 44
- 3.3 无差异曲线分析与消费者均衡 ... 52
- 本章小结 ... 66
- 练习题 ... 67
- 实践训练 ... 69

第4章 生产者行为 ... 71
- 4.1 生产理论 ... 72
- 4.2 成本理论 ... 85
- 4.3 收益与利润最大化 ... 93
- 本章小结 ... 96
- 练习题 ... 96
- 实践训练 ... 99

I

第 5 章　市场理论 …… 101
5.1　完全竞争市场 …… 102
5.2　完全垄断市场 …… 109
5.3　垄断竞争市场 …… 115
5.4　寡头垄断市场 …… 118
本章小结 …… 123
练习题 …… 123
实践训练 …… 125

第 6 章　要素市场定价理论 …… 127
6.1　生产要素定价原理 …… 128
6.2　工资理论 …… 131
6.3　利息理论 …… 135
6.4　地租理论 …… 138
6.5　利润理论 …… 140
6.6　收入分配平等程度的衡量 …… 141
本章小结 …… 146
练习题 …… 147
实践训练 …… 149

第 7 章　微观经济政策 …… 151
7.1　公共物品 …… 152
7.2　外部影响 …… 155
7.3　垄断 …… 157
7.4　信息不对称 …… 158
本章小结 …… 161
练习题 …… 161
实践训练 …… 162

第 8 章　国民收入核算 …… 164
8.1　宏观经济学的特点 …… 165
8.2　国内生产总值 …… 167
8.3　核算 GDP 的方法 …… 173
8.4　国民收入核算中的其他指标 …… 175
8.5　国民收入核算中的恒等关系 …… 177
本章小结 …… 178
练习题 …… 178
实践训练 …… 181

第 9 章　国民收入决定 …… 184
9.1　均衡国民收入 …… 185
9.2　简单的国民收入决定 …… 194
9.3　IS – LM 模型 …… 206

9.4　AD-AS 模型 ·· 222
　　本章小结 ·· 230
　　练习题 ·· 231
　　实践训练 ·· 234

第 10 章　经济周期与经济增长 ··· 237
10.1　经济周期 ·· 238
10.2　经济增长 ·· 243
　　本章小结 ·· 253
　　练习题 ·· 254
　　实践训练 ·· 256

第 11 章　失业与通货膨胀 ··· 258
11.1　失业 ·· 259
11.2　通货膨胀 ·· 264
11.3　失业与通货膨胀的关系 ··· 276
　　本章小结 ·· 278
　　练习题 ·· 279
　　实践训练 ·· 282

第 12 章　宏观经济政策实践 ··· 284
12.1　宏观经济政策概况 ··· 285
12.2　财政政策 ·· 286
12.3　货币政策 ·· 290
12.4　财政政策与货币政策的配合使用 ··· 294
　　本章小结 ·· 296
　　练习题 ·· 296
　　实践训练 ·· 297

参考文献 ·· 299

III

第 1 章 导 论

 学习导图

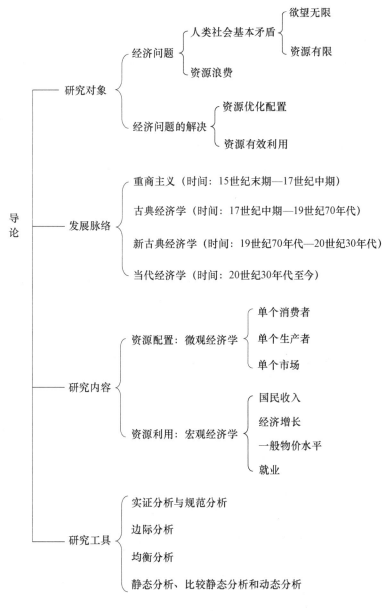

经济问题　　　　　　　社会的两难：要大炮还是要黄油

在第二次世界大战期间希特勒曾提出过一个口号："宁要大炮，不要黄油。"经济学家将其概括为"大炮与黄油"的问题。大炮代表军用品，黄油代表民用品。要大炮还是要黄油，实际上是政府在军用品与民用品上的选择问题。

对于一个国家来说，多生产民用品有利于提高国民生活水平，多生产军用品有利于加强国防。任何一个国家都希望军用品与民用品越多越好，这是欲望的无限性。但任何一个国家用于生产军用品与民用品的资源却都是有限的，这是所有国家都必须面对的资源稀缺性问题。在资源既定的情况下，多生产一单位"大炮"，就要少生产若干单位"黄油"。"大炮与黄油"的问题概括了经济学最基本的问题。

思考题：政府如何解决"大炮与黄油的问题"？

章 前 导 读

人的欲望要用各种物质产品或劳务来满足，物质产品或劳务要用各种资源来生产，但资源是有限的。这就是经济学中的"稀缺性"。这里的"稀缺"不是指资源绝对量的多少，而是指相对于人类的欲望而言，再多的资源也是稀缺的。稀缺性决定了每个社会和个人必须做出选择。选择就是用有限的资源去满足何种欲望的决策。选择要决定用既定的资源生产什么、如何生产和如何分配这三个基本问题。本章首先介绍经济学的研究对象，再简单梳理经济学的发展脉络，最后说明经济学的内容和研究手段。

1.1　经济学的研究对象

学习一门学科，首先必须要了解它的研究对象。

在人类社会的发展过程中，资源稀缺始终存在。从人类历史的纵向发展来看，资源稀缺存在于从原始社会到现代社会的所有时期。从现实社会来看，从发达国家到不发达国家，无一例外地存在资源稀缺。经济学对人类社会的研究起源于人的欲望的无限性和资源的稀缺性之间的矛盾。

1.1.1　经济问题的提出：欲望无限和资源稀缺的矛盾

1. 人类欲望的无限

人类要生存和发展，就需要消费物质产品，人类对物质产品的需求是无限的。美国心理学家马斯洛用需要层次理论说明人的欲望是不断从低向高递进的。我国清代诗人胡澹庵用《不知足》一诗描绘了人的欲望无限。

```
              不　知　足

        终日奔波只为饥，方才一饱便思衣。
        衣食两般皆俱足，又想娇容美貌妻。
        娶得美妻生下子，恨无田地少根基。
```

> 买得田园多广阔，出入无船少马骑。
> 槽头拴了骡和马，叹无官职被人欺。
> 县丞主簿还嫌小，又要朝中挂紫衣。
> 做了皇帝还嫌小，更想登天跨鹤飞。
> 若要世人心里足，除是南柯一梦西！
>
> ◇ **思考**："不知足"在人们生活中是一种普遍现象吗？

根据马斯洛的需要层次理论，人的欲望分为五个层次。

（1）基本的生理需要。指对衣食住行等基本生存条件的需要，这是人的最低层次的需求。

（2）安全的需要。人们希望生活有保障，如医疗保障、免于失业等。

（3）社会的需要。人们需要有归属感和人与人之间的信任依赖。

（4）尊重的需要。人们需要保持自尊心和得到他人尊重。

（5）自我实现的需要。指人们实现理想和抱负的欲望。这是人的最高层次的需求。

马斯洛认为，人的低层次的欲望得到满足后，又会产生高层次的欲望。人的欲望就这样逐层递进，永无止境。

2. 资源的稀缺性

资源是指用来生产满足人类需要的产品或劳务的一切要素。资源的稀缺性，是指相对人类社会的无限的需求而言资源总是不足的。需要说明的是，这里所指的稀缺，不是说资源数量的多少，而是指相对于人类社会对于物质产品需求的无限性而言，资源总是不够的。世界上没有任何一个国家在任何一个时期能够摆脱资源稀缺的困扰，无论是穷国还是富国。

按照使用资源时是否付费可以将资源分为经济资源和自由取用资源。经济资源是稀缺资源，使用经济资源必须支付费用。使用自由取用资源不需要支付费用。空气就是自由取用资源。随着人类经济活动的发展，自由取用资源的种类越来越少。例如，水、木柴曾经是自由取用资源，如今都已成为经济资源。

经济资源也可以称为生产要素。生产人类所需要的产品和劳务必须投入生产要素。西方经济学理论中生产要素被分为四种类型：土地、劳动、资本和企业家才能。土地是大自然提供的一切自然资源的总称，包括土地自身、空气、阳光、水、河流、海洋，还包括附着于土地的矿藏、森林等一切自然形成的资源。劳动也可以称为人力资源，包括一般劳动者和受过专业技能培训的劳动者。劳动是人们体力和脑力的运用与开发。资本是由劳动和土地生产出来，再用于生产过程的生产要素。经济学中的资本是指机器、厂房、道路和存货等。现代经济活动中的股票、债券在经济学中不被认为是资本。企业家才能是企业家管理和经营企业的能力，包括组织、经营、管理、创新等活动。四种生产要素中土地和劳动是初级生产要素；资本是由初级生产要素生产出来的，又将作为生产要素进入新的生产过程；企业家才能是将其他生产要素组织起来以发挥作用的一种生产要素。

1.1.2 经济问题的解决：资源配置与资源利用

相对于人类社会的需求而言，资源是稀缺的。人类社会必须进行选择，将资源配置到各种可能的用途中去。资源配置是经济学所要研究的基本问题之一。既然资源是稀缺的，人类社会就应该充分利用现有的资源生产更多的物品,然而稀缺的资源不能得到充分利用的现象却经常出现。资源利用就成为经济学所要研究的另一个基本问题。

1. 资源配置

资源配置是人类社会对如何利用既定资源生产产品和劳务所做出的选择。资源配置问题所引发的选择包括以下几个。

(1) 生产什么(what)。即在既定资源下生产产品的选择。由于同样的资源可以生产不同的产品,选择了生产这一种产品,就不能生产另一种产品,人类必须为资源的用途做出选择。在市场经济下,价格是指示和调节资源配置的最重要信号。

(2) 怎样生产(how)。即既定的产品用什么样的生产方式来进行生产。生产既定的产品可以选择不同的生产方式,如果多用劳动、少用资本,就是劳动密集型生产;如果多用资本、少用劳动,就是资本密集型生产。在经济活动中,人们可以根据本地资源情况,选择生产方式。例如,同样是生产小麦,我国北方农村通常是每个农户耕作10～20亩耕地,密集地投入化肥、劳动等生产要素来生产,大型机械主要运用于耕翻土地、收获和运输等生产环节。北美、澳大利亚家庭农场则通常耕作上万亩耕地,采用高度机械化生产方式,单位面积耕地上劳动投入则比较少。

(3) 为谁生产(who)。即生产出来的产品在社会成员之间如何分配的选择。由于资源有限,社会产品不可能满足全体社会成员的愿望。社会产品将以何种方式进行分配?什么人能够参与分配?分配的原则是强调公平还是强调效率?这一系列问题直接关系到人们参与生产活动的积极性。经济学就是要回答这一系列问题,从而揭示市场经济发展的动力源泉。

资源稀缺现象存在于人类社会的各个时期,所以,由资源稀缺所引发的"生产什么""如何生产""为谁生产"是人类社会发展所必须解决的问题。这三个问题归结起来就是资源配置。经济学就是为了解决资源稀缺性而产生的,经济学的研究对象就是由资源稀缺而引出的资源配置问题。新古典经济学家马歇尔给经济学下的定义即"经济学是研究在既定资源稀缺程度下,稀缺资源的最优配置问题的学问"。

2. 资源利用

除了资源稀缺这个人类社会的永恒的问题之外,人类社会往往还面临着稀缺的资源得不到充分利用的矛盾。所谓资源利用,就是人类社会如何采取有效的方法,更好地利用现有的资源,生产出更多的产品和劳务。由资源利用引出了以下三个相关的问题。

(1) 如何实现充分就业。资源是否得到充分利用,如何做到不发生资源闲置的情况,实现资源充分利用。这些都是充分就业问题所研究的内容。充分就业问题中所指的资源不是仅指劳动,而是包括一切生产要素。

(2) 如何实现价格稳定。现代社会是以货币为媒介进行商品交换的商品社会。货币的购买力如果发生了变化,就会影响资源的配置与利用。为了保持经济持续、稳定增长,实现价格稳定是经济学研究的重要领域。

(3) 如何实现经济增长。一个国家所拥有的资源在短期内没有大的变化,但国家的产出却会时高时低,这说明在经济增长的过程中会发生经济波动。经济学要研究如何在促进经济增长的同时避免或减缓经济的周期性波动。

从上面的分析中可以看出,资源稀缺不仅给国家带来了资源配置问题,而且也引发了资源利用问题。经济学的研究对象既包括资源配置也包括资源利用。

1.2 经济学的发展脉络

"经济"这个概念大约出现在三千多年前。公元前 4 世纪的希腊学者色诺芬使用"经济"一词作为其论述家庭管理一书的名称。我国古汉语中"经济"具有"经邦济世,经国济民"的含义。虽然古代的许多思想家研究了经济问题,但经济学本身并没有成为一门独立的学科,当时对经济问题的研究附属于哲学、政治学、伦理学等学科。作为一门独立学科的经济学是和资本主义生产方式相伴随产生并逐渐发展起来的。经济学产生至今,先后经历了重商主义、古典经济学、新古典经济学和当代经济学四个重要的发展阶段。

1.2.1 经济学的萌芽阶段:重商主义

重商主义产生于 15 世纪末期,到 17 世纪中期结束。当时资本主义生产方式已经开始在一些国家形成。重商主义的代表人物有英国经济学家约翰·海尔斯、威廉·斯塔福德及法国经济学家安·德·蒙克莱田等人。蒙克莱田在 1615 年发表了《献给皇上和皇太后的政治经济学》一书,书中表明政治经济学是对整个社会经济问题的研究。

重商主义主要反映新兴资产阶级的观点,代表新兴资产阶级的利益。主要观点是:财富来源于流通领域,重视流通、轻视生产;财富的存在形态只是金银货币,除了金银的开采,只有发展贸易才能增进财富,对外贸易的顺差是增加一国财富的主要方法。要保证外贸顺差必须实行国家干预。

重商主义的观点是和资本原始积累时期资本主义经济发展的要求相适应的。但重商主义对经济问题的研究仅限于流通领域,没有深入到生产领域。重商主义的代表人物提出了一些政策主张,但没有形成系统的理论体系。重商主义只能是经济学的萌芽阶段。

1.2.2 经济学的形成阶段:古典经济学

古典经济学产生于 17 世纪中期,到 19 世纪 70 年代结束。古典经济学的主要代表人物有英国的经济学家亚当·斯密、大卫·李嘉图、威廉·配第及法国的经济学家让·巴蒂斯特·萨伊等人。亚当·斯密在 1776 年发表了《国民财富的性质和原因的研究》(简称《国富论》)。《国富论》的发表被视作经济学史上的第一次革命,即古典经济学取代重商主义,建立了以自由放任为中心的经济学体系。

古典经济学研究的中心是国民财富如何增长。他们认为增加国民财富的主要途径是通过资本积累和分工来发展生产。亚当·斯密从利己的经济人这一假设出发,分析了自由竞争的市场机制,认为市场机制是一只支配市场经济活动的"看不见的手",由市场机制调节经济运行是一种正常的状态。亚当·斯密反对国家干预经济活动,主张国家对经济发展应采取自由放任的政策主张。

> 亚当·斯密在《国富论》的扉页上写道:"献给女王陛下的一本书!"他说:女王陛下,请您不要干预国家经济,回家去吧!国家做什么呢?就做一个守夜人,当夜晚来临的时候就去敲钟。入夜了,看看有没有偷盗行为,这就是国家的任务。

> "每人都在力图应用他的资本，来使其生产品能得到最大的价值。一般地说，他并不企图增进公共福利，也不知道他所增进的公共福利为多少。他所追求的仅仅是他个人的安乐。在这样做时，有一只看不见的手引导他去促进一种目标，而这种目标绝不是他所追求的东西。由于追逐他自己的利益，他经常促进了社会利益，其效果要比他真正想促进社会利益时所得到的效果更大。"
>
> ◇ 思考：如果国家的职责是充当守夜人，那么依靠什么来引导经济运行呢？

1.2.3 微观经济学的形成阶段：新古典经济学

新古典经济学产生于19世纪70年代，到20世纪30年代结束。新古典经济学的主要代表人物是英国剑桥学派经济学家阿弗里德·马歇尔。马歇尔在1890年出版的《经济学原理》一书中以折中主义的手法将供求理论、边际效用理论和边际生产力理论等融合在一起，建立了一个以"均衡价格理论为核心"的精巧中允的经济学体系。

新古典经济学主张主观价值理论，从需求的角度出发，认为边际效用决定价值，明确地把资源配置作为经济学的研究中心，论述了价格机制的作用。和古典经济学不同，新古典经济学不仅重视对生产的研究，也重视对消费和需求的研究。对消费者需求的分析和对生产者供给的分析相结合，构成了微观经济学的体系框架。

1.2.4 宏观经济学的形成阶段：当代经济学

当代经济学一般指1929—1933年的经济危机后产生，并且此后在主要的市场经济国家成为主流经济学的经济学说。当代经济学以凯恩斯主义的出现为标志。当代经济学的中心是宏观经济学的形成与发展。

20世纪30年代爆发了一场空前严重的世界经济危机，这次危机使新古典经济学的市场机制自我调节完善性的神话被打破。英国经济学家约翰·梅纳德·凯恩斯于1936年出版了《就业、利息与货币通论》一书。该书提出了有效需求决定就业量的理论。凯恩斯认为，有效需求包括消费需求和投资需求，国家之所以会出现失业和经济萧条，是由于有效需求不足。凯恩斯提出可以通过国家采用宏观经济政策，刺激有效需求，解决失业和经济萧条问题。

1.3 经济学的主要研究内容

西方经济学根据研究的领域、对象和角度不同分为微观经济学和宏观经济学。

1.3.1 资源配置：微观经济学

"微观"一词来源于拉丁语，是"小"的意思。微观经济学（microeconomics）以单个的消费者、企业和市场为研究对象，研究价格机制如何解决社会的资源配置问题，实现个体利益最大化。例如，单个消费者如何将有限的收入分配在各种商品的消费上，实现满足程度最大；单个的生产者如何把有限的资金分配在各种要素的购买上，实现利润最大。

1. 微观经济学的基本内容

微观经济学的基本内容主要包括5个方面。

（1）均衡价格理论。均衡价格理论主要研究商品的价格是如何形成的；价格如何引导消费者的需求及生产者的供给；价格如何调节资源的配置。

（2）消费者行为理论。消费者行为理论研究消费者如何把有限的收入分配到各种各样的用途中，实现自身满足程度最大化。西方经济学对消费者行为的研究主要有基数效用论和序数效用论。

（3）生产者行为理论。生产者行为理论研究生产者如何把有限的资源分配于各种商品的生产上，实现利润最大化。生产者行为理论从三个方面入手研究生产者利润最大化的实现。其中，生产理论的研究对象是生产要素与产量之间的关系，研究要素的合理投入、最优组合及最优生产规模问题；成本理论的研究对象是成本与产量之间的关系，研究短期成本、长期成本的构成及变化趋势问题；市场理论的研究对象是不同商品的市场结构，研究不同商品的市场中生产者的短期均衡与长期均衡问题。

（4）分配理论。分配理论主要研究要素（劳动、资本、土地和企业家才能）价格的决定。

（5）微观经济政策。微观经济政策研究政府有关管理价格、调节消费与生产，以及实现社会收入分配平等化的政策。

2. 微观经济学的基本假设

（1）"经济人"的假设。每一个从事经济活动的人都是利己的，都力图以最小的代价去获取最大的经济利益。微观经济学理论认为，只有这样的人才是"合乎理性的人"。"经济人"的假设是微观经济分析的基本假设。

（2）市场出清假设。市场出清是指市场上供应量等于需求量、产品既无短缺也无剩余的一种状态。市场机制的作用可以自发实现市场出清。价格的调节使产品市场实现均衡；利率的调节使货币市场实现均衡；工资的调节使劳动市场实现均衡。在理想化的状态下，通过市场机制的作用，资源得到充分利用，不存在闲置或浪费问题。

（3）完全信息假设。市场上的每一个生产者与消费者都掌握与自己的经济决策有关的一切信息。例如，消费者了解所消费的每一种商品的性能、价格及消费数量与自己获得的满足程度之间的关系，从而制定最优的消费决策；生产者了解生产要素价格和产品价格的变化，了解自己产品的生产函数，从而制定最优的生产决策。

3. 微观经济学的主要特点

（1）以解决资源配置问题为目的。资源配置是一切经济社会必须面对的问题。解决资源配置问题就是研究如何使资源配置达到最优。微观经济学从实现个体行为最优化入手研究资源配置问题。

（2）以单个的经济主体为研究对象。微观经济学的研究对象是个体经济单位。个体经济单位指单个消费者、单个生产者和单个市场等。例如，消费者行为理论主要研究单个的消费者在收入和商品价格既定的情况下如何实现消费行为最优；生产者行为理论主要研究单个的生产者如何做出实现利润最大化的生产决策。

（3）以均衡状态为研究基础。微观经济学中多次出现"均衡"一词，经济学中的均衡是指经济个体在现有条件下已经实现了最优的一种状态。如果条件不变，经济个体就会保持已做出的决策，不进行改变。当外界条件发生改变，原有的均衡会被打破，经济个体就会调整决策，追求新的均衡。

（4）以价格理论为中心理论。微观经济学的中心理论是价格理论。在经济活动中，消费者和生产者的行为受价格的支配。消费者消费什么，生产者生产什么、如何生产都由价格决定。价格就像一只看不见的手，调节着整个社会的经济活动，实现社会资源的最优配置。

（5）以边际分析法为主要研究工具。微观经济分析中，经常使用边际分析来决定均衡状态。边际分析研究最后一单位自变量的变动会如何影响因变量的量值。边际分析主要用于分析变动趋势。使用边际分析作为研究工具，产生了一系列重要的边际概念和边际法则。

1.3.2 资源利用：宏观经济学

宏观经济学以国家经济运行中的宏观经济问题为研究对象，如国民收入、就业、总产量、经济增长、一般物价水平的变化等问题，探讨如何实现全社会总体资源的充分利用。

1. 宏观经济学的基本内容

（1）国民收入决定理论。国民收入是反映国民经济活动的最重要的综合指标。国民收入决定理论就是从总需求和总供给的角度出发，分析国民收入变化的规律及影响其变化的因素。国民收入决定理论是宏观经济学的核心内容。

（2）失业与通货膨胀。失业与通货膨胀是制约国家经济增长的主要问题。宏观经济学分析了出现失业与通货膨胀问题的主要原因，并分析了二者之间的内在关系，以便提出解决这两个问题的途径。

（3）经济增长与经济周期理论。经济周期指一国总体经济活动的波动，经济增长指国民收入的长期增长趋势。宏观经济学要分析国家总体经济活动波动的原因和长期增长的源泉等问题，以实现经济长期稳定的发展。

（4）宏观经济政策。宏观经济政策包括政策要达到的目标、实施政策运用的手段和政策效果等内容。宏观经济政策目标是一个综合性的目标体系。宏观经济政策目标的实现必须依靠各种手段的配合使用。

（5）开放经济理论。现实的经济都是开放的经济。开放经济理论主要分析国家之间的经济活动对国民收入的影响及在开放经济的条件下如何对国家的经济进行调节。

2. 宏观经济学的基本假设

宏观经济学产生的背景是 20 世纪 30 年代的世界经济危机，在这次经济危机中，市场机制对经济的自发调节作用显露出不足之处，宏观经济学就此产生。宏观经济学的内容基于以下假设。

（1）市场机制是不完善的。市场经济的基本特征是经济决策高度分散。市场经济中的各个经济主体在市场机制的引导下，为了实现自身利益最大化而合理配置资源。但在 20 世纪 30 年代的世界经济危机中，经济学家发现，仅靠市场机制的自发调节，不能保证实现充分就业和经济平稳发展。

（2）实现经济平稳发展需要政府的调控。亚当·斯密在《国富论》中对政府职能的界定是充当"守夜人"，即保障国家的安全稳定。但在 20 世纪 30 年代，为了摆脱世界经济危机，实现经济平稳发展，市场经济国家的政府开始对本国经济进行调控。事实证明，政府在观察、研究和认识经济运行规律的基础上，能够采取合理的手段调节经济运行。宏观经济学是建立在政府有必要和能够调控宏观经济运行这个出发点上的。

3. 宏观经济学的主要特点

（1）以解决资源利用问题为目的。资源利用是指人类如何利用现有的稀缺资源，使之生产出更多的物品与劳务。宏观经济学研究现有资源没有被充分利用的原因及达到充分利用的途径。

（2）以社会总体的经济行为为研究对象。宏观经济学从总体上分析经济问题，把整个国民经济作为一个整体，对社会的产量、价格水平、就业水平和收入水平进行分析，通过研究失业、通货膨胀、经济周期和经济增长等各种经济现象的原因及关系，为政府宏观经济政策的制定提供理论指导。

（3）以国民收入决定理论为中心理论。宏观经济学的核心问题是研究什么因素决定了一国的国民收入水平。国民收入决定理论被称为宏观经济学的中心理论。宏观经济政策是国民收入决定理论在经济实践中的运用。

（4）以总量分析法为主要研究工具。总量是能反映整个经济运行情况的经济变量。它是由个量加总而成的宏观总量或总量的平均数。如各个家庭一定时期的消费和储蓄加总就形成这个社会的消费总量和储蓄总量。总量分析是指分析各个经济主体的总量关系的方法。如研究价格时不是研究某一产品的价格如何由供求均衡决定，而是研究社会总体物价水平如何由总需求和总供给的对比来加以决定。

案例评析 1-1　　　蜜蜂寓言

从1929年开始，资本主义世界爆发了空前的大危机。3 000多万人失业，三分之一的工厂停产，整个经济倒退回到了"一战"前的水平。经济处于极度混乱之中，传统的经济学无法解释更无法解决这一问题，理论界纷纷进行探讨，这时英国经济学家凯恩斯从《蜜蜂寓言》中得到了启示。

《蜜蜂寓言》是伯纳德·曼德维尔创作的一首寓言诗，作者描述了一群蜜蜂的盛衰史。最初，因为贪婪自私地追求繁荣，无不奢侈挥霍，这样整个社会兴盛繁荣，人人就业。后来，这群蜜蜂忽然改变原来的习惯，放弃奢侈的生活，崇尚节俭朴素，但结果却使得宫室荒芜，货弃于地，商业萧条，民生凋敝。国家厉行节俭，削减军备，以致敌人入侵时无力抵抗。这则寓言在西方有很大的影响。

凯恩斯在这则寓言的启示下，建立了他的国民收入决定理论，并由此引发了凯恩斯革命，从而建立了宏观经济学。

1.3.3　微观经济学与宏观经济学的比较

微观经济学和宏观经济学是经济学的两个不同的组成部分，两者相互区别又相互依存。

1. 二者的侧重点不同，但目标相同

微观经济学是在假定资源充分利用的前提下研究如何解决最优配置问题。宏观经济学是在假定实现资源最优配置的前提下研究如何解决充分利用问题。可见，微观经济学和宏观经济学是从不同角度分析社会经济问题，但最终目标都是要实现社会经济福利最大化。

2. 二者使用的研究方法大部分相同，都属于实证经济学

微观经济学和宏观经济学都把制度作为既定前提，因此都属于实证经济学。静态分析法、动态分析法、边际分析法等在微观经济学和宏观经济学中都得到了使用。

3. 二者研究的都是国家的基本经济问题，但分工不同

任何一个国家在经济发展的过程中都要解决这样几个问题：生产什么？如何生产？如何分配？资源是否得到充分利用？经济中是否出现通货膨胀？生产能力是否持续增长？微观经济学主要针对前三个问题进行研究，宏观经济学主要针对后三个问题进行研究。

1.4 经济学的研究工具

1.4.1 实证分析与规范分析

实证分析（positive analysis）排除价值判断，只研究经济本身的内在规律，并根据这些规律来分析和预测人们经济行为的效果，它回答"是什么"的问题。例如，"此次税制改革使低收入阶层减少10%的税收支出"就是一个实证命题。这个命题没有涉及对税制改革的价值判断。用实证方法分析失业、通货膨胀和经济增长等经济问题和经济现象，被称为实证经济学。实证分析常常借助经验数据和数量模型做出预测，然后用事实来验证预测。

规范分析（normative analysis）指依据一定的价值判断，提出某些分析处理问题的标准并研究怎样才能符合这些标准，它回答"应该是什么"或"怎么样"的问题。这里所说的价值判断是指社会伦理范畴的好与坏，判断标准是对社会整体的福利增加是否有促进作用。例如，"应该通过税制改革减轻低收入阶层的税收负担"就是一个规范命题。这个命题隐含了对税制改革方向的价值判断。用规范方法分析失业、通货膨胀和经济增长等经济问题和经济现象，被称为规范经济学。

在分析现实经济问题时，实证分析和规范分析两种研究工具往往都被使用，但二者的作用不同。实证分析要通过客观事实，分析经济变量之间的关系。规范分析要说明事物本身是好还是坏，是否符合某种价值判断。实证分析是规范分析的前提和基础，规范分析是实证分析的延伸。

例如，对命题"我国目前的收入分配状况是否合理"的解析就包含了实证分析和规范分析。首先，对我国目前的收入分配现状进行分析，分析其成因及内在的规律。此处使用了实证分析手段，然后又需要依据一定的价值标准做出判断，进行规范分析。

1.4.2 均衡分析

均衡原来是一个物理学的概念。物理学中的均衡是指一个物体同时受到大小相等、方向相反的外力的作用而形成的静止状态。均衡被引入经济学后，是指各种有关变量在相互作用下，经济处于相对平衡的状态。均衡分析（equilibrium analysis）是对这种经济变量均衡的形成和波动条件的分析。

现实经济活动中，经济变量经常处于不断变化调整过程中，旧的均衡不断被打破，向新的均衡过渡中的非均衡状态是一种常态。例如，市场上某一物品的价格保持不变，是需求和供给相互作用达到均衡的结果。当供给或需求发生变化时，市场就会呈非均衡状态，价格就会发生变动，过渡到新的供求均衡。

例如，当某市场中大米价格为3元/kg时，市场上对大米的需求量是4 000 kg，厂商愿意提供的大米的数量也是 4 000 kg。此时，该市场上大米的供求处于均衡状态。假设市场中大米的需求量增加到 5 000 kg，供应量不变，需求量大于供应量，大米的供求处于非均衡状态，大米的价格必然上涨。

经济学中的均衡分析分为局部均衡分析和一般均衡分析两种。局部均衡分析假定所研究的市场与其他市场之间不存在相互影响。一般均衡分析是对整个经济体系均衡状态的分析，是研究所有的市场、所有商品的供求达到均衡的条件及均衡的变化。

1.4.3 静态分析、比较静态分析和动态分析

静态分析是抽象掉时间因素和事物发展变化的过程，只分析某一时点经济现象的均衡状态及其形成条件。例如，当考察某种商品的均衡情况时，假设供给和需求不变，分析其供求达到均衡时的价格和产量。

比较静态分析是指对两个均衡状态的比较分析。它并不考虑怎样从原有的均衡状态过渡到新的均衡状态的变化过程。例如，人们对某种产品的偏好增加，导致需求增加。如果假定供给不变，则均衡价格和均衡产量都会增加。比较静态分析主要说明当原有条件发生变动后，均衡会发生什么样的变化，对新旧两种均衡状态对比，而不涉及实现从旧均衡过渡到新均衡所经过的过程。

动态分析是指在经济研究中纳入时间因素和运动过程因素，分析从一个均衡状态进入另一个均衡状态的变化过程。例如，人们对某种商品的偏好增加导致需求增加，旧的供求均衡被打破，过渡到新的供求均衡。动态分析要考察从旧均衡到新均衡的发展变化过程。

1.4.4 边际分析

边际分析研究当自变量发生变化时，因变量如何随之变化。边际量就是一单位自变量的变化量所引起的因变量的变化量。边际分析法是西方经济学最基本的分析方法。借助边际分析法，西方经济学中产生了一系列重要的边际概念和边际法则。这些边际概念和边际法则为解释西方经济学理论起到了重要作用，成为西方经济学不可或缺的组成部分。西方经济学家普遍非常重视"边际分析法"，把边际分析法的发现和应用看成是一场"边际革命"。

> 一个饥饿的人来到了包子铺，买了一个包子，狼吞虎咽地吃起来。他觉得，从来没有食物有这样好吃。他立刻又去买了五个同样的包子，一个又一个地吃起来。奇怪的是，包子的味道一个不如一个。吃到第五个的时候，他觉得肚子还饿，于是又开始吃第六个包子。可是，刚吃了一半，他就觉得肚子饱了。他非常后悔，"如果早知道吃这半个包子就饱了，我何必花钱买那五个包子呢？"
> ◇ 思考：为什么在我们生活中，第一件物品带给我们的满足大于第二件同样的物品？

1.4.5 模型分析

西方经济学在研究实际问题时，经常采用模型分析的方法。经济模型是指用来描述与经济现象相关的经济变量之间相互关系的理论结构。经济模型可用文字、图像或数学公式来进行表述。一般情况下，使用数学公式表述经济模型比较简练。

经济学中理论模型研究一般分为以下4个步骤。

1. 定义

建立经济模型，首先要对模型中所研究的经济变量的含义做出规定。例如，在均衡价格模型中首先要界定供应量和需求量的含义。

2. 假设

假设是提出经济模型的前提条件。在对经济现象研究的过程中，可以发现经济变量受到各种各样因素的影响。经济模型不可能对这些因素逐个进行分析，所以有必要提出假设，限定研究的范围。例如，在均衡价格模型中，假设其他条件不变，只有供给和需求发生变化。

3. 假说

假说是在一定假设下借助定义去说明变量之间的关系，它是建立经济模型的关键步骤。例如，在均衡价格模型中，假设其他条件不变，商品的价格由供给和需求共同决定，这就是该模型的假说。

4. 预测

预测是在定义、假设和假说的基础上对经济现象未来的发展趋势进行预期。例如，在均衡价格模型中，假设其他条件都不变，商品的需求增加，商品的价格将上升。

经济思想借助模型可以得到更有效的表达。在建立经济模型过程中，经济学家通常需要借助假设来排除次要因素，保留主要因素。经济学界流传着这样一个故事：在大沙漠中，烈日当头。由于没有工具，几个又渴又饿的学者面对一堆罐头食品和饮料一筹莫展。于是他们讨论如何打开罐头，物理学家说：假如我有一把聚光镜，我可以利用阳光把罐头打开；化学家说：假如我有几种化学药剂，我可以利用化学反应把罐头打开；经济学家则说：假如我有一把开罐刀……

这个故事说明了假设在形成经济理论中的作用。其实，任何一门科学的研究都是从假设开始的。正如故事中物理学家和化学家所说的，假如我有一把聚光镜，假如我有几种化学药剂。假设是一种使现实简单化的方法。通过假设，研究者可以在相对纯粹的条件下研究主要因素的作用和它们相互之间的关系，这样才能对被研究对象有所认识。

1.4.6 经济人假设

这个假设也被称为"理性人"假设条件。"经济人"被看作经济生活中一般人的抽象，其本性被假设为利己的。"经济人"在一切经济活动中都会采取所谓理性的行为，即以最小的经济代价去获得最大的经济利益。消费者在收入和商品价格既定的情况下追求效用最大化；生产者在成本和要素价格既定的情况下追求利润最大化。经济人假设在一定程度上反映了客观现实，它也是经济学理论分析得以进行的前提条件。

经济问题分析

每个国家都有自己解决"大炮与黄油"问题的办法。在市场经济条件下，一般是由政府与市场共同决定军用品与民用品的生产，以使社会福利最大化。但是，在特定时期，这个问题主要由政府决定。

最为著名也是最极端的办法是希特勒的"宁要大炮，不要黄油"，这是通过将德国的国民经济军事化来实现的。在第二次世界大战中，美国作为"民主的兵工厂"，向反法西斯国家提供武器，把相当多的资源用于生产军事装备。军用品增加，民用品就不得不减少。在此背景下，美国"二战"时对许多物品都实行了管制。"二战"后，为与美国争霸，苏联把本国的资源大量用于军事装备的生产等，从而不得不减少民用工业品的生产，造成人民生活水平停滞不前，长期处于物品短缺之中。

资料来源：张彦宁. 经济学（内部培训资料）

本章小结

（1）在人类社会的发展过程中，资源稀缺始终存在。经济学对人类社会的研究起源于人的欲望的无限性和资源的稀缺性之间的矛盾。由于资源稀缺，人类社会就必须进行选择，将资源配置到各种可能的用途中去。资源配置是经济学所要研究的基本问题之一。既然资源是稀缺的，人类社会就应该充分利用现有的资源生产更多的物品，然而稀缺的资源不能得到充分利用的现象却经常出现。资源利用就成为经济学所要研究的另一个基本问题。

（2）作为一门独立学科的经济学是和资本主义生产方式相伴随产生并逐渐发展起来的。经济学从它产生至今，先后经历了重商主义、古典经济学、新古典经济学和当代经济学4个重要的发展阶段。

（3）西方经济学根据其研究的领域、对象和角度的不同分为微观经济学和宏观经济学。微观经济学以单个的消费者、企业和市场为研究对象，研究价格机制如何解决社会的资源配置问题，实现个体利益最大化。宏观经济学以国家经济运行中的宏观经济问题为研究对象，如国民收入、就业、总产量、经济增长、一般物价水平的变化等问题，探讨如何实现全社会总体资源的充分利用。

（4）西方经济学认为，经济学是一门实证科学，经济理论必须符合客观实际。为此，它建立了"经济人"模式。在经济学的研究工具中包括均衡分析、边际分析和模型分析等。

练 习 题

一、概念
资源配置　资源利用　微观经济学　宏观经济学　实证分析　规范分析　均衡分析

二、单选题
1. "资源是稀缺的"是指（　　）。
   A. 世界上大多数人生活在贫困中
   B. 相对于资源的需求而言，资源总是不足的
   C. 资源必须保留给下一代
   D. 世界上资源最终将由于生产更多的物品和劳务而消耗光
2. 经济学的基本问题归结起来在于决定如何最佳地使用（　　）。

A. 无限的资源来满足无限的人类欲望
B. 有限的资源来满足无限的人类欲望
C. 无限的资源来满足有限的人类欲望
D. 有限的资源来满足有限的人类欲望

3. 以下问题中（　　）不是微观经济学所考察的问题。
A. 失业率的上升或下降
B. 一个厂商的产出水平
C. 货物税的高税率对货物销售的影响
D. 某一行业中雇用工人的数量

4. 经济学研究的基本问题是（　　）。
A. 怎样生产
B. 生产什么，生产多少
C. 为谁生产
D. 以上都包括

5. 经济物品是指（　　）。
A. 有用的物品
B. 需要用钱购买的物品
C. 稀缺的物品
D. 有用且稀缺的物品

三、简答题

1. 简述微观经济学的基本内容。
2. 简述宏观经济学的基本内容。
3. "自由贸易是提高了还是降低了大多数本国国民的工资？"这属于实证经济学问题还是规范经济学问题？
4. "政府应该为本国民众提供廉价住房，实现居者有其屋的社会理想吗？"这属于实证经济学问题还是规范经济学问题？

实 践 训 练

训练目标
（1）理解资源的稀缺性；
（2）掌握实证分析与规范分析的运用。

训练 1 浏览中国环境资源网（https：//www.ce65.com）、环保网（http：//www.chinaenvironment.com）等网站调查全球资源稀缺的情况，分析经济学所要解决的问题。
训练要求：
（1）组成调查小组，明确分工。
（2）各组提交书面调查报告，班内交流。

训练 2 现实问题解析——考研潮不断升温，理性对待才是关键
我国考研报名人数屡创新高。据统计，2016 年研究生报考人数为 177 万人，2017 年研

究生报考人数达201万人。另据教育部公布的数据，2018年研究生报考人数达到238万人，较2017年增加了37万人，增幅达18.4%。这一增幅在2019年再度被刷新。统计数据显示，2019年全国考研人数规模达到290万人，比2018年再增52万人，增幅升至21%。

纵观近五年的考研报名数据，从2016年的177万人到2020年的341万人，5年时间，考研报名人数接近翻番。

资料来源：刘一庆. 考研潮不断升温，理性对待才是关键. 中国产经新闻，2019-12-27（3）.

训练要求：

（1）组成调查小组，明确分工。

（2）用实证分析和规范分析分别分析"考研热"现象，完成一篇短文，班内交流。

第 2 章 需求、供给和商品价格

 学习导图

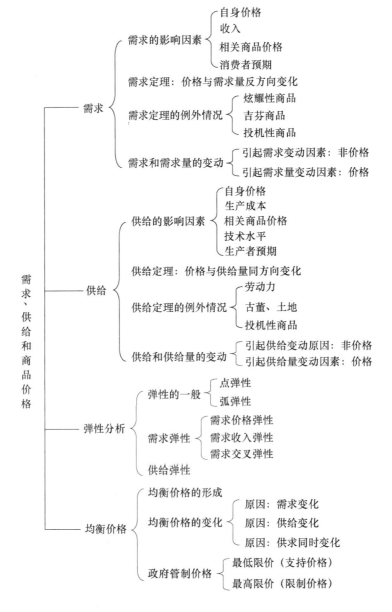

第 2 章 需求、供给和商品价格

经济问题　　　　　　　大自然移动了供给曲线

1998年12月，美国加州连续四天遭受寒流袭击。连续的寒流摧毁了加州当年橘子收成的1/3以上。加州橘子的零售价格大幅度上涨，柠檬的价格也随之上涨。

思考题： 用供求理论分析，为何寒流使加州的橘子受损，橘子的价格大幅度上涨，柠檬的价格也会上涨。

章 前 导 读

我们在购买商品时，经常发现商品价格的波动。每年的年中和年底购买家用轿车在价格上有时会有上万元的差距；在秋季购买皮凉鞋比在春季购有更大的折扣；听到气象部门暖冬的预告，羽绒服厂商不约而同地提前打折促销。商品的价格是如何决定的？哪些因素可以引起价格的变化？市场经济条件下，需求和供给是决定市场价格的两大基本要素。需求和供给共同作用以决定价格。由于各种因素的影响，需求和供给会发生变化，所以商品价格经常处于变化之中。一般情况下，商品价格发生变化，消费者对该商品的需求量也会发生变化。不同商品的需求量对价格变化反应的敏感程度有所不同。

本章我们将消费者和生产者通过市场联系起来，探讨商品价格的决定与变化。

2.1　需　　求

2.1.1　需求的概念

需求（demand）是指消费者在一定时期内在各种可能的价格水平下愿意而且能够购买的某种商品的数量。

要构成对某种商品的需求必须同时具备两个前提条件：第一，消费者具有购买愿望，这是构成需求的主观条件；第二，消费者具备支付能力，这是构成需求的客观条件。这两个前提条件必须同时具备，缺少任何一个都不能构成有效需求。

企业在进行生产决策之前，一般都需要对产品的需求进行预测。产品的需求预测必须考虑到需求的这两个条件，否则就会做出错误的判断。

需求有个人需求和市场需求之分。个人需求是指单个消费者在一定时期内在各种可能的价格水平下愿意而且能够购买的某种商品的数量。市场需求指某市场中所有消费者对该商品的需求。市场需求可以通过个人需求的加总获得。

◇ **思考：** 在现代社会，通过什么样的方法可以让只有购买愿望但没有购买能力的人购买到商品？

2.1.2　影响需求的因素与需求的表现形式

1. 影响需求的因素

一种商品的需求由很多种因素共同决定。

第一，商品自身的价格。一般来说，在其他条件不变的情况下，商品的价格和需求量存在反方向变化的关系。即价格提高，需求量下降；价格降低，需求量上升。

第二，消费者的收入水平。对于多数商品来说，消费者收入提高，对这些商品的需求量将会增加；消费者收入下降，对商品的需求量将会减少。一般来说，高档奢侈品的需求量对收入变化的反应更加敏感，生活必需品的需求量对收入变化的反应相对低一些。人们消费的商品中，存在一些低档商品或劣等品，当消费者收入增加时，对这些商品的需求量反而减少。

第三，相关商品的价格。一种商品的需求量要受到与这种商品有关系的其他商品价格的影响。商品之间存在两种相关关系：一种是替代品（substitute goods）关系；另一种是互补品（complementary goods）关系。

替代品关系是指两种商品可以相互替代，分别满足消费者的相同需求。例如，牛肉与羊肉之间、大米与白面之间、电视与电影之间都存在一定程度的替代关系。当两种商品之间存在替代关系时，其中的一种商品价格上升，它的需求量将会减少，同时另一种商品的需求量将会增加。即一种商品的价格和其替代品的需求量呈正相关关系。互补品关系是指两种商品可以互相补充，共同满足消费者的某种需求。例如，钢笔水和钢笔、磁带和录音机、汽车和汽油之间都存在一定程度的互补关系。当两种商品之间存在互补关系时，其中的一种商品价格上升，它的需求量将会减少，同时另一种商品的需求量也会减少。即一种商品的价格和其互补品的需求量呈负相关关系。

第四，消费者的偏好。商品的需求量必然受到消费者偏好的制约。消费者偏好反映了人们对商品的喜爱程度。当人们对某商品偏好程度提高时，对该商品的需求量必然增加。消费者偏好受到自然条件和社会环境的影响。厂商可以通过广告等手段培养消费者对自己产品的偏好以增加需求量。

第五，消费者的价格预期。消费者对某商品未来价格走势的预期将会影响消费者现在对该商品的需求量。如果消费者预期未来该商品价格要下降，他就会减少现在对该商品的需求量；如果消费者预期未来该商品价格要上升，他就会增加现在对该商品的需求量。

除了以上所述的各项因素外，一个国家的人口规模、人口构成、消费习惯、政府的宏观经济政策等因素都会在不同程度上影响商品的需求量。

2. 需求的各种表示形式

需求可以表示为需求函数、需求表和需求曲线。

需求函数是用来表示商品的需求数量和影响需求数量的各种因素之间的相互关系的函数。在需求函数中，需求量是因变量，影响需求数量的各种因素是自变量。由于在实际经济活动中，影响商品需求数量的因素很多。如果对这些因素都同时进行分析，问题将变得非常复杂。为了将问题简化，可以假设其他因素都不变，仅仅所考察的影响因素发生了变化。假设消费者偏好、收入、相关商品价格、价格预期等都不变，仅仅商品的价格发生了变化，此时商品的需求量就变成了该商品价格的函数。

商品的需求函数可以用下式表示：

$$Q_d = f(P) \tag{2-1}$$

在需求函数中，价格 P 是自变量，需求量 Q_d 是因变量。线性需求函数的公式为

$$Q_d = a - bP \tag{2-2}$$

式中，a 和 b 为常数，且 $a>0$，$b>0$。

商品的需求量和价格之间的这种函数关系可以用需求表和需求曲线来表示。

需求表是一个表示某种商品的各种价格水平与各种价格水平相对应的商品需求量之间关系的数字序列表。需求表可以非常清晰地表明某商品的各种价格和消费者在各种价格下的需求量之间一一对应的关系。例如，表2-1表明了某商品一系列价格与需求量的对应关系。当价格为1元时，消费者对商品的需求量为500单位；当价格为2元时，消费者对商品的需求量为400单位；如此等等。

表2-1 某商品的需求表

价格-需求量组合	价格/元	需求量
A	1	500
B	2	400
C	3	300
D	4	200
E	5	100

需求曲线就是将需求表中各个不同的价格-需求量组合绘制到平面坐标图上所形成的一条曲线。一般情况下，横轴表示商品的需求量，纵轴表示商品的价格。

需求曲线向右下方倾斜，斜率为负。当价格和需求量之间呈线性关系时，需求曲线是一条向右下方倾斜的直线；当价格和需求量之间呈非线性关系时，需求曲线是一条向右下方倾斜的曲线，如图2-1所示。

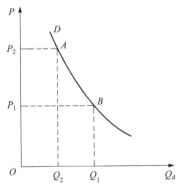

图2-1 需求曲线

2.1.3 需求定理及其例外情况

1. 需求定理

根据前面的分析，可以得出需求定理：在其他条件不变的情况下，某商品的价格上升，对它的需求量就会减少；某商品的价格下降，对它的需求量就会增加。

商品的需求量与价格之间之所以呈反方向变化的关系，是收入效应与替代效应共同作用的结果。

其他情况不变，某商品价格下降，该商品与其他商品相比变得相对便宜，消费者会增加对该商品的需求量而减少对其他商品的需求量。这种由商品的价格变动引起的商品相对价格的变动,进而由商品的相对价格变动引起商品需求量的变动为替代效应。例如,大米降价而白面价格不变,大米就相对变得便宜了,消费者会更多地购买大米而减少对白面的需求量。

其他情况不变,某商品价格下降,这就意味着消费者实际收入水平提高了,从而对该商品的需求量也就增加了。这种由商品的价格变动引起的实际收入水平变动,进而由实际收入水平变动所引起的商品需求量的变动为收入效应。例如,大米价格下降,意味着消费者实际收入水平提高,消费者就会增加对大米的购买。

需求定理是替代效应和收入效应共同作用的结果。替代效应强调的是商品相对价格比的变化,降价的商品的需求量将会增加。收入效应强调的是某价格变化导致的实际收入的变化,实际收入增加后该商品的需求量会增加。

2. 需求定理的例外

(1) 某些炫耀性商品,如珠宝、文物、名画、名车等。消费者购买这类商品是为了炫耀自己的富有,这类商品的价格已成为消费者地位和身份的象征。价格越高,越显示拥有者的富有,需求量也就越大;当价格下跌时,需求量反而下降。

(2) 某些低档商品,在某些特定条件下会出现以下的情况:价格下跌时,需求量减少;价格上升时,需求量反而增加。19 世纪中叶的爱尔兰,购买土豆的消费支出在贫困家庭的收入中占有很大的比例。当土豆价格上升时,意味着人们的实际收入大幅度下降,变得更穷的人们不得不大量增加对土豆的购买,于是造成了土豆的需求量随土豆的价格上升而增加的特殊现象。当时的英国经济学家吉芬发现了这种特殊现象,此后将呈现这种反常变化的商品称作"吉芬商品"。

(3) 某些投机性商品,如股票、证券等,当它的价格发生变化时,人们会凭借自己的预期而采取行动。人的预期取决于所掌握的信息、人的性格等各种因素,最后导致需求的不规则变化,其需求曲线可能表现为不规则形状。

2.1.4 需求的变动和需求量的变动

在西方经济学理论中,需求和需求量是两个不同的概念。需求量是消费者在某一价格下愿意而且能够购买的商品的数量。例如,面包的需求函数为 $Q_d = 40 - 5P$,价格为 3 元时,需求量为 25 个,在图形上它表现为需求曲线上的某一点。

需求是指消费者在一定时期内在各种可能的价格水平下愿意而且能够购买的某种商品的数量。例如,面包的需求函数为 $Q_d = 40 - 5P$,当价格分别为 1 元、2 元、3 元、4 元……时,需求量分别为 35 个、30 个、25 个、20 个……与不同的价格对应。需求是对应着不同价格的"许多"的需求量,在图形上它表现为整个需求曲线。

需求的变动和需求量的变动也不同。

1. 引起两种变动的因素不同

需求量的变化是在其他条件不变的情况下,由某商品价格的变化所引起的对其需求数量的变化。需求量变化的原因是自身价格的变化,和其他因素无关。

需求的变化是由非该商品价格因素所引起的对其需求数量的变化。需求变化的原因是除商品自身价格因素以外的其他因素的变化,如消费者收入、相关商品价格、消费者偏好、消费者预期等因素的变化。

2. 两种变动的图形表现不同

需求量的变化在图形上表现为在同一条需求曲线上点的移动。如图 2-2 所示,当价格为 P_0 时,需求量为 Q_0;当价格上升为 P_1 时,需求量为 Q_1。从图形上看,价格和需求量的组合点由 b 上升为 a。此时,需求函数公式没有发生变化。

需求的变化在图形上表现为整条需求曲线的移动,商品自身价格没有发生变化,而是其他因素变化。假设收入增加,对面包的需求函数由 $Q_d = 40 - 5P$ 变为 $Q_d = 80 - 5P$,需求曲线由 D_0 移动到 D_2,如图 2-3 所示,此时需求函数公式发生了变化。

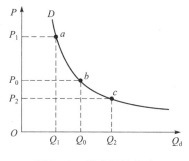

图 2-2 需求量的变动

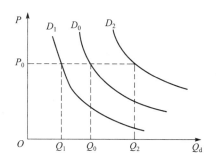

图 2-3 需求的变动

3. 两种变动之间的关系

当需求变化的时候,各个价格下的需求量也将发生变化。因此,需求的变化将引起需求量的变化。但是,需求量的变化不一定引起需求的变化。例如,需求量随着价格的下降而增加时,需求可以不变。

2.2 供　　给

2.2.1 供给的概念

供给(supply)是指生产者在一定时期内在各种可能的价格水平下愿意而且能够提供的某种商品的数量。

要构成对某种商品的供给必须同时具备两个前提条件:第一,生产者具有提供商品的愿望,这是构成供给的主观条件;第二,生产者具备提供商品的能力,这是构成供给的客观条件。这两个前提条件必须同时具备,缺少任何一个都不能构成有效供给。

供给有个人供给和市场供给之分。个人供给是指单个生产者在一定时期内在各种可能的价格水平下愿意而且能够提供的某种商品的数量。市场供给指某市场中所有生产者对该商品的供给。市场供给可以通过个人供给的加总获得。

2.2.2 影响供给的因素与供给的表现形式

1. 影响供给的因素

一种商品的供给数量由多种因素共同决定。

第一,商品自身的价格。一般来说,在其他条件不变的情况下,商品的价格和生产者提供的产品数量存在同方向变化的关系。即价格提高,生产者提供的产品数量上升;价格降低,生产者提供的产品数量下降。

第二，商品的生产成本。商品的生产成本主要由生产要素的价格决定。假设生产要素价格提高，对于厂商来说意味着生产成本上升。厂商如果要保持原来的利润，就要提高产品价格，使需求量下降；厂商如果不提高价格，就会使利润减少。这两种情况都会使厂商减少产品供给。假设生产要素价格降低，对于厂商来说意味着生产成本下降。厂商如果保持原来的产品价格不变，就会使自己获得更多的利润；如果降低产品价格，就会使需求量上升。这两种情况都会使厂商增加产品供给。

第三，相关商品的价格。一种商品的供应量要受到与这种商品有关系的其他商品价格的影响。相关商品是指生产性替代品或者生产性互补品。某种商品的生产性替代品（substitute in production）是指企业可以代替该种商品而生产出来的商品。例如，汽车制造厂既可以生产卡车也可以生产家用小汽车，当家用小汽车价格上涨后，工厂会增加对它的生产，而减少对卡车的供给。某种商品的生产性互补品（complement in production）是指和该商品在同一生产过程中生产出来的另一种商品。例如，屠宰厂在宰杀牛羊的过程中，肉和皮就是生产性互补关系。当牛羊肉的价格上升时，其皮毛的供给就会增加。

第四，生产者的技术水平。一般来说，生产者的技术水平越高，资源就能得到更充分的利用，供给就会增加。

第五，生产者的价格预期。生产者对某商品未来价格走势的预期将会影响生产者现在对该商品的供应量。如果生产者预期未来该商品价格要下降，他就会增加现在对该商品的供应量；如果生产者预期未来该商品价格要上升，他就会减少现在对该商品的供应量。

除了以上所述的各个因素外，一个国家的经济制度、经济政策等因素都会在不同程度上影响商品的供应量。

2. 供给的各种表现形式

供给可以表示为供给函数、供给表和供给曲线。

供给函数是用来表示商品的供给数量和影响供给数量的各种因素之间的相互关系的函数。在供给函数中，供应量是因变量，影响供给数量的各种因素是自变量。由于在实际经济活动中，影响商品供给数量的因素很多。如果对这些因素都同时进行分析，问题将变得非常复杂。为了将问题简化，可以假设其他因素都不变，仅仅所考察的影响因素发生了变化。假设生产成本、相关商品的价格、技术水平、价格预期等都不变，仅仅商品的价格发生了变化，此时商品的供应量就变成了该商品价格的函数。

商品的供给函数可以用下式表示：

$$Q_s = f(P) \tag{2-3}$$

在供给函数中，价格 P 是自变量，供应量 Q_s 是因变量。线性供给函数的公式为

$$Q_s = -c + dP \tag{2-4}$$

式中，c 和 d 为常数，且 $c>0$，$d>0$。

商品的供应量和价格之间的这种函数关系可以用供给表和供给曲线来表示。

供给表是一个表示某种商品的各种价格水平与各种价格水平相对应的商品供应量之间关系的数字序列表。供给表可以非常清晰地表明某商品的各种价格和消费者在各种价格下的供应量之间一一对应的关系。如表 2-2 表明了某商品一系列价格与供应量的对应关系。当价格为 1 元时，生产者对商品的供应量为 100 单位；当价格上升为 2 元时，生产者对商品的供应量增加为 200 单位；如此等等。

表 2-2 某商品的供给表

价格-供应量组合	价格/元	供应量
A	1	100
B	2	200
C	3	300
D	4	400
E	5	500

供给曲线就是将供给表中各个不同的价格-供应量组合绘制到平面坐标图上所形成的一条曲线。一般情况下，横轴表示商品的供应量，纵轴表示商品的价格。

供给曲线向右上方倾斜，斜率为正。当价格和供应量之间呈线性关系时，供给曲线是一条向右上方倾斜的直线。当价格和供应量之间呈非线性关系时，供给曲线是一条向右上方倾斜的曲线，如图 2-4 所示。

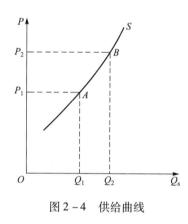

图 2-4 供给曲线

2.2.3 供给定理及其例外情况

1. 供给定理

在其他条件不变的情况下，商品的价格和供应量之间呈同方向变化。即商品的供应量随商品自身价格的上升而上升，随商品自身价格的下降而下降。在市场经济活动中，供给定理是一条普遍性规律。

2. 供给定理的例外

第一，劳动力的供给具有特殊性。当工资较低时，增加工资，劳动力的供给会增长，但当工资增加到一定程度时，继续增加工资，劳动力的供给反而会减少。

第二，某些商品的供应量是固定的，无论价格如何上升，其供应量都无法增加。例如，土地、古董、文物的供应量无法随价格上升而增加。

第三，股票、证券等商品的供给表现为不规则变化。因为这些商品的供给在很大程度上取决于人们的心理预期。针对商品价格的变化，不同的人会有不同的心理预期。

2.2.4 供给的变动与供应量的变动

供给和供应量是两个不同的概念，引起这两种变动的因素不同，这两种变动在几何图形中的表现也不同。

供应量是生产者在某一价格下愿意而且能够提供的商品的数量。例如,机器的供给函数为 $Q_s = -10 + 20P$,当价格为 5 元时,供应量为 90 个,在图形上它表现为供给曲线上的某一点。

供给是指生产者在一定时期内在各种可能的价格水平下愿意而且能够提供的某种商品的数量。例如,当机器的供给函数为 $Q_s = -10 + 20P$ 时,价格分别为 1 元、2 元、3 元、4 元……时,供应量分别为 10 个、30 个、50 个、70 个……与不同的价格对应。供给是对应着不同价格的"许多"的供应量,在图形上它表现为整个供给曲线。

1. 引起两种变动的因素不同

供应量的变化是在其他条件不变的情况下,由某商品价格的变化所引起的对其供给数量的变化。供应量变化的原因是自身价格的变化,和其他因素无关。

供给的变化是由非该商品价格因素所引起的对其供给数量的变化。供给变化的原因是除商品自身价格因素以外的其他因素的变化,如生产技术水平、生产要素价格和生产者预期等因素的变化。

2. 两种变动的图形表现不同

供应量的变化在图形上表现为在同一条供给曲线上点的移动。如图 2-5 所示,当价格为 P_0 时,供应量为 Q_0;当价格上升为 P_1 时,供应量为 Q_1。从图形上看,价格和供应量的组合点由 b 上升为 a,此时供给函数公式没有发生变化。

供给的变化在图形上表现为整条供给曲线的移动。商品自身价格没有发生变化,而是其他因素发生了变化。假设生产要素价格下降,对机器的供给函数由 $Q_s = -10 + 20P$ 变为 $Q_s = -5 + 20P$,供给曲线由 S_0 移动到 S_1,如图 2-6 所示。此时供给函数公式发生了变化。

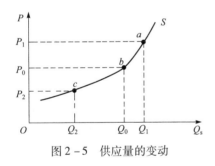

图 2-5 供应量的变动

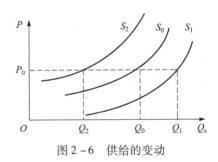

图 2-6 供给的变动

3. 两种变动之间的关系

当供给变化的时候,各个价格下的供应量也将发生变化。因此,供给的变化将引起供应量的变化。但是,供应量的变化不一定引起供给的变化。例如,供应量随着价格的上升而增加时,供给可以不变。

2.3 需求弹性和供给弹性

弹性是一个物理学的名词,指一个物体对外部力量的反应程度。弹性的概念引入经济学后,指两个经济变量之间存在某种函数关系,当自变量发生一定程度的变化后,因变量对于

自变量变化的反应程度。一般用弹性系数来表示弹性的大小，弹性系数通常用 E 表示，其计算公式为

$$\text{弹性系数} = \frac{\text{因变量变动的百分比}}{\text{自变量变动的百分比}}$$

2.3.1 需求弹性

需求弹性是指影响需求量的某些经济因素发生变化时，需求量对这种变化的反应程度。需求弹性主要包括需求价格弹性、需求收入弹性和需求交叉弹性。

1. 需求价格弹性

需求价格弹性是指当商品价格发生变化时，商品的需求量对于价格变化的反应程度。其弹性的大小用需求价格弹性系数（E_d）来表示。

1）需求价格弹性的计算

某商品的需求量和其价格之间的函数关系是

$$Q_d = f(P)$$

其需求价格弹性系数的一般公式为

$$E_d = \frac{\Delta Q_d / Q_d}{\Delta P / P} \tag{2-5}$$

式中，ΔQ_d 代表需求量变化量，ΔP 代表价格变化量。一般情况下，需求价格弹性系数为负值。实际运用中，为了方便起见，取其绝对值。需求价格弹性可以分为点弹性和弧弹性。

点弹性是需求曲线上某一点的弹性。此时，价格变动无限小，$\Delta P \to 0$。点弹性系数为

$$E_d = \lim_{\Delta P \to 0} \frac{\Delta Q_d / Q_d}{\Delta P / P} = \frac{dQ_d}{dP} \cdot \frac{P}{Q_d} \tag{2-6}$$

弧弹性是需求曲线两点之间的弹性。在计算弧弹性时，为了消除价格上升与下降所带来的弹性系数值的差别，价格和需求量都取变动前后的平均值。即

$$E_d = \frac{\Delta Q_d / (Q_{d1} + Q_{d2})}{\Delta P / (P_1 + P_2)} \tag{2-7}$$

需求价格弧弹性和点弹性在本质上是相同的，它们的区别在于价格变化的幅度有所不同。弧弹性表示价格有较大变化时需求曲线两点之间的弹性，点弹性表示价格变化无穷小时需求曲线上某一点的弹性。在经济活动中弧弹性的运用较广泛。

2）需求价格弹性的分类

由于各种因素的影响，不同商品的需求价格弹性系数不同。根据弹性系数的大小，可以把需求价格弹性分成五类。

（1）需求富有弹性。此时，$E_d > 1$，表示需求量变动的比率大于价格变动的比率。这种商品的需求曲线是一条比较平坦的曲线，如图 2-7 所示。一般来说，奢侈品是富有弹性的商品。

（2）需求缺乏弹性。此时 $E_d < 1$，表示需求量变动的比率小于价格变动的比率。这种商品的需求曲线是一条比较陡峭的需求曲线，如图 2-8 所示。一般来说，生活必需品是缺乏弹性的商品。

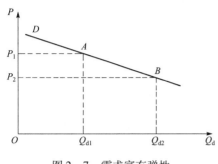
图 2-7 需求富有弹性

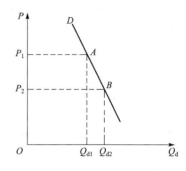
图 2-8 需求缺乏弹性

（3）需求单位弹性。此时，$E_d = 1$，表示需求量变动的比率和价格变动的比率相等。这种商品的需求曲线是一条正双曲线，如图 2-9 所示。经济活动中需求单位弹性的商品较为少见。

（4）需求弹性无穷大。此时，$E_d \to \infty$，表示价格既定，需求量无限的情况。这种商品的需求曲线是一条与纵轴垂直的直线，如图 2-10 所示。

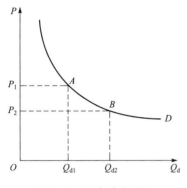
图 2-9 需求单位弹性

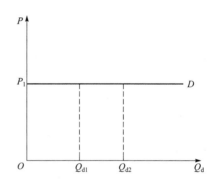
图 2-10 需求弹性无穷大

（5）需求完全无弹性。此时，$E_d = 0$，表示无论价格如何变化，需求量都不会发生变化。这种商品的需求曲线是一条与横轴垂直的直线，如图 2-11 所示。一些特殊商品呈现需求完全无弹性的特征，如糖尿病病人每日必须注射的胰岛素。

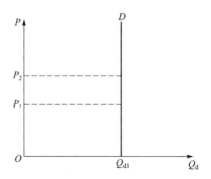
图 2-11 需求完全无弹性

3）影响需求价格弹性的因素

影响商品需求价格弹性的因素很多，主要的因素可以归纳为以下几个方面。

（1）商品的可替代性。一般来说，商品替代品的数目越多，替代程度越高，需求价格弹性系数就越大。当一种商品有许多替代品，而且替代品几乎完全可以代替该商品满足消费者的需求时，该商品价格提高，消费者必然会大量减少对它的需求量。

（2）商品用途的广泛性。一般来说，商品用途越广泛，其需求价格弹性越大。如果一种商品用途非常广泛，当它的价格上涨时，消费者可以在诸多的用途中消减一些需求量。

（3）商品在消费者生活中的重要程度。一般来说，某种商品在消费者生活中越是重要，它的需求价格弹性越小。例如生活必需品在人们的生活中非常重要，它的需求量的变化对价格的变化就不敏感。

（4）商品在总支出当中所占比重。一般来说，商品在总支出中所占比重越小，其需求价格弹性越小。例如，消费者每月在牙膏、香皂、盐等商品上的支出占总支出的比重非常低，他就不太关注这类商品价格的变化，这类商品的需求量对价格的变化也就不敏感。

（5）考察消费者调节需求量时间的长短。一般来说，考察消费者调节需求量的时间越长，需求价格弹性越大。例如，某商品价格上涨了，在较长的时间内，消费者可以找到替代品，也可以改变自己的消费习惯，从而大量减少对该商品的需求数量。

◇ **思考**：对于同样一种商品，高收入者和低收入者的需求价格弹性有区别吗？为什么？

2. 需求收入弹性

需求收入弹性是指当消费者收入发生变化时，商品的需求量对于消费者收入变化的反应程度，其弹性的大小用需求收入弹性系数（E_M）来表示。

1）需求收入弹性的计算

某商品的需求量 Q_d 和其消费者收入 M 之间的函数关系式为

$$Q_d = f(M) \tag{2-8}$$

其需求收入弹性系数的一般公式为

$$E_M = \frac{\Delta Q_d / Q_d}{\Delta M / M} \tag{2-9}$$

其中，ΔQ_d 代表需求量变化量，ΔM 代表收入变化量。一般情况下，需求收入弹性可以分为点弹性和弧弹性。

需求收入点弹性系数为

$$E_M = \lim_{\Delta M \to 0} \frac{\Delta Q_d / Q_d}{\Delta M / M} = \frac{dQ_d}{dM} \cdot \frac{M}{Q_d} \tag{2-10}$$

需求收入弧弹性系数为

$$E_M = \frac{\Delta Q_d / (Q_1 + Q_2)}{\Delta M / (M_1 + M_2)} \tag{2-11}$$

2）需求收入弹性的分类

根据商品需求收入弹性系数的不同，可以将商品分为正常品和劣等品。正常品又可以分为奢侈品和必需品，如表 2-3 所示。

表 2-3 根据需求收入弹性对商品进行的分类

商品类型		弹性系数	含义	商品
劣等品		$E_M < 0$	需求量随收入增加而减少	肥肉、地摊衣服
正常品	必需品	$0 < E_M < 1$	收入增加,需求量增加幅度较小	大米、白面、食用油
	奢侈品	$E_M > 1$	收入增加,需求量增加幅度较大	旅游、高档时装

同种商品在不同的收入范围内具有不同的收入弹性。当人们收入较低时,牛肉是弹性较大的奢侈品,此时牛肉的需求量对收入的变化非常敏感。随着收入的增加,牛肉逐渐变为弹性较小的生活必需品。

3. 需求交叉弹性

1) 需求交叉弹性的计算

需求交叉弹性是指某种商品的需求量对另一种商品价格变化的反应程度,其弹性的大小用需求交叉弹性系数(E_{xy})来表示。

商品 X 的需求量 Q_x 和相关商品 Y 的价格 P_y 之间的函数关系式为

$$Q_x = f(P_y) \tag{2-12}$$

其需求交叉弹性系数的一般公式为

$$E_{xy} = \frac{\Delta Q_x / Q_x}{\Delta P_y / P_y} \tag{2-13}$$

其中,ΔQ_x 代表商品 X 的需求量变化量,ΔP_y 代表 Y 商品价格变化量。

2) 需求交叉弹性的分类

当两种商品之间的关系不同时,其需求交叉弹性系数也不同,如表 2-4 所示。

表 2-4 根据需求交叉弹性对商品间关系进行的分类

商品间关系	弹性系数	实例	含义
互补	$E_{xy} < 0$	汽车与汽油、磁带与录音机	一种商品的需求量与另一种商品的价格呈反方向变化
替代	$E_{xy} > 0$	大米与白面、苹果与梨	一种商品的需求量与另一种商品的价格呈同方向变化
没有	$E_{xy} = 0$	茶叶与汽车轮胎	一种商品的需求量与另一种商品的价格变化没有关系

商品之间的需求交叉弹性理论在美国的反垄断诉讼中曾经被运用。1956 年,美国政府指控杜邦公司垄断玻璃纸生产,因为玻璃纸为杜邦公司独家生产和销售,政府认定该公司在玻璃纸产品市场上占有百分之百的市场份额。然而,美国最高法院在这个案件中将玻璃纸看作包装材料中的一种材料。在包装材料产品市场上,存在和杜邦公司的玻璃纸高度替代的产品,这就意味着如果杜邦公司的玻璃纸稍有涨价,就会有大量的消费者选择其他包装材料。由于杜邦公司的玻璃纸仅占包装材料市场 18% 的份额,最终政府在该案中败诉。

2.3.2 供给弹性

在供给弹性中主要介绍供给价格弹性。供给价格弹性指当商品价格发生变化时,商品的供应量对于价格变化的反应程度,其弹性的大小用供给价格弹性系数(E_s)来表示。

1. 供给价格弹性的计算

某商品的供应量和其价格之间的函数关系式为

$$Q_s = f(P)$$

其供给价格弹性系数的一般公式为

$$E_s = \frac{\Delta Q_s / Q_s}{\Delta P / P} \quad (2-14)$$

式中，ΔQ_s 代表供应量变化量，ΔP 代表价格变化量。一般情况下，供应量和价格同方向变化，供给价格弹性系数为正值。供给价格弹性也分为点弹性和弧弹性。

供给价格点弹性系数为

$$E_s = \lim_{\Delta P \to 0} \frac{\Delta Q_s / Q_s}{\Delta P / P} = \frac{dQ_s}{dP} \cdot \frac{P}{Q_s} \quad (2-15)$$

供给价格弧弹性系数为

$$E_s = \frac{\Delta Q_s / (Q_{s1} + Q_{s2})}{\Delta P / (P_1 + P_2)} \quad (2-16)$$

2. 供给价格弹性的分类

由于各种因素的影响，不同商品的供给价格弹性系数不同。根据弹性系数的大小，可以把供给价格弹性分成五类。

（1）供给富有弹性。此时，$E_s > 1$，表示供应量变动的比率大于价格变动的比率。此时供给曲线较为平坦，如图 2-12 所示。

（2）供给缺乏弹性。此时，$E_s < 1$，表示供应量变动的比率小于价格变动的比率。此时，供给曲线较为陡峭，如图 2-13 所示。

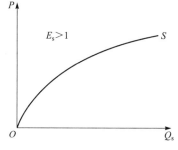

图 2-12 供给富有弹性

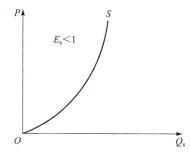

图 2-13 供给缺乏弹性

（3）供给单位弹性。此时，$E_s = 1$，表示供应量变动的比率和价格变动的比率相等。此时，供给曲线是一条通过原点的直线，如图 2-14 所示。

（4）供给弹性无穷大。此时，$E_s \to \infty$，表示价格既定、供应量无限的情况。此时，供给曲线垂直于纵轴，如图 2-15 所示。

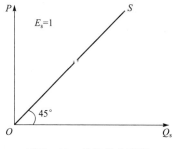

图 2-14 供给单位弹性

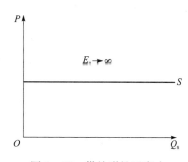

图 2-15 供给弹性无穷大

(5) 供给完全无弹性。此时，$E_s=0$，表示价格如何变化，供应量都不会发生变化。此时，供给曲线垂直于横轴，如图 2-16 所示。

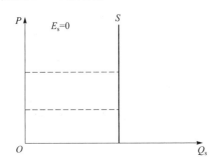

图 2-16 供给完全无弹性

3. 影响供给价格弹性的因素

影响商品供给价格弹性的主要因素可以归纳为以下几个方面。

(1) 生产所采用的技术类型。一般来说，采用劳动密集型技术生产的产品的供给价格弹性较大。例如，食品、服装生产企业可以非常迅速地根据市场价格调整产量，金属冶炼、石油化工这些资本密集型的企业调整产量的速度要相对迟缓。

(2) 生产周期的长短。一般来说，产品的生产周期越短，其供给价格弹性越大。产品生产周期短对企业非常有利，企业可以在短期内依据市场需求情况对产量、品种进行调整。

(3) 考察生产者调节供应量时间的长短。一般来说，考察生产者调节供应量的时间越长，供给价格弹性越大。例如，某商品价格上涨了，在较短的时间内，生产者来不及调整生产设备、劳动力等生产要素的数量，无法大量增加供应量。在较长的时间里，生产者来得及调整各种生产要素的数量，供给价格弹性也就变大了。

2.3.3 弹性理论在经济活动中的运用

1. 需求价格弹性与总收益

在西方国家，弹性分析在厂商的价格决策中受到广泛的重视。假设厂商对商品的供给完全能够满足消费者对商品的需求，即销售量等于需求量。厂商的销售总收益也就等于产品价格乘以需求量。商品需求弹性的大小与出售该商品所能得到的总收益密切相关。由于不同商品的需求价格弹性不同，相同幅度和相同方向的价格变化所带来的需求量的变化就不同，给厂商带来的收益也就不相同，如表 2-5 所示。所以厂商非常有必要考虑所生产的产品的需求价格弹性，制定合理的价格策略。

表 2-5 需求价格弹性和销售收入的关系

	$0 < E_d < 1$	$E_d = 1$	$E_d > 1$
涨价	收益增加	收益不变	收益减少
降价	收益减少	收益不变	收益增加

(1) 如果所生产的产品需求富有弹性（$E_d > 1$），价格下降会提高总收益，价格上涨会减少总收益。当 $E_d > 1$ 时，降价所引起的需求量的增加率大于价格的下降率。需求量增加所带来的销售收入的增加量必定大于价格下降所带来的销售收入的减少量。所以，降价将带

来企业销售收益的增加。

需求富有弹性的商品价格下降可以提高销售收益，这就是人们平常所说的"薄利多销"。每逢节假日高档时装、化妆品会纷纷打折促销，就是因为这类商品的需求富于弹性，降低价格可以提高企业销售收入。

（2）如果所生产的产品需求缺乏弹性（$E_d < 1$），价格下降会减少总收益，价格上涨会增加总收益。当$E_d < 1$时，降价所引起的需求量的增加率小于价格的下降率，需求量增加所带来的销售收入的增加量必定小于价格下降所带来的销售收入的减少量。所以，降价将带来企业销售收益的减少。

需求缺乏弹性的商品价格下降会减少生产者的收益。"谷贱伤农"就是这条规律的典型反映。农业丰收了，粮价下跌，农民的收入却减少了。原因在于粮食是生活必需品，需求缺乏弹性。农业丰收，粮食供给增加，导致粮食价格下降，但其需求量不会同比例增加，最终农民收入下降。

一些国家出现农产品价格下跌的情况后，有时生产者会将产品销毁。这样做的目的一方面是引起政府关注农产品价格；另一方面是减少市场上产品的供给，使价格上涨。由于需求缺乏弹性，价格上涨后需求量也不会同比例减少，生产者的损失反而会减小。2009年在法国、比利时就发生了奶农倾倒鲜奶抗议奶价暴跌的事件。

2. 供求弹性与税赋转嫁

弹性分析不仅在厂商的价格决策中受到重视，而且在政府的决策中也得到应用。当政府对某种商品增加税赋时，税赋一般由生产者和消费者共同负担。但究竟谁承担的更多，这与该商品的需求价格弹性、供给价格弹性的大小有密切关系。如果相对于需求来说，供给缺乏弹性，税赋就主要由生产者承担；如果相对于供给来说，需求缺乏弹性，税赋就主要由消费者承担。

如图2-17所示，政府对香烟征收T的税赋，导致香烟的供给曲线从S移到S'，均衡点由E_1移到E_2。政府征税使均衡交易量从q减少到q'，均衡价格从p上升到p^+。在每单位香烟征收的p^-p^+的税收中，消费者承担了pp^+，生产者承担了p^-p。从图中可以看出，和供给弹性相比，需求弹性越大，需求曲线越平坦，消费者承担的税赋越少。当出现极端的情况，需求弹性无穷大时，此时需求曲线与横轴平行，税赋完全由生产者承担。当出现另一种极端的情况，需求弹性为零时，此时需求曲线与横轴垂直，税赋完全由消费者承担。

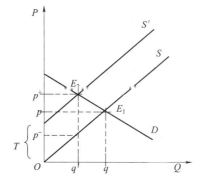

图2-17 税赋的归宿

针对商品征收的税赋最终会由消费者和生产者分别承担，税赋的流向和供求弹性密切相关。这就要求政府在制定税收政策的时候要充分考虑政策的最终效果。1990年，美国开征的奢侈品税就没有达到预期的效果。

案例评析 2-1　　谁支付奢侈品税

在1990年，美国国会通过了一项针对游艇、私人飞机、皮衣、珠宝和豪华轿车这类物品的新的奢侈品税。该税的目的是增加那些能轻而易举地承担税收负担的人的税收。由于只有富人能买得起这类奢侈品，所以，对奢侈品征税看来是向富人征税的一种合理方式。

但是，当供给和需求的力量发挥作用后，结果与美国国会所期望的非常不同。例如，考虑一下游艇市场。游艇的需求是极其富弹性的。一个百万富翁很容易不买游艇，他可以用钱去买更大的房子，去欧洲度假，或者留给继承人一笔更大的遗产。与此相比，游艇的供给是较为缺乏弹性的。游艇工厂不能轻而易举地转向其他用途，而且，建造游艇的工人也不愿意由于市场状况改变而改行。

在这种情况下，通过我们的分析可以作出一个明确的预测。由于需求富有弹性而供给缺乏弹性，税收负担主要落在供给者身上。就是说，对游艇征税的负担主要落在建造游艇的企业和工人身上，因为最后是他们的产品价格大幅度下降了。但是，工人并不是富人。因此，这一奢侈品税的税收负担更多地落在中产阶级身上，而不是富人身上。

在该奢侈品税付诸实施之后，关于其税收归宿的错误假设很快显现出来。于是，美国国会在1993年废除了大部分奢侈品税。

资料来源：曼昆. 经济学原理. 7版. 北京：北京大学出版社，2015.

3. 收入弹性与恩格尔定律

需求的收入弹性对于分析国家、地区甚至家庭的消费结构及变化趋势具有重要的意义。19世纪德国著名统计学家恩格尔研究了大量统计资料，最后总结出了著名的恩格尔定律：食物支出在家庭支出中所占的比重与家庭收入成反比。其含义就是：一个家庭越穷，家庭收入中用于购买食品的开支占家庭开支的比例越大，随着家庭收入的增加，购买食品的开支占总开支的比重会逐渐减小。

为了定量地反映一个家庭的消费结构，根据恩格尔定律，得到了恩格尔系数的计算公式：

$$恩格尔系数 = \frac{食物支出}{总支出}$$

恩格尔系数是国际上衡量消费品质、生活水平变化的重要指标，它的取值范围是0到1之间。恩格尔系数的数值越大，表明食物开支占总开支比重越大，居民生活越贫困。联合国粮农组织将恩格尔系数作为判断各个国家生活发展阶段的一个一般性标准，如表2-6所示。

表 2-6　联合国粮农组织判定生活发展阶段的一般标准

生活发展阶段	贫困	温饱	小康	富裕	最富裕
恩格尔系数	>60%	>50%～60%	>40%～50%	>30%～40%	≤30%

2.4 均衡价格

市场中的商品价格是由需求和供给共同起作用决定的。需求和供给发生了变化，商品价格也会发生变化。

2.4.1 均衡价格的形成

均衡是指经济事物中有关变量在一定条件的相互作用下所达到的一种相对静止状态。在均衡状态下，各种变量的力量能够相互制约和相互抵消，达到在现有条件下各方利益最大化。

当市场上某种商品的供应量大于需求量时，市场上该商品出现过剩，商品价格有下跌的趋势；当供应量小于需求量时，市场上该商品出现短缺，商品价格有上升的趋势；当市场中供应量等于需求量时，市场出清。这种在某一价格下需求量和供应量相等的情况，经济学上称为实现了供求均衡。此时的价格为均衡价格，此时的供应量和需求量相等，称为均衡数量。供求均衡的实现如图 2-18 所示。

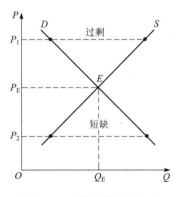

图 2-18　供求均衡的实现

从图中可以看出，供求均衡出现在需求曲线和供给曲线的交点上，这一点称为均衡点。均衡点在纵轴上对应的是均衡价格，在横轴上对应的是均衡数量。如果价格高于均衡价格，供应量大于需求量，此时供给者会竞相降价并不断减少商品的供应量，而需求者会不断压低价格并增加购买量。最终随着价格不断下降，供应量和需求量逐步趋于一致。如果价格低于均衡价格，供应量小于需求量，此时需求者会竞相购买使价格上升并不断减少购买量，供给者会因为价格上升不断增加供应量，最终随着价格不断上升，供应量和需求量逐步趋于一致。

◇ 思考：供求均衡是一种经常的状态吗？

2.4.2 均衡价格的变动

当某种商品的需求和供给不发生变化时，可以确定该商品的均衡价格。但是，当某些因素使商品的需求和供给发生变化时，均衡价格也随之而变。

1. 需求变动对均衡价格的影响

假定供给不变，需求变动。需求增加使需求曲线右移，均衡价格上升，同时均衡数量增加；需求减少使需求曲线左移，均衡价格下降，同时均衡数量减少。需求变动对均衡价格的影响如图 2-19 所示。

2. 供给变动对均衡价格的影响

假定需求不变，供给变动。供给增加使供给曲线右移，均衡价格下降，同时均衡数量增加；供给减少使供给曲线左移，均衡价格上升，同时均衡数量减少。供给变动对均衡价格的影响如图 2-20 所示。

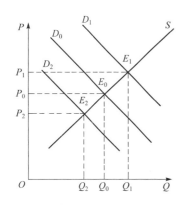

图 2-19　需求变动对均衡价格的影响

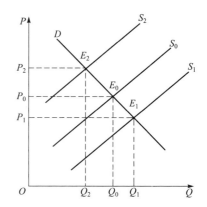

图 2-20　供给变动对均衡价格的影响

2.4.3 政府管制价格

西方经济学认为，在纯粹的竞争性市场经济中，需求和供给两种力量的对比决定了市场的均衡价格。均衡价格具有自动调节供求使之一致的内在功能。一般情况下，政府不应该干预价格的形成机制，因为对价格的人为干预有可能导致供求比例失调，出现严重的经济问题。但在一些特殊情况下，为调节和稳定某些产品的供求，政府会实行价格管制政策。

1. 最低限价

最低限价也叫支持价格，是政府为了扶持某一行业的发展而规定的这一行业产品的最低价格。一般情况下，最低限价高于该产品供求关系形成的均衡价格。在西方国家，政府出于扶持农业发展的目的，经常在农产品上使用最低限价。这是由于农产品为生活必需品，产品的需求价格弹性较小。价格下降将导致农民收入下降，打击农民生产的积极性。

最低限价政策的实行将导致供应量大于需求量，出现过剩，如图 2-21 所示。市场供求决定的均衡价格为 P_E，政府规定了该产品的支持价格为 P_1。在 P_1 的价格下，需求量为 Q_2，供应量为 Q_1。由于政府的支持价格使供应量大于需求量。

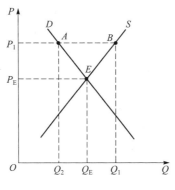

图 2-21 最低限价

在农产品的收购上政府采用最低限价政策可以保护生产者的利益,促进本国农业的发展。但收购农产品也使政府的财政负担加重。同时,政府还必须为收购的农产品寻找国外市场,这往往会引起国际贸易摩擦。

2. 最高限价

最高限价也称为限制价格,是指政府为了限制某些商品价格的上涨而规定的该商品的法定最高价格。最高限价一般低于均衡价格。如图 2-22 所示,市场供求决定的均衡价格为 P_E,政府规定了该产品的最高限价为 P_1。在 P_1 的价格下,需求量为 Q_2,供应量为 Q_1,需求量大于供应量。

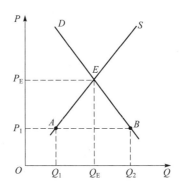

图 2-22 最高限价

在一些特殊时期,如战争、自然灾害时期,政府出于保障国民基本生活的目的,会采取最高限价的政策。但实行最高限价也会带来一定的负面影响。例如,西方国家为了保证低收入者的福利,制定了房租限价政策,规定房租不得超过政府的最高标准。在实行最高限价政策下,出现了供应量少、需求量多的情况。从供给方的角度看,由于政府确定了比较低的房租,房东不愿意建新房,也不愿意将自己的房屋出租,最终房屋的供给减少了;从需求方的角度看,在比较低的房租水平下,人们会有改善居住条件的愿望,房屋的需求量增加了。所以,最高限价导致短缺。有的经济学家认为,房租最高限价政策对城市建设的破坏作用比希特勒的炸弹还厉害。为了解决最高限价下的短缺问题,政府往往实行配给制,由此带来一系列社会问题,如钱权交易、黑市买卖等。

经济问题分析

本章提出的经济问题涉及商品价格的决定。1998年12月25日《纽约时报》刊登了一篇文章《大自然移动了供给曲线——寒流连续四天袭击加州：作物被摧毁，柑橘价格上升》。在这篇文章中提到，由于天气变化，柑橘收成减少1/3以上。经济学理论认为价格受供给和需求的影响。如图2-23所示，柑橘供给减少，供给曲线向左平移，必然会导致柑橘价格的升高。柑橘和柠檬都是水果，在人们的消费中它们可以相互替代。如图2-24所示，柑橘价格上升引起了柠檬的需求增加，需求曲线右移，从而导致柠檬的价格上升。

柑橘和柠檬价格都上升了，但原因不同。柑橘价格上升是由于寒流导致的供给减少。柠檬价格上升是由于替代品柑橘价格上升导致的需求增加。

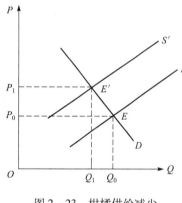

图2-23 柑橘供给减少

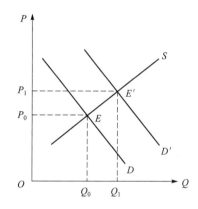

图2-24 柠檬需求增加

本章小结

（1）需求和供给是决定市场价格的两大基本因素。需求、供给和价格之间的相互作用，自发地形成了一整套市场机制。对需求、供给和价格之间关系的分析也就成为研究微观经济运行的出发点。

（2）需求是指消费者在一定时期内，在每一价格水平上愿意而且能够购买的商品或劳务的数量。需求量是消费者在某一价格下愿意而且能够购买的商品的数量。需求是对应着不同价格的"许多"的需求量。商品的需求量和价格之间反方向变化。需求曲线向右下方倾斜。市场需求曲线是该市场内所有消费者的需求曲线在水平上相加而形成的。

（3）供给是指生产者在一定时期内，在每一价格水平上愿意而且能够提供的商品或劳务的数量。供应量是生产者在某一价格下愿意而且能够提供的商品的数量。供给是对应着不同价格的"许多"的供应量。商品的供应量和价格之间同方向变化。供给曲线向右上方倾斜。市场供给曲线是该市场内所有生产者的供给曲线在水平上相加而形成的。

（4）经济学中的弹性是指在一个经济模型中，两个经济变量之间存在某种函数关系，因变量对于自变量变化的反应程度。通过对弹性系数的计算可以精确测量需求量和供应量与影响它们的各种因素之间的数量关系。在西方国家，弹性分析在厂商的价格决策中受到广泛的重视。

（5）在某一价格下，出现了商品需求量和供应量相等的情况，该价格即为均衡价格。从图形上看，均衡价格发生于需求曲线和供给曲线的交点上。均衡价格是在市场机制的作用下自发形成的。市场机制具有自动调节供求使之一致的内在功能。在市场经济国家，政府为了保护生产者或消费者的利益，有时会对某些商品人为地确定高于或低于均衡价格的政府管制价格。

练 习 题

一、概念

需求　需求量　需求定理　供给　供应量　供给定理　需求价格弹性　需求交叉弹性　恩格尔定律　均衡价格

二、单选题

1. 在得出牛奶的个人需求曲线时，下列因素除（　　）外均保持为常数。
   A. 个人收入　　　　B. 其余商品的价格　　C. 个人偏好　　　　D. 牛奶的价格

2. 所有其他因素不变，某种商品的价格上升，将导致（　　）。
   A. 需求增加　　　　B. 需求减少　　　　　C. 需求量增加　　　D. 需求量减少

3. 会使某商品需求曲线左移的因素是（　　）。
   A. 消费者收入提高　　　　　　　　　　　B. 替代品的价格上升
   C. 互补品的价格上升　　　　　　　　　　D. 预期未来价格要上升

4. 会使某商品供给曲线向右方移动的因素是（　　）。
   A. 生产技术提高　　　　　　　　　　　　B. 预期该商品未来价格要上升
   C. 投入品价格上升　　　　　　　　　　　D. 需求下降

5. 消费者预期大米未来价格要上涨，则对大米当前需求会（　　）。
   A. 减少　　　　　　　　　　　　　　　　B. 增加
   C. 不变　　　　　　　　　　　　　　　　D. 上述三种情况都可能

6. 所有下列因素，除（　　）外都会使录音机的需求曲线变动。
   A. 录音机价格下降　　　　　　　　　　　B. 消费者收入增加
   C. 磁带价格下降　　　　　　　　　　　　D. 消费者偏好变化

7. 如果两种相关商品是大米和白面，则大米的价格下降将造成（　　）。
   A. 大米的需求曲线向右移动　　　　　　　B. 大米的需求曲线向左移动
   C. 白面的需求曲线向右移动　　　　　　　D. 白面的需求曲线向左移动

8. 一个商品价格下降对其互补品最直接的影响是（　　）。
   A. 互补品的需求曲线向右移动　　　　　　B. 互补品的需求曲线向左移动
   C. 互补品的供给曲线向右移动　　　　　　D. 互补品的价格上升

9. 在得出稻谷的供给曲线时，下列因素除（　　）外均保持为常量。
   A. 技术水平　　　　　　　　　　　　　　B. 投入价格
   C. 自然特点（如气候状况）　　　　　　　D. 稻谷的价格

10. 假如生产汽车所需的原料价格上升了，则汽车的（　　）。

A. 需求曲线向左方移动 B. 供给曲线向左方移动
C. 需求曲线向右方移动 D. 供给曲线向右方移动

11. 如果消费者对某电视机品牌的偏好突然增加，同时该品牌电视机的生产技术有很大改进，那么该品牌电视机的（　　）。
    A. 需求曲线和供给曲线都向右移动并使均衡价格和产量提高
    B. 需求曲线和供给曲线都向右移动并使均衡价格和产量下降
    C. 需求曲线和供给曲线都向左移动并使均衡价格上升而均衡产量下降
    D. 需求曲线和供给曲线都向右移动并使均衡产量增加，但均衡价格可能上升、下降或不变

12. 假定 X 商品是生产 Y 商品的生产要素投入品，而 Y 商品和 Z 商品是互补商品，在其他条件不变的情况下，X 商品价格下降时，可以预知的是（　　）。
    A. Y 商品的供给会减少，Z 商品的需求会增加
    B. Y 商品的供给会增加，Z 商品的需求会增加
    C. Y 商品的供给会减少，Z 商品的需求会减少
    D. Y 商品的供给会增加，Z 商品的需求会减少

13. 高档时装的需求富有弹性，则高档时装价格下降（　　）。
    A. 会使销售收益增加 B. 会使该商品销售收益下降
    C. 该商品销售收益不变 D. 销售收益可能增加也可能下降

14. 下列情况中不正确的是（　　）。
    A. 如果供给减少，需求不变，均衡价格将上升
    B. 如果供给增加，需求减少，均衡价格将下降
    C. 如果需求减少，供给增加，均衡价格将上升
    D. 如果需求增加，供给减少，均衡价格将上升

15. 小麦歉收导致小麦价格上升，准确地说在这个过程中（　　）。
    A. 小麦供给的减少引起需求量下降
    B. 小麦供给的减少引起需求下降
    C. 小麦供应量的减少引起需求量下降
    D. 小麦供应量的减少引起需求下降

16. 某商品的替代品的价格下降和互补品的价格下降，分别引起该商品的需求变动量为 40 单位和 70 单位，则在它们的共同作用下该商品需求数量（　　）。
    A. 增加 110 单位 B. 减少 30 单位
    C. 增加 30 单位 D. 减少 110 单位

17. 可以推论：磁带和录音机之间的需求交叉弹性（　　）。
    A. 为正，表明它们是正常商品 B. 为正，表明它们是低档商品
    C. 为正，表明它们是互补商品 D. 为负，表明它们是互补商品

18. 如果对牛奶的需求是富有价格弹性的，则其价格下降 20% 会使（　　）。
    A. 牛奶的需求量减少超过 20% B. 牛奶的需求量增加超过 20%
    C. 牛奶的需求量减少少于 20% D. 牛奶的需求量增加少于 20%

19. 如果某商品的供给和需求都是稳定的，则政府强制提高该商品的价格会（　　）。
    A. 增加该商品的供给而减少该商品的需求

B. 增加该商品的需求而减少该商品的供给

C. 增加该商品的供应量而减少该商品的需求量

D. 减少该商品的供应量而增加该商品的需求量

20. 政府把某些商品的价格限制在均衡水平以下可能导致（　　）。

　　A. 大量积压

　　B. 黑市交易

　　C. 买者按低价买到了希望购买的商品数量

　　D. 激励供给增加

三、简答题

1. 影响商品需求的主要因素有哪些？
2. 影响商品供给的主要因素有哪些？
3. 影响需求价格弹性的因素有哪些？
4. 需求量的变动和需求的变动有何区别？
5. 供应量的变动和供给的变动有何区别？
6. 运用弹性理论画图分析说明石油输出国组织为什么要限制石油产量。
7. 分析说明下述因素对鸡肉的需求曲线的影响。
   ① 一项新研究发布：鸡生长过程中摄入的激素成分可能对人体有害。
   ② 鸡饲料价格上涨。
   ③ 养鸡场投入巨资为鸡肉做广告。
   ④ 消费者的收入水平提高。
8. 分析说明下述因素对羽绒服供给曲线的影响。
   ① 羽绒服的面料涨价。
   ② 气象局发布消息：今年冬天很有可能是"暖冬"。
   ③ 受金融危机影响，羽绒服行业中工人工资下降。
   ④ 实现了羽绒服生产中关键环节的技术革新。
9. 分析实行最高限价可能产生的后果。
10. 画图分析说明"谷贱伤农"。

四、计算题

1. 已知某一时期内某商品的需求函数为 $Q_d = 100 - 5P$，供给函数为 $Q_s = -50 + 5P$。（1）求均衡价格和均衡数量。（2）求该商品供求均衡时的需求价格弹性和供给价格弹性。

2. 已知某商品的需求函数 $Q_d = 500 - 4P$，求需求量 $Q = 100$ 时的需求价格弹性，在此弹性值上如果需求量下降5%，价格应当变化多少？全部销售收入是上升还是下降？

3. 某客运公司的汽车票下降10%，使另一家客运公司的乘客数量从去年同期的50 000人下降到40 000人，试问交叉弹性为多少？

实 践 训 练

训练目标

1. 通过实地调查，能够了解影响某种商品的需求的因素。
2. 通过分析现实经济问题，能够解释某种商品价格变化的原因并提出解决措施。

训练1 跟踪调查某种商品的需求情况及影响需求的因素

训练要求：

（1）组成调查小组，明确分工。

（2）各组进行实地调查，将调查情况记录在表2-7中。

（3）提交书面调查报告，班内交流。

表2-7 ×××（商品）需求情况调查进度表

商品：			
小组成员：			
调查地点：			
调查时间	调查对象	调查内容	调查情况记录

训练2 现实问题解析——口罩价格涨跌背后的经济学道理

材料一

2月3日，在国务院应对新型冠状病毒感染的肺炎疫情联防联控机制举行的新闻发布会上，国家市场监督管理总局副局长甘霖表示对于个别商家哄抬口罩价格的行为，要加大监测力度、加大执法力度。

事实上，为了化解口罩难买的问题，各地新招频出，比如，上海全面启动了"居（村）委会预约登记＋指定药店购买"口罩供应方式；厦门实施了线上摇号买口罩；杭州则对市民成功预约的口罩进行统一配送上门……

资料来源：发"口罩财"？别给抗疫添乱了．河北经济日报，2020-02-04．

材料二

在一线防疫物资短缺的情况下，数千家企业纷纷转产，展示出中国制造的另一种速度。

2月6日，上汽通用五菱发布消息，称将联合从事相关行业的供应商转产口罩，建成后可日产170万只；2月8日，比亚迪宣布，着手防护物资生产设备的设计和制造，援产口罩和消毒液，以满足当前对防护物资的迫切需求；2月11日，广汽集团第一台口罩生产设备已开始进行安装和调试。

据统计，1月1日至2月7日，全国超过3 000家企业经营范围新增了"口罩、防护服、消毒液、测温仪、医疗器械"等业务。

国研中心产经研究部第四研究室主任许召元认为，3 000多家企业，在短短的几天内就成功转产，这背后体现了中国制造强大的生产能力，齐全的配套能力和高效的应变能力，也体现了中国制造为国担当的使命和情怀。

资料来源：展示速度智慧与担当 中国制造抗疫显神威．上海证券报，2020-02-24．

材料三

防疫物资供应继续好转。3月5日一次性医用口罩供应基本稳定，但呈间歇性缺货。

3月10日一次性医用口罩供应进一步改善,各调查点不再限购,基本能够满足普通群众购买需要。同时价格开始回落,各调查点市场销售价格从原来的4.50~5.00元/个,降至3.50~4.00元/个;从3月15日开始,一次性医用口罩供应充足,品种增多,价格回落至3.00~3.50元/个,普通群众不再为购买口罩、消毒酒精等防疫物资发愁。

资料来源:复工复产成效显现,我市重要民生商品价格回落. 广元日报,2020-04-06.

训练要求:

(1) 阅读材料,用供求均衡理论画图分析口罩价格变化的原因。

(2) 阅读材料,分析比亚迪、五菱在疫情中跨界造口罩的行为。

第 3 章 消费者行为

学习导图

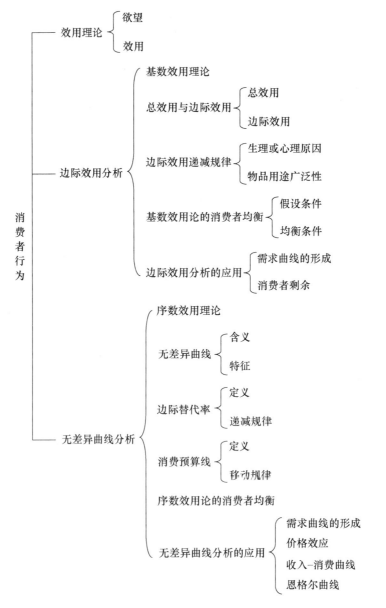

> **经济问题**　　　　　　**宝洁公司的洗发水品牌**
>
> 　　宝洁公司是世界上最大的日用消费品公司之一,这个跨国公司自1989年进入中国以来,在洗发水行业掀起了一个又一个让人叹为观止的波澜。改革开放初期的中国,人们生活开始向小康迈进,宝洁公司已经意识到这个庞大的群体将成为未来的消费主流。秀发如此光滑闪亮,一把梳子让松松编织的发结像波浪般柔美飞旋开来,这则经典的海飞丝广告让国人大开眼界,一场倡导洗头的革命也在人们心甘情愿掏钱买海飞丝的时候完成了。紧接着,宝洁公司又告诉人们,光去头屑还不够,营养也很重要,于是潘婷来了;洗完头发,柔顺的感觉才妙,于是飘柔来了。从此,在漫长二十年的时间里,以营养、柔顺、去屑为代表的宝洁三剑客潘婷、飘柔、海飞丝几乎垄断了中国洗发水市场的绝大部分份额。想在洗发水领域有所发展的企业无不被这三座大山压得喘不过气来。就在海内外品牌还在摇旗呐喊的时候,宝洁又神不知鬼不觉地开辟了新的战场,沙宣、伊卡璐又来到消费者身边。"在对手关注我之时,我在关注消费者。我们真正的对手只有一个,是消费者。"这是宝洁公司在市场上长胜不衰的秘诀。
> 　　**思考题**:宝洁公司为什么不集中做同一品牌的洗发水呢?试用微观经济学理论分析其原因。

> **章 前 导 读**
>
> 　　从第2章的分析可知,需求规律是商品的需求量与其价格呈反方向变动的规律,需求曲线是从左上方向右下方倾斜的。为什么需求曲线会呈现这一形状呢?本章的主要任务就是说明存在于这种关系背后的原因。微观经济学的需求理论也就是消费者行为理论,是经济学家对消费问题的观点和看法。它是关于在消费者收入有限的条件下,购买物品效用最大化问题的理论。

3.1　效　用　理　论

　　消费者（consumer）又称居民户,是指具有独立经济收入来源,能做出统一的消费决策的单位。消费者可以是个人,也可以是由若干人组成的家庭。消费者的最终目的不仅是要从物品和劳务的购买和消费中获得一定的满足,而且要在既定收入的条件下获得最大的满足。

　　每个消费者都希望自己过得幸福,那么什么是幸福呢?消费者又如何才能获得幸福呢?

　　经济学早期创始人之一的杰里米·边沁指出,当人们的欲望得到全部或部分满足时会感到舒服和愉悦,这种舒服和愉悦的感觉就是幸福,反之是痛苦。

　　现代经济学大师保罗·萨缪尔森构造了一个幸福方程式,即幸福=效用/欲望。从这个公式中可以看到,人们要想获得幸福的途径主要有以下两条。

　　第一,人们增加自己效用的前提是拥有更多的商品。商品须用货币交换,在市场经济中收入和财富分配最主要的标准是按贡献标准,一个人在生产中的贡献大,其获得的收入也大。再进一步分析,个人在社会生产中的贡献主要取决于其生产能力的高低,美国当代著名经济学家舒尔次、贝克尔等人的研究表明,学习是提高个人生产能力的最关键因素。

　　第二,人们可以通过控制欲望来获得幸福。西方国家学者的研究表明,中国封建社会的农民尽管生活水平普遍低下,但要比同时期的西方国家农民更幸福,其原因在于中国农民历来有小富即安的思想。当然,这两条可以让人们生活得更幸福的途径是有本质区别的,前者是积极地追求幸福,后者是消极地追求幸福。人们在追求幸福的过程中应该以第一种为主,以第二种为辅。

3.1.1 欲望

研究消费者行为的出发点是欲望，归宿是欲望的满足，即效用。欲望是指一种缺乏的感觉与求得满足的愿望。西方经济学研究消费者行为通常从欲望的研究开始。欲望是指人们的需要，也是人们的一种心理感觉。

驱使人们不断追求更高层次需要的动力就是人们的无限的欲望。可是，人们的欲望或需要不可能得到无限的满足。因为任何社会的资源都有限，因而能够提供的产品也有限；一个人的生命有限，不可能满足所有的欲望，只能满足部分欲望；欲望或需要的满足必须依靠他人的劳动来提供，而任何人所能提供的劳动都有限，因而也不能满足无限的欲望或需要。正因为满足人们的欲望或需要有限，人们必须在资源、产品和时间中加以最优选择，才产生了消费行为理论。

3.1.2 效用

支配消费者行为的潜在力量是商品和劳务所提供的效用。效用（utility）是指物品能满足人们欲望的能力。它是人们所需要的一切商品和劳务所共有的一种特性。西方经济学家认为，效用是消费者的一种主观心理感觉，它取决于消费者对商品和劳务的主观评价。因此效用会因人、因时、因地而不同。这就是说，同一物品对于不同的人会有不同的效用。比如，咖啡对于喜欢喝咖啡的人来说效用很大，但对于不喜欢咖啡的人来说，则效用很小，甚至因喝咖啡痛苦而产生负效用。同样的物品对同一个人在不同的时间和地点，效用也不同。比如，一杯水对一个住在泉水边上的人来说，没有什么效用，但对于一个在沙漠中旅行的人来说，则效用很大；扇子在夏天对人们具有较大的效用，但在冬天对于正常的人就没有什么效用，因此除非给出特殊的假定，否则效用是不能在不同的人之间进行比较的，但就某一个确定的消费者而言，可以判定某种商品对他的效用的大小。

《明史》中关于朱元璋与"珍珠翡翠白玉汤"的故事，不仅被拍成电视剧广为流传，还被编成相声名段为众人所喜爱。要饭的做的"杂合菜"能得到朱元璋的大加赞赏，名厨用最好的原料烧的"珍珠翡翠白玉汤"却总不能让朱元璋满意，这是因为时间与地点不同、饥饿程度不同造成的满足程度不同。

对效用概念的理解要注意以下两点。

（1）效用是对欲望的满足，所以效用与欲望一样都是消费者的一种心理感觉。这一概念强调的是消费者在消费某种物品时的主观感受程度。

（2）效用与使用价值不同。使用价值反映的是物品本身所具有的自然属性和客观属性，它不以人的主观感受为转移，而效用纯粹是人的主观心理感受，因时因地都会发生变化。

◇ 思考：物品的效用与使用价值有何不同？

3.2 边际效用分析与消费者均衡

3.2.1 基数效用理论

基数效用（cardinal utility）理论是边际效用学派所倡导的基本理论。边际效用学派是

19 世纪末 20 世纪初兴起的一个资产阶级经济学派。这种理论的奠基者和先驱者是德国经济学家戈森（Gossen）。他提出了两条关于效用的基本定律：第一，效用递减规律；第二，边际效用相等规律。这就是著名的"戈森定律"。边际效用学派后来的发展形成两大支流：一个是以心理分析为基础的主观心理学派，以奥地利的门格尔（Menger）为代表；另一个是以数学为分析工具的数理学派，以英国的杰文斯（Jevons）和法国的瓦尔拉（Walras）等为代表。基数效用论者认为，效用如同长度、重量等概念一样，大小可以用基数（1，2，3，…）来表示，可以具体衡量并加总求和。表示效用大小的计量单位被称作效用单位。根据基数效用理论，可以用具体的数字来说明和研究消费者效用最大化问题。这种理论所用的分析方法为边际效用分析法。

3.2.2 总效用与边际效用

总效用是指某个消费者在某一特定时期内消费一定数量的某种商品所获得的满足的总和，微观经济学通常假定总效用在某个范围内是商品数量的增函数，意思是总效用随商品数量的增加而增加。以 TU 表示总效用，X 表示该种商品的数量，则总效用函数为

$$TU = U(X) \tag{3-1}$$

边际效用就是从每增加的单位商品或劳务的消费中所得到的效用的增加量。用 MU 表示边际效用，则

$$MU = \frac{\Delta TU}{\Delta X} \tag{3-2}$$

如果消费量可以无限分割，总效用函数为连续函数时

$$MU = \lim_{\Delta X \to 0} \frac{\Delta TU}{\Delta X} = \frac{dTU}{dX} \tag{3-3}$$

现举例说明总效用、边际效用及两者之间的关系。假如小李吃面包的个数及面包对小李所产生的总效用和边际效用如表 3-1 所示。

表 3-1 总效用与边际效用

消费量（Q）	总效用（TU）	边际效用（MU）
0	0	—
1	30	30
2	50	20
3	60	10
4	65	5
5	68	3
6	68	0

从表 3-1 中可以看出，起初小李认为面包对其很有价值，他的满足程度会随着他获得的面包数量的增加而上升。例如，当他有 1 个面包时，他从第 1 个面包中获取的总效用是 30 个效用单位；当他有 2 个面包时，他获取的总效用为 50 个效用单位，以此类推。从表 3-1 中的第一栏和第二栏可以发现，小李的总效用随着其消费量的增加而增加。但是，从表 3-1 中还会观察到另外一个重要而有趣的现象：尽管随着面包的增加，小李获取的总效用在增加，但是当他消费更多的面包时，每个额外的面包依次给他的效用却逐渐减少；这

个新增加的单位商品所产生的总效用的变化额就是所谓的边际效用。从表3-1的第一行和第二行可以看出,第一单位消费的边际效用为30个效用单位,第二单位消费的边际效用为20个效用单位,其余以此类推。

如果把表3-1中的数字描绘在坐标图上,就可以得到总效用曲线和边际效用曲线,如图3-1(a)和图3-1(b)所示。

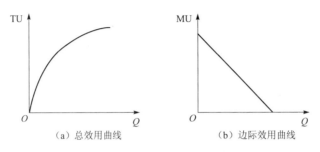

图3-1 总效用曲线和边际效用曲线

图3-1(a)表示小李消费面包时的总效用随着消费数量的增加,他所获取的总效用在增加;图3-1(b)表示小李消费面包时的边际效用随着消费量的增加而减少,说明新增加的那个面包给小李带来的效用增量小于上一个面包的效用增量。

关于边际效用,还有一点需要说明:对小李来说,其消费面包的边际效用递减,当他消费到第5个面包时,新增加的消费量所带来的边际效用将降为零。这时,他对面包已经完全满足,再多消费任何数量的面包也不会增加他任何的满足和效用。一旦达到了这个最大满足点,即使面包是免费提供的,小李也会拒绝消费。

根据表3-1和图3-1(a)、图3-1(b),总效用与边际效用之间的关系如下。

第一,边际效用为总效用函数的导数,而总效用为边际效用函数的积分。一定消费量的边际效用,可用总效用曲线在该消费量的斜率表示;该消费量的总效用,可用其边际效用曲线与两轴所包围的面积表示。设消费量为n,则

$$\mathrm{TU}_n = \int_0^n \frac{\mathrm{d\,TU}}{\mathrm{d}X}\mathrm{d}X \tag{3-4}$$

第二,总效用曲线以递减的速度上升,凹向横轴,具有正的斜率;边际效用曲线以递减的速度下降,凸向横轴,具有负的斜率。

第三,当边际效用为正时,总效用处于递增状态;当边际效用为0时,总效用达到最大;当边际效用为负时,总效用处于递减状态。

3.2.3 边际效用递减规律

在一定时间内,在其他商品的消费数量保持不变的情况下,随着消费者对某种商品所消费的数量的增加,总效用是增加的,但是消费者从该商品连续增加的每一消费单位中所得到的效用增量,即边际效用是递减的。这一特征被称为边际效用递减规律。

为什么边际效用会递减呢?可以通过以下两个方面进行解释。

第一,生理的或心理的原因。随着消费者消费一种物品的数量越多,生理上得到满足或心理上对重复刺激的反应会逐渐递减,相应的满足程度越来越小,到最后甚至会出现痛苦和反感。例如,连续吃一种食物的感觉。

第二，每种物品用途的广泛性。由于每种物品有多种用途，消费者会根据其重要程度不同进行排队，当他只有一个单位的物品时，作为理性的人一定会将该物品用于满足最重要的需求上，而不会用于次要的用途上；当他可以支配使用的物品共有两个单位时，其中之一会用在次要的用途上；有三个单位时，其中之一将用在第三级用途上，如此等等。所以某种消费品最后一个单位给消费者提供的效用一定小于前一个单位提供的效用，也就是边际效用在递减。

例如，你是公司管理层，要给员工涨工资，给月薪3 000元的人增加1 000元带来的效应一般来说比给6 000元月薪增加1 000元的大，甚至比给6 000元月薪的人增加2 000元的还大，所以给低收入的人增加月薪似乎对公司更有利；对同一个人更是明显，例如，他每月拿3 000元月薪时增加1 000元所带来的激励效果，一般情况下远远比他拿6 000元月薪时增加2 000元所产生的激励效果大。另外，经常靠增加薪水来维持员工的工作热情是不可取的，第一次涨薪1 000元后，员工非常激动，大大增加了工作热情；第二次涨薪1 000元，很激动，增加了一些工作热情；第三次涨薪1 000元，有点激动，可能增加工作热情；第四次……最后涨薪已经带来不了任何效果。因为根据马斯洛的需求理论，当薪水达到一定水平的时候，这时候他关注的重点已经发生了转移，所以激励方式、方法也应该随之变化。例如，某企业在每次涨薪时都想达到和第一次涨薪1 000元相同的效果，那么第二次涨薪可能需要2 000元，第三次可能需要3 000元……或者在薪水涨到一定程度后，采用红包的形式更加富有激励和引导效果。当然，使用其他激励措施，例如，第二次可以安排其参加职业发展培训，第三次可以对其在职位上进行提升，虽然花费可能相当，但由于手段不同，最后取得了更好的效果。

边际效用的应用非常广泛，当然也有少数例外情况。例如，嗜酒如命的人，越喝越高兴，或者集邮爱好者收藏一套邮票，那么这一套邮票中最后收集到的那张邮票的边际效用是最大的。

3.2.4 基数效用论的消费者均衡

消费者均衡是研究消费者把有限的货币收入用于购买何种商品、购买多少能达到效用最大，即研究消费者的最佳购买行为问题。消费者均衡状态就是消费者购买一定数量的一组商品时达到效用最大的相对静止状态，即在这一定量的一组商品中，增加或减少某一种商品，都会使消费者总效用减少。

消费者均衡的假设条件如下。

第一，消费者的偏好既定。这就是说，消费者对各种物品效用的评价是既定的，不会发生变动。也就是说，消费者在购买物品时，对各种物品购买因需要程度不同，排列的顺序是固定不变的。比如一个消费者到商店去买盐、电池和点心，在去商店之前，对商品购买的排列顺序是盐、电池、点心，这一排列顺序到商店后也不会发生改变。这就是说先花第一元钱购买商品时，买盐在消费者心目中的边际效用最大，电池次之，点心排在最后。

第二，消费者的收入既定。由于货币收入是有限的，货币可以购买一切物品，所以货币的边际效用不存在递减问题。因为收入有限，需要用货币购买的物品很多，但不可能全部都买，只能买自己认为最重要的几种。因为每一元货币的功能都是一样的，在购买各种商品时最后多花的每一元钱都应该为自己增加同样的满足程度，否则消费者就会放弃不符合这一条件的购买量组合，而选择自己认为更合适的购买量组合。

第三，物品的价格既定。由于物品价格既定，消费者就要考虑如何把有限的收入分配于各种物品的购买与消费上,以获得最大效用。由于收入固定,物品价格相对不变,消费者用有限的收入能够购买的商品所带来的最大满足程度也是可以计量的。因为满足程度可以比较,所以对于商品的不同购买量组合所带来的总效用可以进行主观上的分析评价。

根据基数效用理论考察,如果消费者收入是固定的,市场上各种商品价格是已知的,则消费者实现效用最大化的均衡条件是:消费者购买各种商品的边际效用与价格之比相等,即等于货币的边际效用。假设消费者总收入为 I,购买 n 种商品,价格分别是 P_1,P_2,…,P_n,各种商品的边际效用分别是 MU_1,MU_2,…,MU_n,购买各种商品的数量分别是 X_1,X_2,…,X_n,货币的边际效用是 λ,则均衡条件可表示为

$$\frac{MU_1}{P_1} = \frac{MU_2}{P_2} = \cdots = \frac{MU_n}{P_n} = \lambda \tag{3-5}$$

限制条件为

$$P_1 X_1 + P_2 X_2 + \cdots + P_n X_n = I \tag{3-6}$$

假设消费者只购买两种商品,则均衡条件和限制条件可简化为

$$\frac{MU_1}{P_1} = \frac{MU_2}{P_2} = \lambda \tag{3-7}$$

$$P_1 X_1 + P_2 X_2 = I \tag{3-8}$$

如果能够满足上述两个条件,当消费者把有限的收入分配于各种物品的购买上时,其总效用就会最大。其基本思想是:消费者用每一单位货币买到的边际效用相等时,消费者就从购买的消费品中获得了最大满足或者说效用。

当 $\frac{MU_1}{P_1} < \frac{MU_2}{P_2}$ 时,这说明对于消费者来说,同样的 1 元钱购买商品 1 所得到的边际效用小于购买商品 2 所得到的边际效用。这样,理性的消费者就会调整这两种商品的购买数量:减少对商品 1 的购买量,增加对商品 2 的购买量。在这样的调整过程中,一方面,当消费者用减少 1 元钱的商品 1 的购买来相应地增加 1 元钱的商品 2 的购买时,由此带来的商品 1 的边际效用的减少量是小于商品 2 的边际效用的增加量的,这意味着消费者的总效用是增加的。另一方面,在边际效用递减规律的作用下,商品 1 的边际效用会随其购买量的不断减少而递增,商品 2 的边际效用会随其购买量的不断增加而递减。当消费者将其购买组合调整到同样 1 元钱购买这两种商品所得到的边际效用相等时,即达到 $\frac{MU_1}{P_1} = \frac{MU_2}{P_2}$ 时,他便得到了由减少商品 1 购买和增加商品 2 购买所带来的总效用增加的全部好处,即消费者此时获得了最大的效用。

相反,当 $\frac{MU_1}{P_1} > \frac{MU_2}{P_2}$ 时,这说明对于消费者来说,同样的 1 元钱购买商品 1 所得到的边际效用大于购买商品 2 所得到的边际效用。同理,理性的消费者会进行与前面相反的调整过程,直至 $\frac{MU_1}{P_1} = \frac{MU_2}{P_2}$,从而获得最大的效用。

同理可说明 $\frac{MU_i}{P_i} = \lambda$ 的情况。

下面举例说明消费者均衡的原则。假定某人购买 10 单位 X 物品时,X 的边际效用为 20,如果 $P_X = 5$ 美元,则每 1 美元购买 X 时买到的边际效用为 4。再假定他购买 14 单位 Y

时，Y 的边际效用为 12，如果 $P_Y=6$ 美元，则每 1 美元购买 Y 时买到的边际效用为 2。这时，该消费者一定会感到与其用货币买 Y，不如用货币多买 X，因为买 X 时每 1 美元可买到的边际效用为 4，而买 Y 时每 1 美元只买 2 个边际效用，即 $\frac{20}{5}>\frac{12}{6}$。假定他逐渐多买 X 到 16 单位时，X 的边际效用降为 15，而逐渐减少 Y 购买到只买 9 单位 Y 时，Y 的边际效用增加为 18，则该消费者就决定买 16 单位 X 和 9 单位 Y，因为这时他无论是买 X 还是买 Y 都会买到数量为 3 的边际效用 $\frac{15}{5}=\frac{18}{6}$。如果这时他再进一步多买 X，则 X 的边际效用会进一步减少，Y 的边际效用会进一步增加，从而使他的每 1 美元在买 X 和 Y 时所获得的边际效用不相等，从而使总效用减少。

例如，你带 1 000 元去商场，准备购买一件上衣和一条裤子，你看上了一套名牌服装，这件服装虽然你很喜欢但价格超出了 1 000 元，也就是说给你带来的效用虽然大，但超出了你的支付能力；你说你就带了 1 000 元，卖服装的售货员又给你推荐了另外一套价格为 1 000 元的服装，但你觉得不值，经过货比三家，在充分选择的基础上你终于选到了喜欢的服装，也恰好是 1 000 元。在对一种商品决策"买不买"时，会把效用与价格进行比较。当对自己购买的服装最满意的时候，也就是花钱最少，得到的效用最大。

案例评析 3-1　如何使你的总成绩最高

如果你是一名大学生，你应该如何利用有限的时间来提高你的总成绩呢？你应该在每一门功课上花费相同的学习时间吗？当然不是，你可能发现在高等数学、英语、经济学和管理学上花费相同的学习时间时，各门课所用的最后一分钟并没有给你带来相同的分数。如果花费在经济学上的最后一分钟提高的边际分数大于管理学，那么就把学习时间从管理学转移到经济学上，直到花费在每一门功课上的最后一分钟所提高的分数相等为止。这样你就最佳地利用了你的时间，因而就会提高你的总成绩。

3.2.5　边际效用与需求曲线

按照需求定律，需求量与价格成反方向变化，这是什么原因呢？关于这个问题，西方经济学家用边际效用递减规律来解释。

任何购买行为都是一种交换行为，消费者以货币交换所需求的商品。在交换过程中，消费者支出的货币有一定的边际效用，所购买的商品也有一定的边际效用，消费者通常用货币的边际效用来计量物品的效用。由于单位货币的边际效用是递减的，因此消费者愿意付出的货币量就表示买进商品的效用量，而消费者对两种商品所愿付出的价格的比率，是由这两种商品的边际效用所决定的，边际效用越大，愿支付的价格（需求价格）越高；反之，边际效用越小，需求价格就越低。根据边际效用递减规律，既然边际效用越来越小，那么消费者对商品购买越多，所愿支付的价格就会越少。这样，消费者买进和消费的某种商品越多，他愿支付的价格（即需求价格）就越低，反过来说，价格越低，需求量越大。可见，一个消费者的实际需求价格反映了该商品的边际效用，而边际效用是随着购买数量的增加而减少的，于是价格也就随着数量的增加而降低，或者需求量随价格的降低而增加。因此，需求曲线也就是边际效用曲线，它是从左上方向右下方倾斜的。

200 多年以前，亚当·斯密在《国富论》中提出了价值悖论：没有什么能比水更有用，然而水很少能交换到任何东西；相反，钻石几乎没有任何使用价值，但却可以交换到大量的其他物品。

200 年以前，这一悖论困扰着亚当·斯密，今天经济学家已经可以对此做出解释：水的价格取决于它的边际效用，取决于最后一杯水的有用性。由于有如此之多的水，所以最后一杯水只能以很低的价格出售。即使最初的几滴水相当于生命自身的价值，但最后的一些水仅仅用于浇草坪或洗汽车。因此，像水那样非常有用的商品只能以几乎接近于零的价格出售，因为最后一滴水几乎一文不值。商品的数量越多，它的最后一单位的相对购买愿望越小。因此，为什么大量的水具有低微的价格，为什么必不可少的物品，如空气，成为免费物品，其答案就清楚了——巨额的数量使其边际效用大大减少，因而降低了这些重要物品的价格。

3.2.6 消费者剩余

消费者剩余是消费者消费某商品所愿意付出的价格与他购买该商品时实际支出的差额，用来衡量消费者从交换中得到的利益。它反映了消费者通过购买和消费商品所感受到的状态的改善。

为什么会产生消费者剩余呢？因为在消费者购买商品时，消费者对每一单位商品所愿意支付的价格取决于这一单位商品的边际效用。由于商品的边际效用是递减的，所以消费者对某种商品所愿意支付的价格是逐步下降的。但是，消费者对每一单位商品所愿意支付的价格并不等于该商品在市场上的实际价格。事实上，消费者在购买商品时是按照实际的市场价格支付的。于是，在消费者愿意支付的价格和实际的市场价格之间就产生了一个差额，这个差额便构成了消费者剩余。例如，一瓶水的市场价格为 2 元，某人口渴，在购买第一瓶水时，他认为值得付 6 元去购买这瓶水，于是当这个消费者以市场价格 2 元购买这瓶水时，就创造了 4 元的消费者剩余。随着水的边际效用递减，他买第二瓶水时，所愿意支付的价格就递减为 3 元。这样，他买 2 瓶水所愿意支付的总数量为 $6+3=9$（元），但他实际按市场价格支付的总数量为 $2\times2=4$（元），两者的差额为 $9-4=5$（元）。这个差额就是消费者剩余。

消费者剩余的概念可用图 3-2 来说明。

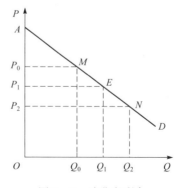

图 3-2 消费者剩余

在图 3-2 中，横轴表示商品量，纵轴代表价格，D 代表消费的需求曲线，表明商品量少时，消费者愿意付出的价格高，随着商品数量的增加，消费者愿意付出的价格越来越低。

消费者对每单位商品所愿意付出的价格是不同的，当他购买 OQ_0 的商品时，愿意付出的货币总额为 OQ_0MA 围成的面积 S_{OQ_0MA}。但是，这时市场价格为 OP_0，所以他购买 OQ_0 商品实际支付的货币总额为 $S_{OQ_0MP_0}$。他愿意付出的货币减去他实际支付的货币的差额，在图上表示为 $S_{OQ_0MA} - S_{OQ_0MP_0} = S_{P_0MA}$，这是消费者剩余。当商品价格下降为 OP_1 时，购买的商品量为 OQ_1，这时消费者愿意付出的货币总额为 S_{OQ_1EA}，实际付出的货币总额为 $S_{OQ_1EP_1}$，消费者剩余为 S_{P_1EA}。这表示，当商品价格下降、需求量增加时，消费者剩余增加。

在这里需要说明的是，对消费者来说，他愿意付出的价格取决于他对该物品效用的评价。而由于边际效用是递减的，那么他愿意付出的价格随物品数量的增加而递减。但市场价格则是由整个市场的供求关系决定的，决定商品价格的是全体消费者和供给者，而不会因某一消费者愿望而发生转移，即对某一消费者来说市场价格是相对固定的，由此，随着消费者购买某种商品数量的增加，他愿意付出的价格在不断下降，而市场价格不变，那么他从每单位商品购买中所获得的消费剩余逐渐在减少。

需要强调的是，消费者剩余并不是消费者实际收入的增加，只是一种心理感觉，因为边际效用纯粹是人们主观的心理作用，但这个概念对分析消费者行为有着重要的实践意义。

例如在现实生活中，讨价还价的事情随处可见，并且人人几乎都有砍价杀价的经历，其目的都是希望用最合理的价格购买到最称心的商品。然而从砍价的经过到杀价的结果，人们的预期会因使用策略的不同发生很大的变化，有的可能杀价一帆风顺而结果令人灰心丧气，有的可能令人沮丧而效果超乎想象。之所以出现这种天壤之别，关键在于一部分人对"消费者剩余"知之不多，甚至根本不懂得运用消费者剩余理论去杀价。

通俗地说，"消费者剩余"就是消费者为购买一种商品或服务愿意支付的价格减去其实际支付后的节余部分。举个例子来说，多数人大概都曾对商场中的货架打过自己的算盘："这双鞋还不错，要是价格低于 200 元，我一定会买；当然，要是 80 元就更好了。"然后找到价格标签看一眼，是 180 元，尽管有点遗憾——180 元比 80 元高出了整整 100 元——人们仍然会欣然买下，毕竟 180 元比 200 元还低了 20 元。这时，经济学家会说："你所期望的 80 元没有什么意义，你甚至可以期望价格为 0；但是那个 200 元就大不一样，你肯花 200 元，就说明你认为这双鞋值 200 元。实际上你少花 20 元就买到了你想要的东西，那么从购买中你一定得到了一种满足的剩余。而这 20 元就是这种剩余满足的经济衡量，这就叫消费者剩余。"

明白了消费者剩余之后，我们在购买某件商品或者要求某种服务时，至少会积累一些砍价杀价的经验：首先，穿戴最好朴实。有些家境富裕的中产阶层上街就爱露富，可这架势对砍价杀价极为不利。其次，注意不露表情。老练的购物者是在发现物美价廉的商品后一点不露表情，先让卖主拿些其他商品来看，然后再有意无意地涉及真正欲买的东西，在"可买可不买"的表情下压价，往往十分奏效。再次，不妨声东击西。在砍价杀价时，要客观地找出欲购物品的不足之处，如你想买一件蓝色衬衫，且柜台里却有蓝、白、灰三种颜色，这时你可问有没有黄色的。卖主误认为你最喜欢的是黄色，便会为不能满足你的需求让步。此时你再为蓝色砍价，他多少会让利几分，因为他怕你到别处去找黄色的。最后，故意掏空腰包。对于某一商品，你明知卖主想多赚钱，可他又将价格封了底："我这休闲服 220 元一件进的货，你总不能让我做赔本生意吧！"这时你可说就剩这 200 元了，你不卖只好算了；此时卖主如果觉得 200 元也有利可图，他是不会放过这个"掏空腰包者"的。

"消费者剩余"可能是正数，也可能为负数，并且与"生产者剩余"（商品的生产者出售一种商品得到的收入减去其成本所赚到的利润）成反比例关系，这种此消彼长的内在联系，明白无误地揭示了"消费者剩余"减少部分的真实去向。所以运用消费者剩余理论砍价杀价，既是一种技巧也是一门艺术，很值得研究和探讨。

3.3 无差异曲线分析与消费者均衡

3.3.1 无差异曲线及其特征

1. 序数效用论

一些西方经济学家指出，基数效用论有种种缺点，比如物品的效用很难用数字准确表示，即使知道了某一物品对甲的效用量，但并不知道对乙的效用量，因为同一物品对不同的人来说，效用大小是不同的。还有某一物品的效用，不仅仅决定于这种物品的数量，它同时还受相关物品的数量变化的影响。所以，一些西方经济学家又提出了序数效用（ordinal utility）论。序数效用是按照第一、第二和第三……序数来反映效用的等级，这是一种按照偏好程度进行排序的方法。序数效用论者认为，效用的大小是无法具体衡量的，不可以加总求和，效用之间的比较只能通过顺序或等级（即用序数）来表示。这种序数效用的分析方法为无差异曲线分析法，现代微观经济学主要采用序数效用分析方法。

2. 消费者偏好假定

序数效用论者认为：对于各种不同的商品组合，消费者的偏好程度是有差别的，正是这种偏好程度的差别，反映了消费者对这些不同的商品组合的效用水平的评价。具体来说，有三个假定。

第一，完全性。对于任何两个商品组合 A 和 B，消费者总是可以做出且也只能做出以下三种判断中的一种：对 A 的偏好大于对 B 的偏好；对 B 的偏好大于对 A 的偏好；对 A 和 B 的偏好相同。

第二，可传递性。如果消费者对 A 的偏好大于对 B 的偏好，对 B 的偏好大于对 C 的偏好，那么在 A，C 这两个组合中，必有对 A 的偏好大于对 C 的偏好。

第三，非饱和性。如果两个商品组合的区别仅在于其中一种商品的数量不相同，那么消费者总是偏好含有这种商品数量较多的那个商品组合。

3. 无差异曲线

1）无差异曲线的含义

无差异曲线是表示对于消费者来说能产生同等满足程度的各种不同组合点的轨迹。如果两种商品不仅可以相互替代，并且能够无限可分，则消费者可以通过两种商品的此消彼长的不同组合来达到同等的满足程度。假定某个消费者按既定的价格购买两种商品 X 和 Y，购买 5 单位商品 X 和 25 单位商品 Y 或者 10 单位商品 X 和 18 单位商品 Y 给他所带来的满足是相同的。那么，这两种配合中任一种对这个消费者来说，都是无差异的。事实上，这个消费者在购买 X 和 Y 两种商品的过程中，会产生一系列无差异配合，形成无差异表。X 和 Y 两种商品的无差异组合如表 3-2 所示（以下用斜体字母 X、Y 表示商品 X 和商品 Y 的数量）。

表 3-2 两种商品的无差异组合

组合方式	X	Y
A	5	25
B	10	18
C	15	13
D	20	10
E	25	7

将表 3-2 中的种种不同组合在平面坐标上用对应的点表示,然后连接起来,就得到一条无差异曲线,如图 3-3 所示。

2) 无差异曲线的特点

第一,同一平面上有无数条无差异曲线,同一条无差异曲线代表同样的满足程度,不同的无差异曲线代表不同的满足程度,离原点越远的无差异曲线代表的满足程度越高,离原点越近的无差异代表的满足程度越低。

在图 3-4 中,I_1、I_2、I_3 代表三条不同的无差异曲线,按效用水平比较有 $I_1 < I_2 < I_3$。

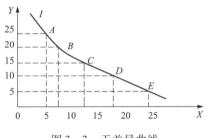

图 3-3 无差异曲线

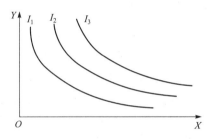

图 3-4 同一平面上的无差异曲线

第二,在同一平面图上,任意两条无差异曲线不能相交。如图 3-5 所示,点 A_1、A_2 在同一条无差异曲线 I_1 上,代表相同的效用水平,点 A_2、A_3 在同一条无差异曲线 I_2 上,点 A_2、A_3 代表相同的效用水平,因此 A_1、A_3 两点的效用水平也应该是相同的。但是在 A_3 点,X、Y 两种商品的数量都要多于 A_1 点,所以 A_3 点 X 和 Y 的组合提供的效用水平大于 A_1 点 X 和 Y 的组合提供的效用水平,即 A_1、A_3 两点的效用水平不能相等。所以,在同一平面图上任意两条无差异曲线不能相交。

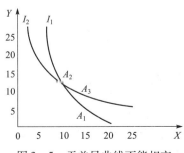

图 3-5 无差异曲线不能相交

第三,无差异曲线是一条从左上方向右下方倾斜的曲线,其斜率为负值。这就表明消费者为了获得同样的满足程度,增加一种商品的数量就必须减少另一种商品的数量,两种商品不可能同时增加或减少。

第四,一般情况下无差异曲线是凸向原点的,这一点可以用商品的边际替代率来说明。

3.3.2 边际替代率

商品的边际替代率(marginal rate of substitution)是指消费者为了保持相同的满足水平时增加一种商品的数量与必须放弃的另一种商品的数量之比,假如某个消费者购买 X、Y 两种商品,增加 1 个单位的商品 X 和放弃 2 个单位的商品 Y 给消费者带来的满足是相同的,那么 X 对 Y 的边际替代率就等于 2,写作

$$\mathrm{MRS}_{XY} = -\frac{\Delta Y}{\Delta X}$$

在研究商品替代关系时,注重的是它的绝对值,因此通常省去负号,从数学上看,边际替代率是沿着无差异曲线做微量移动时的变化率,所以实际上它就是无差异曲线的斜率。

可以举例说明商品替代率的计算。假设某消费者拥有的商品组合为 1 个单位的商品 X 和 35 个单位的商品 Y,他为了增加 1 个单位的商品 X 而愿意放弃 11 个单位的商品 Y,边际替代率为 11/1 = 11。当他拥有商品组合为 2 个单位的商品 X 和 24 个单位的商品 Y 时,他为了增加 1 个单位商品 X 而愿意放弃 6 个单位的商品 Y,边际替代率为 6/1 = 6。当拥有商品组合为 3 个单位的商品 X 和 18 个单位的商品 Y 时,他愿意用 4 个单位的商品 Y 替代 1 个单位的商品 X,边际替代率为 4/1 = 4。当商品组合为 4 个单位的商品 X 和 14 个单位的商品 Y 时,他愿意用 2 个单位的商品 Y 替代 1 个单位的商品 X,边际替代率 2/1 = 2。最后当商品组合为 5 个单位的商品 Y 和 12 个单位的商品 Y 时,他只愿意用 1 个单位的商品 Y 换取 1 单位的商品 X,替代率 1/1 = 1。列成边际替代率表,如表 3 - 3 所示。

表 3 - 3 边际替代率表

商品组合	X	Y	边际替代率		
			ΔX	ΔY	$\Delta Y/\Delta X$
A	1	35	1		
B	2	24	1	11	11/1 = 11
C	3	18	1	6	6/1 = 6
D	4	14	1	4	4/1 = 4
E	5	12	1	2	2/1 = 2
F	6	11	1	1	1/1 = 1

根据表 3 - 3,可以绘制出商品的边际替代率的图形,如图 3 - 6 所示。

图 3 - 6 中,横轴为商品 X 的数量,纵轴为商品 Y 的数量,I 为无差异曲线。商品 X 对商品 Y 的边际替代率,为商品 X 的增加数与商品 Y 的减少数之比:

$$\mathrm{MRS}_{XY} = \frac{Y_2 - Y_1}{X_2 - X_1} = -\frac{\Delta Y}{\Delta X} \tag{3-9}$$

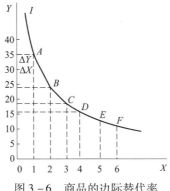

图3-6 商品的边际替代率

当点 A 沿着无差异曲线 I 接近点 B 时，$\dfrac{\Delta Y}{\Delta X}$ 接近点 B 切线的斜率。因此，就点 B 附近的微小变动来说，商品 X 对商品 Y 的边际替代率就是无差异曲线 I 在点 B 的切线的斜率。

由于消费者愿意以 $X_1 X_2$ 的 X 换取 $Y_2 Y_1$ 的 Y，说明它们的边际效用相等。

$$\Delta X \cdot \mathrm{MU}_X = -\Delta Y \cdot \mathrm{MU}_Y$$

$$-\frac{\Delta Y}{\Delta X} = \frac{\mathrm{MU}_X}{\mathrm{MU}_Y} \tag{3-10}$$

所以，商品 X 对商品 Y 的边际替代率，实际上是其边际效用之比：

$$\mathrm{MRS}_{XY} = \frac{\mathrm{MU}_X}{\mathrm{MU}_Y} \tag{3-11}$$

序数效用论者在分析消费者行为时提出了商品的边际代替率递减规律的假定。

商品的边际替代率递减规律是指：在维持效用水平不变的前提下，随着一种商品消费数量的连续增加，消费者为得到每一单位的这种商品所需要放弃的另一种商品的消费数量是递减的。例如，在图 3-6 中，在消费者由 A 点经 B、C、D 点运动到 E 点的过程中，随着消费者对商品 X 的消费量的连续的等量的增加，消费者为得到每一单位的商品 X 所需放弃的商品 Y 的消费量是越来越少的。也就是说，对于连续的等量的商品 X 的变化量 ΔX_1 而言，商品 Y 的变化量 ΔY 是递减的。

商品的边际替代率递减的原因在于：当消费者处于商品 X 的数量较少和商品 Y 的数量较多的 A 点时，消费者会由于拥有较少数量的商品 Y 而对每一单位的商品 X 较为偏爱，同时会由于拥有较多数量的商品 Y 而对每一单位的商品 Y 的偏爱程度较低。于是，每一单位的商品 X 所能替代的商品 Y 的数量是比较多的，即商品的边际替代率比较大。但是，随着消费者由 A 点逐步运动到 D 点，消费者拥有的商品 X 的数量会越来越多，相应地，对每一单位商品 X 的偏爱程度会越来越低；与此同时，消费者拥有的商品 Y 的数量会越来越少，相应地，对每一单位商品 Y 的偏爱程度会越来越高。于是，每一单位的商品 X 所能替代的商品 Y 的数量便越来越少。也就是说，商品的边际替代率是递减的。

商品的边际替代率递减规律决定了无差异曲线的形状凸向原点，但在某些情况下则不然。如果对于消费者来说，两种商品是完全替代品，那么相应的无差异曲线为一条斜率不变的直线，商品的边际替代率 MRS_{XY} 为一常数。例如，若 1 kg 玉米粉总是可以完全替代 500 g 面粉，则无差异曲线如图 3-7(a) 所示。如果对于消费者来说两种商品是完全互补品，那么相应的无差异曲线呈现直角形状，与横轴平行的无差异曲线部分的商品的边际替代率

$MRS_{XY}=0$,与纵轴平行的无差异曲线部分的商品的边际替代率 $MRS_{XY} \to \infty$。例如,总是要按一副眼镜架和两片眼镜片的比例配合在一起,眼镜才能够使用,这种情况下的无差异曲线如图3-7(b)所示。

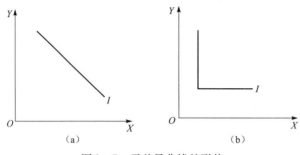

图3-7 无差异曲线的形状

◇ 思考:消费者的无差异曲线形状是如何决定的?厂商能否对消费者的无差异曲线形状进行影响?

3.3.3 消费预算线

1. 预算线

无差异曲线显示了商品提供的满足水平,但是在市场经济中何种满足水平能够成为现实,则取决于消费者的货币收入和商品价格,预算线就是消费者选择一定效用水平上的商品与劳务组合的限定条件。预算线表示消费者在收入和商品价格既定的条件下所能购买到的各种商品与劳务数量的最大组合。无差异曲线表示的是消费者的主观愿望,而预算线则是表示消费者实际消费的最大可能。

为了分析的简便,假定消费者只购买两种商品 X 和 Y,他每周的开支为6元,$P_X=1.5$元,$P_Y=1.0$元,按照两种商品价格该消费者在购买 X 和 Y 时可以选择多种不同的组合,如表3-4所示。

表3-4 可替代的两种商品的组合

组合方式	X	Y	组合方式	X	Y
A	4	0	D	1	$4\frac{1}{2}$
B	3	$1\frac{1}{2}$	E	0	6
C	2	3			

各种不同的组合都可以用图形表示,如图3-8所示。在该图中每一种购买方式都由一点表示,直线 EF 描述了这个消费者在支出他的6元收入时所能采取的全部购买方式,EF 表示了消费的可能性,称为预算线(budget line)。

如果用 M 表示消费者的货币收入,X、Y 表示消费者购买的两种商品数量,P_X、P_Y 分别表示商品 X 和商品 Y 的价格,根据预算线的意义则有 $M = X \cdot P_X + Y \cdot P_Y$,此式为一直线方程式。此方程式就是预算线的数学表达式。在图 3-8 中横轴代表 X，纵轴代表 Y，AB 为消费预算线，OA 表示消费者用全部收入 M 所能购买的商品 Y 的数量，OB 表示消费者用全部收入所能购买的商品 X 的数量。A 点是预算线在纵轴上的截距，等于 $\frac{1}{P_Y} \cdot M$；B 点是预算线在横轴上的截距，等于 $\frac{1}{P_X} \cdot M$，消费者预算线向右下方倾斜，斜率为负，其斜率为

$$\frac{OA}{OB} = \left(-\frac{1}{P_Y} \times M\right) \Big/ \left(\frac{1}{P_X} \times M\right) = -\frac{P_X}{P_Y} \tag{3-12}$$

2. 预算线的移动

无论是商品价格变动还是消费者的货币收入变动，都会影响消费者的购买数量，从而导致预算线的移动。

1）商品价格既定，消费者的货币收入变动

由于商品价格未变，预算线的斜率相同。如果货币收入增加，消费者可以购买更多的商品，预算线向右上方平行移动；如果货币收入减少，预算线向左下方平行移动，如图 3-9 所示。

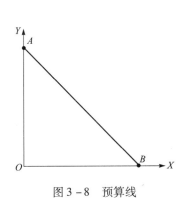

图 3-8 预算线

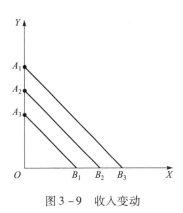

图 3-9 收入变动

2）货币收入既定，商品价格变动

由于商品价格发生了变动，预算线斜率发生了改变，预算线不再平行移动。如果商品价格下降，预算线向外旋转；如果商品价格上升，预算线向内旋转。图 3-10 表示商品 Y 的价格不变，商品 X 的价格变动所引起的预算线移动。图 3-11 表示商品 X 的价格既定，商品 Y 的价格变动所引起的预算线的移动。

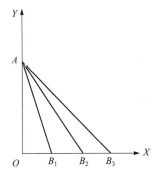

图 3-10 商品 X 的价格变动

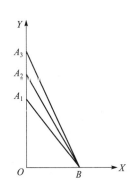

图 3-11 商品 Y 的价格变动

3.3.4 序数效用论的消费者均衡

从上面的分析中可以知道,从主观方面说,消费者可做出多种多样的选择以得到满足,这种选择由无差异曲线表示出来;从客观方面说,消费者又必然受到货币收入和价格的限制,这种限制由预算线表示出来。如何把客观限制和主观选择结合起来以求得消费的最大满足,或者说,如何以有限的货币收入在可买到的商品间做合理的配置以求得最大效用,是一个消费行为如何达到消费者均衡的问题。在序数效用论中研究消费者均衡所用的工具是无差异曲线与预算线。分析证明,在无差异曲线图上能够使消费者得到最大满足,即消费者最大效用均衡点恰是预算线同它可能达到的最高的无差异曲线相切的点。在切点上所代表的两种商品的量就是消费者用一定的货币收入所获得的效用达到最大值的最优购买量的组合,如图 3-12 所示。

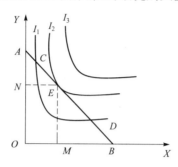

图 3-12 消费者均衡

在图 3-12 中,预算线 AB 与一条尽可能高的无差异曲线 I_2 的相切之点 E 就是消费者的均衡点,在这一点,消费者既用尽了既定的货币收入,又得到了最大的效用满足。当然,在图 3-12 中无差异曲线 I_3 代表的效用水平更高,但受消费者的货币收入和现行商品价格的影响,这是不能实现的;I_1 与预算线 AB 虽然有 C、D 两个交点,它能够实现,但 I_1 给消费者提供的满足水平要小于 I_2 所提供的满足水平,因而是不足取的。只有在无差异曲线 I_2 与预算线 AB 的相切之点 E,才是消费者行为的最佳境界。在这一点,预算线的斜率与无差异曲线的斜率正好相等。预算线的斜率是两种商品的价格比,无差异曲线的斜率是商品的边际替代率。因此,可以得出结论:消费者达到最大效用的均衡条件是两种商品的边际替代率或边际效用之比等于两种商品的价格之比,即

$$\mathrm{MRS}_{XY} = \frac{\mathrm{MU}_X}{\mathrm{MU}_Y} = \frac{P_X}{P_Y}$$

调整得

$$\frac{\mathrm{MU}_X}{P_X} = \frac{\mathrm{MU}_Y}{P_Y} \tag{3-13}$$

很显然,这个结果同前面运用边际效用的分析方法得出的结论是一致的。

◇ 思考:用基数效用论与序数效用论分析消费者均衡有何异同?

3.3.5 序数效用论与需求曲线、价格-消费曲线

在消费者货币收入不变和其他商品价格不变时,某种商品的价格发生变动,必然引起预

算线斜率的改变,使预算线与新的无差异曲线相切,形成新的均衡点。把该种商品不同价格水平下的消费者均衡点连接起来就可以得到一条平滑的曲线,这就是价格-消费曲线(price-consumption curve)。因此价格-消费曲线就是在收入和其他商品价格不变时,某种商品价格变动所引起的消费者均衡点移动的轨迹,如图3-13所示。在图3-13中横轴表示商品 X 的消费量,纵轴表示对其他商品 Y 的消费量,当预算线为 AB_1 时,与无差异曲线 I_1 相切,均衡点为 E_1。如果商品 X 的价格不断下降,预算线就会以 A 为轴点,向外旋转到 B_2、B_3,分别与较高的无差异曲线 I_2、I_3 相切,形成新的均衡点 E_2、E_3,把 E_1、E_2、E_3 连接起来,就得到价格-消费曲线。

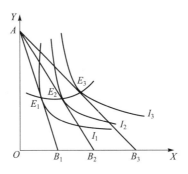

图 3-13 价格-消费曲线

基数效用论的分析表明:需求曲线向右下方倾斜是由边际效用递减规律和购买物品的效用最大化原则决定的。以序数效用论为基础的解释方法有所不同,按照它的分析,在消费者偏好和货币收入一定的条件下,无差异曲线和预算线随之确定,消费者为了获得最大满足而购买的物品数量也随之确定。从价格-消费曲线可以推导出需求曲线,如图3-14所示。

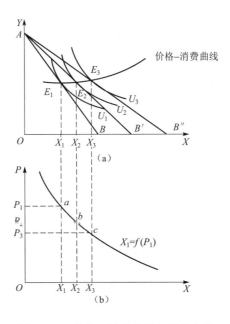

图 3-14 价格-消费曲线与需求曲线

在图 3 – 14（a）中，如果商品 X 价格下降，预算线将绕着它与纵轴的交点向外移动，形成新的均衡点，也就确定了消费者对商品 X 的最佳消费量。一定价格下的最佳消费量，也就是消费者心目中最符合愿望的需求量。所以把图 3 – 14(a)中不同价格水平下的均衡购买量在图 3 – 14(b)中表示出来，就得到需求曲线，它向右下方倾斜。序数效用论的分析同样表明：购买物品的最大效用原则是导致需求曲线向右下方倾斜的原因。

3.3.6 价格效应——替代效应与收入效应

一种商品价格的变化会引起该商品的需求量的变化，这种变化可以被分解为替代效应和收入效应两个部分。本节将分别讨论正常物品和低档物品的替代效应与收入效应，并以此进一步说明两类物品的需求曲线的形状特征。

1. 替代效应和收入效应的含义

当一种商品的价格发生变化时，会对消费者产生两种影响：一是使消费者的实际收入水平发生变化，在这里实际收入水平的变化被定义为效用水平的变化；二是使商品的相对价格发生变化。这两种变化都会改变消费者对该种商品的需求量。

例如，在消费者购买 X 和 Y 两种商品的情况下，当商品 X 的价格下降时，一方面，对于消费者来说，虽然货币收入不变，但是现有的货币收入的购买力增强了，也就是说实际收入水平提高了。实际收入水平的提高，会使消费者改变对这两种商品的购买量，从而达到更高的效用水平，这就是收入效应。另一方面，商品 X 价格的下降，使得商品 X 相对于价格不变的商品 Y 来说变得更便宜了。商品相对价格的这种变化，会使消费者增加对商品 X 的购买而减少对商品 Y 的购买，这就是替代效应。显然，替代效应不考虑实际收入水平变动的影响，所以替代效应不改变消费者的效用水平。当然，也可以同样地分析商品 X 的价格提高时的替代效应和收入效应，只是情况刚好相反罢了。

综上所述，一种商品价格变动所引起的该商品需求量变动的总效应可以被分解为替代效应和收入效应两个部分，即总效应 = 替代效应 + 收入效应。其中，由商品的价格变动所引起的实际收入水平变动，进而由实际收入水平变动所引起的商品需求量的变动，为收入效应。由商品价格变动所引起的商品相对价格的变动，进而由商品的相对价格变动所引起的商品需求量的变动为替代效应。收入效应表示消费者的效用水平发生变化，替代效应则不改变消费者的效用水平。

2. 正常物品的替代效应和收入效应

下面以图 3 – 15 为例分析正常物品价格下降时的替代效应和收入效应。

图 3 – 15 中的横轴和纵轴分别表示商品 X 和商品 Y 的数量，其中商品 X 是正常物品。在商品价格变化之前，消费者的预算线为 AB，该预算线与无差异曲线 I_1 相切于 E_1 点，E_1 点是消费者效用最大化的一个均衡点。在 E_1 点上，相应的商品 X 的需求量为 OX_1。现假定商品 X 的价格 P_X 下降使预算线的位置由 AB 移至 AB'。新的预算线 AB' 与另一条代表更高效用水平的无差异曲线 I_2 相切于 E_2 点，E_2 点是商品 X 的价格下降以后的消费者的效用最大化的均衡点。在 E_2 点上，相应的商品 X 的需求量为 OX_3。比较 E_1、E_2 两个均衡点，商品 X 的需求量的增加量为 X_1X_3，这便是商品 X 的价格 P_X 下降所引起的总效应。这个总效应可以被分解为替代效应和收入效应两个部分。

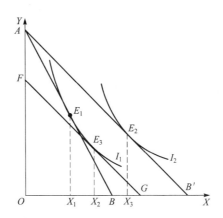

图 3-15　正常物品的替代效应和收入效应

1）替代效应

在图 3-15 中，由于商品 X 的价格 P_X 下降，消费者的效用水平提高了，消费者的新的均衡点 E_2 不是在原来的无差异曲线 I_1 上而是在更高的无差异曲线 I_2 上。为了得到替代效应，必须剔除实际收入水平变化的影响，使消费者回到原来的无差异曲线 I_1 上去。这就需要利用补偿预算线。

再回到图 3-15，为了剔除实际收入水平变化的影响，使消费者能够回到原有的无差异曲线 I_1 上去，具体的做法是：作一条平行于预算线 AB' 且与无差异曲线 I_1 相切的补偿预算线 FG。这种做法的含义是：补偿预算线 FG 与无差异曲线 I_1 相切，表示假设的货币收入的减少（由预算线的位置由 AB' 向左平移到 FG 表示）刚好能使消费者回到原有的效用水平。补偿预算线 FG 与预算线 AB' 平行，则这两条预算线有相同的斜率 $-P_X/P_Y$。补偿预算线与无差异曲线 I_1 相切于均衡点 E_3，与原来的均衡点 E_1 相比，需求量的增加量为 X_1X_2，这个增加量就是剔除了实际收入水平变化影响后的替代效应。

进一步分析，就预算线 AB 和补偿预算线 FG 而言，它们分别与无差异曲线 I_1 相切于 E_1、E_3 点，但斜率却是不相等的。预算线 AB 的斜率的绝对值大于补偿预算线 FG 的斜率的绝对值，由此可以推知，预算线 AB 所表示的商品的相对价格 P_X/P_Y 大于补偿预算线 FG，显然这是由于 P_X 下降而 P_Y 不变所引起的。在这种情况下，当预算线由 AB 移至 FG 时，随着商品相对价格 P_X/P_Y 的变小，消费者为了维持原有的效用水平，必须沿着既定的无差异曲线 I_1 由 E_1 点下滑到 E_3 点，增加对商品 X 的购买而减少对商品 Y 的购买，即用商品 X 去替代商品 Y。于是，由 E_1 点到 E_3 点的商品 X 的需求量的增加量 X_1X_2，就是 P_X 下降的替代效应。它显然归因于商品相对价格的变化，它不改变消费者的效用水平。在这里，P_X 下降所引起的需求量的增加量 X_1X_2 是一个正值，即替代效应的符号为正。也就是说，正常物品的替代效应与价格呈反方向变动。

2）收入效应

收入效应是总效应的另一个组成部分。设想一下，把补偿预算线 FG 再推回到 AB' 的位置上去，于是消费者的效用最大化的均衡点就会由无差异曲线 I_1 上的 E_3 点回到无差异曲线 I_2 上的 E_2 点，相应的需求量的变化量 X_2X_3 就是收入效应。这是因为，在上面分析替代效应时，是为了剔除实际收入水平影响，才将预算线 AB' 移到补偿预算线 FG 的位置的。所以，

当预算线由 FG 的位置再回到 AB' 的位置时，相应的需求量的增加量 X_2X_3 必然就是收入效应。收入效应显然归因于商品 X 的价格变化所引起的实际收入水平的变化，它改变了消费者的效用水平。

在这里，收入效应 X_2X_3 是一个正值。这是因为当 P_X 下降使得消费者的实际收入水平提高时，消费者必定会增加对正常物品商品 X 的购买。也就是说，正常物品的收入效应与价格成反方向变动。

综上所述，对于正常物品来说，替代效应与价格呈反方向变动，收入效应也与价格呈反方向变动，在它们的共同作用下，总效应必定与价格呈反方向变动。正因为如此，正常物品的需求曲线是向右下方倾斜的。

3. 低档物品的替代效应和收入效应

下面以图 3-16 为例分析低档物品价格下降时的替代效应和收入效应。

图 3-16 中的横轴和纵轴分别表示商品 X 和商品 Y 的数量，其中，商品 X 是低档商品。商品 X 的价格 P_X 变化前的消费者的效用最大化的均衡点为 E_1 点，P_X 下降以后的消费者的均衡点为 E_2 点，由此，价格下降所引起的商品 X 的需求量的增加量为 X_1X_2，这便是总效应。运用与前面相同的方法，即通过作与预算线 AB' 平行且与无差异曲线 I_1 相切的补偿预算线 FG，便可将总效应分解成替代效应和收入效应。具体地看，P_X 下降引起的商品相对价格的变化，使消费者由均衡点 E_1 运动到均衡点 E_3，相应的需求增加量为 X_1X_3，这就是替代效应，它是一个正值。而 P_X 下降引起的消费者的实际收入水平的变动，使消费者由均衡点 E_3 运动到均衡点 E_2，需求量由 X_3 减少到 X_2，这就是收入效应。收入效应 X_2X_3 是一个负值，其原因在于：价格 P_X 下降所引起的消费者的实际收入水平的提高，会使消费者减少对低档物品商品 X 的需求量。由于收入效应是一个负值，所以图中的 E_2 点必定落在 E_1、E_3 两点之间。

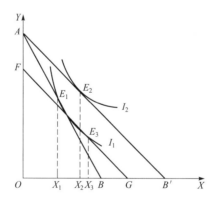

图 3-16 低档物品的替代效应和收入效应

商品 X 的价格 P_X 下降所引起的商品 X 的需求量变化的总效应为 X_1X_2，它是正的替代效应 X_1X_3 和负的收入效应 X_2X_3 之和。由于替代效应 X_1X_3 的绝对值大于收入效应 X_2X_3 的绝对值，或者说，由于替代效应的作用大于收入效应，所以总效应 X_1X_2 是一个正值。

综上所述，对于低档物品来说，替代效应与价格呈反方向变动，收入效应与价格呈同方向变动，而且在大多数场合，收入效应的作用小于替代效应的作用（如图 3-16 所示），所以总效应与价格呈反方向变动，相应的需求曲线是向右下方倾斜的。

但是，在少数场合，某些低档物品的收入效应的作用会大于替代效应的作用，于是就会出现违反需求曲线向右下方倾斜的现象。这类物品就是吉芬物品。

4. 吉芬商品的替代效应和收入效应

英国人吉芬于 19 世纪指出，1845 年爱尔兰发生灾荒，土豆价格上升，但是土豆需求量却反而增加了。这一现象在当时被称为"吉芬难题"。这类需求量与价格同方向变动的特殊商品后来也因此被称为吉芬商品。

为什么吉芬商品的需求曲线向右上方倾斜呢？下面用图 3–17 来分析这个问题。

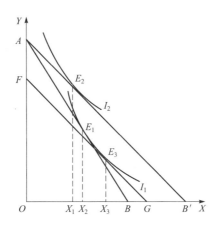

图 3–17　吉芬商品的替代效应和收入效应

图 3–17 中的横轴和纵轴分别表示商品 X 和商品 Y 的数量，其中商品 X 是吉芬商品。商品 X 的价格 P_X 下降前后的消费者效用最大化的均衡点分别为 E_1 点和 E_2 点，相应的商品 X 的需求量的减少量为 X_1X_2，这就是总效应。通过补偿预算线 FG 可得：X_2X_3 为替代效用，它是一个正值；X_1X_3 是收入效应，它是一个负值。而且，负的收入效应 X_1X_3 的绝对值大于正的替代效应 X_2X_3 的绝对值，所以最后形成的总效应 X_1X_2 为负值。在图中，E_1 点必定落在 E_1、E_3 两点之间。

吉芬商品是一种特殊的低档物品。它的替代效应与价格呈反方向变动，收入效应则与价格呈同方向变动。吉芬商品的特殊性就在于：它的收入效应的作用很大，以至于超过了替代效应的作用，从而使得总效应与价格呈同方向变动。这也就是吉芬商品的需求曲线呈现出向右上方倾斜的特殊形状的原因。

运用以上分析的结论就可以解释"吉芬难题"了。在 19 世纪中叶的爱尔兰，购买土豆的消费支出在大多数贫困家庭的收入中占一个较大的比例，于是土豆价格的上升导致贫困家庭实际收入水平大幅度下降。在这种情况下，变得更穷的人们不得不大量地增加对劣等物品土豆的购买，这样形成的收入效应是很大的，它超过了替代效应，造成了土豆的需求量随着土豆价格的上升而增加的特殊现象。

案例评析 3–2　　　　商品房是吉芬商品吗

商品房价格之所以长期以来一路攀升但需求始终火暴，剔除虚假信息诱发需求膨胀的因素之外，最关键的原因在于商品房已经成为典型的"吉芬商品"。"吉芬商品"是一种需求弹性为负数的特殊商品，专指那些价格上涨而消费者对其需求量不减反增的商品。"吉芬商品"得以产生的前提条件有两个：其一，这种商品是必需品；其二，不存在更廉价的替代选择。

对于大多数靠工资生活的中国老百姓来说，商品房一直都是"吉芬商品"。首先，衣食住行，这是人们的最基本生活需要，无论房价涨得多离谱，大家都得勒紧腰带，为自己找寻一个栖身之地。其次，除了购买商品房，大多数老百姓的确没有什么更好的选择，数量有限的经济适用房、天价的别墅都不是合适的替代品。因此，商品房价格一路上涨，老百姓对其的需求却一直不减反增，谁知道明天的房价又将涨几个百分点——而高涨的需求又成为开发商们继续涨价的理由，推动房价一轮又一轮地上涨。

更为重要的是，对于"吉芬商品"的供给者而言，向消费者转嫁成本简直易如反掌。由于涨价不会导致需求下降，即使政府通过宏观调控增加了供给者获取巨额利润的成本，开发商及炒房者们依然可以通过继续上调交易价格向消费者转嫁成本。

正常物品、低档物品和吉芬商品的替代效应和收入效应综合如表3-5所示。

表3-5 商品价格变化所引起的替代效应和收入效应

商品类别	替代效应与价格的关系	收入效应与价格的关系	总效应与价格的关系	需求曲线的形状
正常物品	反方向变化	反方向变化	反方向变化	向右下方倾斜
低档物品	反方向变化	同方向变化	反方向变化	向右下方倾斜
吉芬商品	反方向变化	同方向变化	同方向变化	向右上方倾斜

3.3.7 收入-消费曲线与恩格尔曲线

如前所述，在价格不变的情况，消费者收入的任何变动都会引起预算线的平行移动，预算线的每一次移动总会与新的无差异曲线相切，形成新的消费者均衡点，如果把不同收入水平下的消费均衡点连接起来，就可以得到一条平滑的曲线，这就是收入-消费曲线（income-consumption curve），收入消费曲线就是在商品价格不变时，消费者的货币收入变化所引起的消费者均衡点移动的轨迹。它反映了消费者在不同的收入下对两种商品消费量的变化，如图3-18所示。

从收入-消费曲线可以直接推导出某种商品的收入-需求曲线——它反映货币收入变动同某种商品的均衡购买量（或需求量）之间的关系，由于它是由19世纪德国统计学家恩格尔（Ernst Engel）提出来的，所以通常称之为恩格尔曲线。恩格尔曲线可以有不同的形状，形状不同，表示的商品性质也不同。图3-19是几种不同形状的恩格尔曲线。

图3-19中，横轴表示商品X的数量，纵轴表示货币收入，E_M表示商品的收入弹性。图3-19(a)中的恩格尔曲线向右上方延伸，表示货币收入增加，引起商品X的大量增加，即图3-19(a)中的恩格尔曲线表示商品X的购买量随着货币收入的变化而发生显著的变化，因此商品X的收入弹性$E_M>1$，该商品为奢侈品。图3-19(b)中的恩格尔曲线向右上方倾斜，表示货币收入增加，对商品X的需求量也增加，但增加的速度越来越小，商品X的收入弹性$0<E_M<1$，该商品为必需品。图3-19(c)中的恩格尔曲线凹向原点，表示随着货币

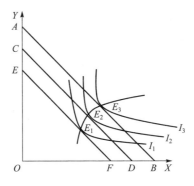

图 3-18 收入-消费曲线

收入增加，商品 X 的需求量反而减少，$E_M < 0$，该商品为低劣品。图 3-19(d) 所示的是变化的恩格尔曲线，表示随着收入的增加，商品 X 依次经历了奢侈品、必需品和低劣品三个阶段。

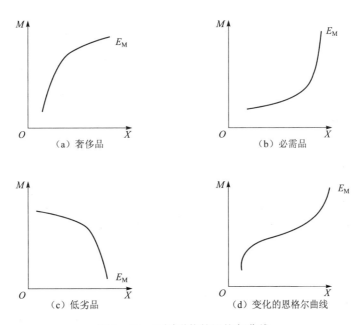

图 3-19 不同形状的恩格尔曲线

经济问题分析

在市场经济中，消费者主权是指企业要根据消费者的需求进行生产。消费者行为理论告诉我们，消费者购买物品是为了效用最大化，而且物品的效用越大，消费者愿意支付的价格越高。

根据消费者行为理论，企业在决定生产什么时首先要考虑商品能给消费者带来多大效用。效用是一种心理感觉，取决于消费者的偏好。所以，企业要使自己生产出的产品能卖出去，而且能卖高价，就要分析消费者的心理，能满足消费者的偏好。消费者的偏好首先取决于消费时尚。不同时代有不同的消费时尚,一个企业要成功,不仅要了解当前的消费时尚,还要善于发现未来的消费时尚。这样才能从消费时尚中了解到消费者的偏好及变动,并及时开发出能满足这种偏好的产品。同时,消费时尚也受广告的影响。一个成功的广告会引导一种新的消费时尚,左右消费者的偏好。从社会角度来看,影响消费者偏好的是消费时尚与广告,但从个人角度来看,消费者的偏好要受个人立场和伦理道德观的影响。所以,企业在开发产品时要定位于某一群体消费者,根据特定群体的偏好来开发产品。

消费者行为理论还告诉我们,一种产品的边际效用是递减的。如果一种产品仅仅是数量增加,它带给消费者的边际效用就在递减,消费者愿意支付的价格就降低了。因此,企业的产品要多样化,即使是同类产品,只要不相同,就不会引起边际效用递减。边际效用递减原理启示企业要进行创新,生产不同的产品。

本 章 小 结

(1) 效用是一种心理范畴,它是商品存在于消费者心目中的满足欲望或需要的能力,表示商品同消费者的愉快或痛苦之间的关系。效用是消费者经济行为或选择的基础。

(2) 效用可以区分为总效用和边际效用。总效用指消费者在一定时间内,从消费一定数量商品中所得到的总满足程度。边际效用指在一定时间内,消费者每增加一个单位商品的消费而得到的满足程度的增量。边际效用等于总效用的变动对商品消费量变动的比率。边际效用递减指消费者在一定时间内消费某一商品时,随着消费量的增加,该商品的边际效用趋于递减。

(3) 无差异曲线是表示给消费者带来同等程度的满足水平或效用指数的两种商品的各种不同组合的轨迹。它具有如下重要特征:向右下方倾斜,斜率为负;在同一平面上有无数条代表不同满足水平的无差异曲线,离原点越远代表的效用越大;在同一平面上,任意两条无差异曲线不能相交;凸向原点,表明斜率递减。

(4) 边际替代率是指消费者为保持同等的满足水平,在增加一个单位商品 X 时所必须放弃的商品 Y 的量,也即消费者在商品组合中用一种商品代替另一种商品的比率。边际替代率是递减的。

(5) 预算线同无差异曲线的切点称为消费者最大满足点或消费者均衡点。它表示,消费者选择的商品组合是既处于预算线上又处于可能达到的最高无差异曲线上的商品组合。消费者均衡条件为:两种商品价格比率等于两种商品边际效用比率。

(6) 收入-消费曲线表示在消费者偏好和价格不变条件下,各种不同收入所能购买到的两种商品的各种均衡组合。恩格尔曲线是表示消费者的收入和某一商品均衡购买量之间关系的曲线。

(7) 价格-消费曲线表示消费者偏好和收入不变时,在不同的价格下,消费者可以购买到的两种商品的各种均衡组合,它说明商品价格变动时的商品消费量的变动。

(8) 向右下方倾斜的需求曲线是一般的正常商品的需求曲线的特点。但对于低档商品而言,如果替代效应大于收入效应,需求曲线仍向右下方倾斜;如果替代效应小于收入效应,需求曲线会向右上方倾斜。

练 习 题

一、概念

效用 总效用 边际效用 边际效用递减规律 消费者均衡 消费者剩余 无差异曲线 边际替代率 价格–消费曲线 预算线 恩格尔曲线 收入效应 替代效应

二、单项选择题

1. 对于一种商品，消费者想要有的数量都已有了，这时（   ）。
   A. 总效用为零   B. 边际效用为零   C. 边际效用最大   D. 边际效用小于零
2. 无差异曲线的位置和形状取决于（   ）。
   A. 消费者的偏好   B. 消费者的收入
   C. 消费者的收入和价格   D. 以上都包括
3. 消费者的无差异曲线族有无数条的原因是（   ）。
   A. 消费者的收入是连续变化的   B. 消费者的欲望是无限的
   C. 消费者的人数是无限的   D. 商品的数量是无限的
4. 无差异曲线为一条斜率不变的直线时，表示这两种商品是（   ）。
   A. 完全替代   B. 可以替代   C. 互补的   D. 互不相关的
5. 无差异曲线任一点上商品 X 和 Y 的边际替代率等于它们的（   ）。
   A. 价格之比   B. 数量之比   C. 边际效用之比   D. 边际成本之比
6. 商品 X 和商品 Y 的价格及消费者的收入都按同一比例减少，则预算线（   ）。
   A. 向左下方平移   B. 向右下方平移   C. 不变   D. 以上都有可能
7. 如果甲的 MRS_{XY} 小于乙的 MRS_{XY}，对甲来说，要想有所得，就应该（   ）。
   A. 放弃 X，用于与乙交换 Y   B. 放弃 Y，从乙处换取 X
   C. 或者放弃 X，或者放弃 Y   D. 以上都不对
8. 消费品价格发生变化时，连接消费者均衡点的线称为（   ）。
   A. 需求曲线   B. 价格–消费曲线
   C. 收入–消费曲线   D. 恩格尔曲线
9. 消费者剩余是消费者的（   ）。
   A. 实际所得   B. 主观感受
   C. 没有购买的部分   D. 消费剩余部分
10. 消费者预算线发生平移时，连接消费者均衡点的曲线称为（   ）。
    A. 需求曲线   B. 价格–消费曲线
    C. 收入–消费曲线   D. 恩格尔曲线

三、判断题

1. 总效用决定商品的价格，而边际效用决定消费的数量。（   ）
2. 如果货币的边际效用递减，则将高工资收入者的收入转移给低工资者，就可以增加全社会的总效用。（   ）
3. 同一杯水具有相同的效用。（   ）
4. 无差异曲线表示不同的消费者消费两种商品的不同数量组合所得到的效用是相同的。（   ）
5. 如果一种商品满足了一个消费者坏的欲望，说明该商品具有负效用。（   ）

6. 如果消费者的效用函数为 $U=XY$，那么他把收入的一半花在 X 上。（ ）
7. 如果边际效用递减，则总效用相应下降。（ ）
8. 无差异曲线的形状越接近于直线，说明该消费者消费的两种商品之间的替代性就越大。（ ）
9. 如果消费者的偏好不发生变化，效用最大化的均衡点也不会变化。（ ）
10. 两种商品的价格不同，但对于消费者来说，花在这两种商品上的最后 1 元钱的边际效用有可能相同。（ ）

四、计算题

1. 根据表 3-6 计算：

表 3-6　总效用与边际效用

面包的消费量	总效用	边际效用
1	20	20
2	30	
3		5

（1）消费第 2 个面包时的边际效用是多少？

（2）消费 3 个面包的总效用是多少？

2. 某大学生只有 6 天时间准备期末考试。该生要考数学、经济学、英语三门课。他的目标是取得尽可能高的总成绩（或者说三门课尽可能高的平均成绩）。他每门课的成绩依赖于他分配在每门课上的复习时间。根据时间的安排，每门课成绩的最佳估计分数如表 3-7 所示。那么该生如何分配复习时间才能使总成绩最高？

表 3-7　某大学生在三门课程上的复习时间与成绩

经济学		英　语		数　　学	
复习时间/天	成绩	复习时间/天	成绩	复习时间/天	成绩
0	20	0	40	0	80
1	45	1	52	1	90
2	65	2	62	2	95
3	75	3	71	3	97
4	83	4	78	4	98
5	90	5	83	5	99
6	92	6	86	6	99

3. 某消费者消费 X、Y 两种消费品的效用函数为 $U=XY$，X、Y 的价格均为 4 元，消费者的收入为 144 元。

（1）求消费者的需求及效用水平。

（2）若 X 的价格上升为 9 元，该消费者对两种商品的需求有何变化？

五、简答题

1. 边际效用分析法是怎样解释消费者均衡的？

2. 简述无差异曲线的特征。
3. 解释边际替代率及其递减的原因。
4. 序数效用分析法是怎样解释消费者均衡的?
5. 画图说明正常商品的收入效应和替代效应。

实 践 训 练

训练目标
1. 通过实地调查,能够了解影响某种商品的效用大小的因素。
2. 通过分析现实经济问题,能够解释某种商品效用变化的原因,并提出提升效用的措施。

训练1 跟踪调查某位消费者对某种商品的效用的评价及影响效用大小的因素
训练要求:
(1) 组成调查小组,明确分工。
(2) 各组进行实地调查,将调查情况记录在表3-8中。
(3) 各组提交书面调查报告,班内交流。

表3-8 ×××(商品)效用情况调查进度表

商品:

小组成员:

调查地点:

调查时间	调查对象	调查内容	调查情况记录

训练2 现实问题解析——你为什么不再对生鲜店感到好奇

你为什么不再对生鲜店感到好奇?不要责怪自己喜新厌旧,这不过是经济学的规律使然。以我们讨论的新零售与菜市场之间的博弈为例,一个挣扎在温饱线上的人,花了2元钱在菜市场买500 g普通西红柿;一个追求生活品质的白领,花了10元钱在高端果蔬店买了500 g有机西红柿。2元钱500 g的普通西红柿带来的效用不见得比10元钱500 g的有机西红柿少,甚至可能还要多。因为效用不是西红柿本身好与坏决定的,而是看它对于买者来说具有什么样的意义——普通西红柿可能是挣扎在温饱线上的人的全部晚餐,而有机西红柿也许仅仅是那个追求生活品质的白领饭后保健果蔬中的一种罢了。

一个人第一次在网上下单购买进口果蔬,当配送人员把商品交到手里的那一刻,他会感到非常满足——足不出户,不到1个小时就能送上门。接下来的几次,因为有了第一次好的体验,所以之后同质的商品和配送服务都不能再给他带来惊艳感,甚至可能在某一次因为配送晚了10 min或是收到一棵坏掉的蔬菜而心生不满。可以说,在进口果蔬商的商品质量和配送服务保持稳定的情况下，该店顾客从第一次下单开始，就注定不能逃离边际效用递减规律，就如同一个饥饿的人吃第一个包子的时候满足感最强，吃到第五个的时候感到已经饱了，而继续吃第六个包子，只能让他感到撑得难受。这个规律，也是你为什么对生鲜店不再产生好奇心的原因。

资料来源：你为什么不再对生鲜店感到好奇：新金融观察，2018-06-11.

训练要求：

（1）用本章经济学知识解释人们为什么不再对生鲜店感到好奇。

（2）结合本章经济学知识，提出维持人们对生鲜店新鲜感的措施。

第 4 章 生产者行为

 学习导图

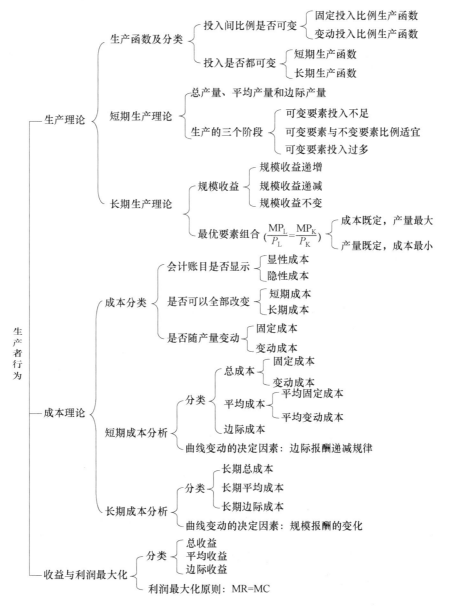

经济问题 堂食外卖受创　北京餐饮业二次危机

2020年6月16日晚,北京市重大突发公共卫生事件应急响应级别提升到二级。根据北京市人民政府新闻办公室发布的消息,二级响应下必须坚持的措施包括严格农贸市场、餐饮食堂等重点场所的防控。疫情的防控升级又给餐饮行业带来了一次打击。记者近日在北京市采访多家餐饮企业了解到,这次疫情让餐厅的客流量大幅下滑,有企业北京门店客流下降超过50%,西贝公关总监于欣在接受《华夏时报》记者采访时披露:"6月11日北京疫情报告以来,到6月21日近10天,环比疫情报告前10天,北京地区门店总营收下跌36.35%,总客流量下跌55.72%。"这次疫情反弹餐饮行业受到的打击甚至比上次还严重。

资料来源:堂食外卖受创 北京餐饮业二次危机. 华夏时报,2020-06-29.

思考题:用经济学理论分析2020年6月发生的这次疫情对北京餐饮企业打击更为严重的原因。

章 前 导 读

第3章介绍了消费者行为理论,本章将把视角从消费者转向生产者。生产者生产一定的商品并提供给社会,从中赚取利润。那么生产者如何组织生产以赚取更多的利润呢?

本章首先介绍生产理论,从生产函数的概念出发,以一种可变生产要素的生产函数,考察短期的生产规律和不同生产阶段的特点;以两种可变生产要素的生产函数,运用等产量曲线分析方法,考察长期的生产规律和生产特点;接下来介绍成本理论,分析厂商短期成本变动规律和长期成本变动规律;最后,在前两节分析的基础上,考察厂商的收益曲线和利润最大化原则。

4.1　生　产　理　论

4.1.1　生产函数

1. 生产函数的概念

在讨论生产函数(production function)之前,有必要介绍一下厂商(firm)和生产要素(production factor)的概念。

在现实经济生活中,石油公司开采石油,汽车生产商制造汽车及零配件,食品企业生产、加工饼干等食品,类似的生产制造的经济主体都是企业,在经济学中称为"厂商"。厂商即生产者或者企业,是指能够做出统一的生产决策的单个经济单位,它不仅包括制造企业,还包括金融企业、服务企业、文化创意企业等。厂商可以提供各种实物产品,如汽车、食品、日用品等,也可以提供各种无形产品,如理发、医疗、金融服务、旅游服务等。

厂商要进行生产,就必须投入各种生产要素。例如,蛋糕店投入工人劳动、面粉和糖等原料,以及投资购买烤炉、搅拌器和其他设备,生产出面包、蛋糕等产品,这些投入品都可以称为生产要素。厂商进行生产的过程就是从投入生产要素到生产出产品的全部过程。在西方经济学中,生产要素一般被划分为劳动、土地、资本和企业家才能这四种类型。

生产函数是表示生产过程中生产要素的投入量和产品的产出量之间依存关系的概念。它是指在一定时期内,在生产技术水平不变的情况下,各种生产要素的投入数量与所能生产的最大产量之间的关系。

生产函数不仅表示投入与产出之间数量关系的对应，更是一种生产技术的制约。任何生产函数都以一定时期内的生产技术水平作为前提条件，一旦生产技术水平发生变化，原有的生产函数也就会发生变化。例如，由于技术进步或者使用了更加先进的机器，投入同样多的劳动力和原材料，生产出的产品数量大大增加，必然导致生产函数的变化。因此，生产函数反映的是在现有技术条件下，某一特定要素投入组合能且只能得到的最大产出。

用 Q 表示所能生产的最大产量，X_1，X_2，…，X_n 顺次表示某产品生产过程中所使用的 n 种生产要素的投入数量，则生产函数可以表示为

$$Q = f(X_1, X_2, \cdots, X_n) \tag{4-1}$$

该生产函数表示，在一定时期内，在既定的生产技术水平下的生产要素组合（X_1，X_2，…，X_n）所能生产的最大产量。它描述了一个厂商如何投入生产要素生产产品。生产函数的存在，使得用不同的投入品比例生产出相同数量的产出成为可能。以生产葡萄酒为例，它可以产自劳动密集型企业，利用人工压榨葡萄，也可以产自资本密集型企业，利用机器压榨葡萄。

为了分析方便，通常假定生产中只使用劳动和资本这两种生产要素。如果用 L 表示劳动投入数量，用 K 表示资本投入数量，则生产函数可以表示为

$$Q = f(L, K) \tag{4-2}$$

2. 生产函数的分类

按照生产要素投入的可变情况，生产函数可分为一种可变投入生产函数和多种可变投入生产函数。

一种可变投入生产函数是指对既定产品，在技术条件不变的情况下，一种生产要素的投入是可变的。描述这种可变动投入（通常是劳动）与可能生产的最大产量间关系的函数称为一种可变投入生产函数，通常又称作短期生产函数。如果厂商在短期内只有劳动投入是可变的，而其他生产要素的投入是不变的，那么厂商的生产函数可以记为

$$Q = f(L) \tag{4-3}$$

多种可变投入生产函数是指对既定产品，在技术条件不变的情况下，在考察时间足够长时，两种或两种以上的生产要素的投入都可以变动，这种描述多种可变动投入与可能生产的最大产量间关系的函数称为多种可变投入生产函数，通常称为长期生产函数。如果劳动和资本的投入都是可变的，那么厂商的生产函数可以记为

$$Q = f(L, K)$$

3. 固定投入比例生产函数

固定投入比例生产函数也被称为里昂惕夫生产函数（Leontief production function），是指在每一个产量水平上，生产要素投入量之间的投入比例都是固定的生产函数。

假定生产过程中只使用劳动和资本两种要素，则固定投入比例生产函数的通常形式为

$$Q = \min\left\{\frac{L}{U}, \frac{K}{V}\right\} \tag{4-4}$$

式中，Q 为产量；L 和 K 分别为劳动和资本的投入量；常数 U、V 分别为劳动和资本的生产技术系数（technological coefficient），它们分别表示生产一单位产品所需要的固定的劳动投入量和固定的资本投入量。在这里，常数 U 和 V 作为劳动和资本的生产技术系数是给定的，即生产必须按照 L 和 K 之间的固定比例进行，当一种生产要素的数量不能变动时，另一种生产要素的数量再多，也不能增加产量。因此，产量 Q 取决于 L/U 和 K/V 这两个比值中较

小的那一个。例如，如果生产 1 单位某种产品需要 2 单位劳动和 1 单位资本，那么当投入 2 单位劳动和 5 单位资本时，所得到的这种产品的产出仍然是 1 单位，因为多出来的 4 单位资本没有劳动与之相配合是生产不出这种产品的。

在固定投入比例生产函数中，通常假定生产要素投入量 L、K 都满足最小的要素投入组合的要求，所以有

$$Q = \frac{L}{U} = \frac{K}{V} \tag{4-5}$$

即

$$\frac{L}{K} = \frac{U}{V} \tag{4-6}$$

式（4-6）清楚地体现了该生产函数固定投入比例的性质。在这里，两种生产要素的固定投入比例等于两种要素的生产技术系数之比。对于一个固定投入比例生产函数来说，当产量发生变化时，各要素的投入量以相同的比例发生变化。例如，如果生产 1 单位某种产品需要 1 单位劳动和 2 单位资本，当投入 10 单位劳动时，需要投入 20 单位资本，这时候劳动和资本的配合是最合理的，得到这种产品的产出是 10 单位，但是当资本的投入大于或小于 20 单位时都不会得到这种产品的最大产出。

如图 4-1 所示，横轴和纵轴分别表示劳动和资本的投入数量，分别以 A_0、A_1 和 A_2 为顶点的三条含有直角的实线，顺次表示生产既定的产量 Q_0、Q_1 和 Q_2 的各种要素组合。对 Q_0 来说，要素组合（K_0，L_0）是生产产量 Q_0 的最小的要素投入量组合，以 A_0 点为顶点的两条直角边上的任何一点（不包括 A_0 点）都不是生产 Q_0 产量的最小的要素投入组合。例如，B 点表示资本投入量过多，C 点表示劳动投入量过多。如果产量由 Q_0 增加为 Q_2，或由 Q_0 减少为 Q_1，则最小要素组合相应地会由 A_0 点移至 A_2 点，或由 A_0 点移至 A_1 点，此时两要素投入量以相同的比例增减，两要素投入比例保持不变，即

$$\frac{L_0}{K_0} = \frac{L_1}{K_1} = \frac{L_2}{K_2} = \frac{U}{V} \tag{4-7}$$

因此，从原点出发经过 A_1、A_0 和 A_2 点的射线 OR 表示了这一固定比例生产函数的所有产量水平的最小要素投入量的组合。

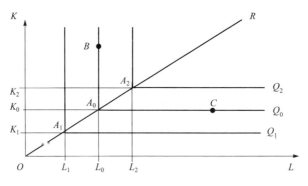

图 4-1 固定投入比例生产函数

4. 柯布－道格拉斯生产函数

柯布－道格拉斯生产函数（Cobb-Douglas production function）是以美国数学家 C. W. 柯布和经济学家保罗·H. 道格拉斯的名字命名的生产函数。20 世纪 30 年代，数学家柯布和

经济学家道格拉斯研究了美国制造业 1899—1922 年的统计资料，发现在产量与资本和劳动之间存在一种函数关系，如下式：

$$Q = AL^\alpha K^\beta \tag{4-8}$$

式中，Q 为产量；L 和 K 分别为劳动和资本的投入量；A、α 和 β 为三个参数。α 和 β 的经济含义是：当 $\alpha + \beta = 1$ 时，α 和 β 分别表示劳动和资本在生产过程中的相对重要性，α 为劳动所得在总产量中所占的份额，β 为资本所得在总产量中所占的份额。根据柯布和道格拉斯对 1899—1922 年美国制造业的分析和估算，α 值约为 0.75，β 值约为 0.25。它说明，在这一期间的总产量中，劳动所得的相对份额为 75%，资本所得的相对份额为 25%。

柯布-道格拉斯生产函数被认为是一种很有用的生产函数，因为该函数以其简单的形式描述了经济学家所关心的一些性质，它在经济理论的分析和实证研究中都具有一定意义。

4.1.2 短期生产理论

1. 经济学上的短期和长期

经济学中，根据生产要素投入的变动情况，把生产分为短期（short run）和长期（long run）。短期是指生产者来不及调整全部生产要素的数量，其中至少有一种生产要素投入数量不变的时期。例如，短期内原材料或劳动力的投入数量可以发生变化，称为可变要素，机器设备等投入数量固定不变，称为固定要素。长期是指在一个足够长的时期内，生产者能够调整全部生产要素的投入数量，即所有生产要素的投入数量都是可变的。

在短期内，反映生产要素投入与产出之间关系的生产函数称为短期生产函数。

2. 总产量、平均产量和边际产量的概念及相互关系

1）总产量、平均产量和边际产量的概念

假定在只有两种生产要素（劳动和资本）的情况下，资本投入量是固定的，用 $\bar{K}$ 表示，劳动投入量是可变的，用 L 表示，则短期生产函数可以表示为

$$Q = f(L, \bar{K}) \tag{4-9}$$

由此，可以得到劳动的总产量（total product，简记为 TP_L）、劳动的平均产量（average product，简记为 AP_L）和劳动的边际产量（marginal product，简记为 MP_L）这三个概念。

劳动的总产量是指与一定的可变要素劳动的投入量相对应的最大产量，它的定义公式为

$$TP_L = f(L, \bar{K})$$

劳动的平均产量是指平均每一单位可变要素劳动的投入量所生产的产量，它的定义公式为

$$AP_L = \frac{TP_L}{L} \tag{4-10}$$

劳动的边际产量是指每增加一单位可变要素（劳动）投入量所增加的产量，它的定义公式为

$$MP_L = \frac{\Delta TP_L}{\Delta L} \tag{4-11}$$

当 $Q = f(L, \bar{K})$ 为连续的生产函数时，劳动的边际产量 MP_L 可以表示为

$$MP_L = \frac{d\, TP_L}{dL} \tag{4-12}$$

表 4-1 是某厂商的总产量、平均产量和边际产量表。假定劳动投入量依次增加，总产

量也随之发生变化，平均产量就是每单位劳动投入的产出，表现为总产量和相应的劳动投入量的比值；边际产量是最后一单位劳动所带来的产出的增加量，表现为相应的总产量的数值和上一总产量数值的差。由表4-1可以看出，总产量在增加，平均产量和边际产量呈现先上升后下降的态势，这一点接下来会进行讨论。

表4-1 某厂商的总产量、平均产量和边际产量表

劳动投入量 (L)	资本投入量 ($\bar{K}$)	总产量 (TP_L)	平均产量 (AP_L)	边际产量 (MP_L)
0	10	0	—	—
1	10	10	10	10
2	10	30	15	20
3	10	60	20	30
4	10	80	20	20
5	10	95	19	15
6	10	108	18	13

2）总产量、平均产量和边际产量之间的关系

如果把随着劳动投入的变化而相应变化的总产量曲线、平均产量曲线和边际产量曲线描绘在一个图中，可以清楚地看到三者之间的关系。

如图4-2所示，劳动的总产量曲线 TP_L 先是上升的，并在 C 点达到最高点，然后再下降；劳动的平均产量曲线 AP_L 先是上升的，并在 E 点达到最高点，然后再下降；劳动的边际产量曲线 MP_L 先是上升的，在 D 点达到最高点，然后再下降，和横轴相交于 F 点。

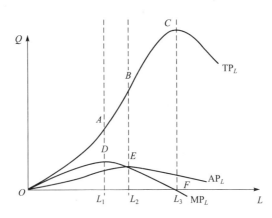

图4-2 总产量曲线、平均产量曲线和边际产量曲线

当劳动作为可变要素由 O 点增加到 L_1 时，边际产量曲线和平均产量曲线都上升，这时总产量曲线以递增的速率上升；当劳动投入量超过 L_1 时，总产量曲线以递减的速率上升，边际产量曲线由最高点 D 点开始下降，当劳动投入量增加到 L_2 时，平均产量曲线和边际产量曲线在 E 点相交，这时平均产量曲线到达最高点；当劳动投入量增加到 L_3 时，总产量曲线达到最高点 C 点，边际产量曲线和横轴相交于 F 点，这意味着此时劳动的边际产量为0。

利用图 4-2，可以详细描述总产量、平均产量和边际产量之间的关系。

（1）关于边际产量和总产量之间的关系。根据边际产量的定义公式

$$MP_L = \frac{d\,TP_L}{dL}$$

可以知道：每一个劳动投入量上的边际产量 MP_L 值就是相应的总产量 TP_L 曲线的斜率。

因此，在图 4-2 中，MP_L 曲线和 TP_L 曲线之间存在这样的对应关系：在劳动投入量小于 L_3 的区域，TP_L 曲线是上升的，相应的 MP_L 均为正值，TP_L 曲线的斜率为正；在劳动投入量大于 L_3 的区域，TP_L 曲线是下降的，TP_L 曲线的斜率为负，相应的 MP_L 均为负值。当劳动投入量恰好为 L_3 时，TP_L 曲线达到极大值点 C，TP_L 曲线的斜率为零，相应的 MP_L 为零值，边际产量曲线和横轴相交于 F 点。也就是说，MP_L 曲线的零值点 F 和 TP_L 曲线的最大值点 C 是相互对应的。以上这种关系可以简单地表述为：只要边际产量是正的，总产量总是增加的；只要边际产量是负的，总产量总是减少的；当边际产量为零时，总产量达到最大值点。

（2）关于平均产量和总产量之间的关系。根据平均产量的定义公式

$$AP_L = \frac{TP_L}{L}$$

可以知道：每一个劳动投入量上的平均产量值 AP_L 就是相应的连接 TP_L 曲线上任何一点和坐标原点的线段的斜率。

在图 4-2 中，当 AP_L 曲线在 E 点达到最大值时，TP_L 曲线必然有一条从原点出发的最陡的切线，其切点为 B 点。

（3）关于边际产量和平均产量之间的关系。可以看到，边际产量曲线 MP_L 和平均产量曲线 AP_L 相交于 E 点，这也是平均产量曲线的极大值点。当劳动投入量小于 L_2 时，MP_L 曲线高于 AP_L 曲线，MP_L 曲线将 AP_L 曲线拉上；当劳动投入量大于 L_2 时，MP_L 曲线低于 AP_L 曲线，MP_L 曲线将 AP_L 曲线拉下。不管是上升还是下降，MP_L 曲线的变动都快于 AP_L 曲线的变动。以上这种关系可以简单地表述为：就任何一对边际量和平均量而言，只要边际量大于平均量，边际量就把平均量拉上；只要边际量小于平均量，边际量就把平均量拉下。

3. 边际报酬递减规律

在大多数生产过程中，都存在劳动（和其他投入品）的边际产量递减现象，一般称为边际报酬递减。对一种可变生产要素的生产函数来说，边际产量表现出的先上升、后下降的特征被称为边际报酬递减规律（law of diminishing returns），有时也被称为边际产量递减规律或边际收益递减规律。

边际报酬递减规律可以表述为：在技术水平不变的条件下，连续等量地把某一种可变生产要素增加到其他一种或几种数量不变的生产要素中，当这种可变生产要素的投入量小于某一特定值时，增加该要素投入所带来的边际产量是递增的；当这种可变要素的投入量连续增加并超过这个特定值时，增加该要素投入所带来的边际产量是递减的。

边际报酬递减规律是短期生产的一条基本规律。从理论上讲，边际报酬递减规律成立的原因在于：对于任何产品的短期生产来说，可变要素投入和固定要素投入之间都存在一个最佳的数量组合比例。在开始时，由于不变要素投入量给定，而可变要素投入量为零，因此生产要素的投入量远远没有达到最佳的组合比例。随着可变要素投入量的逐渐增加，生产要素

的投入量逐步接近最佳的组合比例，相应的可变要素的边际产量呈现出递增的趋势。一旦生产要素的投入量达到最佳的组合比例，可变要素的边际产量就达到最大值。在这一点之后，随着可变要素投入量的继续增加，生产要素的投入量越来越偏离最佳的组合比例，相应的可变要素的边际产量便呈现出递减的趋势了。

边际报酬递减规律强调的是：在任何一种产品的短期生产中，随着一种可变要素投入量的增加，边际产量最终必然会呈现出递减的特征。或者说，该规律提醒人们在边际产量递增阶段后必然会出现边际产量递减阶段。

在运用这一规律时，需要注意以下几点。

第一，不要把生产要素增加时的报酬递减规律和生产要素质量的可能性变化相混淆。这里假定生产要素的素质是相同的，报酬递减是由于受到其他固定生产要素的限制造成的。例如对于劳动这种生产要素来说，假定所有劳动者的素质是等同的，先前雇用的员工和之后雇用的员工不存在素质差异。

第二，边际报酬递减规律是在一种生产要素可变而其他生产要素保持投入不变的情况下发生的，当其他生产要素的投入量也发生变化时，规律不成立。

第三，边际报酬递减规律是以生产技术水平不变为前提的，忽视了这一前提，就会得出错误的结论。

第四，如果生产要素只能按照固定比例组合，边际报酬递减规律也不适用。例如，如果每个劳动者只能配备某一种生产工具，当生产工具数量一定时，仅仅增加劳动者的数量，是无法增加产量的，劳动的边际产量为0，如果按照边际报酬递减规律，此时的总产量最大。事实上，此时的总产量受生产工具和劳动者数量中的较小值约束，是固定不变的。因此，边际报酬递减规律常常被称为"可变比例规律"。

4. 短期生产的三个阶段

根据总产量曲线、平均产量曲线和边际产量曲线之间的关系，短期生产可以划分为三个阶段，如图4-3所示。

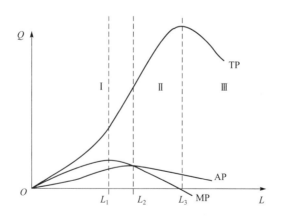

图4-3 短期生产的三个阶段

第Ⅰ阶段是指从开始投入生产要素（劳动）到劳动的平均产量和边际产量相等的生产区域。在第Ⅰ阶段，生产的特征是：劳动的总产量始终是增加的；劳动的平均产量表现为持续上升，并达到最大值；劳动的边际产量先上升并达到最大值，此后开始下降；劳动的边际产量始终大于劳动的平均产量。这说明：在第Ⅰ阶段，不变要素的投入量相对过多，厂商增加可变要素的投入量是有利的，或者说，生产者只要增加可变要素的投入量，就可以较大幅度地增加总产量。因此，理性的生产者不会在这一阶段停止生产，而是连续增加可变要素劳动的投入量以增加总产量，并将生产扩大到第Ⅱ阶段。

第Ⅱ阶段是指从劳动的平均产量和边际产量相等到边际产量下降为零的生产区域。在第Ⅱ阶段，生产的特征是：劳动的总产量继续上升；劳动的平均产量和边际产量都出现了下降；劳动的边际产量比平均产量下降得更快，最终降为0。因此，在第Ⅱ阶段，虽然劳动的平均产量和边际产量都出现了下降，但是劳动的总产量仍在增加，理性的生产者会继续追加可变要素劳动的投入量，以增加总产量，并将生产扩大到第Ⅲ阶段。

第Ⅲ阶段是指劳动的边际产量下降为零后，继续投入生产要素出现边际产量为负的生产区域。在第Ⅲ阶段，生产的特征是：劳动的平均产量继续下降，劳动的边际产量下降为负值，劳动的总产量也呈现下降趋势。这说明：在这一阶段，可变要素投入量相对过多，生产者减少可变要素投入量是有利的。因此，这时即使劳动要素是免费供给的，理性的生产者也不会增加劳动投入量，而是通过减少劳动投入量来增加总产量，以摆脱劳动的边际产量为负值和总产量下降的局面，并退回到生产的第Ⅱ阶段。

由此可见，厂商既不会将生产停留在第Ⅰ阶段，也不会将生产扩张到第Ⅲ阶段，所以生产只能在第Ⅱ阶段进行。在生产的第Ⅱ阶段，生产者既可以得到由第Ⅰ阶段增加可变要素投入所带来的全部好处，又可以避免将可变要素投入增加到第Ⅲ阶段而带来的不利影响。

4.1.3 长期生产理论

在长期内，所有的生产要素的投入量都是可变的，用 X_i（$i=1,2,\cdots,n$）表示第 n 种可变生产要素的投入数量，则多种可变生产要素的长期生产函数可以表示为

$$Q=f(X_1,X_2,\cdots,X_n) \tag{4-13}$$

该生产函数表示：长期内，在技术水平不变的条件下，由 n 种可变生产要素投入量的一定组合所能生产的最大产量。

通常以两种可变生产要素的生产函数来考察长期生产问题。假定厂商使用劳动和资本两种生产要素来生产一种产品，则两种可变生产要素的长期生产函数可以表示为

$$Q=f(L,K)$$

式中，L 为可变要素劳动的投入量，K 为可变要素资本的投入量，Q 为产量。

1. 规模报酬

规模报酬（returns to scale），也叫规模收益，是指在其他条件不变的情况下，厂商内部各种生产要素按相同比例变化时所带来的产量变化。需要注意的是，考察厂商的规模报酬，是以生产技术不变为前提考察由于生产规模的变动引起的产量或报酬的变动。规模报酬变化可以分为规模报酬递增、规模报酬递减和规模报酬不变三种情况。

假设一家钢铁公司，月生产钢材10万t，每月使用的资本为200个单位，劳动为100个单位。现在将公司的生产规模扩大一倍，即使用400个单位的资本、200个单位的劳动。由于生产要素投入发生了变化，钢铁公司每月生产的钢材数量可能有如下三种情形。

（1）产量大于20万t，产量增加的比例大于生产要素增加的比例，这种情形称为规模报

酬递增。

（2）产量小于 20 万 t，产量增加的比例小于生产要素增加的比例，这种情形称为规模报酬递减。

（3）产量为 20 万 t，产量增加的比例等于生产要素增加的比例，这种情形称为规模报酬不变。

1）规模报酬递增

规模报酬递增（increasing returns to scale）是指在其他条件不变的情况下，厂商内部各种生产要素按相同比例增加时，产量增加的比例大于生产要素增加的比例。

在假定厂商使用劳动和资本两种生产要素生产一种产品时，两种可变生产要素的长期生产函数为

$$Q = f(L, K)$$

式中，L 为可变要素劳动的投入量，K 为可变要素资本的投入量，Q 为产量。当两种生产要素 L 和 K 分别扩大 λ 倍（$\lambda > 1$），变为 λL、λK 时，产量大于 λQ。

用公式来表示：若 $f(\lambda L, \lambda K) > \lambda f(L, K)$，$\lambda > 1$，则长期生产函数 $Q = f(L, K)$ 表现为规模报酬递增。

产生规模报酬递增的原因可能有以下几个方面。

第一，劳动的专业化分工带来的好处。在大规模生产中，劳动者可以进行更加有效的分工和协作，不断提高劳动熟练程度，从而提高劳动生产效率。早在 18 世纪，亚当·斯密在《国富论》中就提到了这种专业化分工带来的好处。亚当·斯密以大头针的生产为例，在劳动分工之前，一个普通工人每天只能勉强生产一个大头针，但如果将生产分为 18 个工序，每个劳动者只承担其中一个工序，人均日产量就达到了 4 800 个大头针，专业化带来的规模经济是十分显著的。

第二，几何尺度的因素。某些几何尺度的因素也暗含了规模经济。例如，把输油管道的周长扩大 1 倍，这时油管的截面积（运输能力）将超过 1 倍，每单位原油的运输成本也随之降低。

第三，生产要素的不可分割性。大批量生产的工艺和技术通常是不可分割的。例如，在汽车制造等行业，流水线作业的成本优势就十分明显。据统计，一家汽车厂商如果年产量超过 30 万辆，成本就会比小规模生产降低很多。

第四，管理方面的因素。厂商活动的大规模化会给其带来筹措资金、购买原料和半成品、销售等方面的好处。比如，大企业更容易获得银行贷款，更容易吸引其他投资者，企业在购买原料和半成品时，由于数量大，除了运输上有利外，还可利用规定质量、折扣、订立收购合同等有利条件，使生产成本降低。

2）规模报酬递减

规模报酬递减（decreasing returns to scale）是指在其他条件不变的情况下，厂商内部各种生产要素按相同比例增加时，产量增加的比例小于生产要素增加的比例。

假定厂商使用劳动和资本两种生产要素生产一种产品，当两种生产要素 L 和 K 分别扩大 λ 倍（$\lambda > 1$），变为 λL、λK 时，产量小于 λQ。

用公式表述如下：若 $f(\lambda L, \lambda K) < \lambda f(L, K)$，$\lambda > 1$，则长期生产函数 $Q = f(L, K)$ 表现为规

模报酬递减。

规模报酬递减的主要原因是厂商生产规模过大，使得生产的各个方面难以得到有效的协调，从而降低了生产效率。它可以表现为厂商内部分工过细，合理分工遭到破坏，导致部门间协调困难；企业规模过大，导致信息传递困难，沟通不畅，无法及时、准确地获取生产决策所需的各种信息等。

3）规模报酬不变

规模报酬不变（constant returns to scale）是指在其他条件不变的情况下，厂商内部各种生产要素按相同比例增加时，产量增加的比例和生产要素增加的比例相同。

假定厂商使用劳动和资本两种生产要素生产一种产品，当两种生产要素 L 和 K 分别扩大 λ 倍（$\lambda > 1$），变为 λL、λK 时，产量等于 λQ。

用公式表述如下：若 $f(\lambda L, \lambda K) = \lambda f(L, K)$，$\lambda > 1$，则长期生产函数 $Q = f(L, K)$ 表现为规模报酬不变。

规模报酬不变的原因是在规模报酬递增阶段的后期，大规模生产的优越性已得到充分发挥，厂商逐渐用完种种优势，同时厂商采取各种措施减少规模不经济，以推迟规模报酬递减阶段的到来。

西方经济学家指出，一般来说，当厂商从最初的小企业创业阶段开始快速增长时，处在规模报酬递增阶段。在追逐利润的驱动下，厂商在品尝到生产规模扩张的好处后会继续扩大生产规模，此时厂商的收益慢慢进入规模不变的阶段。如果再过分地追求市场的主导权和市场占有率，继续扩大厂商规模，就有可能进入规模报酬递减阶段。

长期生产函数规模报酬变化情况，可以用图4-4清楚地表现出来：表示规模报酬递增的生产函数曲线是一条凸向原点的曲线；表示规模报酬递减的生产函数曲线是一条凹向原点的曲线；而表示规模报酬不变的生产函数曲线是一条由原点引出的直线。

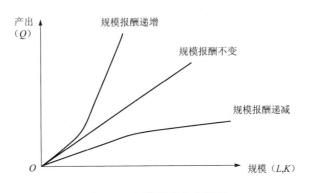

图4-4 规模报酬变化情况

◇ 思考：规模报酬递增和边际报酬递减规律相矛盾吗？为什么？规模报酬递减与边际报酬递减规律是一回事吗？

2. 生产要素最优组合的确定

在可变技术系数的生产函数中，从长期来看，每种生产要素都是可变的，并且可以相互替代而维持同等产量。等产量曲线就是描述在技术水平不变的条件下，生产同一产量，两种生产要素投入量所有组合的轨迹。以常数 Q_0 表示既定的产量水平，则与等产量曲线相对应的生产函数可表示为

$$Q = f(L,K) = Q_0 \tag{4-14}$$

图 4-5 描述了三条等产量曲线的情况。与无差异曲线相似，等产量曲线与坐标原点的距离的大小表示产量水平的高低，离原点越近的等产量曲线代表的产量水平越低，离原点越远的等产量曲线代表的产量水平越高。同一坐标平面上的任意两条等产量曲线不会相交。

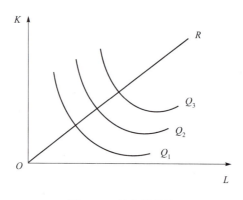

图 4-5 等产量曲线

1）边际技术替代率

（1）边际技术替代率的概念。

在既定的产量水平上，两种可变要素之间通过相互替代，可以维持产量水平保持不变。边际技术替代率（marginal rate of technical substitution）是指在产量保持不变的前提条件下，增加一单位某种生产要素时所减少的另一种生产要素的投入数量。

在一些行业中，厂商可以选择劳动密集型生产方式进行生产，也可以选择资金密集型生产方式进行生产。例如，厂商可以选择是用手工作业方式还是用机器生产方式进行生产，这种情况就可以看成是劳动和资本之间的相互替代。

用 MRTS_{LK} 表示劳动对资本的边际技术替代率，它表示在产量不变的前提下，增加一单位劳动投入时所减少的资本投入数量。劳动对资本的边际技术替代率的定义公式为

$$\text{MRTS}_{LK} = -\frac{\Delta K}{\Delta L} \tag{4-15}$$

式中，ΔK 和 ΔL 分别为资本投入的变化量和劳动投入的变化量。公式中加负号是为了使 MRTS_{LK} 值在一般情况下为正值。当长期生产函数为连续函数且 ΔL 的变化趋于 0 时，劳动对资本的边际技术替代率可以表示为

$$\text{MRTS}_{LK} = \lim_{\Delta L \to 0} -\frac{\Delta K}{\Delta L} = \frac{dK}{dL} \tag{4-16}$$

从几何意义上看，在一条等产量曲线上的任意一点，一种生产要素对另一种生产要素的边际技术替代率等于等产量曲线上这一点的斜率。

(2) 边际技术替代率递减规律。

在图 4-6 中，劳动投入量依次从 A 点变动到 B、C、D、E 点，顺次增加一个相同的量 ΔL，可以看到，资本投入量的变动依次为 ΔK_1、ΔK_2、ΔK_3、ΔK_4，并且有 $\Delta K_1 > \Delta K_2 > \Delta K_3 > \Delta K_4$，即出现了在劳动替代资本的过程中，资本的减少量逐渐降低的情况，每一单位的劳动所能替代的资本的数量是递减的。这一趋势在经济学中被称为边际技术替代率递减规律。具体来说，边际技术替代率递减规律是指在维持产量水平不变的前提下，当一种生产要素的投入量不断增加时，每一单位的这种生产要素所能替代的另一种生产要素的数量是递减的。

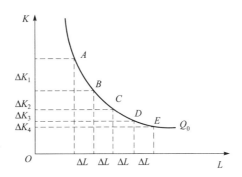

图 4-6　边际技术替代率递减规律

边际技术替代率递减的主要原因在于：随着劳动对资本的不断替代，劳动的边际产量逐渐下降，而资本的边际产量在上升，因此作为不断下降的劳动的边际产量与逐渐上升的资本的边际产量的比值是趋于下降的。边际技术替代率递减规律还意味着要素之间的替代是有限制的。在劳动投入量很少、资本投入量很多的情况下，减少一些资本投入量可以很容易地通过增加劳动投入量来弥补，以维持原有的产量水平，即劳动对资本的替代是很容易的。但是，在劳动投入增加到相当多的数量和资本投入量减少到相当少的数量的情况下，再用劳动去替代资本就很困难了。

2) 等成本线

等成本线是指在成本和生产要素价格既定的条件下，生产者可以购买到的两种生产要素的各种不同数量组合的轨迹，如图 4-7 所示。

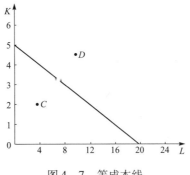

图 4-7　等成本线

假定既定的成本为 C，劳动和资本的价格分别为 P_L 和 P_K，则等成本线的方程为

$$C = P_L L + P_K K \tag{4-17}$$

等成本线的斜率为

$$K = \frac{P_L}{P_K} \tag{4-18}$$

成本和生产要素的价格发生变化，等成本线就会发生相应的变化。

3) 最优生产要素组合

在长期生产过程中，所有生产要素的数量都是可以改变的，理性的生产者会选择最优的生产要素组合进行生产。最优生产要素组合是指在既定成本下生产最大产量的生产要素的组合，或者是在既定产量下耗费最小成本的生产要素的组合。

(1) 既定成本条件下的产量最大化。

在图 4-8 中，有三条等产量线和一条等成本线，等成本线 C 和等产量线 Q_1 相交，与等产量线 Q_2 相切，和等产量线 Q_3 相离。对于生产者来说，在既定成本下，Q_3 的产量无法实现；Q_1 的产量可以实现，但存在进一步提升的空间。只有在等成本线与等产量线相切的情况下，才能实现既定成本条件下的产量最大化。切点 E 为生产的均衡点。

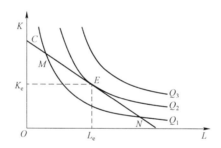

图 4-8 既定成本条件下产量最大的要素组合

在切点上有

$$\mathrm{MRTS}_{LK} = \frac{P_L}{P_K} \tag{4-19}$$

进一步，可以有

$$\frac{\mathrm{MP}_L}{P_L} = \frac{\mathrm{MP}_K}{P_K} \tag{4-20}$$

(2) 既定产量条件下的成本最小化。

在图 4-9 中，有一条等产量线和三条等成本线，等产量线 Q 和等成本线 C_3 相交，和等成本线 C_2 相切，和等成本线 C_1 相离。对于生产者来说，等成本线 C_1 无法生产目标产量 Q；等成本线 C_2 可以生产目标产量 Q，但存在进一步优化的空间。只有在等成本线与等产量线相切的情况下，才能实现既定产量条件下的成本最小化。切点 E 为生产的均衡点。

在切点上有

$$\mathrm{MRTS}_{LK} = \frac{P_L}{P_K} \tag{4-21}$$

进一步,可以有

$$\frac{MP_L}{P_L} = \frac{MP_K}{P_K} \qquad (4-22)$$

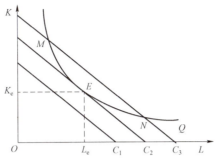

图4-9 既定产量条件下成本最小的要素组合

4.2 成 本 理 论

4.2.1 成本的含义和分类

1. 成本的含义

成本(cost)是经济学中一个非常重要的概念,它通常是指在一定时期内,厂商为生产一定数量的产品而购买的生产要素的总费用,是以货币支出来衡量的厂商所付出的代价。西方经济学认为,劳动、土地、资本和企业家才能是厂商进行生产的要素,会为生产做出"贡献",因此这些生产要素不仅要得到补偿,还应该获得相应的报酬。所以,生产成本不仅包括通常所说的工资、材料费等,还包括利息和地租,是一个广义的成本概念。

2. 成本的分类

1) 显性成本和隐性成本

显性成本是指厂商在生产要素市场上购买或租用他人所拥有的生产要素的实际支出。例如,厂商向工人支付的工资、向银行支付的利息、向土地出租者支付的地租等。

隐性成本是指厂商为使用自己所提供的生产要素而支付的费用。例如,为了进行生产,厂商除了雇用工人、从银行取得贷款和租用土地之外,还动用了自己的资金和土地,并亲自管理企业。当厂商使用了自有生产要素时,也应该得到报酬,这笔价值也应该计入成本之中。但是这笔成本支出不如显性成本那么明显,故被称为隐性成本。一般来说,隐性成本不能直接从账面上反映出来,因而难以精确计量。

2) 机会成本和会计成本

西方经济学是从资源的稀缺性这一前提出发,研究一个经济社会如何对经济资源进行合理配置的问题。当一定的经济资源被用于一种用途时,就失去了用于其他用途的机会,由此便产生了机会成本的概念。例如,房地产商可以将一块土地出租、修建农贸市场或者盖写字楼,如果房地产商选择在这块土地上建造写字楼,这块土地就不能用来出租或者修建农贸市场,这个房地产商就失去了利用这块土地出租或修建农贸市场所获得的收益。房地产商的机会成本就是他放弃的利用这块土地作为其他用途的最高收益。假如房地产商修建农贸市场的收益是每年10万元,出租的年租金是15万元,那么房地产商这块土地的机会成本就是15

万元。一般地,生产一单位的某种商品的机会成本是指生产者所放弃的使用相同的生产要素在其他生产用途中所能得到的最高收入。机会成本通常不显示在账面上,但却是管理人员在进行管理决策时必须要考虑的。

会计成本是在财务分析中使用的一种成本概念,会计成本是显性成本,它可以用货币计量,可以在会计的账目上反映出来。会计人员在进行核算时,会从收入中减去账面上反映出来的成本而不考虑机会成本。

3)固定成本和变动成本

固定成本是指不随产量的变动而变动的成本,是厂商在短期内不能随意调整的固定生产要素的费用,即使产量为零,这部分成本也保持不变,如机器和设备的租金、长期工作人员的工资等。

变动成本是指随产量的变动而变动的成本,是厂商在短期内可以随意调整的可变生产要素的费用,如原材料、燃料、销售佣金等。

需要说明的是,在短期内,厂商的某些生产要素是固定的,而另一些生产要素是变动的,因此有固定成本和变动成本的区分;而在长期内,所有的生产要素都是可变的,厂商的全部成本都是变动成本,不存在固定成本和变动成本的区别。

4.2.2 短期成本分析

1. 短期成本的分类

1)总成本

在短期内,厂商的总成本包括总固定成本和总变动成本,总成本、总固定成本和总变动成本分别用 TC、TFC 和 TVC 表示。

在短期内,总成本用公式可以表示为

$$TC = TFC + TVC \tag{4-23}$$

总固定成本是厂商在短期内为生产一定数量的产品对不变生产要素所支付的总成本,它是一个常数,不随产量的变化而变化。即使产量为零,总固定成本也仍然存在。

总变动成本是厂商在短期内生产一定数量的产品对可变生产要素支付的总成本,当产量为 0 时,总变动成本也为 0。总固定成本随着产量的增加而增加。

表 4-2 是某厂商的总成本情况,其中总固定成本为 500 单位,是不随产量的变化而变化的;总变动成本随着产量的增加而不同程度的增加,总成本表现为总固定成本和总变动成本的加总,也随着产量的上升而上升。这一点是可以理解的,因为厂商不会不花一分钱就能生产出产品,为了生产更多的产品,厂商一定会增加投入,而增加投入则会花费更多的成本。

表 4-2 某厂商的总成本情况

产量(Q)	总固定成本(TFC)	总变动成本(TVC)	总成本(TC)
0	500	0	500
1	500	600	1 100
2	500	800	1 300
3	500	900	1 400
4	500	1 050	1 550
5	500	1 400	1 900
6	500	2 100	2 600

2)平均成本

平均成本是指平均每一单位产品所消耗的成本。在短期内,平均成本又分为平均固定成本和平均变动成本。平均成本、平均固定成本和平均变动成本分别用 AC、AFC 和 AVC 表示。

平均固定成本是厂商在短期内平均生产每一单位产品所消耗的不变成本。平均固定成本用公式可以表示为

$$\text{AFC} = \frac{\text{TFC}}{Q} \tag{4-24}$$

平均变动成本是厂商在短期内平均生产每一单位产品所消耗的可变成本。平均变动成本用公式可以表示为

$$\text{AVC} = \frac{\text{TVC}}{Q} \tag{4-25}$$

平均成本是厂商在短期内平均生产每一单位产品所消耗的全部成本,它等于平均固定成本和平均变动成本之和。平均成本用公式可以表示为

$$\text{AC} = \frac{\text{TC}}{Q} = \text{AFC} + \text{AVC} \tag{4-26}$$

表 4-3 是某厂商的平均成本情况。由表 4-3 可以清楚地看到该厂商的各项平均成本与相应的总成本之间的关系,平均固定成本、平均变动成本和平均成本分别由总固定成本、总变动成本和总成本推算得到。可以看出,平均固定成本随着产量的增加而逐步下降,这是因为固定成本是不随产量的变化而变化的,因此随着产量的增加,平均固定成本会越来越低;平均变动成本随着产量的增加先下降后增加;平均成本也随着产量的增加先下降后增加。这些特点是一般情况下厂商的平均成本的共性,将在后续内容中进行详细介绍。

表 4-3 某厂商的平均成本情况

产量(Q)	总固定成本(TFC)	总变动成本(TVC)	总成本(TC)	平均固定成本(AFC)	平均变动成本(AVC)	平均成本(AC)
0	500	0	500	—	—	—
1	500	600	1 100	500	600	1 100
2	500	800	1 300	250	400	650
3	500	900	1 400	166.7	300	466.7
4	500	1 050	1 550	125	262.5	387.5
5	500	1 400	1 900	100	280	380
6	500	2 100	2 600	83.3	350	433.3

3)边际成本

在短期内,边际成本是厂商在增加一单位产量时所增加的成本,用 MC 表示短期内的边际成本。MC 可以用公式表示为

$$\text{MC} = \frac{\Delta \text{TC}}{\Delta Q} \tag{4-27}$$

或者

$$MC = \lim_{\Delta Q \to 0} \frac{\Delta TC}{\Delta Q} = \frac{d\,TC}{dQ} \tag{4-28}$$

厂商的边际成本由总成本推算得到。表4-4是某厂商的边际成本情况。可以看到，该厂商的边际成本随着产量的增加先下降后增加，在产量为3个单位时，边际成本最少，为100单位。

表4-4 某厂商的边际成本情况

产量（Q）	总成本（TC）	边际成本（MC）
0	500	—
1	1 100	600
2	1 300	200
3	1 400	100
4	1 550	150
5	1 900	350
6	2 600	700

案例评析4-1 没有满座的飞机仍可营业

米兰女士是某航空公司的股东，有一段时期，她坐自己公司的飞机时发现200个座位的机舱内只有40人左右。她开始对公司前途担忧，就去请教朋友查尔斯，咨询是否应该抛售公司股票。

查尔斯告诉米兰，她的公司仍在经营说明票价高于（至少等于）平均可变成本。短期内，公司买的飞机无法卖出去，雇用的工作人员也不能解雇，这些都是短期内公司的固定成本，即使不飞行，飞机折旧费和工资仍然是要付的。尽管乘客不多，但这些乘客带来的收益大于（或等于）飞行时汽油及其他支出（变动成本），就可以继续飞行。比如，如果飞行一次成本为2万美元，其中固定成本为1万美元，可变成本为1万美元，只要机票为250美元时，乘客大于（或等于）40人就可以飞行下去。如果乘客为40人，运送每位乘客的平均可变成本为250美元，票价为250美元，这时营业就没有利润。如果乘客再多几个，就可以弥补一些固定成本，那么经营就是有利的。

你认为查尔斯的话有道理吗？

资料来源：陈鹏飞. 关于经济学的100个故事. 南京：南京大学出版社，2011.

2. 短期成本曲线的特点

由表4-2、表4-3和表4-4可以画出各项短期成本曲线，进而可以分析不同类型的短期成本曲线相互之间的关系，如图4-10所示。

在图4-10中，总固定成本（TFC）曲线是一条平行于横轴的水平线；总变动成本（TVC）曲线是一条由原点出发向右上方倾斜的曲线；总成本（TC）曲线是总变动成本曲线上的每一点向上平移了一个大小为总固定成本后的轨迹，表现为和总变动成本曲线平行的一条曲线；在每一个产量上，TC曲线和TVC曲线两者的斜率都是相同的，这显然是由于TC

曲线是通过把 TVC 曲线向上垂直平移 TFC 的距离而得到的。

从图 4-11 中可以看到，AFC 曲线、AVC 曲线、AC 曲线和 MC 曲线有明显的特征。

首先，AVC 曲线、AC 曲线和 MC 曲线均呈 U 形。随着产量的增加，边际成本（MC）曲线出现先下降但很快就开始上升的特征，导致平均成本曲线和平均变动成本曲线也出现了先降后升的特征。但是，平均变动成本曲线先于平均成本曲线上升，出现这种情况是因为当平均变动成本上升时，总固定成本对平均成本的影响仍然大于变动成本。

其次，平均固定成本曲线不受边际成本的影响，呈现持续下降的趋势；平均成本曲线始终高于平均变动成本曲线，两者之间的距离等于相应产量上平均固定成本的值，随着平均固定成本越来越低，平均成本曲线和平均变动成本曲线越来越接近，但是不会相交或重合，因为平均固定成本不会等于零。

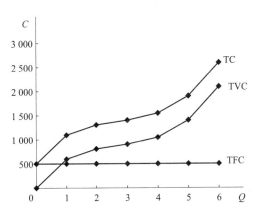

图 4-10 总成本曲线、总固定成本曲线和总变动成本曲线

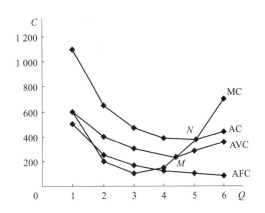

图 4-11 平均固定成本曲线、平均变动成本曲线、平均成本曲线和边际成本曲线

最后，边际成本曲线分别经过平均成本曲线和平均变动成本曲线的最低点。边际成本曲线和平均成本曲线相交于 N 点，在 N 点之前，边际成本曲线低于平均成本曲线，在 N 点之后，边际成本曲线高于平均成本曲线；边际成本曲线和平均变动成本曲线相交于 M 点，在 M 点之前，边际成本曲线低于平均变动成本曲线，在 M 点之后，边际成本曲线高于平均变动成本曲线。

3. 短期成本曲线变动的决定因素：边际报酬递减规律

边际报酬递减规律是短期生产的一条基本规律，它决定了短期成本曲线的特征。

边际报酬递减规律是指在短期生产过程中，对一种可变生产要素的生产函数来说，边际产量表现出的先上升、后下降的特征。假定生产要素的价格是固定不变的，在边际报酬递增阶段，增加一单位可变要素投入所产生的边际产量递增，相应地，这一阶段增加一单位产量所需要的边际成本是递减的；在边际报酬递减阶段，增加一单位可变要素投入所产生的边际产量递减，相应地，在这一阶段增加一单位产量所需要的边际成本是递增的。这意味着，边际产量的递增阶段对应的是边际成本的递减阶段，边际产量的递减阶段对应的是边际成本的递增阶段，与边际产量的最大值相对应的是边际成本的最小值。因此，在边际报酬递减规律的作用下，边际成本曲线表现出先降后升的 U 形特征。

由于在边际报酬递减规律作用下的边际成本曲线有先降后升的 U 形特征，所以平均成本曲线和平均变动成本曲线也必定具有先降后升的 U 形特征。这是因为，对于任何一对边际量和平均量而言，只要边际量小于平均量，边际量就把平均量拉下；只要边际量大于平均量，边际量就把平均量拉上；当边际量等于平均量时，平均量必达到本身的极值点。此外，对于产量变化的反应，边际成本要比平均成本和平均可变成本敏感。反映在图 4-9 中，不论是下降还是上升，边际成本曲线的变动都快于平均成本曲线和平均变动成本曲线。

◇ 思考：为什么短期成本曲线的变动是边际报酬递减规律作用引起的？

4. 短期产量曲线与短期成本曲线之间的关系

假定在短期内，资本的投入量固定，劳动为可变要素，则短期生产函数为

$$Q = f(L, \overline{K})$$

假定生产要素劳动的价格是给定的，记为 w，则短期内总变动成本为

$$\text{TVC} = w \cdot L \tag{4-29}$$

则短期总成本可以表示为

$$\text{TC} = \text{TFC} + \text{TVC} = \text{TFC} + w \cdot L \tag{4-30}$$

其中，总固定成本为一常数。

1）边际产量和边际成本的关系

由于边际成本可以用公式表示为

$$\text{MC} = \frac{\Delta \text{TC}}{\Delta Q} \tag{4-31}$$

当 ΔQ 趋于 0 时，又可以表示为

$$\text{MC} = \lim_{\Delta Q \to 0} \frac{\Delta \text{TC}}{\Delta Q} = \frac{\text{d TC}}{\text{d}Q} \tag{4-32}$$

因此，

$$\text{MC} = \frac{\text{d TC}}{\text{d}Q} = \frac{\text{d TFC}}{\text{d}Q} + \frac{\text{d TVC}}{\text{d}Q} = 0 + w \cdot \frac{\text{d}L}{\text{d}Q} = w \cdot \frac{1}{\text{d}Q/\text{d}L} = w \cdot \frac{1}{\text{MP}_L} \tag{4-33}$$

即

$$\text{MC} = w \cdot \frac{1}{\text{MP}_L} \tag{4-34}$$

由此可知，在边际报酬递减规律的作用下，劳动的边际产量（MP_L）先上升，达到最高点以后再下降，因此边际成本会先下降，达到最低点以后再上升，边际成本和边际产量两者的变动方向正好相反。

2）平均产量与平均变动成本的关系

平均变动成本可以由总变动成本推导而来，由总变动成本 $\text{TVC} = w \cdot L$ 可知

$$\text{AVC} = \frac{\text{TVC}}{Q} = \frac{wL}{Q} = w \cdot \frac{1}{Q/L} = w \cdot \frac{1}{\text{AP}_L} \tag{4-35}$$

即

$$\text{AVC} = w \cdot \frac{1}{\text{AP}_L} \tag{4-36}$$

由此可知，平均变动成本与平均产量（AP_L）的变动方向是相反的。平均变动成本递增

时,平均产量递减;平均变动成本递减时,平均产量递增;平均变动成本的最高点和平均产量的最低点对应。这样一来,由于边际成本曲线与平均变动成本曲线交于平均变动成本曲线的最低点,边际产量曲线与平均产量曲线交于平均产量曲线的最高点,所以,边际成本曲线和平均变动成本曲线的交点与边际产量曲线和平均产量曲线的交点也是对应的,如图4-12所示。

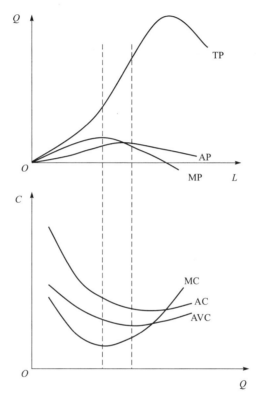

图4-12 短期产量曲线与短期成本曲线之间的关系

4.2.3 长期成本分析

在长期内,厂商可以调整所有生产要素的投入量,甚至进入或退出一个行业,因此,厂商所有的成本都是可变的,没有固定成本和可变成本之分。厂商的长期成本可以分为长期总成本、长期平均成本和长期边际成本。为了区分短期成本和长期成本,从本部分开始,在短期成本前都冠之"S",在长期成本前都冠之"L"。短期总成本、短期平均成本和短期边际成本分别用STC、SAC和SMC表示,长期总成本、长期平均成本和长期边际成本分别用LTC、LAC和LMC表示。

1. 长期总成本

从长期看,由于厂商可以调整每一种生产要素的投入量,理性的厂商可以在每一个产量水平上选择最优的生产规模进行生产。长期总成本(LTC)是指厂商在长期中在每一个产量水平上通过选择最优的生产规模所能达到的最低总成本。

长期总成本曲线可以由短期总成本曲线推导而来,长期总成本曲线是短期总成本曲线的包络线。在图4-13中,有三条短期总成本曲线STC_1、STC_2和STC_3,分别代表三种不同的生产规模,其中 STC_1 曲线的生产规模最小,STC_3 曲线的生产规模最大,STC_2 曲线的生产规模介于 STC_1 曲线和 STC_3 曲线的生产规模之间。

在产量一定的情况下,理性的厂商会选择总成本的最低点进行生产。例如,厂商要生产 Q_2 的产量,在短期内,厂商不能调整固定要素的投入,所以可能面临着选择 STC_1 曲线上的点 M_1 或者 STC_3 曲线上的点 M_3 进行生产,这两种情况下厂商的总生产成本都不是最低,因为都高于 STC_2 曲线上点 M_2 所代表的成本。但是,在长期内,厂商可以调整所有的生产要素,在产量一定的情况下选择最优规模。STC_2 曲线上的 M_2 点是 STC_2 曲线的最低点,它代表产量为 Q_2 时的总成本,理性的厂商会选择在点 M_2 进行生产,即选择 STC_2 曲线所代表的生产规模。因此,在长期内,厂商必然会选择 STC_2 曲线所代表的生产规模进行生产,从而将总成本降低到所能达到的最低水平。类似地,在长期内,厂商会选择 STC_1 曲线所代表的生产规模,在 L 点上生产 Q_1 的产量;选择 STC_3 曲线所代表的生产规模,在 N 点上生产 Q_3 的产量。这样厂商就在每一个既定的产量水平上实现了最低的总成本。

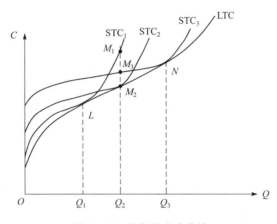

图 4-13 长期总成本曲线

类似地,可以假定有无数条短期总成本曲线,厂商在任何一个产量水平上,都能找到相应的一个最优的生产规模,可以把总成本降到最低水平,这些点的轨迹就形成了图 4-13 中的长期总成本曲线。显然,长期总成本曲线是无数条短期总成本曲线的包络线。在连续变化的每一个产量水平上,都存在 LTC 曲线和一条 STC 曲线的相切点,该 STC 曲线所代表的生产规模就是生产该产量的最优生产规模,该切点所对应的总成本就是生产该产量的最低总成本。所以,LTC 曲线表示长期内厂商在每一产量水平上由最优生产规模所带来的最小生产总成本。

2. 长期平均成本

长期平均成本(LAC)表示厂商在长期内按产量平均计算的最低总成本。长期平均成本用公式可以写为

$$LAC = \frac{LTC}{Q} \tag{4-37}$$

因此可以根据长期总成本曲线推导厂商的长期平均成本曲线。另外,长期平均成本曲线也可以由短期平均成本曲线推导出来(是短期平均成本曲线的包络线),如图 4-14 所示,推导过程不再赘述。

长期平均成本曲线呈先降后升的 U 形,长期平均成本曲线的 U 形特征是由长期生产中的规模经济和规模不经济决定的。

3. 长期边际成本

长期边际成本（LMC）表示厂商在长期内增加一单位产量所引起的最低总成本的增量。长期边际成本用公式可以写为

$$\text{LMC} = \frac{\Delta \text{LTC}}{\Delta Q} \tag{4-38}$$

当 ΔQ 趋于 0 时，有

$$\text{LMC} = \lim_{\Delta Q \to 0} \frac{\Delta \text{LTC}}{\Delta Q} = \frac{\text{d LTC}}{\text{d} Q} \tag{4-39}$$

显然，每一产量水平上的 LMC 值都是相应的长期总成本曲线的斜率。长期边际成本曲线可以由长期总成本曲线得到，只要把每一个产量水平上的长期总成本曲线的斜率值描绘在产量和成本的平面坐标图中，便可得到长期边际成本曲线。另外，长期边际成本曲线也可以由短期边际成本曲线得到，推导过程不再赘述。如图 4-15 所示，长期边际成本曲线呈 U 形，它与长期平均成本曲线相交于长期平均成本曲线的最低点。

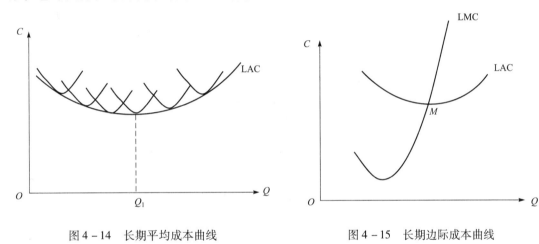

图 4-14　长期平均成本曲线　　　　图 4-15　长期边际成本曲线

4.3　收益与利润最大化

4.3.1　收益

1. 收益的概念

厂商销售产品或劳务所获得的货币收入就是收益（revenue）。相应地，有三个重要概念，总收益、平均收益和边际收益。

总收益（total revenue）是指厂商销售一定数量的产品或劳务所获得的全部收入，它等于产品的销售价格与销售数量之间的乘积。用 P 表示产品或劳务的价格，用 Q 表示产品或劳务的数量，则总收益用公式可表示为

$$\text{TR} = P \cdot Q \tag{4-40}$$

平均收益（average revenue）是指厂商出售每单位产品或劳务平均获得的收入，用公式可表示为

$$AR = \frac{TR}{Q} \qquad (4-41)$$

可以继续推导一下，则有

$$AR = \frac{TR}{Q} = \frac{P \cdot Q}{Q} = P \qquad (4-42)$$

可见，厂商的平均收益就是产品或劳务的价格。

边际收益（marginal revenue）是指每增加一单位产品或劳务销售所增加的收入，用公式可表示为

$$MR = \frac{\Delta TR}{\Delta Q} = \frac{dTR}{dQ} \qquad (4-43)$$

2. 收益曲线

从收益的概念可以知道，厂商的收益曲线和产品或劳务的价格 P 及产量 Q 有关。在完全竞争市场上，厂商是价格的接受者，厂商面临的价格是一定的，厂商的总收益会随着产量的增加而增加，总收益曲线是一条从原点出发的直线，斜率就是产品或劳务的价格 P；平均收益和边际收益不随产量的变化而变化，只和价格有关，平均收益曲线和边际收益曲线是一条水平的直线，在纵轴上的截距就是价格的大小。某厂商的收益情况如表 4-5 所示，图 4-16 是根据表 4-5 绘制的收益曲线。

表 4-5　某厂商的收益情况

Q	P	TR	AR	MR	Q	P	TR	AR	MR
0	100	0	—	—	11	100	1 100	100	100
1	100	100	100	100	12	100	1 200	100	100
2	100	200	100	100	13	100	1 300	100	100
3	100	300	100	100	14	100	1 400	100	100
4	100	400	100	100	15	100	1 500	100	100
5	100	500	100	100	16	100	1 600	100	100
6	100	600	100	100	17	100	1 700	100	100
7	100	700	100	100	18	100	1 800	100	100
8	100	800	100	100	19	100	1 900	100	100
9	100	900	100	100	20	100	2 000	100	100
10	100	1 000	100	100	21	100	2 100	100	100

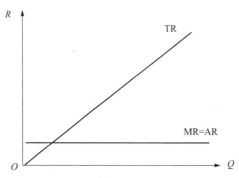

图 4-16　价格一定时厂商的收益曲线

4.3.2 利润

1. 利润的概念

利润指的是厂商的收益和成本的差额,这里的成本是包括会计成本和机会成本在内的总成本。如果总收益大于总成本,厂商就会盈利;如果总收益小于总成本,厂商就会亏损。

厂商的利润又可以分为正常利润和超额利润。正常利润(normal profits)是指厂商继续从事某种生产经营活动所必需的最低限度利润水平。微观经济学中的"利润",实际上是指超额利润。

超额利润(super-normal profits)是指其他条件保持社会平均水平而获得的超过市场平均正常利润的那部分利润,又称为纯粹利润或经济利润。当厂商因为领先采用新技术、拥有某种市场权力或因为其他原因,成本低于其他厂商或其产品价格高于其他厂商时,便可能获得高于正常水平的利润,即获得超额利润。超额利润在竞争性行业中只可能在短期内存在,而在垄断性行业中,无论是在短期内还是在长期内都可能存在。

用 π 表示厂商的利润,那么厂商的利润可以表示为

$$\pi = TR - TC \tag{4-44}$$

2. 利润最大化原则

在西方经济学中,理性的厂商都是为了追求利润最大化。在长期内,厂商可以通过调整生产要素投入量来实现最大利润。

用 π 表示厂商的利润,根据利润公式:$\pi = TR - TC$,为了使 π 最大,必须使 $\pi' = 0$,即 $MR = MC$。

因此,为了使利润最大,厂商必须把产量定在 $MC = MR$ 的基础上,$MR = MC$ 称为厂商最大利润原则。

如果厂商的边际收益大于边际成本,厂商每多生产一单位的产量用于销售,所增加的收益大于因多生产这一单位产品所增加的成本,此时增加产量可以增加利润;如果厂商的边际收益小于边际成本,表明厂商增加产量只会使利润减少;当厂商的边际收益等于边际成本时,厂商获得最大利润。

◇ 思考:为什么边际成本等于边际收益时,厂商会实现利润最大化?

经济问题分析

企业经营所付出的成本包括固定成本和变动成本。在短期内,固定成本和产量无关,是必须要支付的。变动成本与产量密切相关。2020年初,疫情暴发,餐饮企业在这次疫情期间的损失主要是应防控要求门店不能正常营业,因此没有员工工资等变动成本的支出。

6月这次疫情暴发并没有让餐厅强制停业,反倒增加了更多的成本。因为在没有经营收入的前提下,还要承担储备食材过期损失,要支付员工工资、支付店面租金及相关费用、支付外卖送餐平台佣金(因商家与平台的合作协议属于年度合同)等,同时还要为员工防疫额外支付防护设备设施的开销。在餐饮企业的成本结构里,员工工资和房租成本都占较大比重。

本章小结

(1) 固定投入比例生产函数和柯布－道格拉斯生产函数是西方经济学中两种重要的生产函数。固定投入比例生产函数是指在每一个产量水平上，生产要素投入量之间的投入比例都是固定的生产函数。柯布－道格拉斯生产函数是以美国数学家柯布和经济学家道格拉斯的名字命名的生产函数，它以简单的形式描述了经济学家所关心的一些性质。

(2) 边际报酬递减规律是一条经过实践验证的广泛存在的规律，它可以表述为：在技术水平不变的条件下，连续等量地把某一种可变生产要素增加到其他一种或几种数量不变的生产要素中，当这种可变生产要素的投入量小于某一特定值时，增加该要素投入所带来的边际产量是递增的；当这种可变要素的投入量连续增加并超过这个特定值时，增加该要素投入所带来的边际产量是递减的。

(3) 在短期生产理论中，生产者既不会将生产停留在第Ⅰ阶段，也不会将生产扩张到第Ⅲ阶段，只有在生产的第Ⅱ阶段，生产者才可以得到由第Ⅰ阶段增加可变要素投入所带来的全部好处，同时又可以避免将可变要素投入增加到第Ⅲ阶段而带来的不利影响。

(4) 规模报酬也叫规模收益，是指在其他条件不变的情况下，厂商内部各种生产要素按相同比例变化时所带来的产量变化，可以分规模报酬递增、规模报酬不变和规模报酬递减三种情况。

(5) 成本是经济学中一个非常重要的概念，它通常是指在一定时期内，厂商为生产一定数量的产品而购买的生产要素的总费用，是以货币支出来衡量的厂商所付出的代价。

(6) 边际报酬递减规律决定了短期成本曲线的特征。边际产量的递增阶段对应的是边际成本的递减阶段，边际产量的递减阶段对应的是边际成本的递增阶段，与边际产量的最大值相对应的是边际成本的最小值。因此，在边际报酬递减规律的作用下，边际成本曲线表现出先降后升的 U 形特征。

(7) 从长期看，由于厂商可以调整每一种生产要素的投入量，理性的厂商可以在每一个产量水平上选择最优的生产规模进行生产。长期平均成本表示厂商在长期内按产量平均计算的最低总成本；长期边际成本表示厂商在长期内增加一单位产量所引起的最低总成本的增量。

(8) 在西方经济学中，理性的厂商都是为了追求利润最大化。如果厂商的边际收益大于边际成本，厂商每多生产一单位的产量用于销售，所增加的收益大于因多生产这一单位产品所增加的成本，此时增加产量可以增加利润；如果厂商的边际收益小于边际成本，表明厂商增加产量只会使利润减少；当厂商的边际收益等于边际成本时，厂商获取最大利润。

练 习 题

一、概念

生产函数　固定投入比例生产函数　柯布－道格拉斯生产函数　长期　短期　边际报酬递减规律　等产量曲线　边际技术替代率　规模报酬　会计成本　机会成本　长期成本　固

定成本　可变成本　边际成本　超额利润　正常利润　利润最大化原则

二、单选题

1. 经济学分析中所说的短期是指（　　）。
   A. 一年之内
   B. 三年之内
   C. 只能根据产量调整可变成本的时期
   D. 全部生产要素都可随产量而调整的时期

2. 假定厂商原来生产产品 A，利润收入为 200 元，现在改为生产产品 B，所花的人工、材料费为 1 000 元，则生产产品 B 的机会成本是（　　）。
   A. 200 元　　　　　B. 1 200 元　　　　　C. 1 000 元　　　　　D. 无法确定

3. 根据可变要素的总产量曲线、平均产量曲线和边际产量曲线之间的关系，可将生产划分为三个阶段，任何理性的生产者都会将生产选择在（　　）。
   A. 第 Ⅰ 阶段　　　　B. 第 Ⅱ 阶段　　　　C. 第 Ⅲ 阶段

4. 在维持产量水平不变的条件下，如果企业增加 2 单位的劳动投入量就可以减少 4 单位的资本投入量，则有（　　）。
   A. $MRTS_{LK}=2$，且 $\frac{MP_K}{MP_L}=2$
   B. $MRTS_{LK}=\frac{1}{2}$，且 $\frac{MP_K}{MP_L}=2$
   C. $MRTS_{LK}=2$，且 $\frac{MP_K}{MP_L}=\frac{1}{2}$
   D. $MRTS_{LK}=\frac{1}{2}$，且 $\frac{MP_K}{MP_L}=\frac{1}{2}$

5. 对应于边际报酬的递增阶段，STC 曲线（　　）。
   A. 以递增的速率上升
   B. 以递减的速率上升
   C. 以递增的速率下降
   D. 以递减的速率下降

6. 当边际产量大于平均产量时，（　　）。
   A. 平均产量递减
   B. 平均产量递增
   C. 平均产量不变
   D. 总产量递减

7. 已知产量为 9 单位时，总成本是 98 元，产量为 10 单位时，平均成本是 10 元，那么厂商的边际成本是（　　）。
   A. 1　　　　　B. 2　　　　　C. 100　　　　　D. 10

8. 等产量曲线是指在这条曲线上的各点代表（　　）。
   A. 为生产同等产量投入要素的各种组合比例是不能变化的
   B. 为生产同等产量投入要素的价格是不变的
   C. 不管投入各种要素量如何，产量总是相等的
   D. 投入要素的各种组合所能生产的产量都是相等的

9. 当某厂商以最小成本生产出既定产量时，那么（　　）。
   A. 总收益为零
   B. 一定获得最大利润
   C. 一定未获得最大利润
   D. 无法确定是否获得最大利润

10. 在长期中，下列成本中（　　）是不存在的。
    A. 可变成本
    B. 平均成本
    C. 机会成本
    D. 隐含成本

11. 短期平均成本曲线为 U 形的原因与（　　）有关。

A. 规模报酬　　　　　　　　　　B. 外部经济与不经济
C. 要素的边际生产率　　　　　　D. 固定成本与可变成本所占比重

12. 长期总成本曲线是各种产量的（　　）。
A. 最低成本点的轨迹　　　　　　B. 最低平均成本点的轨迹
C. 最低边际成本点的轨迹　　　　D. 平均成本变动的轨迹

三、判断题

1. 当边际成本达到它的最低点时，平均成本达到最低。　　　　　　　　　　（　　）
2. 由于固定成本永不变动，因此对于每一产量水平的平均固定成本也是不变的。
　　　　　　　　　　　　　　　　　　　　　　　　　　　　　　　　　（　　）
3. 脊线以外的区域的等产量曲线的斜率都为负值，脊线以内的区域的等产量曲线的斜率都为正值。　　　　　　　　　　　　　　　　　　　　　　　　　　　　（　　）
4. 任何生产函数都以一定时期内的生产技术水平作为前提条件，一旦生产技术水平发生变化，原有的生产函数就会发生变化，从而形成新的生产函数。　　　　　　（　　）
5. 连接总产量曲线上任何一点和坐标原点的线段的斜率都可以表示为该点上的劳动的平均产量的值。　　　　　　　　　　　　　　　　　　　　　　　　　　　（　　）
6. 当总产量在开始时随着劳动投入量的增加而增加时，总产量曲线的斜率为负。当总产量在以后随着劳动投入量的增加而减少时，总产量曲线的斜率为正。　　　（　　）
7. 边际技术替代率递减规律使得向右下方倾斜的等产量曲线必然凸向原点。（　　）
8. 脊线是生产的经济区域与不经济区域的分界线。　　　　　　　　　　（　　）
9. 如果企业实现了以最低成本生产了一定量产出，说明该企业一定实现了最大利润。
　　　　　　　　　　　　　　　　　　　　　　　　　　　　　　　　　（　　）
10. 如果规模收益递减，说明可变投入收益也一定递减。　　　　　　　（　　）

四、简答题

1. 简述生产要素的分类及含义。
2. 简述短期生产函数中总产量、平均产量及边际产量三者之间的关系。
3. 生产的三个阶段是如何划分的？为什么厂商只会在第Ⅱ阶段生产？
4. 解释边际报酬递减规律的内容及成因。
5. 运用边际报酬递减规律时，应注意哪些方面？
6. 简述利润最大化原则。
7. 企业会以低于成本的价格出售产品吗？请说明原因。

五、计算题

1. 已知某厂商只有一种可变要素劳动 L，产出一种产品，产量为 Q，固定成本既定，短期生产函数为 $Q = -0.1L^3 + 9L^2 + 10L$，求解以下问题。
（1）计算劳动的平均产量函数和边际产量函数。
（2）当平均产量达到最大值时企业使用的劳动量是多少？
（3）当 L 的投入量为多大时，MP_L 开始递减？

2. 某企业在短期生产中的生产函数为 $Q = -L^3 + 18L^2 + 135L$，计算企业在下列情况下 L 的取值范围。
（1）在第Ⅰ阶段；
（2）在第Ⅱ阶段；

(3) 在第Ⅲ阶段。

3. 若厂商生产一定量某种产品需要劳动和资本两种生产要素，表4-6给出了劳动（L）和资本（K）的四种不同组合：A、B、C、D，单位劳动价格为10美元，单位资本价格为25美元，则该厂商为了使成本最低宜采用哪种生产方法？

表4-6 某厂商生产某种产品时劳动和资本的四种组合

	L	K
A	20	2
B	15	3
C	10	4
D	8	6

4. 已知生产函数 $Q = L^{0.5}K^{0.5}$，试证明该生产过程是规模报酬不变的。

5. 假定某企业的成本函数为 $STC = Q^3 - 5Q^2 + 24Q + 100$，

(1) 写出相应的平均成本函数、平均固定成本函数、平均可变成本函数和边际成本函数；

(2) 如果该企业生产了100单位产品，它相应的平均成本、平均固定成本、平均可变成本和边际成本分别是多少？

6. 根据表4-7中的数字进行计算，填写表格。

表4-7 短期成本表

产量	固定成本	可变成本	总成本	边际成本	平均固定成本	平均可变成本	平均成本
1	100	50		—			
2				30			
3						40	
4			270				
5							70

7. 假定某企业只有一种可变要素劳动 L，产出一种产品 Q，固定成本为既定，短期生产函数为 $Q = -0.1L^3 + 6L^2 + 12L$，假如工人的工资 $W = 360$ 元，产品价格 $P = 30$ 元，求利润最大时雇用的劳动人数。

实 践 训 练

训练目标

1. 通过创业模拟训练，了解如何确定投入要素的最优组合。
2. 通过走访企业，了解生产成本的构成。

训练1 创业模拟：确定投入要素的最优组合

训练要求：

(1) 组成调查小组，完成创业初期的策划。

(2) 各组选择一种产品,通过市场调查制定经营该产品的经营模式,确定投入要素的最优组合。

(3) 完成产品经营策划报告,班内交流。

训练2 *生产成本的构成*

训练要求:

(1) 组成调查小组,制订调查计划。

(2) 各组选择一家企业,观察企业的生产情况,调查企业的生产成本构成。

(3) 分别计算不变成本、可变成本占总成本的比例。

(4) 完成调查报告,班内交流。

第 5 章　市 场 理 论

 学习导图

- 市场理论
  - 市场及其类型
  - 完全竞争市场
    - 相关概念
      - 含义
      - 基本特征
    - 完全竞争厂商的需求曲线和收益曲线
    - 完全竞争厂商的短期均衡
    - 完全竞争厂商的长期均衡
  - 完全垄断市场
    - 相关概念
    - 完全垄断厂商的需求曲线与收益曲线
    - 完全垄断厂商的短期均衡
    - 完全垄断厂商的长期均衡
    - 完全垄断厂商的价格歧视
    - 对完全垄断市场的评论
  - 垄断竞争市场
    - 相关概念
    - 垄断竞争厂商的短期均衡
    - 垄断竞争厂商的长期均衡
    - 垄断竞争市场的评论
  - 寡头垄断市场
    - 含义与基本特征
    - 寡头垄断市场的产量决定
    - 寡头垄断市场的价格决定
    - 寡头垄断市场的评论

经济问题

互联网在中国经过二十多年的商业化发展，已经出现以百度、阿里巴巴、腾讯等为代表的大型互联网平台企业。这些企业无论在用户基数、盈利能力等方面均具有巨大优势，使得其各自领域内的市场份额高度集中，形成近似垄断的市场结构。业界开始出现一些对互联网行业垄断的担忧。

资料来源：荆文君. 互联网行业的市场结构特征及其福利影响研究——基于平台企业的视角 [D]. 北京：中央财经大学，2018.

思考题：为什么业界会产生对互联网行业垄断的担忧？

章 前 导 读

在消费者行为理论和生产者行为理论中，我们分析了消费者如何根据自己的偏好和各种消费品价格花费既定的收入买进各种消费品以取得最大的满足，生产者如何根据一定的技术和既定的生产要素的价格，用一定的成本来求取各种生产要素的最佳组合，使生产达到最佳效益（或是在既定成本下取得最大产出量，或产出一定时产品所花的成本最小）。但是成本函数只是表明了厂商为可能生产的各种产量所支付的最低成本，并不能说明厂商将要确定什么样的产量水平。这是因为，厂商实现利润最大化的产量选择，不仅取决于它的成本条件，而且还取决于它的收益状况，或者说取决于它所面临的市场需求状况。但是厂商所面临的市场需求曲线依不同的市场类型而存在一定的差别，同样厂商的供给曲线不仅取决于生产函数和成本函数，也与厂商所处的市场环境相关。因此，市场条件不同，供求曲线也不同，从而均衡条件不同。本章就是要具体分析在不同的市场条件下使厂商实现最大利润的均衡产量和均衡价格是如何决定的。厂商在各种市场结构中如何决定产品价格和产量的理论称为厂商理论或市场理论。

5.1 完全竞争市场

5.1.1 市场及其类型

市场是指从事某一种商品买卖的交易场所（有形）或接触点（利用现代化通信工具进行商品交易，无形）。任何一种商品都有一个市场，例如电视机市场、玉米市场。

行业是指为同一个商品市场生产和提供产品的所有厂商的总体。同一种商品的市场和行业的类型是一致的。例如，与完全竞争市场对应的是完全竞争行业。

一个市场包括一群企业和个人，他们在其中通过买卖产品和劳务来发生经济联系，并影响稀缺资源的配置过程。可以从不同角度，选择不同变量来对市场进行分类。经济学家采用的最普遍的分类方法是从市场的竞争程度着眼，依据市场中存在的厂商数目、产品同质性或差异性的程度、个别厂商影响价格的能力等变量，把市场分为四类：完全竞争市场、完全垄断市场、垄断竞争市场和寡头垄断市场。各类市场和相应厂商及其特点如表5-1所示。

表 5-1 四种市场和相应厂商及其特点

类型	厂商的数目	产品的差别程度	对价格控制的程度	进出一个行业的难易程度	接近的市场
完全竞争	很多	完全无差别	没有	很容易	一些农产品
垄断竞争	很多	有或没有差别	有一些	较容易	零售业（香烟、糖果、家具）
寡头垄断	几个	有差别或无差别	相当程度（较大）	较困难	钢铁、汽车家电
完全垄断	一个	产品唯一，无接近的替代品	很大程度，但经常受到管制	很困难，几乎不可能	公用事业，如水、电

5.1.2 完全竞争市场的含义与基本特征

完全竞争（perfect competition）又称纯粹竞争，是指竞争不受任何阻碍、干扰和控制的市场结构。在完全竞争的市场中，企业既多又小，就像物质结构中的原子一样，所以完全竞争市场又称为"原子式市场"。

完全竞争市场具有以下几个主要的特征。

第一，该产品在市场上有大量的卖主和买主，所以单个厂商是价格的接受者。由于市场上有大量互相独立的买者和卖者，他们购买和出卖的产量只占市场总额中极小的一部分，因而任何一个厂商或家庭只能按照既定的市场均衡价格销售和购买他们愿意买卖的任何数量而不致对价格产生明显的影响。市场价格只能由全体买者的需求总量和全体卖者的供给总量共同决定，每一个厂商只是市场价格的接受者，而不是价格的制定者。例如，单个农民的粮食获得丰收，产量增加了十倍，在整个市场中也只占有微乎其微的地位，不会对市场价格产生影响。单个消费者大米的消费量增加了十倍，对大米市场的价格也没有影响。

第二，产品同质。产品同质，不仅指质量，还包括销售条件、商标、装潢等都是完全相同的。对消费者来说，购买哪一家厂商的产品都一样。买者购买哪家的产品完全是随机的。

第三，进出自由。除时间限制外，完全竞争市场意味着不存在任何法律的、社会的或资金的障碍阻止新的企业进出该行业，生产要素可以随着需求的变化在不同行业之间自由流动。

第四，信息充分。所有买卖者都具有充分的知识，完全掌握现在和将来的价格信息，因而不会有任何人以高于市场的价格进行购买或以低于市场的价格进行销售。

显然，完全竞争市场是一种理论上的理想市场，实际生活中并不存在。只有农产品市场近似地符合前面三个条件。例如，农民生产的小麦、玉米，在质量上没有大的区别，各人产量只占总销售量中极少一部分，故不能操纵价格。生产小麦亏本时，容易改种其他作物。农产品市场常被当作完全竞争市场的实例。但即使在上述条件中的一个或多个未被满足的情况下，经济学家也常常在许多场合利用完全竞争模型。这是因为任何一般理论模型的使用，并不取决于其假定的准确性，而取决于其预测能力。经验证明，完全竞争模型在说明和观测现实的经济行为方面是很有用的，它有助于对资源配置的效率做出比较准确的判断。尽管完全竞争模型所假定的条件非常严格，但从这一模型出发，可以对原来的假定不断做出修改补充，使之更接近于现实，从而对更复杂的市场结构中产品价格和产量的决定做出更具体的描述。因此，完全竞争的市场理论必须首先加以研究。

◇ **思考**：完全竞争市场结构下的单个厂商，规模有可能做得很大吗？有可能获得暴利吗？

5.1.3　完全竞争市场的需求曲线

研究完全竞争市场上的厂商均衡，就是要研究完全竞争厂商实现利润最大化的产量决策。为此，必须首先研究完全竞争厂商的需求和收益。

处于完全竞争市场上的厂商就是完全竞争厂商。完全竞争厂商的收益取决于它所面临的整个市场的需求和供给条件。

1. 完全竞争的市场需求

完全竞争的市场需求是指某种商品购买总量对市场价格的依赖关系，它是由某市场上的所有消费者需求加总得到的。消费者对整个行业所生产的商品的需求量称为行业所面临的需求量，相应的需求曲线称为行业所面临的需求曲线（即市场的需求曲线）。

市场需求取决于消费者行为，一般来说，它表示为一条向右下方倾斜的曲线。而完全竞争的市场供给是指商品销售总量对市场价格的依赖关系，由行业内所有厂商的供给加总得到。市场供给取决于厂商行为，一般来说，它表示为一条向右上方倾斜的曲线。完全竞争的市场需求和市场供给达到均衡时决定了均衡价格 P_0。

2. 完全竞争厂商面临的需求

在完全竞争市场条件下，对整个行业来说，需求曲线是一条向右下方倾斜的曲线，供给曲线是一条向右上方倾斜的曲线。整个行业的产品价格就由需求与供给决定。对个别厂商来说，需求曲线的需求价格弹性系数为无限大，即在市场价格既定时，对个别厂商产品的需求是无限的。

在完全竞争市场上，厂商需求曲线又是平均收益曲线和边际收益曲线，三条线重合在一起。

在各种类型的市场上，平均收益与价格都是相等的，即 $AR = P$。因为每单位产品的售价就是其平均收益。但只有在完全竞争市场上，对个别厂商来说，平均收益、边际收益与价格才相等，即 $AR = P = MR$，因为只有在这种情况下，个别厂商销售量的增加才不会影响价格。在完全竞争市场上，厂商每增加一单位产品的销售，市场价格仍然不变，从而每增加一单位产品销售的边际收益也不会变，边际收益也等于价格。而完全竞争厂商的需求曲线本身是一条由既定的市场均衡价格水平出发的水平线。

完全竞争厂商的总收益曲线是一条由原点出发的呈上升趋势的直线。原因在于：随着商品销售量的增加，厂商的总收益是不断增加的。而且，每一销售量上的边际收益值是相应的总收益曲线的斜率，而完全竞争厂商的边际收益不变，等于既定的市场价格，因此总收益曲线是斜率不变的直线。

在完全竞争市场上，整个市场的需求曲线是向右下方倾斜的，供给曲线是向右上方倾斜的，共同决定了市场价格。但是，单个厂商的需求曲线是与横轴平行的一条水平线，如图 5-1 所示。

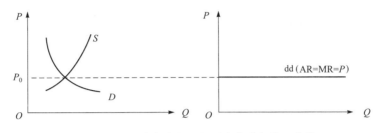

图 5-1　完全竞争市场上的需求曲线与收益曲线

5.1.4　完全竞争条件下厂商的短期均衡

在短期内，完全竞争市场上厂商的生产规模是确定的。旧的厂商不能退出市场，新的厂商也不能进入市场。在技术水平不变的情况下，某个厂商相应的生产成本曲线就是确定的。当整个市场的价格处于不同水平时，厂商为了实现利润最大化或者亏损最小化，应该生产多少呢？

当一个厂商获得最大利润时，它既不增加生产也不减少生产，于是它处于均衡状态。前面已经证明，边际收益等于边际成本，即 MR = MC，是利润最大化的条件。在完全竞争条件下，MR = AR = P，所以完全竞争厂商短期均衡（即取得最大利润的必要条件）是 SMC = MR = AR = P。

完全竞争厂商是既定价格的接受者，它的均衡只是产量均衡。为了实现利润最大化的生产，厂商将根据 MR = SMC 或者 P = SMC 的原则来决定均衡产量。完全竞争厂商的短期均衡有如下 5 种情况。

1. 需求曲线位于平均成本曲线最低点以上

第一种情况下厂商可以获得超额利润（super-normal profit），即取得超过正常利润的利润。当一种商品由于各种原因出现供不应求时，价格必定上涨。SMC 曲线与 MR（MR = AR）曲线的交点在 SMC 曲线与 AC 曲线的交点上方，从而 AR > SAC，此时总收益 TR = AR · OM，总成本 TC = SAC · OM，而 AR > SAC，所以 AR · OM > SAC · OM，即总收益（TR）> 总成本（TC），其数值为 AR · OM − SAC · OM = DN · DF，由于此时，新的厂商不能参加进来，老的厂商不能扩大工厂规模，因而厂商获得超额利润。这种均衡情况如图 5-2 所示。

2. 需求曲线与平均成本曲线相切

这种情况下厂商获得正常利润（normal profit）。当供求平衡时，SMC 曲线与 MR 曲线的交点也正好是与 SAC 曲线的交点，即 MR = SMC = AR = SAC，此时总收益 TR = AR · OM，总成本 TC = SAC · OM，而 ON = AR = SAC，所以 AR · OM = SAC · OM，即总收益（TR）= 总成本（TC）。此时，厂商获得正常利润。在成本理论中已经说过，正常利润是总成本的一部分。此时现有厂商不愿意离开这个行业，没有新的厂商愿意加入这个行业。这种均衡情况如图 5-3 所示。

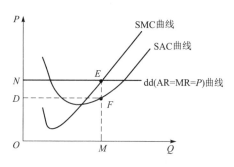
图 5-2 完全竞争厂商的短期均衡（Ⅰ）

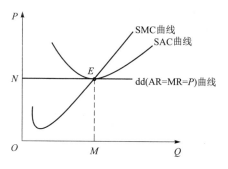
图 5-3 完全竞争厂商的短期均衡（Ⅱ）

3. 需求曲线低于平均成本曲线的最低点而高于平均可变成本曲线的最高点

这种情况下厂商遭受亏损。当一种商品由于各种原因出现供过于求时，价格必定下跌。SMC 曲线与 MR 曲线（MR = AR）的交点在 SMC 曲线与 SAC 曲线的交点下方，从而 AR < SAC，此时总收益 TR = AR·OM，总成本 TC = SAC·OM，而 AR < SAC，所以 AR·OM < SAC·OM，即总收益（TR）< 总成本（TC），其数值为 SAC·OM − AR·OM = DN·DF，这时原有厂商来不及缩小规模或退出该行业，因而厂商发生亏损。这种均衡情况如图 5-4 所示。

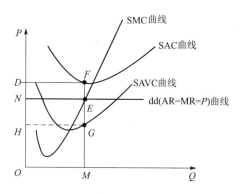
图 5-4 完全竞争厂商的短期均衡（Ⅲ）

一般来说，厂商在从事经营时至少应使它的收益能弥补它的成本，否则它将停止营业。但厂商在亏损的一定限度内还会进行生产，这就要联系平均成本构成来说明相关的问题。在图 5-4 中，平均成本曲线与平均可变成本曲线之间的距离就等于平均固定成本。从第 4 章中可知，边际成本曲线相交于这两条平均成本曲线的最低点，当市场价格高于平均可变成本曲线的最低点，平均收益高于平均可变成本，但仍小于平均成本。这时，虽然发生亏损，但厂商从事生产还是有利的，因为所得到的收益能弥补一部分固定成本，使得亏损额比不生产时要小些。假若它停止生产，它将负担全部的固定成本损失。

上述三种情况，可以用一个公式来表示：AR·OM − SAC·OM = (AR − SAC)·OM，即 P·OM − SAC·OM = (P − SAC)·OM。当 AR − SAC = 0，即 P = SAC 时，获得正常利润；当 AR − SAC > 0，即 P > SAC 时，获得超额利润，当 AR − SAC < 0，即 P < SAC 时，存在亏损。

4. 需求曲线和平均可变成本曲线的最低点相切

当需求曲线切于平均可变成本曲线的最低点时，平均收益等于平均可变成本，厂商从事生产和不从事生产所受亏损是一样的，其亏损额都等于固定成本。这时厂商处于营业的边际状态，如图5-5所示。因此，价格等于最低平均可变成本这一点（图中E点）时产品产量OM就叫做停止营业点产量。对于亏损企业，只要产品销售价格高于平均可变成本，企业就可以维持生产。

5. 需求曲线低于平均可变成本曲线的最低点

当价格低于平均可变成本曲线的最低点时，厂商所得的收益连可变成本也不能补偿，这样停止生产所受的亏损比从事生产时要小些，如图5-6所示。

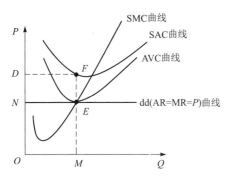
图5-5 完全竞争厂商的短期均衡（Ⅳ）

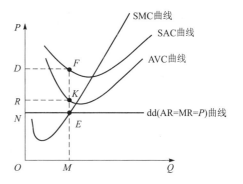
图5-6 完全竞争厂商的短期均衡（Ⅴ）

案例评析5-1　门庭冷落的保龄球场为何不停业

在现实中，经常会看到一些保龄球场门庭冷落，但仍然在营业。这时打保龄球的价格相当低，甚至低于成本，它们为什么这样做呢？对企业短期成本的分析有助于解释这一现象，同时也可以说明短期成本分析对企业短期经营决策的意义。

在短期中，保龄球场经营的成本包括固定成本和可变成本。保龄球场的场地、设备、管理人员是短期中无法改变的固定投入，用于场地租金、设备折旧和管理人员工资的支出是固定成本。固定成本已经支出无法收回，也称为沉没成本。保龄球场营业所支出的各种费用是可变成本，如电费、服务员的工资等。如果不营业，这种成本就不存在，营业量增加，这种成本增加。由于固定成本已经支出，无法收回，所以保龄球场在决定短期是否营业时，考虑的是可变成本。假设每场保龄球的平均成本为20元，其中固定成本为15元，可变成本为5元，分五种价格情况进行分析。

第一种情况，当每场保龄球价格为20元以上时，收益大于平均成本，此时厂商获得经济利润，经营当然有利。

第二种情况，当每场保龄球价格为20元时，收益等于平均成本，这时收支相抵，仍然可以经营。

第三种情况，当每场保龄球价格为10元，是否应该经营呢？可变成本为5元，当价格为10元时，在弥补可变成本5元之后，仍可剩下5元，这5元可用于弥补固定成本。固定成本15元是无论经营与否都要支出的，能弥补5元，当然比一点儿也弥补不了好，因此这时仍然要坚持营业。这时企业考虑的不是利润最大化，而是损失最小化——能弥补多少固定成本算多少。

第四种情况，当每场保龄球的价格下降到与可变成本相等的5元时，保龄球场经营与不经营是一样的。经营正好弥补可变成本，不经营这笔可变成本不用支出。

第五种情况,当每场保龄球价格低于 5 元时,此时价格低于平均可变成本,无论如何都不能经营。

门庭冷落的保龄球场仍在营业,说明这时价格仍高于平均可变成本。这就是这种保龄球场不停业的原因。有许多行业是固定成本高而可变成本低,例如旅游、饭店、游乐场所等,所以在现实中这些行业的价格可以降得相当低。但这种低价格实际上仍然高于平均可变成本,因此经营仍然比不经营有利——至少可以弥补部分固定成本,实现损失最小化。

5.1.5 完全竞争条件下厂商的长期均衡

在长期中,完全竞争市场上厂商的生产规模是不确定的。旧的厂商可以退出市场或者调整自己的生产规模,新的厂商也可以进入市场。在技术水平不变的情况下,某个厂商相应的长期生产成本曲线是确定的。当整个市场的价格处于不同水平时,厂商为了实现利润最大化,应该如何调整自己的生产呢?

1. 完全竞争厂商长期均衡的形成过程

在长期生产中,厂商可以对全部生产要素进行调整,以实现利润最大化。完全竞争厂商的长期均衡点出现在长期平均成本曲线的最低点。完全竞争厂商的长期均衡条件为

$$MR = LMC = SMC = LAC = SAC$$

式中,$MR = AR = P$。

在短期调整中,厂商只能在既定的生产规模基础上,在市场需求的短期波动中通过调整可变投入要素进行有限的调整,获得短期的利润或蒙受短期亏损。但如果在某一市场需求下行业内普遍存在盈利或亏损,就会导致相应的行业供给调整:旧厂商将调整生产规模甚至退出行业,新厂商则可能进入行业,从而改变行业供给和市场价格;这种行业供给调整反过来又会改变该行业厂商的盈利水平,进一步导致行业供给和市场价格的变动;经过行业供给的反复调整,最终将导致厂商的长期均衡。

在长期中,各个厂商都可以根据市场价格来调整全部生产要素和生产,也可以自由进入或退出该行业。这样,整个行业供给的变动就会影响市场价格,从而影响各个厂商的均衡。具体来说,当供给小于需求,导致价格升高时,各厂商会扩大生产,其他厂商也会涌入该行业,从而整个行业供给增加,价格水平下降。当供给大于需求,导致价格下降时,各厂商会减少生产,有些厂商会退出该行业,从而整个行业供给减少,价格水平上升。最终价格水平会达到使各个厂商既无超额利润又无亏损的状态,这时整个行业的供求均衡,各个厂商的产量也不再调整,于是就实现了长期均衡。

2. 完全竞争厂商长期均衡的效率优势

经济学认为,完全竞争厂商的长期均衡具有明显的效率优势。

第一,实现了资源的合理配置。在长期均衡中,$P = SMC = LMC$,即价格等于边际成本。这表明价格所反映的边际效用与边际成本所反映的耗费资源价值是一致的,即该产品生产的最后单位资源价值等于消费者在该产品上得到的边际效用,实现了资源在该行业的最优配置。由于价格等于平均收益和边际收益,所以有 $AR = MR = MC$。这意味着厂商实现了利润最大化,从而使厂商的数目及行业的供给处于稳定状态,并与市场的需求相吻合。因此,长

期均衡实现了资源的最优配置。

第二，保证了生产有效率地进行。在长期均衡中，SAC = LAC = SMC = LMC，即长期平均成本、长期边际成本、短期平均成本和短期边际成本相等。这表明在长期竞争中只有生产效率最高、成本最低的厂商才能在竞争中生存，行业内各厂商均在最优规模下进行生产，充分利用了社会分配给它们的资源。

第三，实现了消费者剩余最大化。在长期均衡中，由于 P = SAC = LAC，意味着长期中厂商仅能获得正常利润而没有经济利润。消费者得到按最低平均成本所支付的价格，这个价格是消费者长期可能支付的最低价格，从而使消费者剩余达到最大值。

◇ **思考**：即使完全竞争厂商的长期均衡具有效率优势，但它并不是最受消费者欢迎的市场结构，为什么？

5.2 完全垄断市场

5.2.1 完全垄断市场的含义与基本特征

完全垄断（perfect monopoly），又称垄断或独占市场，是指整个行业的市场完全处于一家厂商所控制的状态，即一家厂商控制了某种产品的市场，也就是所谓的"独家出售"。它是与完全竞争市场相反的市场结构。在这种情况下，完全垄断企业是价格的制定者，它可以自行决定自己的产量和销售价格，并因此使自己的利润最大化。垄断企业还可以根据获取利润的需要在不同销售条件下实行不同的价格，即实行价格歧视（price discrimination）。

完全垄断市场具有以下几大特征。

第一，厂商就是行业。完全垄断市场只有一个厂商，它提供整个行业的产品，一个企业就构成整个行业。垄断市场的经济效率被认为是最低的。

第二，产品异质。完全垄断厂商所提供的产品，没有十分相近的替代品，其需求替代弹性为零。因此，垄断厂商不受任何竞争者的威胁，任何其他企业都不能进入这一行业。

第三，独自决定价格。完全垄断厂商不是价格的接受者，而是价格的制定者，它可以利用各种手段决定价格，达到垄断的目的。

第四，实行差别价格。完全垄断厂商可以根据市场销售条件实行歧视价格，减少消费者剩余，以获得最大的垄断超额利润。

完全垄断和完全竞争相比，是另一种极端的市场类型。在西方国家，完全符合上述垄断条件的情况是不存在的。即使在历史上一度出现过，也被反托拉斯法所禁止。尽管完全垄断市场并不存在，但完全垄断模型却是分析已出现在现实世界中的近似完全垄断现象及了解和控制市场中某些垄断力量的有力工具。

垄断意味着竞争的消失，因此可以把垄断看作是不完全竞争的一种极端形态。垄断局面的形成是由以下几种原因造成的。

第一，独家厂商控制了生产某种商品的全部资源或基本资源的供给。例如，南非的钻石公司德比尔控制了全世界钻石生产的80%左右。虽然这家企业的市场份额并不是100%，但它也已大到足以对世界钻石价格产生重大影响的程度。某些厂商控制了某些特殊的自然资源或矿藏,从而就能对用这些资源和矿藏生产的产品进行完全垄断。

第二,独家厂商拥有生产某种商品的专利权。例如,微软公司在许多年前第一次设计出视窗软件时,申请并得到了政府给予的版权。因此,如果一个人想购买视窗软件,他除了支付给微软公司对这种产品收取的将近100美元之外别无选择。可以说微软公司在视窗软件市场具有垄断地位。

第三,政府特许。常见于与国计民生关系密切的公用事业,例如供电供水部门、邮电部门、铁路运输部门。

第四,自然垄断。某些行业的规模效益需要在一个很大的产量水平上才能得到充分体现,以至于只有在整个行业的产量都由一个企业生产时才有可能达到该生产规模。而且,只要发挥该企业在该生产规模上的生产能力,就可以满足整个市场对产品的需求。行业内总会有某个厂商最先达到该生产规模,从而垄断整个行业的生产和销售。

5.2.2 完全垄断市场上的需求曲线和收益曲线

1. 需求曲线

完全垄断厂商面临的需求曲线就是完全垄断市场的需求曲线。与完全竞争厂商的收益一样,完全垄断厂商的收益也取决于它自身所面临的需求曲线。由于一家厂商就是整个行业,完全垄断厂商本身就构成完全垄断市场,所以完全垄断厂商面临的需求就是完全垄断市场的需求。完全垄断厂商所面临的是一条向右下方倾斜的需求曲线,它表明了完全垄断厂商可以作为价格制定者,在高价少销和低价多销之间进行选择。图5-7中曲线D就是完全垄断厂商面临的需求曲线。

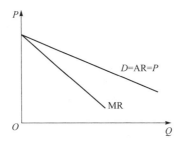

图5-7 完全垄断市场上的需求曲线和收益曲线

2. 平均收益与边际收益

在任何市场结构中,价格都恒等于平均收益,在完全垄断下,平均收益仍等于价格,所以平均收益曲线就与需求曲线重合。图5-7中需求曲线D同时也是完全垄断厂商的平均收益曲线。但是,在完全垄断市场上,当销售量增加时,产品的价格会下降,从而边际收益减少,边际收益曲线(MR)就再也不与需求曲线重合了,而是位于需求曲线下方,而且随着产量的增加,边际收益曲线与需求曲线的距离越来越大,表示边际收益比价格下降得更快。这样,平均收益就不会等于边际收益(在完全竞争条件下$P = AR = MR$),而是大于边际收益。

3. 边际收益、总收入与需求弹性

边际收益(MR)为总收益曲线的切线斜率,总收益的变化又取决于需求曲线的需求弹性。

完全垄断厂商的边际收益就是完全垄断厂商增加单位商品生产或销售所增加的总收益，表现为总收益曲线的切线的斜率。总收益的变化又取决于需求曲线的需求弹性。所以，完全垄断厂商的边际收益曲线可以根据需求弹性和总收益推导出来。

5.2.3 完全垄断厂商的短期均衡

作为价格制定者，完全垄断厂商可以在高价少销和低价多销之间进行选择，自行决定其价格和产量。但是，完全垄断厂商的决策必然受到既定的市场需求和成本条件的约束，遵循利润最大化原则。

在完全垄断市场上，厂商仍然根据边际收益与边际成本相等（MR＝MC）的原则来决定产量。在短期内，产量调整受到固定生产要素无法调整的限制，可能出现产品供给大于需求或者供给小于需求的情况，当然也可能是供求相等。在供大于求的情况下，会有亏损；在供小于求的情况下，会有超额利润；供求相等时，则只有正常利润。下面通过表5－2中的资料来说明完全垄断市场上产量、价格、总成本、总利润、边际收益与边际成本的变动情况及其相互之间的数量关系。从表5－2中可以看出，当产品产量为5单位时，边际收益等于边际成本，总利润最大。当产品产量大于7单位时，总利润为负数，发生亏损。在实际经营过程中，对于亏损企业如何做出停止生产的决策，要看企业的总收益是否可以弥补生产过程中发生的总可变成本。

表 5 – 2 完全垄断市场各种收益对照分析表

产量	价格	总收益	总成本	总利润	边际收益	边际成本
0	110	0	120	–120	—	—
1	101	101	154	–53	101	34
2	92	184	183	1	83	29
3	83	249	210	39	65	27
4	74	296	236	60	47	26
5	65	325	265	60	29	29
6	56	336	300	36	11	35
7	47	329	350	–21	–7	50
8	38	304	424	–120	–25	74
9	29	261	540	–279	–43	116

在完全垄断市场上厂商实现短期均衡也有三种情况，分别是实现盈亏平衡、取得超额利润、亏损三种情况。

第一，价格高于平均成本，厂商获得超额利润。在图5－8中，某垄断企业的边际收益曲线MR和短期边际成本曲线SMC在产品销售量为OM时相交，这时消费者可以接受的成交价格为OH。由于该厂商的短期平均成本低于产品市场销售价格OH，所以在产品销售量为OM时，产品销售总收入大于总成本，厂商可以获得超额利润。由此决定的厂商获得最大利润时的销售价格为OH，销售数量为OM。厂商获得的超额利润为图5－8中矩形HNFG的面积。

第二，价格等于平均成本，厂商实现盈亏平衡。图5－9中给出了某个垄断企业的需求曲线 dd(dd = AR) 和短期平均成本曲线 SAC。根据边际收益等于边际成本的基本原则，厂商向市场提供的产品销售量为 OM，这时消费者可以接受的成交价格为 OH。由于该厂商的短期平均成本等于产品市场销售价格 OH，所以在产品销售量为 OM 时，产品销售总收入等于总成本，厂商实现了盈亏平衡，由此决定的均衡价格为 OH，均衡数量为 OM。

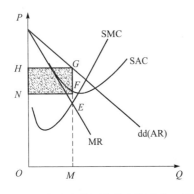

图 5-8 完全垄断厂商的短期均衡（Ⅰ）

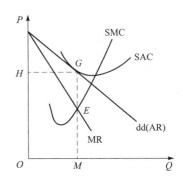

图 5-9 完全垄断厂商的短期均衡（Ⅱ）

第三，价格低于平均成本，厂商承受亏损。图 5-10 给出的是某个垄断厂商产品销售价格小于平均成本时的市场均衡状态。厂商的短期平均成本曲线 SAC 在需求曲线 dd(dd = AR) 上方。根据边际收益等于边际成本的基本原则，厂商向市场提供的产品销售量为 OM，这时消费者可以接受的成交价格为 OH。由于该厂商的短期平均成本大于产品市场销售价格 OH，所以在产品销售量为 OM 时，产品销售总收入小于总成本，厂商经营出现了亏损，由此决定的均衡价格为 OH，均衡数量为 OM。厂商在销售量为 OM 的亏损额为图 5-10 中 HNFG 的面积。

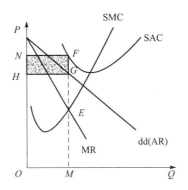

图 5-10 完全垄断厂商的短期均衡（Ⅲ）

5.2.4 完全垄断厂商的长期均衡

在长期中，垄断厂商可以通过调节产量与价格来实现利润最大化，这时厂商均衡的条件是：MR = LMC 和 MR = SMC，即 MR = LMC = SMC。

在短期中，垄断厂商无法调整全部生产要素，因此不一定能实现利润最大化。但在长期中，厂商可以调整全部生产要素，可以实现利润最大化，这时垄断厂商就可以获得垄断利润。

5.2.5 完全垄断厂商的价格歧视

在完全竞争市场上，同一商品有完全相同的市场价格，也就是说完全竞争厂商在价格上对任何消费者均是一视同仁的。但是由于完全垄断厂商的特殊垄断地位，使得它可以实行价格歧视。价格歧视又称差别价格，是指完全垄断厂商对成本基本相同的同种商品在不同的市场上以不同的价格出售。由于同种商品的成本基本相同，这种价格差别并不是因为产品本身成本存在差别，因而带有歧视的性质。例如，供电部门根据不同时刻的需求确定不同的电价；医生根据病人的富有程度收取不同费用；公交公司对公共汽车的盈利线路和亏损线路实行不同的价格；航空公司根据旅游旺季和淡季实行不同的客运价；出口商品实行出口价和内销价等，都可视为价格歧视。

1. 实行价格歧视的条件

实行价格歧视的目的是要获得经济利润（或称垄断利润）。要使价格歧视得以实行，一般需具备以下三个条件。

第一，市场存在不完善性。当市场存在竞争信息不通畅，或者由于种种原因被分隔时，垄断者就可以利用这一点实行价格歧视。例如，美国图书出版商通常使图书在美国的销售价高于在国外的销售价，这是因为国外的图书市场竞争更激烈，并且存在盗版复制问题。

第二，市场需求弹性不同。当购买者分别属于对某种产品的需求价格弹性差别较大的不同市场，而且垄断厂商又能以较小的成本把这些市场区分开来时，垄断厂商就可以对需求弹性小的市场实行高价格，以获得垄断利润。例如，国外航空公司将顾客分类以执行不同票价。

第三，市场之间的有效分割。它是指垄断厂商能够根据某些特征把不同市场或同一市场的各部分有效地分开。比如公司可以根据国籍、肤色、语言的不同来区分中国人和外国人，对他们实行差别工资。市场有效分割的实质就是厂商能够防止其他人从差别价格中获利。

很明显，完全垄断市场具备上述条件，所以完全垄断厂商可以实行价格歧视。

2. 价格歧视的类型

在经济学上，根据价格差别的程度不同把价格歧视分为一级价格歧视、二级价格歧视和三级价格歧视三种类型。

所谓一级价格歧视，也称为完全价格歧视，是指完全垄断厂商在销售其产品时，每个产品均以不同的价格出售以获得最大可能性收入。在实际生活中，采取一级价格歧视的取价方法非常罕见，它只在两种情况下才有可能：一种情况是完全垄断厂商的产品销售对象数量很少；另一种情况是完全垄断厂商能够精确地知道每个消费者所愿意接受的最高价格。这种价格歧视的典型事例是乡村医生可以根据不同求医人的能力和愿意支付的最高价格，对于相同的治疗收取不同的医疗费用。

所谓二级价格歧视，是指垄断者对某个特定消费者，按其购买数量的不同制定不同的价格，以获得较大收益的一种方法。二级价格歧视在实际生活中比较常见，例如在水、电、煤气、邮政、电信等社会公用事业中，多采用这种定价方法。比如电信公司根据每天 24 h 中不同时间，按不同标准收取电话费用，邮政局根据邮件的数量和重量不同所收取的邮资也不同。

所谓三级价格歧视，又称市场分割的差别价格，是指垄断者对同样的产品在不同的市场索取不同的价格，而所售出的最后一个单位产品所获得的边际收益相同。实行三级价格歧视,垄断厂商把消费者划分为两种或两种以上的类别或阶层,对每一阶层收取不同的价格。这里,每一个阶层就是一个单独的市场。这个所谓的市场,不仅是指不同的地理区域或市场,而且是指由于消费者的偏好不同、收入不同等原因形成的市场部分。只要市场可以区分并有不同的价格弹性,企业就可以采用不同的价格以获得较多的利润。对于垄断者来说,为了追求利润最大化,会对较低需求价格弹性的消费者收取较高的价格,而对较高需求价格弹性的消费者收取比较低的价格。实行三级价格歧视体现在许多场合,例如,电力公司对普通家庭用电和工业用电这两个不同的市场分别采取不同的收费标准。再如在国际贸易方面,销售同一产品时,对本国市场与别国市场分别制定不同的价格。一般来说,外国市场价格偏低,而本国市场价格偏高,这是因为外国市场的需求价格弹性通常高于国内市场。

案例评析 5-2　"双十一"购物节活动中的优惠券

有过在"双十一"购物节活动期间购物经历的消费者都知道,在"双十一"购物之前要去相应的店铺领取优惠券,优惠券可以抵一定量的货币,这实际上就实现了微观经济学理论中的价格歧视,并且优惠券行为属于三级价格歧视。所谓三级价格歧视,就是厂商对同一种商品在不同的市场上(或者针对不同的消费者)收取不同的价格。对于同一种商品的销售,有优惠券和没有优惠券的消费者将支付不同的价格,而那些较为富有的消费者则没有那么迫切地需要优惠券,在购买时就会支付比有优惠券的消费者更多的货款。

资料来源:宋纤. 淘宝商城"双十一"购物节的经济学分析. 经济研究导刊, 2019 (9).

5.2.6　对完全垄断市场的评论

许多经济学家根据完全垄断市场和完全竞争市场的比较分析,认为完全垄断对经济是不利的。

第一,生产资源的浪费。因为完全垄断与完全竞争相比,平均成本与价格高,而产量低。完全竞争市场长期均衡的条件是 $MR = AR = AC = MC$,即厂商是在最低成本的情况下,保持生产均衡,因而生产资源得到最优配置。但在完全垄断条件下的长期均衡,由 MR 曲线与 MC(包括 SMC 与 LMC)曲线的交点确定均衡产量。由于生产是在生产成本高于最低平均成本处保持均衡,因此资源未得到最优配置。

第二,社会福利损失。垄断厂商实行价格歧视,即价格差别,消费者所付的价格高,就使消费者剩余减少,这种减少就是社会福利的损失。

第三,垄断者凭借其垄断地位获得超额利润加剧了社会收入分配不平等。另外,居于垄断地位的厂商一般缺乏创新精神,所谓"皇帝的女儿不愁嫁",对自身发展缺少危机感,因而会阻碍技术进步。

对完全垄断,人们还可以提出很多缺点,但也有经济学家认为对完全垄断也要做具体分析。首先,有些完全垄断,尤其是政府对某些公用事业的垄断,并不以追求垄断利润为目的。这些公用事业往往投资大，投资周期长而利润率低，但它又是经济发展和人民生活所必需的。这样的公用事业由政府进行完全垄断，会给全社会带来好处。垄断厂商因为能够获得垄断利润，具有更雄厚的资金与人力，更有能力进行新的研究，促进技术进步。

5.3　垄断竞争市场

20世纪30年代以前，整个价格理论几乎一直由完全竞争理论和完全垄断理论组成，因为经济学家们认为这两个理论模型已足够他们分析任何类型的市场了。这种情况在20世纪30年代初发生了变化，经济学家们开始重视进行更多的实际研究，把原来的模型发展成能够解决处于完全竞争和完全垄断之间的情况的模型，由此产生了不完全竞争理论。不完全竞争理论包括垄断竞争理论和寡头理论。完全竞争和完全垄断是市场结构的两种极端情况。比较现实的市场是既存在竞争又存在垄断、介于完全竞争和完全垄断之间、竞争和垄断混合在一起的市场。这就是下面要考察的垄断竞争市场和寡头垄断市场。

5.3.1　垄断竞争市场的含义与基本特征

垄断竞争是指许多厂商生产和销售有差别的同类产品，兼有完全垄断和完全竞争两种市场特点的一种市场结构。

根据市场结构划分的基本标准，垄断竞争市场的特点如下。

① 该市场有大量厂商，但不像完全竞争市场那样足够大量，每个厂商所占的市场份额都很小。

② 各个厂商的产品不是同质的，而是有差别的。

③ 厂商可以自由进入或退出该市场。

④ 厂商行为相互独立。

显然，与完全竞争市场相比，垄断竞争市场主要在第①点上有所不同，完全竞争市场上厂商的产品是同质的，而垄断竞争市场中各家厂商的产品是有差别的。产品的同质性是一个相当严格的要求，而所谓产品之间的差别，往往可以是细微的。事实上，只要消费者能够对不同厂商生产的产品进行辨别，就可以说产品是有差别的。

垄断竞争市场中各家厂商的产品是有差别的，同时大量的产品之间都具有较强的相互替代性（这是把这些产品划分在同一市场内的依据），而且市场外的厂商又比较容易进入该市场，这就使得该市场中的每家厂商都具有一定的垄断地位，但又面临着十分激烈的竞争。厂商的垄断地位来自有差别的产品，有差别就在某种程度上限制了其他产品的竞争，也就形成了垄断，在此意义上，每家厂商都是其产品的垄断者；另外，每家厂商的产品又都很容易被替代，同类产品数量很多，这又使得市场内的竞争状态与完全竞争市场相当接近。这一特征正是"垄断竞争"名称的由来。

在现实中，可以看到许多行业具有垄断竞争的特征。例如，在众多的化妆品品牌中，虽然很难在功能上把它们严格区别开来，但当某一品牌的化妆品厂商反复强调其特有的功能时，不能不对爱美的消费者的选择产生影响，培养消费者对它的"忠诚度"，使厂商在一定程度上产生了垄断市场的能力。但在面临其他品牌竞争的压力下，厂商又不可能任意提高其品牌的价格，否则就会失去市场，因此化妆品行业是一个典型的垄断竞争行业。此外，肥皂、洗发水、牙膏、服装、文具、食品、烟酒等大量的日用工业品行业都具有垄断竞争的市场结构特点。在服务行业中，理发、餐馆、缝纫店、洗衣店、小百货店等也都属于垄断竞争行业。

5.3.2 垄断竞争厂商的短期均衡

1. 垄断竞争厂商的需求和收益

由于垄断竞争厂商的产品是有差别的，因此垄断竞争厂商所面对的需求曲线不再像完全竞争厂商那样是一条水平线，而是一条向右下方倾斜的曲线；又由于垄断竞争厂商的产品之间具有很强的替代性，面临市场竞争的压力，因此也不像垄断厂商那样是整个市场的需求曲线，而是一条向下倾斜、相对平坦的曲线。

2. 垄断竞争厂商短期均衡的实现

根据前面的分析，不论什么类型的市场结构，厂商利润最大化的条件都是 MR = MC。在完全竞争市场中，为了使利润达到最大或使短期内的亏损最小，厂商选择的变量是它的产量（销量），而完全垄断厂商需要做出的决策是确定它的产品的销售价格或相应的产量这两个变量中的任何一个。垄断竞争市场的厂商可以选择的变量有三个：一是其产品的销售价格（和相应的产量）；二是改变其产品的质量；三是调整其广告支出或其他销售活动的支出。在这里假定厂商的产品质量和销售开支已是最优的从而是既定的，下面考察厂商怎样通过调整其产品的销售价格（从而调整相应的产量）以实现最大利润。

在短期均衡实现过程中，垄断竞争市场同垄断市场一样，也会出现超额利润、收支相抵、亏损三种情况。

第一种情况是获得超额利润，即取得超过正常利润的利润。当一种商品由于各种原因出现供不应求时，价格必定上涨。当实现利润最大化时，即 MR = MC 时，产量为 OM，价格为 ON，此时总收益 TR = AR · OM，总成本 TC = SAC · OM，而 AR > SAC，所以 AR · OM > SAC · OM，即总收益（TR）>总成本(TC)，其数值为 AR · OM − SAC · OM = OM · FG，由于这时，新的厂商不能参加进来，旧的厂商不能扩大工厂规模，因而厂商获得超额利润。这种均衡情况如图 5 – 11 所示。

第二种情况是厂商获得正常利润。当实现利润最大化时，即 MR = MC 时，产量为 OM，价格为 ON，此时总收益 TR = AR · OM，总成本 TC = SAC · OM，而 ON = AR = SAC，所以 AR · OM = SAC · OM，即总收益(TR) = 总成本(TC)。在这种情况下，厂商获得正常利润，在成本理论中已经说过，正常利润是总成本的一部分。此时现有厂商不愿意离开这个行业，没有新的厂商愿意加入这个行业。这种厂商均衡情况如图 5 – 12 所示。

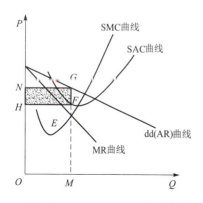

图 5 – 11　垄断竞争厂商的短期均衡（Ⅰ）

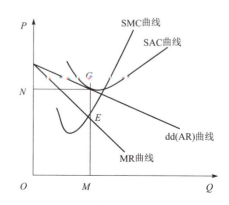

图 5 – 12　垄断竞争厂商的短期均衡（Ⅱ）

第三种情况是遭受亏损。当一种商品由于各种原因出现供过于求时，价格必定下跌，从而 AR < SAC，此时总收益 TR = AR · OM，总成本 TC = SAC · OM，而 AR < SAC，所以 AR · OM < SAC · OM，即总收益(TR) < 总成本(TC)，其数值为 SAC · OM - AR · OM = HN · OM，这时原有厂商来不及缩小规模或退出该行业，因而厂商发生亏损。这种均衡情况如图 5 - 13 所示。

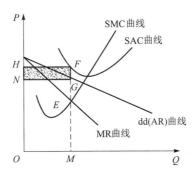

图 5 - 13　垄断竞争厂商的短期均衡（Ⅲ）

5.3.3　垄断竞争厂商的长期均衡

在长期内，厂商可以任意变动一切生产投入要素。如果某一行业出现超额利润或亏损，新厂商就会进入或原有厂商会退出，最终使超额利润或亏损消失，从而在达到长期均衡时整个行业的超额利润为零。因此，垄断竞争厂商与完全垄断厂商不同（完全垄断厂商在长期拥有超额利润），而是与完全竞争厂商一样，在长期内由于总收益等于总成本，只能获得正常利润。

垄断竞争市场的长期均衡条件是：MR = MC，P = AR = AC。

如果垄断竞争厂商获得零利润，那么为什么他们还在经营？

从表面看，垄断竞争厂商在长期中获得零利润似乎是荒唐的。人们办企业毕竟是要获得利润的。如果企业最终利润为零，看来就不会有什么理由再经营了。为了更充分地理解零利润条件，回想一下，利润等于总收益减总成本，而总成本包括企业的所有机会成本。特别是，总成本包括企业所有者用于经营的时间和金钱的机会成本。在利润均衡时，企业的收益应该补偿所有者期望用于使其企业维持的时间和金钱。例如，一个农民要投入 100 万美元去开垦他的农场，他必须放弃其他工作。这样，农民耕作的机会成本包括他从 100 万美元中赚到的利息及放弃其他工作的 2 万美元工资。即使他的利润为零，他从耕作中的收益也补偿了他的这些机会成本。

5.3.4　垄断竞争市场的评价

完全竞争市场的长期均衡条件是 P = MR = AR = MC = AC，垄断竞争市场的长期均衡条件是 MR = MC，P = AR = AC，两者都是 P(AR) = AC，差别是在完全竞争市场中，AC = MC，P(AR) = MR，而在垄断竞争市场中 AC > MC，P(AR) > MR。这说明：垄断竞争市场中成本较高，未能达到最低点，存在资源浪费，并且垄断竞争市场中价格比较高，相应产量较低，对消费者不利。

但也并不能由此得出完全竞争市场就优于垄断竞争市场的结论。因为尽管垄断竞争市场中平均成本与价格高，资源有浪费，但消费者可以得到有差别的产品，从而满足不同的需求。而且垄断竞争市场中的产量要高于完全垄断市场，价格却要低。另外，垄断竞争有利于鼓励创新。因此，许多经济学家认为，垄断竞争从总体上看还是利大于弊的。

5.4 寡头垄断市场

5.4.1 寡头垄断市场的特征

寡头垄断（oligopoly）是指这样一种市场结构：在这里，几家大企业生产和销售了整个行业的极大部分产品，它们每家都在该市场中占有举足轻重的地位。这与完全垄断市场和垄断竞争市场不同。完全垄断市场只有一家厂商，这家厂商的供给和需求就是一个市场的供给和需求。垄断竞争市场则有较多的厂商，每家厂商只是市场中的一小部分。寡头垄断市场是指少数几家厂商控制整个市场的产品的生产和销售的市场组织。寡头垄断市场是包含垄断因素和竞争因素，但更接近于完全垄断的一种市场结构，只是在程度上与完全垄断市场有所差别。

寡头垄断市场的特征如下。

（1）企业极少。市场上只有一个以上的少数几家厂商，每个厂商在市场上都占有举足轻重的地位，对其产品价格具有相当的影响力。造成这种情况的原因如下：一是由于市场规模较小，只能容纳几家厂商。例如，在一个小城市中，通常只有几家银行、几家电影院等。二是由于规模经济。在使用综合生产线和大型机械的资本密集型工业中，厂商的规模是很大的，只有少数几家能达到标准，因此新厂商很难进入。

（2）相互依存。由于寡头垄断市场只有几家厂商，每家厂商的产量和价格的变动都会显著地影响到本市场竞争对手的销售量和销售收入，每家厂商必然会对其他厂商的产量和价格变动做出直接反应。每家厂商在做决策时必须考虑其他厂商的决策，同时他也要考虑自己的决策对别的厂商的影响。因此，寡头垄断市场是一个相互依存的市场结构，具有不确定性。寡头垄断市场的不确定性决定了：① 很难对产量与价格问题做出像前三种市场那样确切而肯定的答案。因为各个寡头在做出价格和产量决策时，都要考虑到竞争对手的反应，而竞争对手的反应又是多种多样且难以捉摸的。② 价格和产量一旦确定，就有其相对稳定性。也就是说，各个寡头由于难以捉摸对手的行为，一般不会轻易变动已确定的价格与产量水平。③ 各寡头之间的相互依存性，使他们之间更容易形成某种形式的勾结。但各寡头之间的利益又是矛盾的，这就决定了勾结不能代替或取消竞争，寡头之间的竞争往往会更加激烈。这种竞争有价格竞争，也有非价格竞争。

（3）进出不易。因为在规模、资金、市场、原料、专利、信誉等方面，其他企业难以与原有企业匹敌，尤其是某些行业有明显的规模经济性，存在许多进入障碍。而且由于原有企业相互依存、休戚相关，不仅其他行业的企业难以进入，本行业企业也难以退出。

寡头垄断市场在现实经济中占有十分重要的地位。钢铁、石油、汽车、造船、航空等行业就是典型的寡头垄断市场。比如美国汽车业就是被通用汽车公司、福特汽车公司和克莱斯勒汽车公司三家控制着的。

寡头行业可以按照不同方式分类：按产品特征，分为纯粹寡头和差别寡头；按厂商行动方式，分为存在勾结寡头和独立行动寡头。

5.4.2 寡头垄断市场的产量决定

寡头垄断市场理论非常复杂。由于寡头间的相互依存性和寡头行为的不确定性，使得寡头所面临的市场条件也是不确定的。迄今为止，经济学家们尚未建立起被普遍接受的寡头价格-产量决定模型。人们只能根据一些不同的假设对寡头行为进行各自的解释。

1. 古诺模型

古诺模型是早期的寡头垄断模型，它是法国经济学家古诺于1838年提出的。古诺模型通常被作为寡头理论分析的出发点。古诺模型是一个只有两个寡头厂商的简单模型，该模型也被称为"双头模型"。古诺模型的结论可以很容易地推广到三个或三个以上的寡头垄断厂商的情况中去。

假设市场上只有A、B两个厂商生产同一种成本为零的产品，两个厂商都准确地了解市场的需求曲线，它们在已知对方产量的情况下，各自确定能够给自己带来最大利润的产量。在图5-14中需求曲线D（即平均收益曲线）和边际收益曲线MR向右下方倾斜；边际收益曲线在平均收益曲线的下方，比平均收益曲线陡峭；市场需求曲线D和横轴的交点决定了全部市场容量为OQ。需求曲线D决定的边际收益曲线恰好平分连接价格轴和需求曲线的任何一条水平线。由于假设成本为零，双寡头厂商按照总收益最大的原则来提供产量。

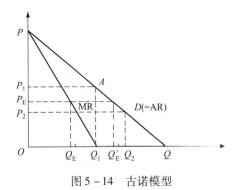

图5-14 古诺模型

开始时，第一家厂商为了利润最大化按市场容量的半数提供产量，此时的数量OQ_1是全部市场容量的1/2。通过这一产量在需求曲线D上的对应点A可以确定价格为OP_1。现在市场上出现第二家厂商，它认为第一家厂商不会改变销售量OQ_1，为了利润最大化，它按照这剩下的市场容量的半数提供产量，数量为$Q_1Q_2 = (1/2)OQ_1$，这个产量占市场产量的1/4。这时，价格为OP_2。按照这一价格，第一家厂商的利润会下降。

在这种情况下，第一家厂商会采取行动，它认为第二家厂商不会改变销售量，由此认为自己的市场容量为全部市场容量的3/4，并按此市场容量的半数提供产量，即它生产总市场容量的3/8，比原产量减少1/8。第一家厂商的产量下降，则价格有所回升。这时第二家厂商也采取行动，它也认为第一家厂商的销售不会变动，因而认为自己的市场容量为总市场容量的5/8，并按这一容量的半数来提供产量，即它生产总市场容量的5/16，比原来增加1/16。第二家厂商的产量增加导致价格下降。

这样，第一家厂商的产量逐渐减少，第二家厂商的产量逐渐增加，一直到两家厂商的产量各为市场容量的1/3为止。在图5-14中，第一家厂商的产量为OQ_E，第二家厂商的产量为Q_EQ_E'，市场价格为P_E。最后两家厂商的产量就是双头垄断的古诺解。

以上双头古诺模型的结论可以推广。令寡头垄断厂商的数量为 m,则可以得到一般的结论:每个寡头垄断厂商的均衡产量为 $\frac{1}{m+1}OQ$,行业的均衡总产量为 $\frac{m}{m+1}OQ$。与其他市场结构相比较可知,若是完全垄断市场,厂商的均衡产量为 $\frac{1}{2}OQ$;若是完全竞争市场,厂商的数目越多,单个厂商的产量越少,而总产量 $\frac{m}{m+1}OQ$ 就越大,故寡头垄断市场的总产量大于完全垄断市场的总产量,小于完全竞争市场的总产量。

2. 斯威齐模型

美国学者保罗·斯威齐 1939 年提出了弯折的需求曲线模型。该模型也被称为斯威齐模型,主要用来解释一些寡头市场上的价格刚性现象。

人们观察到,在寡头垄断市场中价格一般比较稳定,厂商之间主要采取非价格竞争的方法。有时候也会爆发价格战,但为时不长,因为厂商都清楚地知道,打价格战的结果往往是两败俱伤。而弯折的需求曲线理论模型就是用来解释这一现象的。

斯威齐认为,寡头垄断厂商推测其他厂商对自己价格变动的态度是:跟跌不跟涨。这就是说,如果一个寡头垄断厂商提高价格,行业中的其他寡头厂商都不会跟着改变自己的价格,因而提价的寡头厂商的销售量减少是很多的;如果一个寡头厂商降低价格,行业中的其他寡头厂商会将价格下调到相同的水平,以避免销售份额的减少,因而该寡头厂商的销售量增加是很有限的。在上述情况下,寡头垄断厂商的需求曲线就是弯折的。

图 5 – 15 中有某寡头厂商的一条需求曲线 dd 和另一条需求曲线 DD,需求曲线 dd 表示该寡头厂商变动价格而其他寡头厂商保持价格不变时该寡头厂商的需求状况,需求曲线 DD 表示行业内所有寡头厂商都以相同方式改变价格时该厂商的需求状况。假定开始时的市场价格为需求曲线 dd 和需求曲线 DD 的交点 B 所决定的 $\overline{P}$,那么根据斯威齐的观点,该垄断厂商由 B 点出发,提价所面临的需求曲线是需求曲线 dd 上的 dB 段,降价所面临的需求曲线是需求曲线 DD 上的 BD 段,于是这两段共同构成该寡头厂商的需求曲线 dBD。显然,这是一条弯折的需求曲线,折点是点 B。这条弯折的需求曲线表示该寡头厂商从点 B 出发,在各个价格水平所面临的市场需求量。

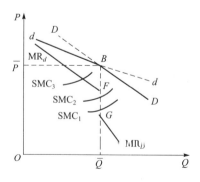

图 5 – 15 斯威齐模型

由弯折的需求曲线可以得到间断的边际收益曲线。图中与需求曲线 dB 段所对应的边际收益曲线为 MR_d,与需求曲线 BD 段所对应的边际收益曲线为 MR_D,两者结合在一起,便构成了寡头厂商的间断的边际收益曲线,其间断部分为垂直虚线 FG。

利用间断的边际收益曲线，可以解释寡头市场上的价格刚性现象。只要边际成本曲线的位置变动不超出边际收益曲线的垂直间断范围，寡头厂商的均衡价格和均衡数量都不会发生变化。譬如，在图 5–15 中的边际收益曲线的间断部分 FG，曲线 SMC_1 上升为曲线 SMC_2 的位置，寡头厂商仍将均衡价格和均衡产量保持在原来的水平。除非成本发生很大变化，如成本上升使得边际成本曲线上升为曲线 SMC_3 的位置，才会影响均衡价格和均衡产量水平。

在斯威齐模型中，是把价格 $\bar{P}$ 作为既定的条件来说明价格刚性的问题。模型中并没有说明价格是怎样形成的，所以斯威齐模型只是关于寡头定价行为的未完成的模型。

◇ 思考：为什么寡头垄断市场结构下的厂商很少打价格战？

5.4.3 寡头垄断市场的价格决定

寡头垄断市场上的价格，通常表现为由各寡头相互协调的行为方式所决定，这种协调可以有多种形式。

1. 价格领先制

价格领先制是指一个行业的产品价格，通常由某一寡头率先制定，其余寡头追随其后确定各自产品的售价。

价格领先制通常有三种形式：一是支配型价格领先；二是成本最低型价格领先；三是晴雨表型价格领先。支配型价格领先，是指由寡头垄断行业中占支配地位的厂商根据利润最大化原则确立产品的售价，其余规模小一些的厂商根据已确立的价格确定各自的产销量。成本最低型价格领先，是指由成本最低的寡头按利润最大化原则确定其产销量和销售价格，而其他寡头也将按同一价格销售各自的产品。晴雨表型价格领先，是指寡头垄断行业中，某个厂商在获取信息、判断市场变化趋势等方面具有公认的特殊能力，该厂商产品价格的变动，起到了传递某种信息的作用，因此其他厂商会根据该厂商产品价格的变动而相应变动自己产品的价格。

2. 成本加成法

成本加成法是寡头垄断市场上一种最常用的定价方法。该方法的主要步骤是：首先以厂商生产能力的某个百分比确定一个正常或标准的产量数字，然后根据这一产量计算出相应的平均成本，由此可以减少由于实际产量的变动而使厂商制定的价格频繁变动；然后在所估计的平均成本基础上加上固定百分比的加成，从而制定出产品的售价。

3. 卡特尔

卡特尔是生产同类产品的垄断厂商就产品的市场价格、产量分配和市场份额而结成的一个组织，其目的是限制产量、提高价格、控制市场。卡特尔在不少市场经济国家普遍存在，其中最典型的是石油生产和输出国组织（欧佩克）。在寡头垄断行业中，厂商出于对各自垄断利润的追求，往往通过正式的或非正式的协议组成卡特尔。因为若是各厂商单独行动，那么为了占领市场，各厂商不是扩大产量就是降低价格，造成整个行业产量膨胀、价格低落，最后受损失的还是厂商自己，所以结成卡特尔组织，是垄断厂商获得更大利润的理性选择。

卡特尔协议达成后，由卡特尔成员授权的中央机构确定统一的价格，进行产量的分配，划定市场份额。第一，它要将各成员厂商的边际成本曲线相加，获得整个卡特尔的边际成本曲线；然后再根据卡特尔所面临的市场需求曲线，确定边际收益曲线后，根据边际成本等于边际收益的原则，找出卡特尔整体的最大总产量和对应的价格，这一价格即为卡特尔成员的统一定价；最后，还要将卡特尔的总产量分配给各厂商。

卡特尔虽然达成了操纵市场、分享利润的协议，但是这一协议并没有法律约束力，各卡特尔成员出于各自的利益，往往违背协议，使得协议的执行非常困难。因此，大多数卡特尔往往是不稳定的，难以长期存在。经济学家认为，在下列条件下，卡特尔比较容易成立：第一，厂商数量少，组织成本低；第二，产品单一，非价格竞争手段效果不明显；第三，购买者的规模较小。

5.4.4 寡头垄断市场的综合优势

具体来看，寡头垄断是现代社会大规模生产的客观需要，寡头垄断市场具有综合优势。

第一，在资金筹集方面，寡头垄断厂商有强大的经济实力，破产风险相对较小，因而它能得到利息较低、数额较大的贷款，资金有保证。

第二，在生产方面，寡头垄断厂商生产规模巨大，在大多数情况下，都能获得规模效益，使单位产品成本大大降低。

第三，在企业内部管理方面，可通过实行统一指挥、分工负责的内部管理体制，节约管理成本，提高管理效率，还可以节约交易费用。在收集市场信息、进行广告宣传和运用销售渠道等方面，寡头垄断厂商比其他市场中的厂商有更多的优势。

第四，寡头垄断厂商一般实行多样化经营，所以企业总体风险较小，可在各种业务、各个方面平衡盈亏，因而具有较强的应变能力和生存能力。

第五，在技术进步和创新方面，由于有强大的财力支持，可以投入大量研究和开发费用，因而更有可能不断推出新产品。而且，寡头垄断厂商有能力综合利用科研力量和科研成果，进行系列开发和废物利用，产生出许多附带成果。

经济问题分析

传统经济学理论认为，垄断具有损害资源配置效率、降低社会福利、抑制创新等负面影响，但不可否认，互联网经济在中国经历了长时间的繁荣，也带来了较高的经济效益，这与政府谨慎的行业干预态度密切相关。同时，从经济学上看，互联网行业虽表现出垄断的市场结构，但也具有一些新的特征，如行业中企业数量不断增加，说明市场壁垒尚未高筑，竞争依然活跃；平台企业往往通过免费或补贴策略吸引更多用户或消费者，与传统垄断企业经常采取的限产提价行为明显不同。上述内容使得互联网大型平台企业形成的特殊"垄断"结构是否会产生传统经济理论中的负面效应存疑，也对行业反垄断管制的经济学基础造成了冲击。由于互联网行业具有需求多样化、网络外部性等特征，虽然垄断因素在行业中稳定存在，但却在一定程度上增进了消费者剩余；而在竞争中，大型平台企业的用户基数会导致行业中的剩余向其集中，但是差异化竞争可以降低不同规模企业之间产量及利润上的差异，但这种差异并不是大型平台企业刻意打压中小型平台企业的结果。

本章小结

（1）西方经济学中，市场分为完全竞争、完全垄断、垄断竞争和寡头垄断四个市场类型。

（2）完全竞争厂商可能获得超额利润，也可能存在亏损，但在长期内，完全竞争厂商实现均衡时，只能获得正常利润，并在长期平均成本的最低点进行生产。

（3）完全垄断厂商在实现长期均衡时，获得了超额垄断利润，这是完全垄断市场效率低下的重要表现。

（4）在垄断竞争市场上，在短期内，厂商可能获得超额利润，也可能存在亏损，但在长期内，垄断竞争厂商实现均衡时，只能获得正常利润，但其并不在长期平均成本的最低点进行生产。

（5）在寡头垄断市场上，厂商的行为受到其他厂商行为的制约，这导致缺乏一个统一的寡头厂商均衡模型，厂商的产量与价格决策将分别进行。

（6）对不同市场的效率进行比较可知，完全竞争市场是最有效率、最理想的市场组织，完全垄断市场是最缺乏效率的。

练 习 题

一、概念

完全竞争市场　垄断竞争市场　寡头垄断市场　价格歧视

二、单项选择题

1. 假如一个完全竞争厂商的收益不能弥补可变成本，为了减少损失，它应该（　　）。
   A. 减少生产　　　　　　　　　　　B. 增加生产
   C. 提高价格　　　　　　　　　　　D. 停止生产

2. 寡头垄断厂商的产品是（　　）。
   A. 同质的　　　　　　　　　　　　B. 有差异的
   C. 既可以是同质的又可以是有差异的　D. 以上都不对

3. 在（　　）下一个完全竞争厂商处于短期均衡。
   A. $P = MC$　　　　　　　　　　　B. $AC = MC$
   C. $P = AC$　　　　　　　　　　　D. $P = MR$

4. 在完全竞争市场上，厂商短期内继续生产的最低条件是（　　）。
   A. $AC = AR$
   B. $AVC < AR$ 或 $AVC = AR$
   C. $AVC > AR$ 或 $AVC = AR$
   D. $MC = MR$

5. 当一个市场由自由竞争演变成垄断时，则（　　）。
   A. 垄断市场的价格等于竞争市场的价格
   B. 垄断市场的价格大于竞争市场的价格
   C. 垄断市场的价格小于竞争市场的价格

D. 垄断价格具有任意性

6. 完全竞争和不完全竞争的区别是（　　）。

   A. 如果在某一行业中存在许多厂商，则这一市场是完全竞争的

   B. 如果厂商所面临的需求曲线是向下倾斜的，则这一市场是不完全竞争的

   C. 如果行业中所有厂商生产相同的产品，且厂商的数目大于1，则这个市场是不完全竞争的

   D. 如果某一行业中有不止一家厂商，它们都生产相同的产品，都有相同的价格，则这个市场是完全竞争的

7. 一家电影院垄断了一部电影的首轮放映权，它知道成人与儿童对这部电影的需求弹性分别为 -2 和 -4。如果这家电影院对成人与儿童收取不同的票价，那么利润最大化的成人票价格为（　　）。

   A. 儿童票价的 2 倍   B. 儿童票价的一半

   C. 儿童票价的 1.5 倍   D. 儿童票价的 1/5

8. 在古诺假定下如果厂商的数量增加，则（　　）。

   A. 每家厂商的产量将增加

   B. 行业产量增加，价格降到竞争时的水平

   C. 市场价格接近勾结时的价格

   D. 垄断者的行为更倾向于勾结

三、判断题

1. 完全竞争厂商面对的需求曲线由市场价格所决定，故其完全缺乏弹性。（　　）
2. 长期中，完全竞争厂商利润为零使厂商倾向于退出该行业。（　　）
3. 长期中，完全竞争市场的价格等于最低长期平均成本。（　　）
4. 完全竞争市场的产品同质假定意味着厂商生产的产品中，商标、专利、品牌等都是不存在的。（　　）
5. 厂商的垄断地位保证了该厂商永远可以获得超额利润。（　　）
6. 完全垄断厂商不必像垄断竞争厂商那样采用广告战略，因为前者没有竞争对手。
   　　　　　　　　　　　　　　　　　　　　　　　　　　　　　　　　（　　）
7. 如果一个厂商在长期中获得经济利润，那么这时的价格必不在其长期平均成本的最低点上。（　　）

四、计算题

1. 假定厂商面临的需求曲线为 $D_1: P = 4 - 0.05Q$，厂商的边际成本保持在 1 元的水平上。

   （1）在需求曲线不变的条件下，厂商利润最大的产量是多少？此时产品的价格定为多少？

   （2）假定支付 10 元的广告费，使需求曲线移动到 $D_2: P = 6 - 0.05Q$。试问该厂商做广告是否合算？

2. 某垄断企业的产品需求曲线是 $P = 90 - 0.5Q$，其生产成本函数为 $TC = 0.5Q^2 + 10Q$，求实现利润最大化时的产量和利润。

五、简答题

1. 完全竞争市场的条件是什么？

2. 为什么完全竞争厂商利润最大化既可以表示为 MR = MC 也可以表示为 MC = P?
3. 简述垄断市场的形成原因。
4. 比较垄断竞争与完全竞争。
5. 垄断竞争厂商均衡有何特点?
6. 简述寡头垄断市场的特征。
7. 王先生退休后办理了老年证,假期里,他和全家出去旅游,很高兴地发现在很多景点他可以得到老年人的半价门票优惠,但是他也发现,在他买旅游纪念品时却必须付全价。王先生的经历引出了两个关于企业定价决策的问题:对老年人实行折扣是慷慨之举还是一种利润最大化手段?如果对老年人的门票折扣是明智的,为什么对旅游纪念品的折扣就不明智呢?

实 践 训 练

训练目标
1. 通过历史数据和实地调查,能够了解改革开放后鸡蛋市场的市场类型变化。
2. 通过分析现实经济问题,能够解释鸡蛋市场的市场类型变化的原因。

训练1 鸡蛋市场的市场类型的变化及其原因。

训练要求:
(1) 组成调查小组,明确分工。
(2) 各组进行实地调查,将调查情况记录在表 5-3 中。
(3) 各组提交书面调查报告,班内交流。

表 5-3 鸡蛋市场类型情况调查进度表

商品:			
小组成员:			
调查地点:			
调查时间	调查对象	调查内容	调查情况记录

训练2 现实问题解析——价格歧视就是不公平对待消费者

如果你乘坐某航空公司的飞机,问一下你旁边的人,你会发现票价各不相同。同样质量的一件商品,为什么在不同地区会有不同的价格,有的甚至在上面标明专供某地区。正如为什么同一个航班会出现不同的价格一样,这种现象就是经济学上的价格歧视。

为什么会出现这种情况呢?当然是商家尽可能地将自己的利益通过定价来最大化,他们通过区分不同的消费者,将同样的商品卖出不同的价格,尽量接近消费者的意愿价格,将原本属于产品买方的消费者剩余也转移到了商家那里。

商家要实现价格歧视，最关键的就是要识别不同的消费者并将市场细分。比如航空公司如何区分那些价格敏感者，当然是自己掏腰包的人，而那些出差的人由于有报销，自然不太在乎价格高一点。但并不是每个买机票的人脸上都写着我是出差的，只能从购买行为上加以区分。出差的人大都是事情比较急，一般都是临时购票，而且说走就走，办完差事后马上回来。单位和老板不太可能同意出差员工借机度假，因为这样的成本比一张稍高机票的成本要大。航空公司针对这种情况，推出在目的地度过周末的人，其来回机票优惠多多，或者提前预订机票的人票价也有优惠，从而将出差的人与度假的人区分开来，实行不同定价，获取最大消费者剩余。

资料来源：价格歧视就是不公平对待消费者. 深圳特区报，2019-06-18.

训练要求：

（1）用本章经济学知识解释商家进行价格歧视的原因。

（2）为什么消费者往往对价格歧视不敏感？

（3）用本章经济学知识解释政府为什么要反对价格歧视。

（4）结合本章经济学知识，提出几项控制价格歧视的措施。

第 6 章 要素市场定价理论

学习导图

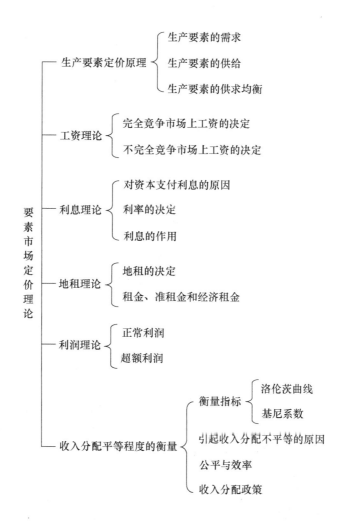

经济问题

明星的高收入

当今社会，无论是在国外还是国内，明星（如体育明星、歌星和影视明星等）的收入都是非常高的。在西方国家，大牌明星年收入达几千万美元并不奇怪。在国内，据报道，明星拍一集电视连续剧的收入也有一二十万元。

思考题：怎样理解明星的这种高收入？这种高收入究竟合不合理？

章 前 导 读

要素市场定价理论主要研究生产要素价格的决定。由于生产要素的价格就是要素所有者的收入，因此生产要素价格如何决定的问题也就是国民收入如何分配的问题，从微观经济学基本问题角度看，就是为谁生产的问题。为谁生产的问题与生产什么、生产多少、如何生产等问题密切相关。要素价格一方面是作为要素所有者（消费者）的收入而存在，另一方面又是生产者使用要素的成本。作为成本，它影响生产者使用要素的品种和数量，进而影响产品产量和价格水平；作为收入，它影响着消费者的商品需求数量和需求结构。可见，成本和由收入引起的供求二者共同决定生产什么、生产多少、如何生产的问题。就此而言，完成了对要素价格的研究，才算彻底回答了微观经济学的基本问题，即一个社会既定的生产资源总量怎样最有效率地分配于各种不同的用途。本章从生产要素的需求与供给入手，依次介绍工资理论、利息理论、地租理论和利润理论，并从社会的角度来研究分配问题。

6.1 生产要素定价原理

6.1.1 生产要素的需求

生产要素（factors of production）是用于生产产品和劳务的投入。劳动、资本、土地、企业家才能是四种最重要的生产要素。例如，一家生产新的软件程序的计算机企业，它需要程序员的时间（劳动）、它的机构所处的实际空间（土地）、办公楼和计算机设备（资本）、管理者的管理（企业家才能）。对应生产要素的价格为工资、地租、利息和利润。

1. 生产要素需求的性质

产品价格是由产品的需求和供给共同决定的。同样，生产要素的价格也是由生产要素的需求和供给共同决定的。同产品的需求相比，生产要素的需求具有不同的性质。

首先，生产要素的需求是一种派生需求。对生产要素的需求来自厂商。厂商对要素的需求不同于一般居民户对消费品的需求。居民户对消费品的需求是一种直接需求，是为了直接满足自己的消费欲望。厂商购买生产要素是为了用来生产产品以供应市场。所以，同居民户对产品的需求是取决于产品的效用不同，厂商对生产要素的需求取决于生产要素所具有的生产产品的能力。所以，经济学中把厂商对生产要素的需求称为派生的需求，也就是指厂商对要素的需求是人们对要素所产出的产品的需求派生出来的。派生需求在经济学上也称为中间需求。

其次，生产要素的需求是一种联合需求。这就是说，任何生产行为所需要的都不是一种生产要素，而是多种生产要素，各种生产要素之间在生产过程中是功能互补的。如果只增加一种生产要素而不增加另一种，就会出现边际收益递减现象。而且，在一定的范围内，各种生产要素也可以互相替代。生产要素之间是相互依存的，也就是说厂商必须同时购买多种生产要素才能满足生产需要。

最后，生产要素市场上供求主体有别于产品市场上的供求主体。在产品市场上，需求来自个人，供给来自厂商；在生产要素市场上，需求来自厂商，供给来自个人。二者之间的区别可以通过图 6-1 表示。

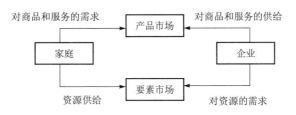

图 6-1　生产要素与产品供求的主体关系

2. 影响生产要素需求的因素

第一，市场对产品的需求及产品的价格。市场对某种产品的需求越大，该产品的价格越高，则生产这种产品所用的各种生产要素的需求也就越大；反之，就越小。

第二，生产技术状况。生产技术水平决定对某种生产要素需求的大小。如果技术是劳动密集型的，对劳动的需求就大；如果技术是资本密集型的，则对资本的需求就大。

第三，生产要素的价格。厂商一般用低价格的生产要素替代高价格的生产要素。

3. 生产要素的需求曲线

对生产要素的需求取决于该要素的边际生产力。边际生产力（marginal productivity）是指在其他条件不变的情况下，每增加一个单位生产要素的投入所增加的产量。如果以实物来表示生产要素的边际生产力，则称为边际物质产品（MPP）；如果以收益来表示生产要素的边际生产力，则称为边际收益产品（MRP）。

由于边际收益递减规律的存在，生产要素的边际收益曲线是一条向右下方倾斜的曲线，这条曲线也就是生产要素的需求曲线，如图 6-2 所示。

在图 6-2 中，横轴表示生产要素需求量，纵轴表示生产要素价格，MRP 曲线是生产要素的边际收益产品曲线，也是生产要素的需求曲线。

6.1.2　生产要素的供给

就要素的供给来看，它不是来自厂商，而是来自个人或家庭。个人或家庭在消费理论中是消费者，在要素价格理论中是生产要素所有者。个人或家庭拥有并向厂商提供各种生产要素。

生产要素的供给，是指在不同的报酬下，生产要素市场上所提供的要素数量。生产要素的供给价格是生产要素所有者对提供一定数量生产要素所愿意接受的最低价格。一般来说，如果某种生产要素的价格提高，这种生产要素的供给就会增多；如果某种生产要素的价格降低，这种生产要素的供给就会减少，其供给数量与价格同方向变化。所以，生产要素的供给曲线表现为一条向右上方倾斜的曲线，如图 6-3 所示。

在图 6-3 中，横轴表示生产要素供应量，纵轴表示生产要素价格，S 表示生产要素的供给曲线。

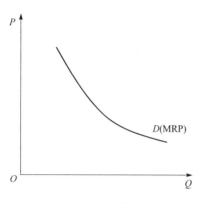

图 6-2 生产要素的需求曲线

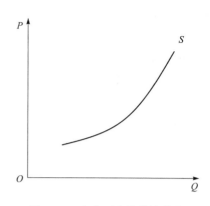

图 6-3 生产要素的供给曲线

完全竞争要素市场的特点为：要素的需求者和供给者人数众多，单个卖者和买者的要素供应量和需求量变化不影响要素价格。所以，在完全竞争市场上，生产要素的供给曲线是一条与横轴平行的直线；而在不完全竞争市场上，生产要素的供给曲线是一条向右上方倾斜的曲线。

6.1.3 生产要素的供求均衡

同产品的价格和销售量是由产品的供给和需求共同决定的一样，生产要素的价格和使用量也是由生产要素的需求和供给共同决定的。但由于厂商对要素的需求取决于人们对产品的需求，而产品的供求与要素的供求关系存在如上所说的相互依存和相互制约的关系，所以对要素需求的分析要比对产品需求的分析复杂一些。因此，对生产要素供给和需求进行分析时还必须区分各种不同情况。

在完全竞争市场条件下，生产要素的供给曲线与需求曲线相交于 E 点，相对应的均衡价格为 P_e，均衡数量为 Q_e，如图 6-4 所示。

在不完全竞争市场条件下，生产要素的供给曲线与需求曲线相交于 E' 点，相对应的均衡价格为 P'_e，均衡数量为 Q'_e，如图 6-5 所示。

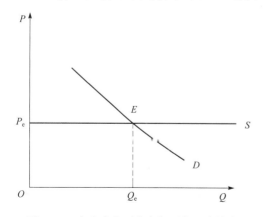

图 6-4 完全竞争要素市场下的厂商均衡

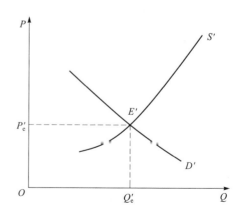

图 6-5 不完全竞争要素市场下的厂商均衡

6.2 工资理论

工资是劳动的价格，或劳动力所提供的劳务的报酬。劳动价格是在劳动市场上形成的。同一般商品的价格决定一样，在完全竞争市场上和不完全竞争市场上，工资的决定也有不同的情况。

6.2.1 完全竞争市场上工资的决定

这里所说的完全竞争是指在劳动市场上的完全竞争状况，无论是劳动力的买方或卖方都不存在对劳动的垄断。在这种情况下，工资完全是由劳动的供求关系决定的。

1. 劳动的需求

从劳动的需求方面说，劳动的价格取决于劳动这一要素的边际收益产量，也就是取决于劳动的边际生产力。随着劳动这一要素的雇用量的增加，劳动的边际收益产量递减。所以，劳动的需求曲线是一条向右下方倾斜的曲线，表明劳动的需求量与工资呈反方向变动，如图6-6所示。

在图6-6中，横轴L表示劳动的需求量，纵轴W表示工资水平，D表示劳动的需求曲线。

2. 劳动的供给

从供给方面说，劳动的供给曲线先从左下方向右上方倾斜，在达到一定点以后，便开始向左上方弯曲，即劳动供应量开始时随工资的提高而增加，后来则随工资的提高而降低，如图6-7所示。

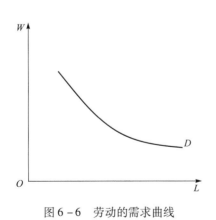

图6-6　劳动的需求曲线　　　　图6-7　劳动的供给曲线

在图6-7中，横轴表示劳动的供应量，纵轴表示工资水平，S表示劳动的供给曲线。

劳动的供给主要取决于劳动的成本，这种劳动的成本包含实际成本和心理成本。一般来说，工资收入增加固然可以为劳动者增加效用，但也因此牺牲了闲暇时间，这又是一种负效用。当收入达到一定程度后，由工资收入给劳动者增加的正效用不足以抵消劳动的负效用时，劳动者就宁愿减少工作时间而增加闲暇时间，从而劳动就会减少。劳动供给取决于工资变动所引起的替代效应和收入效应。随着工资增加，由于替代效应的作用，劳动者用工作代替闲暇,从而劳动供给增加。同时,随着工资增加,由于收入效应的作用,劳动者需要更多闲暇,从而劳动供给减少。当替代效应大于收入效应时,劳动供给随工资增加而增加;当收入效应大于替代效应时,劳动供给随工资增加而减少,一般规律是:当工资较低时,替代效应大于收入效应;当工资达到某个较高水平时,收入效应大于替代效应。因此,劳动供给曲线是一条向右弯曲的供给曲线。

案例评析6-1　　黑死病的灾难带来的富裕

14世纪的欧洲,鼠疫的流行在短短几年内夺去了大约三分之一人的生命。这个被称为黑死病的事件为检验刚刚提出的要素市场理论提供了一个可怕的自然试验。首先,黑死病使人口锐减,从而劳动力的数量大规模减少,劳动力的供给十分紧张。在黑死病发生以前,大约每公顷土地平均由2个人耕种,在黑死病发生以后,平均每公顷土地1个人还不足。同时,以前土地供应紧张,要不断地开垦新的土地,但是在黑死病发生以后,不仅不再需要开垦新的土地,相反,已经开垦的土地,有很多质量较差的又重新被废弃,即使是那些好地还缺人耕种,土地的租金大幅度下滑。统计资料表明,在这一时期,劳动者的工资将近翻了一番,而土地租金减少了50%,甚至更多,黑死病给农民阶层带来了经济繁荣,而减少了有土地阶层的收入。

由于农民收入的上升,逐渐地又产生了一种现象:越来越多的人倾向于减少劳动时间,耕种更少的土地,这使得劳动的供应量进一步减少了。

资料来源:曼昆.经济学原理.北京:北京大学出版社,2015.

3. 工资的决定

劳动的需求与供给共同决定了完全竞争市场上的工资水平,如图6-8所示。

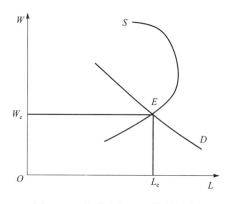

图6-8　劳动市场上工资的决定

在图6-8中,纵、横轴分别代表工资水平和劳动数量。劳动需求曲线D向右下方倾斜,劳动供给曲线S开始向右上方倾斜,而过一定点后,转而向左上方弯曲。曲线D和曲线S的交点E,决定了劳动要素的均衡数量为L_e,劳动的均衡价格为W_e。

根据供求定理,在劳动供给不变的条件下,通过增加对劳动的需求,不但可以使工资增加,而且可以增加就业。在劳动需求不变的条件下,通过减少劳动的供给同样也可以使工资增加,但这种情况会使就业减少。

4. 工资差别的原因

在现实经济生活中,由于各个劳动者能力不同及所从事的行业和职业不同,使工资存在很大差异。导致工资差异的原因大致有以下几个。

(1) 劳动的质量不同。假设劳动市场全都处于完全竞争中,不同种类的劳动的价格均取决于它们的供给和需求,因此不同种类劳动力的均衡工资也必然呈现出差别。西方经济学家认为,这种工资差别是由人们之间质的差别,即在智力、体力、教育和训练等方面的不同所导致的。由于这些质的差别的存在,使劳动者的边际生产力不同,工资因而不同。这类工资差别也被称为非补偿性工资或质的差别。

(2) 非货币利益不同。职业与职业相比,在安全、辛苦、环境、声誉等方面有时差别很大,因而心理成本不同。如果不保持工资差别,不给那些心理成本高、人们不太愿意从事的职业以特殊的收入补偿,就难以保证这些部门的劳动供求均衡。这类工资差别被称为补偿性工资差别。

(3) 市场的不完全竞争。在现实生活中,由于劳动市场往往是不完全竞争的,这也会造成工资上的差异。例如,人们由于对不同职业收入差异的信息缺乏了解,由于乡土观念较重及担心搬迁的费用和在新环境生活的不便,由于工会组织对进入条件的限制和对政府、雇主施加压力,由于妇女歧视和种族歧视等原因,造成劳动者在不同地区、不同行业之间的流动受阻,这也会造成工资水平不同。

◇ 思考:劳动者的工资差别都是合理的吗?

6.2.2 不完全竞争市场上工资的决定

不完全竞争是指劳动市场上存在不同程度的垄断。劳动市场上的垄断包括三种情况:一是厂商对劳动购买的垄断,劳动的购买者是"独家买主"的厂商,劳动的供应者则是众多的相互竞争的劳动者;二是劳动者对劳动的垄断,即劳动者组成工会,垄断了劳动的供给;三是"双边垄断",即卖方与买方都有一定的垄断,主要是劳动者工会通过集体谈判与买方垄断者("独家买主")协定工资和其他雇佣条件。

劳动市场上卖方垄断(工会存在)条件下工资的决定有以下几种形式。

(1) 工会通过提倡保护关税、扩大出口等办法扩大产品销路,从而提高对劳动的需求和工资,如图 6-9 所示。

在图 6-9 中,劳动需求曲线从 D_0 右移到 D_1,工资水平和劳动数量分别从 W_0、L_0 上升到 W_1、L_1,说明工资水平提高了,就业水平也提高了。

(2) 工会通过限制非会员受雇、缩短工作时间、实行强制退休等来减少劳动的供给,从而提高工资,如图 6-10 所示。

在图 6-10 中,劳动供给曲线从 S_0 左移到 S_1,工资水平从 W_0 上升到 W_1,劳动数量从 L_0 减少到 L_1,说明工资水平提高了,就业水平下降了。

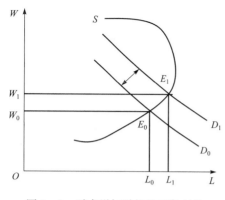 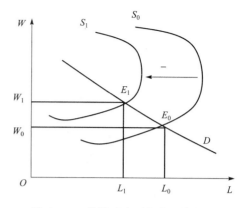

图 6-9　需求增加引起的工资变动　　　　图 6-10　供给减少引起的工资变动

（3）工会迫使政府通过立法规定最低工资，从而使工资维持在较高的水平上，如图 6-11 所示。

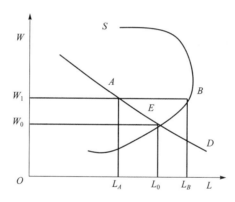

图 6-11　最低工资法

在图 6-11 中，劳动供给曲线 S 与需求曲线 D 相交于 E，决定了工资水平为 W_0，就业水平为 L_0。最低工资法规定最低工资水平为 W_1，这样能使工资维持在较高水平，但劳动的供应量 L_B 大于需求量 L_A，有可能出现失业。

一般来讲，工会对工资的影响取决于工会本身的力量大小、工会与资本家双方力量的对比、整个社会的经济状况及政府干预的程度等。

由于劳动力相对于资本长期过剩、高度分散和流动，所以天然上处于弱势。劳动力供应的垄断，并不容易自发形成。公共政策的倾斜及必要的法律调整，有助于劳动力组织化程度的提高及工会的形成和运作，从而促进劳资关系的平衡，维护社会稳定与和谐。当然，从西方国家的历史实践来看，这些政策和立法本身往往也是劳工运动和社会主义者长期斗争的成果。在国家的支持下，工会不同于一般的民间组织，而是具有公法所赋予的特殊地位或者说是所谓的公法社团，从对抗体制的力量，转而成为体制的一部分。

当然，工会组织强大到一定程度时，也有可能反过来控制劳动力市场，出现过度的劳动力垄断，从而抑制经济的发展。国家这时候就需要从另一个方向来调节劳资双方的平衡。

案例评析6-2　韩国政府规定缩短员工工作时间

据韩媒报道，韩国职场加班盛行。为改变这种情况，韩国政府规定从2018年7月开始，超过300人的韩国大企业员工的工作时间由每周最长68 h缩减到52 h。50～299人规模的中型企业及少于49人的小型企业，将分别从2020年1月及2021年7月开始实施该制度。不过，这一规定却受到了韩国民众的诟病。

2016年，韩国劳动者年均工作时间为2 069 h，比经合组织成员的平均时间多305 h。每周最长工作时间为52 h，尽管是为民谋福利的制度，但真正实行起来却也给企业员工带来了不少问题。

报道称，该制度最具代表性的问题就是"真下班和假下班"的问题。碍于政令，韩国公司要求员工"到点下班"，但实际上给员工分配的工作量并没有减少，员工回到家仍需继续处理工作。

同时，工作时间缩短，工资相应减少，也受到诟病。韩国国会预算政策处最近发布的一项调查结果显示，制度实行后，超过300人的大企业员工的月薪减幅平均为7.9%，中小企业为12.3%。不少员工对此十分不满，称"明明是回家变相加班，公司不给钱反而要倒扣钱。"此外，还有意见称，一刀切地强行把工作时间缩短，可能会降低韩国产业的竞争力。

资料来源：每周最长52个小时，韩政府规定缩短员工工作时间. 中国新闻网，2018-03-21.

6.3　利息理论

资本作为与劳动和土地并列的一种生产要素，是指由人们的生产活动生产出来并被用于生产中的制成品，如厂房、机器设备等。

资本的特点可以概括如下：第一，资本的数量是可以改变的，即它可以通过人们的经济活动生产出来。因此，资本与其他两种生产要素即劳动和土地是有区别的。劳动和土地是不能由人们的生产活动生产出来的，因而是"自然"给定的。第二，资本之所以被生产出来，其目的是以此获得更多的商品和劳务。因此，资本品与消费品是不同的，消费品直接满足人们的生活需要，而不能带来更多的商品和劳务。第三，资本是作为生产资料被投入到生产过程中去的，这与作为进一步加工对象的中间产品（如原材料、燃料等）是不同的。第四，资本是一种制成品，这与开办企业或维持生产经营所需的货币是不同的，货币就是货币，就是交易媒介，它只有转化为生产要素时才是资本。从这个意义上看，货币可以称为金融资本，金融资本只有转化为物质资本时，才能成为生产要素。但物质资本的形成又离不开金融资本。

由于上述特点，资本区别于一般的消费品，也区别于土地和劳动等要素。

6.3.1　对资本支付利息的原因

利息是资本的价格，是资本所有者的收入或使用资本这一生产要素的报酬。西方经济学家认为，资本之所以能带来利息，是因为使用资本可以提高生产效率。

（1）时间偏好。在未来消费与现期消费中，人们更加偏好现期消费。也就是说，现在多增加一单位消费所带来的边际效用大于将来多增加一单位消费所带来的边际效用。究其原因，主要有三：一是人们预期未来的物品稀缺性会减弱；二是人们认为人生短促，也许自己活不到享受未来物品的时候；三是人们不太重视未来的欢乐和痛苦，习惯于低估未来的需要，低估满足未来需要的物品的效用。时间偏好的存在，决定了人们总是偏好现期消费。一旦人们放弃现期消费而把它变成资本，就应该得到利息作为补偿。

（2）迂回生产与资本的净生产力。迂回生产是指先生产生产资料（或称资本品），然后用这些生产资料去生产消费品。这种迂回的办法可以提高生产效率，而且迂回的过程越长，生产效率越高。例如，用猎枪比用弓箭、石头打猎效率更高。现代生产的特点就在于迂回生产，但迂回生产的实现就必须有资本。利用资本进行迂回生产，可以提高资本的生产效率，这种因使用资本而提高的生产效率叫做资本的净生产力。资本具有净生产力是资本能带来利息的根源。

6.3.2 利率的决定

利率取决于对资本的需求与供给。资本的需求主要是企业投资的需求，因此可以用投资来代表资本需求。资本的供给主要是储蓄，因此可以用储蓄来代表资本的供给。这样就可以用投资与储蓄来说明利率的决定。

1. 资本的需求

企业之所以要借入资本进行投资，是因为资本的使用可以提高生产效率。由于投资的边际效率随投资增加，即随资本的存量的相应增加而递减，所以对资本的需求是一条向右下方倾斜的曲线，它表示在利润率既定时，利率与投资呈反方向变动，如图6-12所示。

在图6-12中，横轴表示资本的需求量，纵轴表示利率水平，D表示资本的需求曲线。

2. 资本的供给

资本的供给，就是资本的所有者在各个不同的利率水平上愿意而且能够提供资本的数量。它依赖于人们的收入用于个人消费以后的余额——储蓄。利息是为了诱使人们抑制或推迟眼前消费，进行储蓄以提供资本的一种补偿。这种补偿随着放弃现时消费量的增加而递增，只有相应地提高利率，人们才愿意提供更多的资本，所以资本的供给是一条向右上方倾斜的曲线，它表示利率与储蓄呈同方向变动，如图6-13所示。

在图6-13中，横轴表示资本的供应量，纵轴表示利率水平，S表示资本的供给曲线。

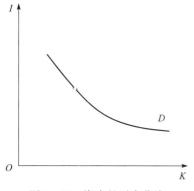

图6-12 资本的需求曲线

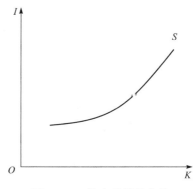

图6-13 资本的供给曲线

3. 利率的决定

利率是由资本的需求与供给共同决定的，如图 6-14 所示。

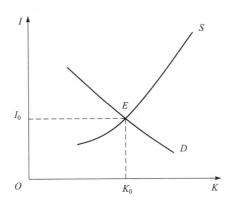

图 6-14 资本市场的利率决定

资本的需求曲线 D 和供给曲线 S 的交点为 E，均衡利率为 I_0，它表示利率水平为 I_0 时，投资者对资本的需求恰好等于储蓄者愿意提供的资本，两者均为 K_0。

6.3.3 利息的作用

利息作为资本的使用价格在市场经济运行中起着十分重要的作用，主要表现在以下几个方面。

1. 影响企业行为的功能

利息作为企业的资金占用成本，可以直接影响企业经济效益水平的高低。企业为降低成本、增进效益，就要千方百计地减少资金占压量，同时在筹资过程中对各种资金筹集方式进行成本比较。全社会的企业若将利息支出的节约作为一种普遍的行为模式，那么经济增长的效率肯定会提高。

2. 影响居民资产选择行为的功能

在中国居民实际收入水平不断提高、储蓄比率日益加大的条件下，出现了资产选择行为，金融工具的增多为居民的资产选择行为提供了客观基础，而利息收入则是居民资产选择行为的主要诱因。居民重视利息收入并自发地产生资产选择行为，无论是对宏观经济调控还是对微观基础的重新构造都产生了不容忽视的影响。从中国目前的情况看，高储蓄已成为中国经济的一大特征，这为经济高速增长提供了坚实的资金基础，而居民在利息收入诱因下做出的种种资产选择行为又为实现各项宏观调控做出了贡献。

3. 影响政府行为的功能

由于利息收入与全社会的赤字部门和盈余部门的经济利益息息相关，因此政府也将其作为重要的经济杠杆对经济运行实施调节。例如，中央银行若采取降低利率的措施，货币就会更多地流向资本市场，当提高利率时，货币就会从资本市场流出。如果政府用信用手段筹集资金，用高于银行同期限存款利率来发行国债，就可以将民间的货币资金吸收到政府手中，用于各项财政支出。

6.4 地租理论

6.4.1 地租的决定

地租是土地的价格,地租的高低由土地的供求决定。租地人对土地的需求取决于土地的边际生产力。但由于土地这种自然资源并非人类劳动的产物,也不能通过人类劳动增加其供应量,它具有数量有限、位置不变及不能再生产的特点。因此,地租和工资与利息的决定不完全相同。

由于土地的供应量是固定不变的,因此土地的供给曲线是一条与横轴垂直的线。而土地的边际生产力是递减的,因此土地的需求曲线是一条向右下方倾斜的曲线。两条曲线的交点决定地租水平,如图6-15所示。

在图6-15中,横轴代表土地量,纵轴代表地租,S为土地的供给曲线,表示土地的供应量固定为N_0,D为土地的需求曲线,D与S相交于E,决定了地租为R_0。

随着经济的发展,对土地的需求不断增加,而土地的供给不能增加,这样地租就有不断上升的趋势,如图6-16所示。

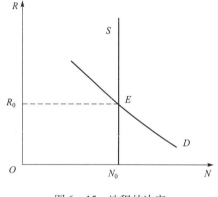

图6-15 地租的决定

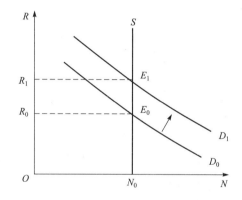

图6-16 地租的变动

在图6-16中,土地的需求曲线由D_0向右移动到D_1,表明土地的需求增加了,但土地的供给仍然为S,均衡点由E_0移动到E_1,相应地,地租由R_0上升到R_1,说明由于土地的需求增加,地租上升了。

6.4.2 租金、准租金和经济租金

1. 租金

租金是指供给同样固定不变的一般资源的服务价格。如前所述,土地的供给曲线是固定不变的,土地所有者可以得到的收入叫做地租。可以看到,地租提高,土地的供应量也不会提高;地租降低,土地的供应量也不会减少。在经济中还存在其他的一些要素,比如某些人的天赋才能,它们的供给数量也是不变的,不受价格涨落的影响,这些要素所得到的价格,统称为租金。土地是一种特有的资源,地租只是租金的一个特例,是租金的一种,而租金是一般化的地租。

2. 准租金

准租金是指对任何供应量暂时固定（短期内相对固定）的生产要素的支付。除土地外，任何一种在短期内供应量相对固定的生产要素的使用都须支付一定的价格。在现实中，有些要素在短期内是不变的，在长期中可变，这类要素所获得的收入，就叫做准租金。比如厂商投资建设的厂房、机器等，在短期内即使厂商不能盈利，也无法把它们从现有的用途中转移到收益较高的领域，反过来，即使厂商盈利很多，也无法迅速增加这些物品的供给。因此，这些资本品在短期内的供给是不变的，但在长期内却是可变的。

图 6-17 是准租金的示意图，它表示了一个完全竞争厂商的短期决策情况。在价格为 P_0 时，按照厂商利润最大化的原则 MR = MC，厂商的均衡点为 C，均衡产量为 Q_0，因此厂商的总收益为 OP_0CQ_0 的面积。由于 $OGBQ_0$ 可以看作是对可变要素支付的成本，因而固定要素的总收益就可以表示为 P_0CBG 的面积，如图中的阴影部分所示，这一部分的收入就是固定要素所获的准租金。可以看出，准租金等于不变成本与经济利润之和。如果准租金大于不变成本，表示厂商盈利，利润为准租金减去不变成本的差；如果准租金小于不变成本，表示厂商亏损，亏损额也等于准租金与不变成本的差。

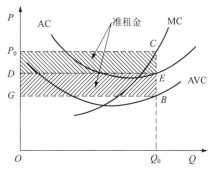

图 6-17 准租金示意图

3. 经济租金

经济租金可以定义为生产要素所得到的收入超过其在其他场所可能得到的收入。可以理解为要素的当前收入超过其机会成本的部分，简言之，经济租金等于要素收入减去机会成本。

从租金的分析可以看出，租金的特点在于要素价格的变化不会影响到租金的供给。有一部分要素收入类似于租金，即从要素收入中减去该部分并不会影响要素的供给，要素的这一部分收入被称为经济租金。也就是说，经济租金并不是吸引该要素用于当前使用所必需的。

图 6-18 是经济租金示意图，均衡时，要素的价格是 R_0，要素的使用量是 Q_0。供给曲线告诉人们要素所有者提供要素所要求的最低价格或者说是要素所有者在某一价格下愿意提供的要素的数量，所以要素所有者为提供 Q_0 的要素所能接受的最低总价格相当于 $OAEQ_0$ 的面积，也就是供给曲线以下、均衡供给 Q_0 左边的区域。假定所研究的是劳动市场，在完全竞争的劳动市场上，所有工人得到的工资率都是 R_0，这一工资率是用来使最后一个"边际"工人提供其劳动的，但是所有其他"边际内"工人都获得了同样的工资，他们得到的工资大于使他们工作所需要的工资。要素所有者所获得的总收益相当于 OR_0EQ_0 的面积，因此图中供给曲线以上、价格线以下部分，即图中阴影部分的面积就是要素所有者所得到的收益超过其提供要素所要求的最低收入的部分，即经济租金。

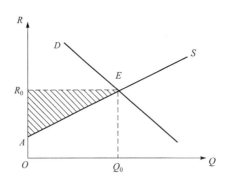

图 6-18 经济租金示意图

从图 6-18 可以看出，如果需求增加，即需求曲线向右移动，要素的价格会提高从而经济租金提高。在需求不变的条件下，如果要素供给具有完全弹性，即供给曲线水平，经济租金为 0；当要素的供给弹性降低，即供给曲线变陡时，经济租金就会增大；当要素的供给完全无弹性，即曲线变得垂直时，所有向生产要素的支付金额都是经济租金，因为这时无论要素价格多高或者多低，要素的供给都不变，这时经济租金变得最大，这时的经济租金就是租金。可以看出，租金只是经济租金的一个特例。

6.5 利润理论

在经济学上，一般把利润分为正常利润和超额利润，这两种利润的性质与来源不同。

6.5.1 正常利润

企业家是从事工商活动的个人，他可能直接从事企业的经营管理，也可能雇用经理人员从事事务性工作，但他始终是最终决策者，并承担损失和获得利润。作为一个企业家，他必须通过购买生产要素将劳动、土地、资本这些生产要素按一定比例结合在一起，生产产品或劳务。在生产过程中，他要根据市场条件决定生产什么、生产多少和以什么方式进行生产，以获得利润收入。当企业家进行这些决策时，实际上是把他的才能作为一种投入要素，运用于生产过程。因此，成功的决策所带来的利润被视为支付企业家才能这种要素的价格。

正常利润是企业家才能的价格，也是企业家才能这种生产要素所得到的收入。它包括在成本之中，其性质与工资相类似，也是由企业家才能的需求与供给所决定的。不同的只是由于对企业家才能需求和供给的特殊性（边际生产力大和培养成本高），决定了它的数额远远高于一般劳动所得工资的数额。

因为正常利润包括在经济学分析的成本之中，所以收支相抵就是获得了正常利润。在完全竞争中，利润最大化就是获得正常利润。超过正常利润以后的超额利润在完全竞争之下并不存在。

6.5.2 超额利润

超额利润是指超过正常利润的那部分利润，又称为纯粹利润或经济利润。超额利润在完全竞争下并不存在。根据来源和性质不同，超额利润可分为以下几种。

1. 垄断利润

由垄断而产生的超额利润称为垄断利润。垄断可以分为卖方垄断和买方垄断。卖方垄断是指对某种产品出售权的垄断，垄断者可以抬高商品卖价以损害消费者利益而获得超额利润。它能够为厂商提供超过正常利润的纯利润。例如，一家厂商享有某种产品的专利权或声誉卓著的商标，能够赚得超过正常利润的垄断利润。买方垄断是指对某种产品或生产要素购买权的垄断，垄断者可以压低收购价格，以损害生产者或生产要素供给者的利益而获得超额利润。垄断所引起的超额利润是不合理的，是市场竞争不完全的结果，应该积极限制和实行社会调节。

2. 创新利润

美国经济学家熊彼特指出创新是对原有均衡的突破，也就是说，创新（innovation）是指企业家对生产要素实行新的组合。创新主要涉及5个方面：一是提供新产品；二是发明新技术和新工艺；三是开辟新市场；四是控制原材料的新来源；五是建立新的组织形式。创新是社会进步的动力，能够提高生产效率，促进经济增长。因此，由创新所获得的超额利润是合理的，是对创新者给予的鼓励和补偿。

3. 风险利润

超额利润也被看作是企业进行冒险所承担风险的一种报酬。风险是指厂商决策所面临的亏损可能性。任何决策总是面向未来的，而未来是不确定的，因而企业决策总存在风险。一家企业可以从原来未曾料到的事件中获得意料之外的利润，也可能蒙受没有预料到的损失，前者像其他超过正常利润的企业利润一样，可列入超额利润这个范畴之中。因此，由承担风险而产生的超额利润也是合理的，从事具有风险的生产就应该以利润的形式得到补偿。风险决策或创新的成功，可以使企业家获得利润收入，但失误的决策给厂商带来的亏损也必须由企业家承担。因而，利润在量上具有强烈的不确定性，它可能为正值，也可能为负值。利润只是销售收入和其他要素价格的差额，而销售收入及其他要素的价格是由种种因素决定的，故而它们的差额有很大的收缩性，并不存在一个确定的利润率或亏损率。利润可以鼓励或刺激企业家承担不确定性风险。利润还是调节行业供给的指示器，它引导经济资源流向社会需要、生产效率高的行业，促进经济资源的合理配置。

6.6 收入分配平等程度的衡量

6.6.1 收入分配的衡量：洛伦兹曲线与基尼系数

洛伦兹曲线（Lorenz curve）是用来衡量社会收入分配（或财产分配）平均程度的曲线，它由美国经济学家洛伦兹提出。

假设某国的人口与收入分布如表6-1所示。把全部人口从最低收入A到最高收入E分为五组，各占人口总数的20%，并说明每组的收入在总收入中所占的百分比。例如，A组的20%为最低收入人口，其收入占所有人口总收入的5%，而在E组的20%为最高收入人口，其收入占所有人口总收入的40%。

表 6-1 人口与收入分布表

组别	人口		收入	
	占人口百分比/%	合计/%	占所有人口总收入的百分比/%	合计/%
A	20	20	5	5
B	20	40	12	17
C	20	60	18	35
D	20	80	25	60
E	20	100	40	100

根据表 6-1 中的数据画出洛伦茨曲线，如图 6-19 所示。

在图 6-19 中，横轴代表人口百分比，纵轴代表收入百分比。在 OX 这条线上，每 20% 的人口得到 20% 的收入，表明收入分配绝对平均，称为绝对平均线。折线 OEX 表明收入分配绝对不平均，称为绝对不平均线。实际的洛伦茨曲线应该介于这两条线之间。利用洛伦茨曲线可以表明收入与财产分配的不平等程度。洛伦茨曲线离绝对平均线越近，表明收入或财产分配越平等；洛伦茨曲线离绝对不平均线越近，表明收入或财产分配越不平等。

运用洛伦茨曲线可以比较同一个国家不同时期或同一时期不同国家的收入分配状况，如图 6-20 所示。

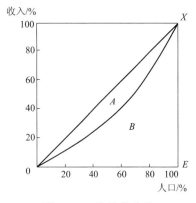

图 6-19 洛伦茨曲线

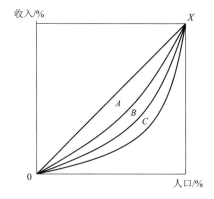

图 6-20 洛伦茨曲线的变动

假如在图 6-20 中，A、B、C 三条洛伦茨曲线分别表示甲、乙、丙三个国家的实际洛伦茨曲线，可以看出，甲国收入分配最平等，丙国收入分配最不平等。如果把 A、B 这两条洛伦茨曲线作为实施一项政策前后的洛伦茨曲线，那么可以看出，在实施该项政策后，收入分配更不平等了。

20 世纪初，意大利经济学家基尼根据洛伦茨曲线找出了从定量角度判断分配平等程度的指标，这一指标称为基尼系数。如果实际收入线与绝对平均线之间的面积用 A 来表示，实际收入线与绝对不平均线之间的面积用 B 来表示，则计算基尼系数的公式为

$$基尼系数 = \frac{A}{A+B}$$

当实际收入线与绝对平均线之间的面积为零时，收入分配绝对平均，基尼系数为零。当

实际收入线与绝对不平均线之间的面积为零时，收入分配绝对不平均，基尼系数为 1。实际基尼系数总是大于 0 而小于 1。基尼系数越小，收入分配越平均；基尼系数越大，收入分配越不平均。

基尼系数是国际通用的衡量贫富差距的指标。联合国有关组织规定的基尼系数如表 6-2 所示，国际上一般以 0.4 为警戒线。

表 6-2 基尼系数与收入分配状况对应表

基尼系数	收入分配平等程度	基尼系数	收入分配平等程度
0	绝对平等	0.4～<0.5	差距较大
小于 0.2	高度平等	0.5～<0.6	差距悬殊
0.2～<0.3	比较平等	0.6～<1.0	高度不平等
0.3～<0.4	基本合理	1.0	绝对不平等

基尼系数的优点：便于了解、掌握和比较。人们可以对一个国家不同时期的基尼系数进行比较，也可以对不同国家的基尼系数进行比较。

基尼系数的缺点：不能说明不平等的全部情况；不同国家可能采用不同的统计口径和资料，可比性差。

◇ 思考：用基尼系数与用洛伦茨曲线衡量社会的收入分配不合理程度有何不同？

6.6.2 引起收入分配不平等的原因

在现实经济生活中，收入不平等是客观事实。引起收入不平等的原因主要有以下几个。

（1）由历史原因所决定的初始财产分配状态的不平等。财产的集中，一般是通过以往的高收入的积蓄、持有股票或不动产取得的投机收入、发现大量的天然资源、新产品和新工艺的发明等来实现的。例如，家庭越富裕，越倾向于多储蓄和多留遗产，这样富裕家庭的子孙天生比其他人掌握的财富多。

（2）来自劳动力的差异，即能力的不同，决定了具有不同体能和智能的劳动者的收入差距。一个人赚钱的能力由身高、体重、力量这类体力因素和记忆力、数学与逻辑思维能力、语言能力等智力因素决定。此外，特殊行业和危险部门具有较高的报酬，甚至机遇也有收益，例如劳动者找到一份能够充分发挥能力的合适的工作。这些因素也是造成收入不平等的原因。

（3）由要素报酬的不平等造成。在现实经济社会中，大致相同的各种生产要素的相对供应量、健全的市场体制和要素安全自由流动等条件很难得到满足。例如，政府的最低工资立法和工会的集体谈判制度可能会使已就业工人的工资高于由完全竞争市场决定的均衡工资率；而地理上或专业上的固定性，也会阻碍生产要素转移到可能获得更高收入的经济部门，所以各种要素之间的相对稀缺性和市场竞争的不完全性会阻止生产要素获得自己应有的边际生产力的价值，导致要素报酬的不平等，从而引起收入分配的不平等。此外，种族、性别或年龄上的歧视也会严重阻碍许多工人得到自己全部的劳动边际价值产品，而经济衰退和失业则会使许多劳动者根本无任何收入。

6.6.3 公平与效率

1. 公平

公平（justice）是指待人处事中合乎人的正当情感和正义之理，是调节人们相互关系的一种行为准则，是分配社会权利和义务时必须遵循的价值尺度。从横向看，公平包括经济利益公平、政治利益公平、社会公共产品享有的公平；从纵向看，它包括机会公平、起点公平、过程公平与结果公平。

2. 效率

效率是指劳动、工作中所消耗的劳动量与所获得的劳动效果的比率，它属于生产力范畴。对于社会来说，最高效率意味着资源处于最优配置状态，从而使特定范围内的需求得到最大满足或福利得到最大增加。

3. 公平与效率的矛盾

经济学家认为，收入分配有三种标准：一是贡献标准，即按社会成员的贡献分配国民收入，这种分配标准能够保证经济效率，但由于各成员能力、机遇的差别，又会引起收入分配的不平等；二是需要标准，即按社会成员对生活必需品的需要来分配国民收入；三是平等标准，即按公平的原则来分配国民收入。后两个标准有利于收入分配的平等化，但并不利于经济效率的提高。有利于经济效率则会有损于平等，有利于平等则会不利于经济效率，这就是经济学中所说的平等与效率的矛盾。

收入分配是否平等可以用三种标准来衡量：一是劳动分配率，即劳动收入在国民收入中所占的比例；二是洛伦茨曲线与基尼系数；三是工资的差异率。收入分配的平等体现为劳动收入在国民收入中比例较大、洛伦茨曲线更接近收入分配绝对平均线、基尼系数小，以及工资差异率低。

平等与效率哪一个应该优先是经济学家们一直争论不休的问题。在市场经济中，分配原则是效率优先。市场经济本身没有自发实现平等的机制，收入分配不公问题需要通过政府的政策加以解决。

6.6.4 收入分配政策

按照市场原则进行收入分配满足了效率优先，却难以顾及平等。毕竟，在进入市场之前，每个人既有的生产要素量不同，进入市场之后，又存在各自机遇的差别，因此收入上的差别是很自然的，甚至在某种情况下，贫富的两极分化也是不可避免的。然而，从规范经济学的角度来讲，这种分配似乎有悖于公认的伦理，更不利于社会的安定。因此，就要通过政府的收入分配政策来进行调整，以对收入不公平的现象进行一定程度的缓解。政府常用的收入分配政策是税收政策和社会福利政策。

1. 税收政策

这里的税收政策是指微观经济政策中的税收政策，是指通过税收手段来缩小收入差距。其中个人所得税是税收的一项重要内容，它是通过累进所得税制度来调节社会成员之间收入分配的不平等状况。

累进所得税是相对于累退所得税和比例税而言的，是根据收入的高低确定不同的税率的一种征税方法。它对高收入的人群按高税率征税，对低收入的人群按低税率征税。大多数国家实行的都是这种累进税制，只是具体的税率有所不同。累退所得税则是指随着收入的增加，所缴纳的税负在全部收入中所占的比例越来越小。比例税指的是所缴的税在全部收入中占固定的比例。显然，累进所得税更有利于贫穷的人，会起到缩小贫富差距的作用。但累进所得税也有一定的局限性，它不利于激励人们充分发挥积极性和才干，因为收入越高，所缴纳的税也越多，对于社会而言，这也是一种潜在的损失。

将个人的收入分成两部分：劳动收入与非劳动收入，二者征收税率的高低是有分别的。通常对劳动收入按低税率征收，而对非劳动收入，如股息、利息等资本化的收入按高税率征收。

财产分配不平等是收入分配不平等的重要根源，因此政府征收的税种中还包括遗产税、赠予税和财产税。除此之外，消费税也是通过税收实现收入分配平等化的一种重要途径，它通过对消费奢侈商品与劳务的富人征收较高的税而减少了富人的部分收入。

在实际操作中，遗产税、财产税、消费税虽然在一定程度上减少了富人的收入，缩小了收入的差距，然而作用却并不显著，因为富人可以用各种办法避税。而且如果对各税种进行评价，就会发现除了个人所得税、公司所得税和遗产税属于累进税之外，其余的税种基本上都属于累退税，累进税的作用大部分被累退税的作用抵消了。这样，税收只能对缩小贫富差距起到微弱的作用。

尽管如此，税收是缩小贫富差距的一个重要途径。税收把社会上每个人收入的一部分都收了上来，尽管不一定公平，但如果用得很公平，也就是说再用回到国民身上的时候多照顾穷人、少照顾富人，那么也是缩小贫富差距了。

2. 社会福利政策

社会福利政策是实现收入分配平等化的另一项重要政策，它主要通过给穷人各种补贴来实现收入分配的平等化。

当前西方国家一些主要的社会福利政策如下。

（1）社会保障与社会保险。这包括失业救济金制度、老人养老金制度、残疾人保险制度、对贫困线以下家庭的救济、对有未成年子女的家庭的各种补助等。这些救济主要是通过货币的形式实现，有时也会发放实物。其资金来源，有政府的税收，也有个人交纳的保险金。

（2）向穷人提供就业机会和就业培训。收入不平等的根源在于每个人对社会的贡献不一样。但是穷人因为缺少钱，对社会做贡献的机会相对就少，这本身就是不公平的。因此，政府可以通过改善穷人就业的机会及提升工人就业的技能，帮助穷人以更公平和均等的机会来实现收入分配的平等化，这是缩小贫富差距的重要方法，其中包括实现平等就业机会、实行同工同酬、举办职业培训等。

（3）医疗保险与医疗援助。是指对医疗费用的保险和对医疗事业的援助，其资金一般出自保险金，这样就可以让穷人也得到良好的医疗服务。

（4）对教育事业的资助。这种资助的形式很多，包括兴办公立学校、设立奖学金和大学生低息贷款、帮助学校改善教学条件、资助学校的科研项目等。其总目的是提高全体国民的文化素质。

（5）立法保护劳动者的利益。包括最低工资法、环境保护法、食品和医疗卫生法等。这些立法通过保证劳动者的收入，改善他们的工作与生活条件，减轻收入分配不平等的程度。

（6）改善住房条件。包括对房租的限制价格、为穷人购房提供低息贷款、实行房租补贴等。这些政策改善了穷人的居住条件，对于实现收入分配的平等化也起到了一定的作用。

各种收入分配政策改善了穷人的地位和生活条件，提高了他们的实际收入水平，缩小了贫富差距，更重要的是，这些政策的实施有利于社会的安定和经济的发展。但是，这些政策也有一些负面的效应：一方面是降低了社会生产的效率，另一方面是增加了政府的负担。

本章小结

（1）分配理论要解决为谁生产的问题，即生产出来的产品按什么原则分配给社会各阶层。分配理论的中心是各生产要素根据自己在生产中所做出的贡献获得相应报酬，即劳动的提供者得到工资，土地的提供者得到地租，资本的提供者得到利息，企业家才能的提供者得到利润。

（2）工资是由劳动生产要素的需求曲线和供给曲线的交点决定的。在工会存在的情况下，工会对工资有一定的影响。利率取决于资本的需求与供给，对资本支付利息的原因在于时间偏好、迂回生产与资本的净生产力。土地具有数量有限、位置不变及不能再生产的特点，随着经济的发展，地租有不断上升的趋势。在经济学上，一般把利润分为正常利润和超额利润。创新与风险取得的超额利润是合理的，而垄断取得的超额利润是不合理的。

（3）衡量社会收入分配（或财产分配）平均程度的指标主要有洛伦茨曲线和基尼系数。洛伦茨曲线越弯曲，说明收入分配越不平等。基尼系数介于0和1之间，基尼系数越小，收入分配越平等；基尼系数越大，收入分配越不平等。在现实经济生活中，收入不平等是客观事实，公平与效率是永恒的矛盾。

（4）在经济生活中，平等与效率存在此消彼长的关系，关于两者的先后次序西方学者有三种观点：一是把效率放在优先的地位；二是把公平放在绝对优先的地位；三是公平和效率交替调和。

经济问题分析

明星的收入高低是由市场的供求关系决定的。首先，从需求方面看，社会对明星的需求是巨大的，这种需求来自多方面，比如公众和企业等对明星的需求。从某种程度上讲，社会对明星的需求可以是无限大的，从而导致明星的市场需求曲线是不断向右移动的。其次，从供给方面看，出现明星的高收入现象更重要的原因在于明星是一种稀缺资源，其供给稀少。能够成为明星的人一定是那种极富天才、极努力又极幸运的极少数人。明星是一种垄断性极高的稀缺资源，而且其供给也是缺乏弹性的，换句话讲，也就是明星的供给曲线是接近垂直的。结合供给和需求两个方面看，一方面明星的供给稀少，另一方面明星的需求是无限扩大的，这就决定了明星的价格（收入）是极高的。

明星这种要素的高价格和高收入是由其供求关系决定的，因此从市场供给与需求的角度考虑，明星的高收入是合理的。

我国现阶段收入差距日益扩大已是不争的事实，这就意味着社会贫富差距在逐渐拉大。当贫富差距大到一定程度时，它对和谐社会的建设会造成负面影响。要实现整个社会的和谐发展，必须对过高的收入进行调节。就明星的收入而言，一方面，明星的高收入具有合理性;另一方面,对明星的高收入通过税收等形式进行适当的调节也是必须的。因为只有这样才能更好地体现收入分配中效率与公平的统一,也只有这样才能更好地实现整个社会的和谐发展。

练 习 题

一、概念

边际生产力　迂回生产　洛伦茨曲线　公平　生产要素的供给　基尼系数

二、单选题

1. 生产要素的需求是一种（　　）。
   A. 派生需求　　　　　　　　　　B. 联合需求
   C. 最终需求　　　　　　　　　　D. A、B 两者

2. 生产要素的需求曲线之所以向右下方倾斜,是因为（　　）。
   A. 要素的边际收益产品递减
   B. 要素生产的产品的边际效用递减
   C. 要素参加生产的规模报酬递减
   D. 以上均不正确

3. 假设生产某种产品需要使用 A、B、C 三种生产要素,当 A 的投入量连续增加时,它的边际物质产品（　　）。
   A. 在技术条件、B 和 C 投入量不变时下降
   B. 在技术条件不变,但 B 和 C 的数量同比例增加时下降
   C. 在任何条件下都下降
   D. 以上都不对

4. 工资率上升所引起的替代效应是指（　　）。
   A. 工作同样长的时间可以得到更多的收入
   B. 工作较短的时间也可以得到相同的收入
   C. 工人宁愿工作更长的时间,用收入带来的效用替代闲暇的效用
   D. 以上都对

5. 某一时期科技进步很快,人们越来越倾向于资本密集型生产方式,这将导致（　　）。
   A. 劳动的供给曲线向右移动　　　B. 劳动的需求曲线向右移动
   C. 劳动的供给曲线向左移动　　　D. 劳动的需求曲线向左移动

6. 正常利润是（　　）。
   A. 经济利润的一部分　　　　　　B. 经济成本的一部分
   C. 隐含成本的一部分　　　　　　D. B 和 C 两者均对

7. 下面哪一种情况有可能带来经济利润?（　　）
   A. 商品供给很大　　　　　　　　B. 商品的需求很小
   C. 厂商有效地控制了商品的供给　D. 以上均对

8. 如果收入是平均分配的,则洛伦茨曲线与（　　）。

A. 与横轴重合 B. 与45°线重合
C. 与纵轴重合 D. 难以确定

9. 基尼系数可以根据洛伦茨曲线计算,基尼系数变大表示(　　)。

A. 洛伦茨曲线向45°线移动 B. 不平均增加
C. 不平均减少 D. 不平均没有改变

10. 如果收入是完全平均分配的,基尼系数将等于(　　)。

A. 1.0 B. 0.50
C. 0.25 D. 0

三、判断题

1. 在生产要素市场上,需求来自个人,供给来自厂商。（　）
2. 生产要素市场的需求是一种直接需求。（　）
3. 现代经济的特征之一是迂回生产的过程变长,从而生产效率提高。（　）
4. 利率与投资呈正方向变动,与储蓄呈反方向变动。（　）
5. 超额利润是对企业家才能这种特殊生产要素的报酬。（　）
6. 当替代效应大于收入效应时,劳动供应量随劳动价格的提高而增加,劳动的供给曲线为负斜率,向右上方倾斜。（　）
7. 劳动的供给和其他商品的供给一样,价格越高,供给越多,因此提高工资可以无限增加劳动的供给。（　）
8. A、B两国的基尼系数分别为0.3和0.4,说明A国的收入分配要比B国平等。（　）
9. 实际的基尼系数总是大于0而小于1的。（　）
10. 洛伦茨曲线是根据基尼系数推导出来的。（　）

四、计算题

1. 假定某一特定劳动服务的市场是完全竞争的,劳动的供给函数为 $L_s = 800W$,这里 L_s 为劳动供给的小时数,劳动的需求函数为 $L_d = 24\,000 - 1\,600W$。计算均衡的工资和劳动小时数。

2. 假定劳动力市场上的供求函数为

$$Z_s = -6 + 2W$$
$$Z_d = 9 - 0.5W$$

（1）计算均衡的 Z 值和 W 值。
（2）假定政府规定最低工资为6元,计算新的均衡。
（3）有多少人愿意工作?

五、简答题

1. 劳动市场上,在工会存在的条件下,工资是如何决定的?
2. 为什么要对资本支付利息?
3. 创新主要涉及哪几个方面?
4. 生产要素的价格决定与一般商品的价格决定有什么不同?
5. 洛伦茨曲线和基尼系数是如何体现收入分配的平等程度的?
6. 用图形来解释地租的决定水平,并分析市中心的商店、餐馆要价比较高的原因。

实 践 训 练

训练目标

1. 通过实地调查,能够了解影响某种劳动力工资的因素。
2. 通过分析现实经济问题,能够解释某种劳动力工资变化的原因并提出解决措施。

训练1 跟踪调查某行业劳动力工资情况及影响其需求与供给的因素

训练要求:

(1) 组成调查小组,明确分工。
(2) 各组进行实地调查,将调查情况记录在表6-3中。
(3) 各组提交书面调查报告,班内交流。

表6-3 ×××行业劳动力工资及供求情况调查进度表

行业:

小组成员:

调查地点:

调查时间	调查对象	调查内容	调查情况记录

训练2 现实问题解析——市场需求旺盛,月嫂行业如何规范升级

2019年底,58同城公布了最新的《中国家政市场就业及消费报告》,数据显示,在家政市场细分行业中,2019年月嫂的平均薪资高达9 795元,排名行业第一。月嫂市场需求量旺盛,市场供不应求,这让月嫂成为家政领域最火的行业岗位。

"工资确实不低,但我们干的活儿累人又累心。"来自重庆永川区的伍梅(化名)这样说道。伍梅从事月嫂已经有两年多的时间,刚刚被所签约的家政公司评为"年度金牌月嫂"。该公司的负责人王女士告诉记者,"金牌月嫂"在她们这里的服务价格是12 000元起,如果雇主满意给予五星好评,月嫂还能拿到10%~15%的奖励。服务订单基本上没停过,目前的预约订单已经排到明年二月份。但伍梅告诉记者,"高收入和好评率的背后,工作中的酸楚只有自己知道。"伍梅说,她每天的工作通常在清晨四五点就开始了,先是给宝宝换尿布,然后给产妇准备"月子餐",紧接着给宝宝喂奶、拍嗝、换尿布、洗澡。在这期间,还要随时观察产妇的情况,要么做产后心理疏导,要么为产妇处理伤口……"每天几乎没有停下来的时候,一直要到深夜十一二点,等宝宝和产妇都熟睡了,才能休息一会儿。"伍梅表示,即便睡觉都不能太沉,随时听到闹钟,要醒来数次给宝宝喂奶拍嗝,"这两年多以来,我基本上没睡过一个整觉。"

21世纪经济研究院曾联合多家机构对国内母婴消费市场进行过调查统计,数据显示,2010年以来国内母婴消费市场呈现爆发式增长态势,整体市场规模从2010年的1亿元增长

至2018年的3亿元,这一数值在2020年有望达到4亿元。而作为母婴消费市场重要的分支之一,月嫂行业也经历着快速发展的过程。

资料来源:市场需求旺盛,月嫂行业如何规范升级. 工人日报,2019-12-25.

训练要求:

(1) 用本章经济学知识解释月嫂工资高的原因。

(2) 用本章经济学知识解释月嫂工资高是否合理。

(3) 结合经济学知识,提出几项控制月嫂工资的措施。

第 7 章 微观经济政策

 学习导图

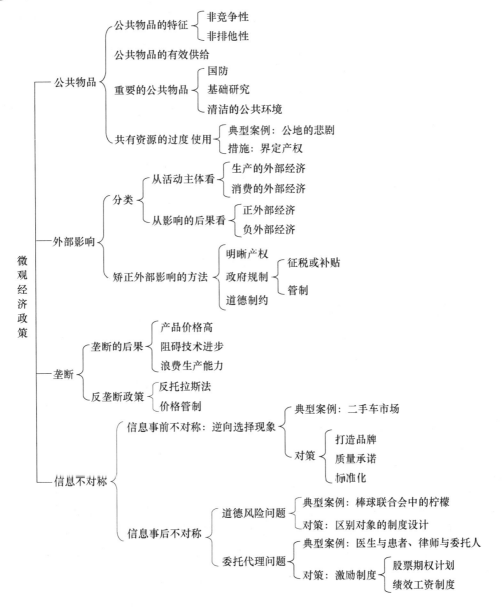

> **经济问题**
>
> 20世纪初的一天，列车在英格兰大地上飞驰，英国著名经济学家庇古坐在火车上边欣赏风光边对同伴说：列车在田间经过时，机车喷出的火星（当时是蒸汽机车）飞到麦穗上，给农民造成了损失，但铁路公司并不用向农民赔偿。这正是市场经济的无能为力之处，称为"市场失灵"。
>
> 时间过去了70年，那时已是1971年，美国经济学家斯蒂格勒和阿尔钦乘坐高速列车（这时已是电气机车）同游日本。两位经济学家想起了庇古当年的感慨，就问列车员，铁路附近的农田是否受到列车的损害而减产。列车员说，恰恰相反，飞速驶过的列车把吃稻谷的飞鸟吓走了，农民反而受益。当然铁路公司也不能向农民收"赶鸟费"。这同样是市场经济的无能为力之处，也称为"市场失灵"。
>
> **思考题**：用外部性理论分析火车驶过农田所造成的农民受益和受损的现象。

章前导读

一般情况下，市场机制在资源配置中起到基础性和决定性的作用。市场机制可以调节产品和要素的供求数量，调节资金的流向，引导人们的决策行为。例如，某地鸡蛋价格上涨，生产商获取了利润。看到有利可图，现有的生产商会扩大规模，新的生产商会选择进入蛋鸡饲养行业，各种生产要素迅速涌入，行业规模不断扩大。随着供给的增加，鸡蛋价格下降，厂商的利润逐渐消失，甚至出现亏损。厂商选择缩减生产规模或者离开蛋鸡饲养行业。随着各种生产要素的纷纷离开，供给减少，价格上升，生产商重新获得利润。

然而，市场机制不是万能的。在一些领域市场机制就不能起到有效调节的作用。这种情况被称为市场失灵。在市场失灵的情况下，市场经济的运行就可能达不到资源最优配置的状况，这时必须引入政府的力量干预市场运作。引起市场失灵的原因一般有公共物品、外部影响、垄断、信息不对称。

7.1 公共物品

7.1.1 公共物品与私人物品

公共物品是这样一种物品，一个人消费这种物品并不减少其他人对它的消费。例如，在教室，某人听课不会妨碍他人听课。高速公路上，多一辆车行驶不会妨碍其他车行驶。可见，公共物品具备两个基本特征：非竞争性和非排他性。非竞争性是指某种物品一旦生产出来，就可以由多个人共同使用，而且增加使用者所带来的成本等于零。灯塔、国防设施和不拥挤的桥梁就属于此类物品。非排他性是指某种物品一旦生产出来，就无法排除在一定区域中的个人使用它。灯塔、国防和广播信号就属于此类物品。

私人物品是指这样一种物品，一个人消费这种物品将会减少其他人对它的消费。例如，一个人支付了面包的价格，购买了一个面包充饥，那么其他人就不能再吃这个面包。私人物品在消费上具备两个基本特征：竞争性和排他性。竞争性是指如果某人已消费了某种商品，其他人就不能再消费这种商品了。排他性是指只有支付了商品价格的人才能消费该商品，其他人则不能。例如只有买了门票的人才能进歌剧院看歌剧，没有买门票而想看歌剧的人被排除在外。

7.1.2 公共物品的有效供给

公共物品的特性之一是非排他性。非排他性意味着无法对这种物品的使用收费，从而导致搭便车问题。搭便车是指某人从一种产品或服务中受益却没有为此支付一定的费用。每个人都指望别人生产出此类物品自己免费使用。如果仅依靠市场调节，就不会有人愿意生产公共物品，或者生产的数量远远不足。但是一些公共物品，如灯塔、路灯、国防、基础研究等，是一个社会发展所必需的。因此，公共物品的供给不能仅仅依靠市场机制，必须通过政府的行为才能解决。

在现实生活中，搭便车的现象屡见不鲜，我国的"滥竽充数"和外国的"三面钟塔之谜"就是反映搭便车现象的典型案例。追求自身利益最大化的理性人利用各种机会免费使用他人创造出来的公共物品。

案例评析 7-1　　　三面钟塔之谜

在没有出现廉价手表以前，大部分人没有自己的手表，许多城镇通过在其中心建造钟塔来帮助市民知道时间。这些钟塔的建造都是通过自愿捐赠来筹集资金的。美国东北部的一个城镇建了一个四面钟塔，却只在它的三面安上了钟。对许多人来说，这看起来十分费解：既然你建了一个钟塔，为什么不在它四面都安上钟呢？

揭开这个谜的关键在于搭便车。原因是这个城镇的一个有钱的守财奴拒绝为修钟塔而捐款，城镇的官员决定不在钟塔面向他家的那一侧安置钟表，以此来惩罚他。换句话说，这个有钱人试图搭便车但没有成功。然而问题是在城镇这一侧的其他市民也跟着吃了亏。

7.1.3 重要的公共物品

对于一个国家来说，公共物品的生产与保护十分重要。下面列举三种最重要的公共物品。

1. 国防

国防对本国的公民起到同等的保护作用。一旦国家有了国防，要排除任何一个人享受国防的保护都是不可能的。当一个人享受国防的利益时，并没有减少其他任何一个人享受国防的利益。国防既无排他性，也无竞争性。政府提供国防这种公共物品需要大量的支出。一般情况下，国防的支出来源于国家的税收。

2. 基础研究

基础研究是一种公共物品。一个物理学家证明了一个新定理，他不可能为这个新定理申请专利，任何人都可以免费使用这个定理。而一种高效电池的发明者就可以为自己的发明申请专利，并且得到发明的收益。基础研究具有无排他性的特点，企业和个人没有动力在基础研究上投入资源。所以，基础研究需要政府投资。国家一般用直接投资给从事基础研究的科研所或设立科学基金的方式支持基础研究。

◇ **思考**：国家分配科研资助经费时，为什么会向基础研究倾斜？

3. 清洁的公共环境

清洁的公共环境也具有非排他性的特点。一个区域内的所有人都可以享用清新的空气、清洁的河流。清洁的公共环境是一种公共物品，需要政府的投入去维护。政府对环境保护的投入包括三个方面：资金、制度建设和环境教育。

7.1.4 共有资源的过度使用

共有资源是那些任何人都可以自由得到的资源，它的使用具有竞争性和非排他性。例如，由于成本的原因，政府无法通过收费的方式禁止某些渔船出海捕鱼。渔船可以自由出海捕鱼（非排他性），捕鱼船的增加最终使鱼类资源趋于枯竭（竞争性），导致所有渔民的收入下降。

产权是拥有某种资源或利益并可以交易的权利。共有资源的产权难以界定或界定成本很高，最终不可避免地被过度使用。这类共有物品主要包括共有的森林、草场和渔场等。掠夺式的使用使得这类共有资源正变得日益稀缺。哈丁的"公地的悲剧"就是对这种现象的典型分析。

案例评析 7-2　　　　　公地的悲剧

设想生活在一个中世纪小镇上，该镇的人从事许多经济活动，其中最重要的一种经济活动是养羊。镇上的许多家庭都有自己的羊群，并出卖羊毛来养家。

当我们的故事开始时，大部分时间羊在镇周围土地的草场上吃草，这块地被称为镇共有地。没有一个家庭拥有土地，镇里的居民集体拥有这块土地，所有的居民被允许在这块地的草场上放羊。集体所有权很好地发挥作用，因为土地很大。只要每个人都可以得到他们想要的有良好草场的土地，镇共有地就不是一种竞争性物品，而且允许居民在草场上免费放羊也没有引起任何问题。镇上的每一个人都是幸福的。时光流逝，镇上的人口在增加，镇共有地草场上的羊也在增加。由于羊的数量日益增加而土地是固定的，土地开始失去自我养护的能力，最后土地变得寸草不生。由于共有地上没有草，养羊不可能了，而且该镇曾经繁荣的羊毛业也消失了，许多家庭失去了生活的来源。

什么原因引起这种悲剧？为什么牧羊人让羊繁殖得如此之多，以至于毁坏了镇共有地呢？原因是社会激励与私人激励不同。避免草地破坏依靠牧羊人的集体行动。如果牧羊人可以共同行动，他们就应该使羊群繁殖减少到共有地可以承受的规模。但没有一个家庭有减少自己羊群规模的激励，因为每家的羊群只是问题的一小部分。

实际上，共有地悲剧的产生是因为外部性。当一个家庭的羊群在共有地上吃草时，它降低了其他家庭可以得到的土地质量。由于人们在决定自己有多少羊时并不考虑这种负外部性，所以导致羊的数量过多。

资料来源：曼昆. 经济学原理. 北京：北京大学出版社，2015.

如果草场归一个企业或个人所有，情况将完全不同。所有者会意识到，今天对资源的过度使用将会影响到以后的生产，为此他会调整现在的行为。所以界定产权是解决"公地过度使用"问题的有效途径。例如，我国的一些牧区，将草场用铁丝网分割出属于不同牧民的区域，这样做的结果是牧民开始主动控制草场的载畜量。当然，有时界定产权的成本过于高昂，在实际运用中并不可行。

7.2 外部影响

在实际经济活动中，一项经济活动所带来的私人成本与社会成本、私人收益与社会收益往往是不一致的，这种情况被称为外部影响。当存在外部影响时，市场机制的作用无法正常发挥，资源配置无法达到最优。

7.2.1 外部影响及其后果

1. 外部影响的分类

在有些情况下，个人（企业）的一项经济活动会给社会上其他成员带来好处，但他自己却不能由此而得到补偿。此时，个人（企业）从其活动中得到的私人利益就小于该活动所带来的社会利益。这种外部影响被称为"外部经济"。根据经济活动的主体是生产者还是消费者，外部经济可以分为"生产的外部经济"和"消费的外部经济"。

在另外一些情况下，个人（企业）的一项经济活动会给社会上其他成员带来损害，但他自己却并不为此支付足够抵偿这种损害的成本。此时，个人（企业）为其活动所付出的私人成本就小于该活动所造成的社会成本。这种性质的外部影响被称为"外部不经济"。根据经济活动的主体是生产者还是消费者，外部不经济可以分类为"生产的外部不经济"和"消费的外部不经济"。

2. 外部影响的后果

如果个人（企业）的某种活动可以增进社会福利但自己却得不到报酬，他的这种活动必然低于社会最适量水平。如果个人（企业）的某种活动会增加社会成本，但这种成本却不必由本人承担，他的这种活动必然高于社会最适量水平。当存在外部影响时，市场不能保证追求个人利益最大化的行为使社会福利趋于最大化。

如图7-1所示，某化工厂将自己生产中产生的污染物直接排入河流。为了保持清洁的水源，社会被迫投入成本治理污染。这种情况下的化工厂的边际私人成本（$MC_{私}$）是增加一单位产品企业成本的增量，而这种情况下的边际社会成本（$MC_{社}$）是化工厂增加一单位产品社会成本的增量。由于社会承担了治理污染的费用，化工厂生产的边际私人成本（$MR_{私}$）小于其边际社会成本（$MC_{社}$）。该化工厂没有承担其生产的全部成本，其私人最优产量（$Q^*_{私}$）超过了社会最优产量（$Q^*_{社}$）。

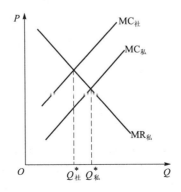

图7-1 外部影响的后果

7.2.2 矫正外部效应的方法

矫正外部效应的方法主要有以下三类。

1. 私人解决

私人解决的办法之一是将两个发生冲突的利益主体合并成一个利益主体,从而把原来的外部影响内部化。例如,河流上游的造纸厂污染了河水,河流下游的水上娱乐园成为受害者。为了解决两个企业的利益冲突,可以将两个企业合并为一个企业。此时的外部影响就"消失"了,即被"内部化"了。合并后的单个企业将自己的生产确定在其边际成本等于边际收益的水平上,实现了资源配置的最优。

私人解决的办法之二是规定财产权,通过产权交易来保证资源配置有效。在许多情况下,外部影响导致资源配置失当是由于财产权不明确。如果财产权是完全确定的并且可以转让,一些外部影响就可能不会发生。科斯在1960年发表的《社会成本问题》中提出了一个著名的论点:如果交易费用为零,无论权利如何界定,都可以通过市场交易和自愿协商达到资源的最优配置。在造纸厂污染河水的案例中,首先明确河水使用权利的归属。如果权利归属于造纸厂,水上娱乐园为了获取运营所必需的水质就应向造纸厂付费,造纸厂获得支付后用于设备改造,以实现清洁生产,减少污染排放。如果权利归属于水上娱乐园,造纸厂就有两个选择:第一,在生产过程中排放污染,然后向水上娱乐园支付补偿费用,水上娱乐园获取补偿后,用于污染治理;第二,不支付补偿费用,而将其用于设备改造,减少污染排放。从以上分析中可以看出,无论河水使用权是属于造纸厂还是属于水上娱乐园,只要允许两个厂商讨价还价并且交易成本足够小,那么经济活动的私人成本与社会成本必然相等,外部影响就被内部化了。

在实际运用中,规定财产权这种方法不一定十分有效,可能存在以下问题:第一,财产权的归属难以确定。例如,空气、水和阳光这些自然资源的归属难以确定。公共的草场、山林这些在历史上就是大家均可使用的共同财产,很难将其财产权具体分派给谁。第二,在产权交易过程中,可能因为谈判的人数太多、交易成本过高等原因,无法实现交易。例如,当环境污染事件涉及成千上万的企业和个人时,多数受害者都想搭便车,同时交易成本高昂,交易往往最终失败。

2. 政府规制

涉及大面积污染和公共产权之类的严重外部影响需要政府采取规制措施。和私人解决相比,政府规制具有强制性。

办法之一是征税或补贴。政府应该对外部不经济和外部经济分别采取税收和补贴的政策。某企业生产过程中排放污染物,政府向企业收税,其税额等于治理污染所需要的费用。从图7-2可以看出,征税后,厂商的产出从私人最优产出$Q_{私}^*$减少到社会最优产出Q^*。

办法之二是进行管制。政府以法律或规定的形式要求污染物排放达到规定的标准,或者限制排放污染物的数量。例如,政府强制性要求各厂商及单位的锅炉由烧煤改为烧气,以减少对环境的污染;再如,政府强制规定汽车厂商生产汽车的排废量。要达到污染物排放标准,企业就要有相应投入,从而其成本增加,有污染的生产活动就会减少。

◇ **思考**:你认为采取哪种办法控制发电厂二氧化硫排放更有效?

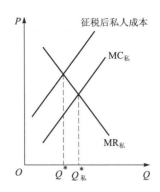

图 7-2 对污染企业征税后的效果

3. 道德制约

从某种程度而言，道德制约有着法律、法规所不能达到的特殊功效。法律、法规是从外部调节与制约经济人的行为，具有强制性，但调节范围有限；道德规范则是从人的内心调节与制约其行为，其作用带有根本性。如果道德约束水平达到一定高度，它的作用是法律、法规无法相比的。道德观念作为非正式制度，是通过长期的、潜移默化的教育形成的。澳大利亚莫纳斯大学经济学教授黄有光提出"良心效用"，来说明教育在解决资源、环境问题上的作用。当生产者为了谋求自身利益最大化，采用浪费资源、破坏环境的生产方式给社会福利带来影响时，他会感到内疚，良心效应会降低他自身的整体福利水平。通过教育，可以强化良心效应，使企业主动调整自己的生产行为，自觉去从事有利于社会持续发展的生产活动。

7.3 垄　　断

7.3.1 垄断及其后果

垄断是指一个或几个厂商控制一个行业全部或大部分的供给。现实经济活动中普遍存在着垄断组织或行业。一般来说，在汽车制造、钢铁冶炼和飞机制造等行业中容易产生垄断。

垄断的存在给社会带来损失，主要表现在以下几个方面：第一，在存在垄断的情况下，产品成本高、价格高。由于行业内厂商数目较少，垄断厂商不需要努力降低成本，就能够生存下去，而消费者不得不以较高价格购买商品。第二，在一定程度上，垄断的存在阻碍了技术进步。垄断企业为了避免更换机器设备所造成的成本损失，常常阻碍技术更新换代。第三，在垄断的情况下，生产能力闲置。为了实现最大利润，垄断厂商一般会让机器设备的部分生产能力闲置。

7.3.2 反垄断政策

严重的垄断不利于国家经济的正常发展，也损害了消费者的利益。政府有必要采取各种措施促进竞争，防止垄断。政府对垄断的管制形式是多种多样的。

1. 反托拉斯法

制定和实施反托拉斯法是政府管制垄断的措施之一。反托拉斯法的目的是阻止竞争的行业走向垄断，或者拆分已有的垄断企业促进竞争。西方许多国家都制定了反托拉斯法，美国就是其中之一。从 1890 年到 1950 年，美国国会通过了一系列以反对垄断、促进竞争为目的的法案，其中包括《谢尔曼法》（1890 年）、《克莱顿法》（1914 年）、《联邦贸易委员会法》（1914 年）、《罗宾逊－帕特曼法》（1936 年）、《惠特－李法》（1938 年）和《塞勒－凯弗维尔法》（1950 年）。

反托拉斯法禁止的行为主要包括以下几个方面。

第一，厂商协商控制产量和操纵价格。同行业的几个厂商组成卡特尔就产量、价格和销售地域进行协商，这些行为都是违反反托拉斯法的。

第二，买卖过程中的歧视性行为。例如，原料供应商以优惠的价格向下游的某个企业提供原料就会造成企业之间的不平等竞争，并最终导致垄断。

第三，捆绑销售。一些企业通过捆绑销售的做法销售相关产品。比如，一个城市中燃气供应者可以强制燃气用户使用某牌子的燃气热水器。

第四，企业兼并。大公司之间的兼并及大公司兼并小公司。

如果某一厂商认为自己因另一厂商的反竞争行为而受到伤害，就可以依据反托拉斯法提出起诉，如果起诉成功，就可以得到赔偿。法院将对犯法者提出警告、罚款、改组公司直至判刑。美国最著名的早期反托拉斯法案件是 1911 年裁决的美国烟草公司和美孚石油公司的案件。依据《谢尔曼法》裁定这两家公司违法，命令它们放弃在其他公司的大部分股权，最终美孚石油公司被分解。

2. 价格管制

目前许多国家对垄断实行管制而不是禁止。这是因为，在一些行业内出现垄断，特别是自然垄断能够更好地实现规模经济，使企业具有更强的技术创新的能力。价格管制是政府管制垄断的方法之一。价格管制可以分为按边际成本定价和按平均成本定价两种情况。

政府按照边际成本给产品确定价格，消费者支付的价格比管制前低，产品数量比管制前多，此时社会资源得到了最优配置。但是，在自然垄断行业中，政府按照边际成本定价，厂商会出现亏损。政府要想制定高效率的价格，就必须补贴垄断厂商的亏损。这种补贴在地铁等公共交通上表现得最为普遍。

政府按照平均成本给产品确定价格，此时厂商的经济利润为零，政府不用补贴垄断厂商。但是，在实践中发现平均成本定价存在缺陷，它往往会导致垄断厂商夸大其平均成本或丧失降低成本的积极性。

7.4　信息不对称

信息不对称是指在市场经济活动中，各类人员对有关信息的了解是有差异的。掌握信息比较充分的人员，往往处于比较有利的地位；而信息贫乏的人员，则处于比较不利的地位。例如，在产品交易中，卖者要比买者知道的多。随着社会劳动分工的发展和专业化程度的提高，各行业中专业人员和非专业人员之间的信息差别越来越大。在现实经济活动中，根据信息不对称发生在交易契约签订之前还是之后，可分为信息事前不对称和信息事后不对称。信息事前不对称容易引发"逆向选择"，信息事后不对称带来的后果主要是"道德风险"和"委托－代理问题"。

7.4.1 逆向选择

美国经济学家乔治·阿克洛夫1970年提出了著名的旧车市场模型，开创了逆向选择问题研究的先河。逆向选择问题属于事前信息不对称范畴。在经济活动中，买者与卖者之间实际上是委托－代理关系。一般在建立委托－代理关系之前，代理人事先已经掌握某些委托人不了解的信息，如商品质量的好坏。代理人利用自己的信息优势选择对自己有利的合同，而委托人由于信息劣势在签订合同时处于不利的选择位置。为了避免风险，委托人倾向于选择一份相对安全的合同，而高质量的代理人不会接受这份合同。最终，"高质量"的代理人被"低质量"的代理人排挤出局，与委托人签订合同的往往是"低质量"的代理人。这就是逆向选择。

例如，在某种产品市场上，买者和卖者都知道有50%的优质品和50%的劣质品。卖者了解自己的产品质量，而买者无法确定产品的质量。因为优质品和劣质品的外观完全一样。假设优质品的卖者开出的最低卖价为200元，劣质品卖者开出的最低卖价为100元。买者无法确定哪个产品是优质品、哪个产品是劣质品，于是就根据优质品和劣质品出现的概率确定价格为150元（200×50% + 100×50%）。出售优质品的厂商无法接受这个价格，纷纷离开市场。而出售劣质品的厂商非常愿意接受这个价格，最终市场上销售的将全是劣质品。这种"劣质品驱逐优质品的现象"被称作"逆向选择"。在美国俚语中"柠檬"这个词常用来表示劣质品、二手货或不中用的东西，于是在信息不对称理论中，常把处于信息不对称环境中的劣质品市场称为柠檬市场。

当市场上出现逆向选择现象时，市场价格就不能正确反映供求关系，导致社会资源配置低效率。逆向选择现象的出现源自市场信息的事前不对称。通过传递市场信号，可以解决一些信息不对称问题。企业传递市场信号的常见方式有这样几种：第一，一些企业非常注意维护品牌，最终形成"货真价实，童叟无欺"的美誉，其产品成为消费者的首选，同仁堂就是这些企业的典型代表；第二，在现代社会，厂商可以通过产品质量的"三包"合同或者"假一罚十"的承诺等传递产品质量的信号，让消费者放心购买其产品；第三，一些企业的产品实现了"标准化"，消费者事先就可以了解产品的品质，无须再付出搜寻信息的成本，如麦当劳、肯德基。

◇ 思考：我国的"老字号"商铺是如何解决货物买卖中的信息不对称问题的？

7.4.2 道德风险

美国经济学家斯蒂格里茨在研究保险市场时，发现了一个经典的例子：一所大学学生自行车被盗率约为10%，几个学生发起了一个对自行车的保险，保费为保险标的的15%。按常理，这几个学生应获得5%左右的利润。但该保险运作一段时间后，这几个学生发现自行车被盗率迅速提高到15%以上。经调查发现自行车被投保后，学生们对自行车的安全防范措施明显减少。在这个例子中，投保的学生由于不完全承担自行车被盗的风险后果，因而对自行车安全疏于管理。这种不作为的行为，就是道德风险。

道德风险问题属于事后信息不对称范畴，它是指交易双方在签订交易合约后，占据信息优势的一方采取的一些行为影响了风险事件发生的概率。一个人购买了保险后，他的行为会发生变化。但保险公司不知道投保者会采取什么行为，也不知道这种行为将引发的对自身利益的损害。最终，保险公司的赔偿概率将提高，便出现了道德风险问题。

道德风险问题在经济活动中非常普遍。例如，购买了医疗保险的人可能会减少在预防性保健方面的支出，较之于没有购买保险的人，他们更倾向于选择接受昂贵的治疗，所以投保后医疗费用一般会增加。又例如，贷款人违反合约从事高风险投资活动，增大了银行无法收回资金的概率。

可以说，只要市场经济存在，道德风险就不可避免。道德风险的存在会使信息劣势的一方受到损失，导致社会资源配置低效率。因此，必须对道德风险加以防范。例如，保险公司制定了有区别的车辆保费制度。其特点是，没有事故记录的司机只缴纳较低的保费，频繁发生事故的司机必须缴纳高昂的保费。这种制度起到了引导投保者行为的作用。又如，对医疗保险制度进行改革，保险公司不全额支付投保人的医疗费，而是要求投保人自己负担一定比例的医疗费。

7.4.3 委托－代理问题

当事人双方在签订一个契约后，建立了委托－代理关系。授权者是委托人，被授权者是代理人。契约中规定代理人为委托人提供服务，并享有一定的决策权利。所谓委托－代理问题，就是由于信息不对称引起的委托人与代理人利益的偏离和冲突，信息不对称的存在给代理人偏离委托人的利益行事提供了机会。例如，医生是患者的代理人，但有些医生为了自身利益会开出超出病情需要的药方。医生这种行为之所以可行是由于医患双方在医疗专业知识的了解上存在信息不对称。

在现代企业运营过程中，委托－代理问题表现得十分突出。拥有剩余索取权的股东作为委托人处于企业外部，不直接参与企业的经营。经理人作为代理人控制着公司资产的营运，但不拥有剩余索取权。由于委托人和代理人的行动目标并不完全一致，代理人完全有可能利用委托人的授权从事损害委托人利益的活动。市场应使每个人对自己的行为负责，这是市场机制的效率之所在。作为他人财产经营者的企业经理，本人不享有剩余索取权。如果相应的责任追究机制不完善，企业经理就完全可以不为自己的行为负责。这时，就需要设计相应的激励约束机制，实现代理人控制权与剩余索取权的对称分布，迫使经理人对自己的行为负责。用通俗的话来说，就是设计一套制度安排，使经理像花自己的钱一样花股东的钱，像为自己挣钱一样为股东挣钱。

经济问题分析

同样一件事情，在不同的时代与不同的地点，结果不同，两代经济学家的感慨也不同。铁路上行进的蒸汽机车冒出的火星，引燃了路边农民成熟的麦田，而铁路公司无须赔偿。铁路公司的行为引发生产的外部不经济性，此时铁路公司的私人成本小于社会成本。电气机车飞速驶过，把吃稻谷的飞鸟吓走了，农民受益，而铁路公司不能收费，铁路公司的行为引发生产的外部经济，此时铁路公司的私人收益小于社会收益。

本章小结

(1) 引起市场失灵的原因一般有公共物品、外部影响、垄断、信息不对称。在市场失灵的情况下，市场机制不能正常发挥作用。在经济活动中，市场失灵使资源的最优配置难以实现，这时就有必要引入政府的力量干预市场运作。

(2) 公共物品是这样一种物品：一个人消费这种物品并不减少其他人对它的消费。公共物品具有非排他性和非竞争性的特点。公共物品的特点决定了它的供给者是政府。在现实经济活动中，公共物品经常被过度使用，最终被彻底毁坏。政府需要设计制度保护公共物品。

(3) 外部影响是指经济活动所带来的私人成本与社会成本、私人收益与社会收益不相一致的情况。当存在外部影响时，资源配置无法达到最优。矫正外部影响的方法主要有私人协商、政府规制等。

(4) 垄断是一个或几个厂商控制一个行业全部或大部分供给的情况。垄断的存在给社会带来损失。价格高、产量低是垄断市场的特征。政府针对垄断的情况主要采取反托拉斯法和价格管制等措施。

(5) 信息不对称是指活动的某些参与人拥有信息但另一些参与人不拥有或不完全拥有信息。根据信息不对称发生在交易契约签订之前还是之后，可分为信息事前不对称和信息事后不对称。信息事前不对称容易引发"逆向选择"。信息事后不对称带来的后果主要是"道德风险"和"委托－代理问题"。信息不对称所带来的问题可以通过设计相应的激励约束制度加以解决。

练 习 题

一、概念

公共物品　垄断　外部影响　信息不对称　逆向选择　道德风险　委托－代理问题

二、单选题

1. 下列存在搭便车问题的物品是（　　）。
   A. 收费公路　　　B. 收学费的学校　　C. 路灯　　　D. 私人经营的商店
2. 就保险而言，道德风险问题是指（　　）。
   A. 那些购买了保险的人不再留心避免保险事故发生的行为倾向
   B. 大多数人喜欢集资买保险的行为倾向
   C. 销售者实施价格歧视的行为倾向
   D. 销售者限制产出并提高价格的行为倾向
3. 建立污染权交换市场会（　　）。
   A. 将空气污染程度和河流污染程度降至零
   B. 促使企业寻求治理污染的技术和设备
   C. 导致污染权利的供给增加
   D. 增加政府治理污染的支出
4. 如果上游工厂污染了下游居民的饮水，按科斯定理，（　　），问题就可妥善解决。
   A. 不管产权是否明确，只要交易成本为零

B. 只要产权明确，不管交易成本有多大

C. 只要产权明确，且交易成本为零

D. 不论产权是否明确，交易成本是否为零

5. 某一活动存在的外部经济是指该活动的（　　）。
   A. 私人利益大于社会利益　　　　B. 私人成本大于社会成本
   C. 私人利益小于社会利益　　　　D. 私人成本小于社会成本

6. 某一经济活动存在外部不经济是指该活动的（　　）。
   A. 私人成本大于社会成本　　　　B. 私人成本小于社会成本
   C. 私人利益大于社会利益　　　　D. 私人利益小于社会利益

7. 一个养蜂人对邻近的经营果园的农场主所带来的影响是（　　）。
   A. 外部不经济　　　　　　　　　B. 外部经济
   C. 外部损害　　　　　　　　　　D. 以上都不是

8. 在"柠檬"市场上，（　　）。
   A. 买卖双方都了解产品质量　　　B. 买卖双方都不了解产品质量
   C. 买者不了解产品质量而卖者了解　D. 卖者不了解产品质量而买者了解

三、简答题

1. 造成市场失灵的原因主要有哪些？
2. 公共产品的需求与非公共产品的需求有什么不同？
3. 解决外溢成本问题的方法有哪几种？
4. 不完全信息有哪几类？
5. 道德风险为何会造成市场失灵？

实 践 训 练

训练目标

1. 了解目前我国的污染控制政策。
2. 了解经济活动中市场失灵的主要表现。

训练1　我国污染控制政策调查

训练要求：

（1）组成调查小组，制订调查计划。

（2）各组针对一种污染，例如水污染、空气污染、土壤污染等，查阅资料，了解国家对该种污染的控制政策。

（3）查阅资料，了解不同政策的适用条件及有效性。

（4）完成调查报告，班内交流。

训练2　现实问题解析——直播卖货须规范，理性消费不能少

疫情防控期间，众多"宅家"消费者压抑许久的消费欲望在各种电商平台找到了宣泄出口，让电商直播行业逆势上涨。据中国消费者协会近日在北京发布的《直播电商购物消费者满意度在线调查报告》显示，越来越多的消费者能够接纳直播电商。但随着电商直播购物的兴起，其中存在的多个问题也不容小觑。调查显示，有37.3%的受访消费者在直播

购物中遇到过消费问题：消费者容易受到直播氛围影响而冲动购物；由于信息不对称，消费者被夸大宣传或虚假信息误导，购买到假冒商品和"三无"产品等。

消费者理性消费之弦要绷紧筑牢。消费的主动权、"启动键"应始终掌握在消费者自己手上，面对网络直播间五彩缤纷、目不暇接的商品和网红主播极富渲染力的叫卖与推销，消费者由于信息不对称，并不确知商品质量好坏，有无夸大虚假宣传，是否"套路"满满、陷阱多多，是否适合自己真正需要，因此切忌盲目跟从，冲动消费。

资料来源：人民法院报. 2020 - 04 - 29.

训练要求：

（1）分析网络购物中的信息不对称问题及其后果。

（2）商家如何解决网购中信息不对称问题。

第 8 章 国民收入核算

 学习导图

- 国民收入核算
  - 宏观经济学的特点
    - 研究对象：国民经济整体及其运行规律
    - 假设前提：市场机制有缺陷，政府有能力弥补
    - 中心理论：国民收入决定理论
    - 核心问题：谋求资源的高效利用
    - 研究方法：总量分析方法
    - 理论框架
      - 国民收入核算
      - 国民收入决定理论
      - 经济增长与经济周期
      - 失业与通货膨胀
      - 宏观经济政策
  - 国内生产总值（GDP）
    - 国内生产总值的含义
    - 国内生产总值的理解要点
    - 国内生产总值的纵横比较
    - 国民收入核算的局限性与改进
  - 核算GDP的方法
    - GDP核算方法的理论依据：总产出=总收入=总支出
    - 支出法：GDP=$C+I+G+NX$
    - 收入法：GDP=工资+净利息+租金+利润+非公司企业主收入+间接税和企业的转移支付+折旧
    - 生产法：GDP=各部门增加值之和
  - 国民收入核算中的其他指标
    - 国内生产净值（NDP）=GDP−折旧
    - 国民收入（狭义）（NI）=NDP−间接税和企业的转移支付+政府津贴
    - 个人收入（PI）=NI−公司未分配利润−公司和个人缴纳的社会保险税(费)+政府和企业对个人的转移支付+利息调整+红利
    - 个人可支配收入（PDI）=PI−（个人所得税+非税支付）

> **经济问题**　　　　　　**我国人均 GDP 突破 1 万美元**
>
> 国家统计局 1 月 17 日发布数据，经初步核算，2019 年我国国内生产总值（GDP）为 99.086 5 万亿元，比上年增长 6.1%；按年平均汇率折算，人均 GDP 达到 10 276 美元，首次站上 1 万美元的新台阶。人均 GDP 是比较各国经济发展水平的主要指标。此前，全球人均 GDP 超过 1 万美元的经济体总人口近 15 亿，中国人均 GDP 突破 1 万美元，相当于人均 GDP 超过 1 万美元的世界人口规模达到近 30 亿。
>
> 资料来源：我国人均 GDP 突破 1 万美元．人民日报，2020 - 01 - 18.
>
> 思考题：我国人均 GDP 突破 1 万美元，对于我国经济意味着什么？

章前导读

微观经济学部分对经济问题的分析着眼于微观经济个体，在经济人的假设之下，分析的是单个消费者、单个企业或单个市场如何达到均衡的问题，其核心问题指向资源的最优配置。显而易见的是，微观经济理论主要解决微观领域的问题，强调的是市场机制在资源配置过程中的作用。但市场机制是不健全的，即市场机制在很多场合会失灵，尤其是在受到强烈的外在冲击、价格扭曲、竞争无序、市场陷入僵局时，政府的宏观经济调控则显得更为必要。

宏观经济学与微观经济学所涉及的问题有什么关键区别？政府做出宏观经济调控的依据是什么？这些依据又依存于哪些数据的变动趋势？相关数据又是如何统计出来的？更进一步地，GDP 是什么？它是如何核算出来的？它能说明什么？

本章将首先阐述宏观经济学的特点，然后在此基础上探讨 GDP 及相关国民收入指标的核算。

8.1 宏观经济学的特点

宏观经济学（macroeconomics）是运用总量分析方法，以促进社会福利为目标，研究国民经济整体的运行及其规律的一门社会科学。

20 世纪 30 年代是微观经济学与宏观经济学的分水岭。英国经济学家凯恩斯 1936 年出版的《就业、利息与货币通论》成为宏观经济学产生的标志，其需求管理理论成为现代西方经济学的重要组成部分。凯恩斯因此被誉为宏观经济学之父、20 世纪最伟大的经济学家之一。

20 世纪 60 年代末西方国家出现的经济"滞胀"现象使凯恩斯的宏观经济理论陷入困境，新的学派应运而生。自 20 世纪 70 年代以来，宏观经济学学派林立，新凯恩斯主义学派、新自由主义思潮复兴，现代货币主义学派、理性预期学派、供给学派、新制度经济学产生并得到发展。它们有一个共同的特点：都强调"看不见的手"的作用，主张减少政府对宏观经济的干预。与此同时，宏观经济学的发展呈现出一个明显的趋势，那就是逐步建立起有微观基础的宏观经济学。

可以这样认为，宏观经济学以微观经济学为基础，是微观经济学的拓展与升华。与微观经济学相比，宏观经济学有如下显著特点。

1. 研究对象：国民经济整体

宏观经济学的研究对象是整个国民经济的运行，包括消费者的整体、生产者的整体、政府和对外经济部门四类主体的经济行为。与此相应，宏观经济学的中心理论是国民收入决定理论；宏观经济理论的核心问题是资源的高效利用或社会整体福利的提升；宏观经济学的基本研究方法为总量分析法，即采用一系列的总量指标来衡量宏观经济运行的状况；所涉及的宏观经济问题包括经济增长、失业、通货膨胀、经济周期性波动等。

2. 假设前提：市场机制有缺陷，政府有能力弥补

市场机制的缺陷不仅仅表现在公共物品、外部性、垄断、信息不对称等情况下，20世纪30年代的大危机已经证明了市场机制的自发调节根本无法克服危机与失业，更无法优化配置和高效利用原本就稀缺的资源。始于2007年的新一轮的金融风暴与经济危机，席卷全球，经济资源尤其是金融资源在全球范围内的重新整合显然仅靠市场机制的调节是无法应对的。

整个宏观经济学建立在对政府调节经济能力的信任的基础之上。应该说在市场经济的背景下，政府的主要职能之一就是保证公平与提供服务，当市场机制运行过程中存在自身难以克服的问题时，政府应在尊重基本经济规律的前提下，相机抉择，对宏观经济的运行予以调控，确保资源的高效利用和经济的可持续增长。

> ◇ 思考：如何看待"微观经济学理论大厦"的假设前提？如何看待现代宏观经济学理论？

3. 中心理论：国民收入决定理论

微观经济学的中心理论是价格决定理论，它贯穿了消费者行为理论、生产理论、成本理论、市场理论、分配理论和一般均衡理论；而宏观经济学的中心理论是国民收入决定理论，它贯穿了经济增长理论、经济周期理论、通货膨胀与失业理论、宏观经济政策等。

4. 核心问题：谋求资源的高效利用

宏观经济学与微观经济学是经济学学科的两个重要组成部分，只是为了回答共同的经济学问题（生产什么？如何生产？为谁生产？资源是否全部利用？政策如何制定？等等），其分工不同，解决的中心问题不同，进而角度和主要研究方法也不同。

微观经济学要解决的是资源配置的问题，即生产什么、如何生产和为谁生产的问题。宏观经济学围绕国民收入决定这个核心，研究现有资源未充分利用的原因，进而制定相应政策，实现经济的长期增长和社会福利的最大化。

5. 研究方法：以总量分析为基础

微观经济学分析的是微观经济个体的经济行为，采用的是个量分析；宏观经济学采用的是总量分析方法，研究的是整个国民经济的运行。经济总体是经济个体的有机构成，总量分析方法以个量分析为基础，因此二者就像树木与森林之间的关系，微观经济学是宏观经济学的基础。

宏观经济学研究的是整个国民经济的运行，以总量分析为基础。在总量分析的基础上，宏观经济学还主要采用了经济模型分析、实证与规范分析、均衡分析、静态分析、比较静态分析和动态分析等方法。

6. 理论框架：宏观经济学的基本内容

宏观经济学的基本内容包括：一是国民收入核算理论，它是采用总量分析法分析一国经济运行状况的切入点，也是整个宏观经济研究的基本前提；二是国民收入决定理论，此理论贯穿宏观经济理论的始终，是研究经济总体运行的方法和工具；三是经济增长与经济周期理论，二者都是长期内经济波动的外在表现；四是失业与通货膨胀理论；五是开放经济问题研究；六是宏观经济政策。

8.2 国内生产总值

联合国统计司分别组织东、西方经济学家，制定了两种不同的国民收入核算体系：一种是适用于市场经济国家的国民经济核算体系（system of national accounts，SNA）；另一种是适用于中央计划经济国家的物质产品平衡表体系（system of material product balances，MPS）。目前，通行于世界各国，为市场经济国家普遍采用的是1953年联合国经济和社会事务部统计处公布的SNA，在这一体系中，最为核心的指标原来是国民生产总值。随着经济全球化进程的加快，越来越多的国家开始采用国内生产总值作为核心指标。1993年联合国统计司要求各国以后一律不用国民生产总值（GNP），而改用国内生产总值（GDP）。

8.2.1 国内生产总值

国内生产总值（gross domestic product，GDP）是指一定时期内，一个国家或地区运用全部生产要素所生产的最终产品和劳务的市场价值的总和。国内生产总值是国民收入核算体系的核心指标，是国民收入核算的基础。诺贝尔经济学奖获得者萨缪尔森称GDP为"20世纪最伟大的发明之一"。正确理解GDP这一概念应注意以下几点。

第一，国内生产总值是一个流量概念，核算的是一定时期内生产的劳务和产品总量，一般为一年或一个季度。流量是一定时期内发生的变量，存量是某一时点上存在的变量。例如，常常看到的GDP数据往往是按年或季度统计的，反映了某区域内一定时期的产出规模。

第二，国内生产总值按国土原则核算，即核算一个国家领土内或区域内的产出量。从这个角度讲，GDP是一个地域概念，而与此相联系的国民生产总值则是一个国民概念，二者的核算口径不同。对此，后面有详细的比较说明。

第三，国内生产总值是货币化的产出，而非实物化产出。即GDP核算的是一定时期内生产的最终产品和劳务的市场价值总和，即货币化的产出，以便于加总、比较和衡量。

第四，国内生产总值测度的是最终产品的市场价值，中间产品的价值不计入GDP，否则将会造成重复计算。

按照功能或使用去向，产品可分为最终产品和中间产品两大类。

最终产品（final goods）是指一定时期内生产的并由其最后使用者购买的产品和劳务，或者说是本期产品中不在同期内由其他企业进一步加工的产品。消费品、军工产品、固定资产积累与储备及用于出口的产品和劳务等，都可看作是最终产品。

中间产品（intermediate product）是指目前尚不能用作消费、投资或出口的产品，或指本期产品中已被其他企业作为中间投入的产品。

例如，假定白银饰品从生产到消费者最终使用要经过4个阶段：银矿石开采、银锭锻造、银饰品加工、销售。假设某采掘企业2019年度采掘的银矿石价值为200万元，并假定它都是当年新生产的价值，即银矿石采掘环节新增价值为200万元；再假定银矿石加工、提炼、锻造成银锭的销售价为600万元，于是锻造企业创造的价值为400万元，即增值400万元；价值600万元的银锭制成银饰品后，售价1 000万元，于是银器制造企业创造的价值为400万元，即增值400万元；价值1 000万元的银饰品卖给销售商后，销售商转卖给消费者售价为 1 200 万元，于是销售商在商品销售过程中增值 200 万元。可见，在整个流程中，四个阶段的价值创造（即增值）为 200 + 400 + 400 + 200 = 1 200 万元，正好等于这批银饰品的最后售价。

因此，可以说，国内生产总值的价值形态是国民经济各部门增加值之和，增加值之和等于国民经济各部门的总产出减去中间产品价值后的余额。

> ◇ 思考：电、牛奶、糖是中间产品还是最终产品？

第五，国内生产总值核算的是一定时期内的产出，而不论相应产品有没有全部销售，即只要是当年生产出的产量，其市场价值都计入当期的 GDP。若某企业年生产 80 万美元的最终产品，只卖掉 50 万美元产品，所剩的 30 万美元的产品可看作是企业自己买下来的存货投资，同样应计入当期的 GDP。相应地，如果售掉 100 万美元的产品，则计入 GDP 的依然是 80 万美元，只是由于市场需求的扩张，该企业库存减少了 20 万美元的产品。

第六，国内生产总值核算的是市场活动导致的价值。非市场活动提供的最终产品和劳务不计入 GDP，如家务劳动、自给自足的生产等。

8.2.2 国内生产总值的纵横比较

1. GDP 与 GNP 的比较

国民生产总值（gross national product，GNP）是指一国国民拥有的全部生产要素生产的最终产品和劳务的市场价值总额。GNP 与 GDP 相比，有如下不同。

第一，核算范围不同。GNP 是本国国民生产的最终产品和劳务的市场价值总和，是一个国民概念，即无论劳动力和其他生产要素处于国内还是国外，只要是本国国民生产的产品和劳务的市场价值都计入国民生产总值。GDP 指的是一国或地区在一定时期内所有常驻单位运用生产要素所生产的全部最终产品和劳务的市场价值总额，核算的是一国范围内生产的最终产品，是一个地域概念。所谓"常驻单位"，其内涵与"常住居民"相同，包括居住在本国的本国公民、暂居（一年以内）外国的本国公民、长期（一年及一年以上）居住在本国的外国居民。在一国领土范围内，其居民无论国籍如何，只要符合本国常驻居民定义，在一定时期内所生产的最终产品和提供的劳务价值都可计入本国的 GDP。

第二，核算的原则（或依据）不同。GNP 是按国民原则核算的，只要是本国（或地区）居民，无论是否在本国境内（或地区内）居住，其生产和经营活动新创造的增加值都应计算在内。GDP 是按国土原则核算的生产经营的最终成果。例如，外资企业在我国境内创造的增加值就应计算在我国的 GDP 中，但不计入我国的 GNP。

> ◇ 思考：占领中国快餐市场的肯德基、麦当劳，跻身零售终端市场的沃尔玛、家乐福、乐购等的利润应计入我国的 GDP、GNP 吗？

第三，核算结果往往不同。在经济封闭的国家或地区，国民生产总值等于国内生产总值；在经济开放的国家或地区，GNP 等于 GDP 加上国外净要素收入（net factor income from abroad，NFI）。可见，二者的取值往往不同。二者间的换算，可用公式表示为

$$GNP = GDP + NFI \qquad (8-1)$$

$$\text{NFI} = \text{本国公民投在国外的资本和劳务所创造的收入} - \text{外国公民投在本国的资本和劳务所创造的收入}$$

目前，大多数西方国家都采用 GDP 指标作为国民收入核算的基础。其中美国在 1991 年后也采用 GDP 作为核算基础；我国从 20 世纪 80 年代中期开始，逐步引进和采用 SNA，把 GDP 作为考核国民经济增长和制定经济发展战略的主要指标。

2. 名义 GDP 与实际 GDP

名义 GDP（nominal GDP）是指用物品和劳务的当年或当期价格计算的 GDP。它既反映生产的变动又反映价格的变动。实际 GDP（real GDP）是指用基期价格作为不变价格计算的 GDP，即用从前某一年作为基期的价格核算出来的全部最终产品的市场价值。也就是说，名义 GDP 是以当期价格核算的，没有消除生产期内物价水平的变动对它的影响，而实际 GDP 是消除价格变动影响后的 GDP。

GDP 紧缩指数，又称 GDP 平减指数，是指未扣除物价变动的 GDP 与剔除物价变动的 GDP 之比，即名义 GDP 与实际 GDP 的比。GDP 紧缩指数是物价指数之一，它反映了一般物价水平的变动。GDP 紧缩指数的计算公式为

$$\text{GDP 紧缩指数} = (\text{名义 GDP}/\text{实际 GDP}) \times 100\% \tag{8-2}$$

GDP 紧缩指数可看作 GDP 的"价格"。它与生产价格指数（PPI）、消费价格指数（CPI）一样，是衡量一个国家平均物价水平变化的一个常用指标。它的核算基础比 CPI 广泛得多，涉及全部产品和服务，除消费外还包括生产资料和资本、进出口产品和劳务等。因此，这一指数能够更加准确地反映一般物价水平走向。经济学家们之所以关注 GDP 紧缩指数，主要是因为与投资相关的价格水平在这一指标中具有更高的权重。例如，我国 2004 年 GDP 紧缩指数上涨 6.9%，高出 CPI 涨幅 3 个百分点，说明投资价格的上涨远远高于消费价格的上涨。

只有运用实际 GDP 数据，才能准确地反映出一个国家经济的实际增长情况。而名义 GDP 有时会造成一些假象，即名义 GDP 增加，而实际 GDP 可能减少。在大多数情况下，经济学分析中以实际 GDP 为基础，因为实际 GDP 排除了价格的干扰，只反映生产水平或实际产出规模的变动。

实际 GDP 的变动是衡量经济周期波动的标准。经济衰退时，实际 GDP 的增长率减少，甚至出现负增长。经济复苏时，实际 GDP 的增长率上升。

3. GDP 与人均 GDP

国内生产总值，一般用来反映一个国家相应时期的生产能力和市场规模。人均国内生产总值，也称人均 GDP，是指一个国家核算期内（通常是一年）实现的国内生产总值与这个国家常住人口的比值，它是重要的宏观经济指标之一，是衡量一个国家人民生活水平或富裕程度的标准。

4. GDP 的纵向比较

无论是 GDP、人均 GDP 还是 GDP 的增长率，常常被用来比较分析，进而观察一国或地区宏观经济的运行状况。GDP 的纵向比较，即同一地区不同时期的经济产出的比较，如表 8-1 所示。为了剔除价格波动的影响，应当选取某一年的价格水平作为基期价格，然后计算出每一期的实际国民收入，再做比较。图 8-1 刻画的是 1978—2019 年我国 GDP 增长率的纵向变化情况。

表 8-1　2004—2019 年我国 GDP 的纵向比较

年份	GDP/亿元	GDP/亿美元	汇率/（人民币元/百美元）	人均 GDP/元	人均 GDP/美元
2004	161 840.2	19 553.5	827.68	12 487	1 508.7
2005	187 318.9	22 866.9	819.17	14 368	1 754.0
2006	219 438.5	27 526.8	797.18	16 738	2 099.7
2007	270 092.3	35 519.8	760.40	20 494	2 695.2
2008	319 244.6	45 966.9	694.51	24 100	3 470.1
2009	348 517.7	51 020.0	683.10	26 180	3 832.5
2010	412 119.3	60 878.8	676.95	30 808	4 551.0
2011	487 940.2	75 546.6	645.88	36 302	5 620.5
2012	538 580.0	85 319.6	631.25	39 874	6 316.7
2013	592 963.2	95 744.2	619.32	43 684	7 053.5
2014	643 563.1	104 767.1	614.28	47 173	7 679.4
2015	688 858.2	110 599.5	622.84	50 237	8 065.8
2016	746 395.1	112 370.0	664.23	54 139	8 150.6
2017	832 035.9	123 231.7	675.18	60 014	8 888.6
2018	919 281.1	138 918.8	661.74	66 006	9 974.6
2019	990 865.1	143 634.9	689.85	70 892	10 276.4

资料来源：《中国统计年鉴》（2019）；2019 年数据由 2019 年国民经济和社会发展统计公报中的数据处理而得。

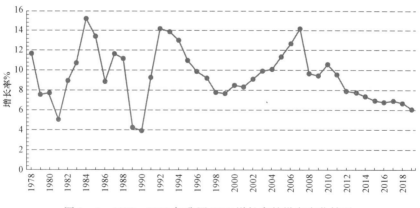

图 8-1　1978—2019 年我国 GDP 增长率的纵向变化情况

5. GDP 的横向比较

GDP 的横向比较，即不同国家或地区在相应时期内经济产出间的比较。由于不同国家或地区的国民收入通常会以本地货币计算，所以需要以当期的汇率先做转换。另外一种做法是以购买力平价法做转换。

例如，根据国际统计年鉴的数据，我国 2017 年的 GDP 为 122 377 亿美元，在世界上排第 2 位，仅次于美国的 193 906 亿美元。同期内，日本的 GDP 为 48 721 亿美元、德国的 GDP 为 36 774 美元、英国的 GDP 为 26 224 亿美元、法国的 GDP 为 25 825 亿美元，我国的

GDP 占全球总量的 15.17%。

根据《中国统计年鉴》(2019) 的相关数据：2018 年有 10 个省市区人均 GDP 高于全国平均水平；4 个直辖市的人均 GDP 超过 11.5 万元，其中北京 140 211 元、上海 135 000 元、天津 120 711 元、重庆 65 933 元，依次列第 1、2、3、11 位；江苏、浙江、福建、广东、山东 5 省的人均 GDP 超过 7 万元，其中江苏 115 168 元、浙江 98 643 元、福建 91 197 元，依次列第 4 至 6 位；除云南和甘肃人均 GDP 低于 4 万元以外，其余省区人均 GDP 均超过 4 万元。

国内生产总值的纵横比较示例见表 8-2。

表 8-2　GDP 的纵横比较示例（我国主要总量指标的世界排名）

排名指标	1978	1990	2000	2005	2010	2017
GDP	11	11	6	4	2	2
我国人均国民总收入	175（188）	178（200）	141（207）	128（208）	120（215）	70（189）
进出口贸易额	29	16	8	3	2	1

注：资料来源于联合国数据库，仅供参考。括号中所列数为参与排序的国家和地区数。关于人均国民总收入的世界排名还有其他版本。

8.2.3　国民收入核算的局限性

目前，一般都通过 GDP 来衡量国民经济总体产出水平、经济发展程度和居民的生活水平，但这一指标存在以下缺陷。

第一，GDP 指标难以衡量一国经济的全部。GDP 指标只核算最终产品和劳务的市场价值，即统计中不包括非市场交易活动，漏掉了一部分不通过市场交易的产品和劳务，如家务劳动、自给自足的生产及个人私自交易。

第二，GDP 指标不能反映一国福利水平的高低。GDP 核算中即使把所有的市场交易活动都包括进来，也不能真实反映一国的经济发展水平，更无法反映人们从物品和劳务消费中获得的福利状况。例如，在赌博盛行或毒品走私泛滥的地区，也许 GDP 很高（如拉斯维加斯），但并不能说明该地区人民生活得很幸福。

第三，GDP 指标不能反映社会为经济增长和发展所付出的代价。例如，它无法反映闲暇增加给人们带来的福利改善，无法反映环境污染的程度等。

案例评析 8-1　我国首个石油环境成本研究报告发布

2019 年 6 月 3 日，中国石油消费总量控制和政策研究项目（以下简称"油控研究项目"）在京发布全球首个聚焦石油环境外部成本的研究报告——《中国石油真实成本》。报告在考虑了石油相关行业带来的水资源耗减、水污染、大气污染、土壤污染、石油泄漏、塑料污染、二氧化碳排放等方面的影响以及对人体健康的影响后，核算了石油利用的环境外部成本。

报告指出，在不考虑石油生产、加工和消费对气候变化影响的情况下，2015 年每吨石油消费量的环境外部成本为 347 元；如果把气候变化的因素纳入考量当中，则环境外部成本为 507 元/t。其中，石油消费环节的大气污染物排放造成的公众健康成本为

279元/t。减少石油利用的大气污染能在很大程度上降低石油对公众身体健康的负面影响。

2015年中国原油平均价格在2 500元/t左右,石油利用的环境外部成本约占当年国内原油平均价格的20%。而目前石油的开采、运输和利用却并未考虑这部分环境外部成本,在一定程度上造成了市场失效和石油过度使用。

资料来源:我国首个石油环境成本研究报告发布. 中国电力报, 2019-06-15.

第四,GDP不能反映产品结构与市场价格的差异。由于GDP不能反映产品结构与市场价格的差异,因此两国GDP难以进行精确比较。此外,在社会经济中生产的技术进步能够降低产品与劳务的市场价格,但GDP指标中则体现不了劳动生产率的提高。

鉴于以上问题,20世纪70年代以来,一些经济学家从不同角度提出了对GDP指标的修改。例如,托宾和诺德豪斯提出了经济福利标准,提出应计入闲暇、家庭主妇的劳务,扣除环境污染等造成的损失。萨缪尔森也提出了用纯(或净)经济福利来衡量经济发展最终给公民带来多少实际收入或实际福利,提出应从GDP中扣除许多影响生活水平的因素,如交通拥挤、环境变坏等。最近,越来越多的人提出应该用绿色GDP指标来衡量一国的国民财富。

案例评析8-2 绿色GDP

所谓绿色GDP,就是指用于衡量各国扣除自然资产损失后新创造的真实国民财富的总量核算指标。简单地讲,就是从现行统计的GDP中,扣除由于环境污染、自然资源退化、教育低下、人口数量失控、管理不善等因素引起的经济损失成本,从而得出真实的国民财富总量。采用绿色GDP指标,不仅能反映经济增长水平,而且能够体现经济增长与自然保护和谐统一的程度,可以很好地表达和反映可持续发展观的思想和要求。因此,绿色GDP占GDP的比重越高,表明国民经济增长的正面效应越高,负面效应越低。

绿色GDP = GDP总量 - (环境资源成本 + 环境资源保护服务费用)

然而,到目前为止,绿色GDP核算只涉及自然意义上的可持续发展,包括环境损害成本、自然资源的净消耗量。这主要是因为绿色GDP核算是一个庞大的系统工程,在实际核算中存在很大难度,主要表现为以下四点。

第一,污染损失难以量化。例如,绿色GDP核算的一个重要内容是对污染损失的估算。然而,各种污染物和受害体之间的定量关系比较难确定,例如,大气中二氧化硫增加与人们患呼吸道疾病之间的关系还无法准确估算,因大气污染而增加的疾病成本等很难量化。

第二,统计指标的连续性不够。这给污染的治理成本核算带来困难。例如,目前的统计体系中,只有污水的排放量,没有污水的产生量,无法算出污水的处理量。

第三,农村地区出现核算盲点。农村地区是我国现有的环境监测网的薄弱地区,在某些领域甚至出现盲点。

第四,相关法规不完善。

此外,绿色GDP核算是一个系统工程,需要环保、统计、卫生、农业、城建等多个相关部门之间的通力合作,这也增加了实施的难度。

8.3 核算 GDP 的方法

8.3.1 GDP 核算方法的理论依据

GDP 核算方法的理论依据是国内生产总值的三方等价原则。

国民经济运行本身包括了生产、交换、分配、使用等环节，形成了一个完整的循环过程。生产创造了收入，收入成为支出的源泉，支出又使得生产最终完成。因此，一定时期内，一个国家的总产出与总收入和总支出规模相一致，即

$$产出 GDP(各部门增值之和) = 总收入 = 总支出$$

与此相应，GDP 的核算也就有了三种方式：核算各部门的增值之和、核算各经济主体的支出总额和核算收入流量总额，对应了国民收入核算的支出法、生产法和收入法。

8.3.2 支出法

1. 含义

支出法又称最终产品法或产品流动法，即通过核算在一定时期内整个社会购买最终产品的总卖价来计量 GDP。这种方法从最终产品和劳务的使用角度出发，把一定时期内整个社会购买各项最终产品和劳务的支出加总，进而得到该时期的 GDP。最终产品和劳务的使用除了居民消费外，还有企业投资、政府购买及出口。

2. 公式

如果用 $Q_1, Q_2, \cdots, Q_n$ 代表各种最终产品与劳务的数量，用 $P_1, P_2, \cdots, P_n$ 代表其价格，则用支出法核算的公式为

$$\text{GDP} = Q_1P_1 + Q_2P_2 + \cdots + Q_nP_n = \sum_{i=1}^{n} Q_iP_i \tag{8-3}$$

上述产品总支出按最终使用去向分类，主要有消费、投资、政府购买和净出口四个方向，因此按支出法核算的 GDP 也可表示为核算一定时期内消费、投资、政府购买和净出口的总和。因此，支出法核算的一般公式为

$$\text{GDP} = C + I + G + (X - M) \quad 或 \quad \text{GDP} = C + I + G + \text{NX} \tag{8-4}$$

（1）C——消费支出（consumption），是指居民个人或家庭购买各种最终产品和劳务的支出，包括购买耐用消费品的支出（不包括购买新建住宅的支出）、购买非耐用消费品的支出和劳务支出三类。其中，劳务支出在消费支出中占有很大比重，包括各种服务形式，如金融、教育、医疗、旅游、电影、法律等。

（2）I——投资支出（investment），是指厂商增加或更换资本资产的支出，即用于购买可供长期使用的资本品的支出，如机器设备、厂房、存货和住宅等的投资。这里的投资支出可以表述为私人国内总投资，主要包括固定资产投资和存货投资两大类。其中，固定资产投资包括企业的固定资产投资（厂商对机器设备、厂房、商业用房的购买）和居民对新建住房的购买；存货投资（inventory investment）是指厂商已经生产出来但尚未销售的产品存量的变动量，或企业掌握的存货价值的增加或减少，即存货的净变动（可正，可负，可为零）。

另外，投资还可分为净投资和重置投资。净投资是指一定时期内资本存量的变化量，等

于总投资减去重置投资。重置投资是指为了维持资本存量不变,更换磨损报废的机器设备及厂房而发生的投资,即折旧。一般来讲,净投资可正、可负,即资本存量可能增加也可能减少,但是重置投资往往大于零。

$$投资 = 固定资产投资 + 存货投资 = 净投资 + 折旧 \tag{8-5}$$

(3) G——政府购买性支出(government purchases),是指各级政府部门购买产品和服务的支出,包括政府在国防、法制建设、基础设施建设、开办学校等方面的支出。政府购买只是政府支出的一部分,政府支出的其他部分如转移支付、公债利息等都不能计入国内生产总值。

(4) NX——净出口(net exports),是指出口(X)和进口(M)的差额,体现了国外经济部门对本国产品(包括所有产品和劳务,不再区分最终产品和中间产品)的净需求。用支出法核算本国 GDP 时,之所以要扣除进口,是由于进口的物品和劳务包括在消费、投资和政府购买中,但并不代表对国内产出的支出。

8.3.3 收入法

1. 含义

收入法,是从收入角度出发,把生产要素在生产中所得到的各种收入相加,以此来核算国内生产总值的方法。在一定时期内,生产要素所有者所得到的各种要素报酬,从厂商的角度看,则是生产经营过程中所支付的成本,因此收入法又被称为要素所得法或成本法。

2. 收入构成和核算公式

要素所有者的收入主要包括以下一些项目。

(1) 雇员报酬。指受雇于政府、企业和居民的雇员的报酬,包括薪金、津贴和福利费,也包括工资收入者必须缴纳的所得税和社会保险税(费)。

(2) 净利息。指居民个人给企业提供的货币资金所得到的利息收入,即银行存款利息、企业债券利息等,而政府公债利息及消费者信贷利息是不包括在内的。

(3) 租金。包括出租土地、房屋等租赁收入及专利权、版权等收入。

(4) 非公司企业主收入。即不受人雇用的独立生产者的收入,如律师、医生、小店铺主和农民的收入。他们自我雇用,使用自有资金,其工资、租金、利息、利润一起并作为非公司企业主收入。

(5) 公司税前利润。此项包括三个部分:一是国家征收的公司所得税和社会保险税(费);二是分配给股东的红利;三是作为企业扩大经营规模所需资金来源的公司未分配利润。

(6) 企业的转移支付及企业的间接税。企业的转移支付包括对非营利性组织的社会慈善捐助和消费者无法清偿的呆账;企业的间接税是指企业向政府缴纳的最终转嫁到消费者头上的货物税、关税等。这些虽然不是生产要素创造的收入,但会通过产品价格转嫁给购买者,故也应计入 GDP。

(7) 资本折旧。为了维持原有资本存量不变而产生的投资支出,虽然不是要素收入,但包括在总投资中,也应计入 GDP。

因此,核算 GDP 收入法的一般公式为

$$\text{GDP} = 雇员报酬 + 净利息 + 租金 + 公司税前利润 + 非公司企业主收入 +$$
$$企业的转移支付和企业的间接税 + 资本折旧 \tag{8-6}$$

如果考虑这七类收入流向的最终去向,则 GDP $= C + S$(储蓄)$+ T$(税收),即所有要素收入在扣缴了各种税收之后，要素所有者会把可供支配的收入用于消费和储蓄。

8.3.4　生产法

1. 含义

生产法，亦称部门法或增加值法，是按提供物质产品与劳务的各个部门的增加值来核算 GDP 的一种方法。生产法既反映了 GDP 核算的物质内容又反映了 GDP 的来源。用生产法核算时，各物质生产部门要把所使用的中间产品的价值扣除，只核算本部门的增加值。商业和服务业等部门也按增加值计算，而教育、卫生、行政等无法计算增加值的部门则按工资收入来核算服务的价值。

2. 部门构成和核算公式

按生产法核算 GDP，包括以下部门：① 农业、林业、渔业；② 采掘业；③ 建筑业；④ 制造业；⑤ 交通运输、通信和公用事业；⑥ 商业；⑦ 金融、保险和不动产业；⑧ 服务业；⑨ 政府服务和政府企业。

$$\text{GDP} = \sum_{i=1}^{n}(i\text{ 部门总产出} - i\text{ 部门中间消耗}) = \sum_{i=1}^{n} i \text{ 部门增加值}$$

以上介绍的三种国民收入核算方法，是从不同的角度核算特定时期内一国的 GDP，所得出的结果理论上应该一致。但在实际核算中，由于各种原因，三种方法核算的国内生产总值往往不一致，因此操作上，通常是以支出法为主，其次运用收入法和生产法，并通过误差调整项进行修正。

8.4　国民收入核算中的其他指标

国民收入核算的总量指标除 GDP 外，还有 NDP、NI、PI、PDI 四项指标，本节将介绍这四项指标的内涵及核算方法。

1. 国内净产值

国内净产值（net domestic product，NDP），是指一国一年内新增加的最终物质产品和劳务的市场价值的总和，即净增加值。任何产品价值中不但包含消耗的原材料、燃料等的价值，而且包含资本设备的折旧。最终产品价值并没有扣去资本设备损耗的价值，因此还不是新创造的价值。如果在最终产品价值中把生产过程消耗的资本设备的价值也扣除了，就得到了净的增加值，即国内净产值，其计算公式为

$$\text{NDP} = \text{GDP} - \text{折旧} \tag{8-7}$$

2. 国民收入

此处国民收入指狭义的国民收入（national income，NI），即一个国家在一定时期内，用于生产产品和提供劳务的各种生产要素所获得报酬（收入）的总和。

NI 与国内净产值的区别：从理论上讲，国民收入是从分配的角度考察的，国内净产值是从生产的角度考察的；从数量上讲，国民收入等于国内净产值减去企业间接税和企业的转移支付，再加上政府补助金，因公式表示为

$$\text{NI} = \text{NDP} - \text{企业的间接税和企业的转移支付} + \text{政府补助金} = \text{工资} + \text{利润} + \text{利息} + \text{租金} \tag{8-8}$$

3. 个人收入

个人收入（personal income，PI），是指一个国家所有个人在一定时期内，从各种来源所得到的收入的总和。它包括劳动收入、企业主收入、租金收入、利息和股息收入、政府的转移支付和企业的转移支付等。

PI 与 NI 的不同之处在于：国民收入中有一部分不分配给个人，如公司未分配利润、公司所得税等，这不构成个人收入；而个人收入中通过再分配渠道取得的部分，如政府和企业对个人的转移支付，则不属于国民收入。

PI = 工资 + 企业主收入 + 个人租金收入 + 个人利息收入 +
政府和企业的转移支付 – 公司和个人缴纳的社会保险税(费) + 红利

PI = NI – 公司未分配利润 – 企业所得税和社会保险税(费) +
对个人的转移支付 + 利息调整 + 红利

（1）扣除公司未分配利润：公司未分配利润不可能成为个人收入。

（2）扣除企业所得税和社会保险税（费）：企业所得税和社会保险（费）税交纳给政府，未到个人手中，不构成个人收入。

（3）加转移支付：政府的转移支付通过各种渠道，最终形成了实实在在的个人收入；企业的转移支付（包括对非营利性组织的捐款、冲抵消费呆账等），虽然不是生产要素创造的收入，但是属于个人收入的一部分。

4. 个人可支配收入

个人可支配收入（personal disposable income，PDI），指一个国家所有个人在一定时期内所得到的收入总和减去个人或家庭纳税部分，即实际得到的由个人自由使用的收入。个人缴纳的税收主要包括个人所得税、财产税等；另外，非税支付（包括罚款、应付利息等）也应从个人收入中扣除。

PDI = 个人收入 – (个人所得税 + 非税支付) = 个人消费支出 + 个人储蓄　　（8 – 9）

【例题 8 – 1】某国某年国民收入统计资料如表 8 – 3 所示，请计算 GDP、NDP、NI、PI、PDI。

表 8 – 3　某国某年国民收入的统计资料

项　　目	收入/亿美元
资本折旧	3 560
工资	18 660
企业支付的利息	2 650
间接税	2 660
个人租金收入	340
公司利润	1 650
非公司企业主收入	1 200
社会保险税（费）	260
红利	660
个人所得税	4 100
政府支付的利息	1 050
政府的转移支付	3 500
个人消费支出	19 920

解 根据已知资料和有关经济学原理可得

NI = 工资 + 企业支付的利息 + 个人租金收入 + 公司利润 + 非公司企业主收入 =
18 660 + 2 650 + 340 + 1 650 + 1 200 = 24 500（亿美元）

NDP = 国民收入 + 间接税 = 24 500 + 2 660 = 27 160（亿美元）

GDP = 国内净产值 + 资本折旧 = 27 160 + 3 560 = 30 720（亿美元）

PI = 国民收入 − (公司利润 + 社会保险税(费)) + 政府支付的利息 + 政府的转移支付 + 红利 =
24 500 − (1 650 + 260) + 1 050 + 3 500 + 660 = 27 800（亿美元）

PDI = 个人收入 − 个人所得税 = 27 800 − 4 100 = 23 700（亿美元）

8.5 国民收入核算中的恒等关系

综前所述，在国民收入核算中，如果不存在误差，三种国民收入核算方法所测算的国内生产总值应该是恒等的，即支出≡产出(GDP)≡收入。

如果用 Y 代表产出的市场价值，或者说用 Y 代表 GDP，根据上述恒等关系有

$$C + I + G + (X - M) \equiv Y \equiv C + S + T \qquad (8-10)$$

恒等式左边表示产品流量，也对应着总支出，即产品和劳务的销售总额；右边表示收入流量。其中，C 表示居民消费的数额；S 表示私人储蓄，是居民储蓄与企业储蓄之和；T 表示政府的净税收，即政府的总税收中扣除转移支付后的余额。

上式两边消去 C 后可得

$$I \equiv S + (T - G) + (M - X) \qquad (8-11)$$

式（8-11）左端的 I 代表私人国内总投资，等式的右边分别代表私人储蓄、政府盈余（可看作政府的储蓄）和净进口（相对我国来讲，是我国收入的净流出，可看作国外经济部门的储蓄）。

假定在经济封闭情况下，只考虑存在政府、厂商和居民户的三部门经济，则上述结论简化为

$$I \equiv S + (T - G) \qquad (8-12)$$

式（8-12）表明：私人国内总投资等于私人储蓄与政府储蓄之和。

若假定只考虑存在厂商和居民户的最简单的两部门经济，则上述结论进一步简化为

$$I \equiv S \qquad (8-13)$$

式（8-13）表明：私人投资等于私人储蓄。

根据以上三种情况所得的恒等式，在一定意义上都表明了事后核算时投资与储蓄的恒等关系，只是储蓄的内涵不同。

经济问题分析

2019 年，我国人均 GDP 突破 1 万美元。作为一个近 14 亿人口的大国，取得这一成就来之不易，充分彰显了我国经济发展的强劲动力与巨大潜力。同时，这也意味着我国中等收入群体规模进一步扩大，有助于培育新的经济增长点，推动我国经济走向内需拉动型增长模式。

新中国成立之初，我国人均 GDP 只有几十美元。1978 年，人均 GDP 只有 156 美元，

直至 2001 年才站上 1 000 美元关口。从 1 000 美元到 1 万美元只用了 18 年时间,这足以说明我国经济发展的强劲动力与巨大潜力。无论是 GDP 总量规模还是人均 GDP,背后都代表着国家综合经济实力和社会财富的增加,也意味着人民生活水平稳步提升。在外部环境复杂多变、国内改革发展任务繁重的背景下,人均 GDP 实现稳步增长,是我国经济持续健康发展的有力佐证。

人均 GDP 突破 1 万美元,代表着整个社会结构面临重大转型,意味着我国中等收入群体规模进一步扩大。中等收入群体壮大,是推动我国经济走向内需拉动型增长模式的主要力量,有利于促进高质量产品和服务进口,使我国进一步融入世界市场;有利于扩大我国消费市场的世界影响,增强我国经济抵御外部冲击的能力,提高经济韧性。

资料来源:人均 GDP 突破 1 万美元,了不起. 经济日报,2020-01-15(有删减).

本章小结

(1) 国民收入核算体系的核心指标是国内生产总值(GDP)。GDP 是一个国家或地区在一定时期内运用全部生产要素所生产的全部最终产品和劳务的市场价值总额。GDP 是一个流量概念,统计口径是国土原则,核算的对象是当期生产的全部最终产品和劳务;衡量的是产出规模而非销售总额,核算的是市场价值总额,是货币化的产出。

(2) 常用的国民收入核算方法有两种:支出法和收入法。支出法是从产品的使用角度出发,把一年内购买各项最终产品的支出加总。按支出法核算的 GDP 可表示为一定时期内消费、投资、政府购买和净出口的总和。收入法是把生产要素在生产中所得到的各种收入相加,以此来核算国内生产总值。按收入法核算的国内生产总值等于工资、利息、利润、租金等各项相加。

(3) 国民收入是衡量社会经济活动的一个广泛的概念,它实际上包括国内生产总值、国内净产值、国民生产总值、国民收入、个人收入和个人可支配收入,这些概念通过一定的关系相互关联着。

(4) 国民经济核算体系中存在储蓄和投资的恒等式。两部门、三部门、四部门经济中的恒等式分别是 $S \equiv I$,$S + T \equiv G + I$,$S + T + M \equiv I + G + X$。

(5) 用 GDP 来核算一国的经济产出,用 GDP 的增长率来衡量一国经济的增长,存在一些缺陷。绿色 GDP 虽然客观地考虑了经济增长的代价,但是在我国采用绿色 GDP 核算体系困难重重。

练 习 题

一、概念

GDP GNP NDP NI PI PDI 名义 GDP 实际 GDP GDP 紧缩指数

二、单选题

1. 宏观经济学的中心理论是(   )。
   A. 国民收入决定理论 B. 工资决定理论
   C. 价格决定理论   D. 汇率决定理论

2. 宏观经济学要解决的核心问题是（　　）。
　　A. 稀缺资源的优化配置　　　　　　B. 微观经济个体的经济行为
　　C. 稀缺资源的高效利用　　　　　　D. 国民经济的运行
3. 关于存量与流量概念，说法不正确的是（　　）。
　　A. 存量是某个时点上的测量值　　　B. 流量是某个时期内的测量值
　　C. 国内生产总值属于流量　　　　　D. 现有住房数属于流量
4. 宏观经济学的基本假设是（　　）。
　　A. 经济人假设　　　　　　　　　　B. 市场机制不完善
　　C. 完全信息　　　　　　　　　　　D. 市场出清
5. 下列应计入 GDP 的项目有（　　）。
　　A. 政府转移支付　　　　　　　　　B. 购买一块商业地产
　　C. 购买普通股票　　　　　　　　　D. 购买一台二手计算机
6. 已知某一经济中的消费额为 6 亿元，投资额为 1 亿元，间接税为 1 亿元，政府用于物品和劳务的支出额为 1.5 亿元，出口额为 2 亿元，进口额为 1.8 亿元，则（　　）。
　　A. NDP = 8.7 亿元　　　　　　　　B. GDP = 7.7 亿元
　　C. GDP = 8.7 亿元　　　　　　　　D. NDP = 5 亿元
7. 在三部门经济中，如果用支出法来衡量，GDP 等于（　　）。
　　A. 消费 + 投资　　　　　　　　　　B. 消费 + 投资 + 政府购买
　　C. 消费 + 投资 + 政府购买 + 净出口　D. 消费 + 投资 + 净出口
8. GDP 与 NDP 之间的差别是（　　）。
　　A. 直接税　　　B. 折旧　　　C. 间接税　　　D. 净出口
9. 按最终使用者类型，将最终产品和劳务的市场价值加总起来核算 GDP 的方法是（　　）。
　　A. 支出法　　　B. 收入法　　　C. 生产法　　　D. 增值法
10. 个人收入与个人可支配收入的差额是（　　）。
　　A. 个人所得税　　B. 间接税　　C. 公司未分配利润　　D. 折旧
11. 一国的 GNP 小于 GDP，说明该国公民从国外取得的收入（　　）外国公民从该国取得的收入。
　　A. 大于　　　　　　　　　　　　　B. 小于
　　C. 等于　　　　　　　　　　　　　D. 可能大于也可能小于
12. 下面关于名义 GDP 和实际 GDP 的说法中，错误的是（　　）。
　　A. 实际 GDP 仅反映产出水平的变化
　　B. 名义 GDP 反映产出总量和价格水平两者的变动
　　C. 通常用名义 GDP 来衡量一国国民产出的水平和增长速度
13. 今年名义 GDP 大于去年的名义 GDP，说明（　　）。
　　A. 今年的物价水平一定比去年高了
　　B. 今年生产的物品和劳务总量一定比去年增加了
　　C. 今年的物价水平和实物产量水平一定都比去年提高了
　　D. 以上三种说法都不一定正确
14. "面粉是中间产品"这一命题（　　）。

A. 对 B. 不对 C. 可能对也可能不对

15. 经济学上的投资是指（　　）。
    A. 企业增加一笔存货　　　　　B. 建造一座住宅
    C. 企业购买一台计算机　　　　D. 以上都是

16. 下列项目中，不是要素收入的是（　　）。
    A. CEO 的薪金　　　　　　　　B. 红利
    C. 企业对灾区的捐献　　　　　D. 银行存款者取得的利息

17. 在下列项目中，（　　）不属于政府购买。
    A. 政府订购一批军火
    B. 政府给公务人员增加薪水
    C. 地方政府办三所中学
    D. 政府给低收入者提供一笔住房补贴

18. 下列（　　）不属于要素收入但被居民领到了。
    A. 租金　　　　　　　　　　　B. 红利
    C. 养老金　　　　　　　　　　D. 银行存款利息

19. 已知某国年初资本品存量为 8 000 亿美元，它在本年度生产了 3 000 亿美元的资本品，资本折旧是 2 000 亿美元，则该国在本年度的总投资和净投资分别为（　　）亿美元。
    A. 3 000 和 1 000
    B. 11 000 和 9 000
    C. 3 000 和 2 000
    D. 5 000 和 6 000

20. 下列命题不正确的是（　　）。
    A. NDP 加上折旧等于 GDP
    B. NDP 减去直接税等于 NI
    C. 总投资等于净投资加上折旧
    D. 个人收入等于个人可支配收入加上个人所得税

三、简答题

1. 指出下列各项中，哪些是中间产品？哪些是最终产品？
① 某家庭购买一台计算机。
② 某广告公司购买一批计算机。
③ 某政府机构购买一批计算机。
④ 旅游时付给入住酒店的房费。
⑤ 律师支付租用办公室的房租。
⑥ 某汽车公司购买的一批钢材。
⑦ 美国公司向中国购买的一批钢材。
2. 理解 GDP 这一概念时应注意的要点有哪些？
3. 为什么政府的转移支付不能计入 GDP？
4. 为什么间接税应该计入 GDP？
5. 净利息的含义是什么？
6. GDP 指标有哪些缺陷或不足？

7. 为什么要区分名义GDP和实际GDP？

8. 国内生产总值与国民生产总值的关系如何？

四、计算题

1. 假设一个国家一年内只生产一种商品X，有关X商品的价格和产量的数据如表8-4所示。

表8-4　X商品的价格和产量

年份	X商品的价格/（元/kg）	X商品的数量/kg
2017	10	100
2018	12	200
2019	15	300

试核算：

（1）以2017年为基年，核算每年的名义GDP、实际GDP和GDP平减指数（紧缩指数）；

（2）核算2018年、2019年同上年相比的名义GDP与实际GDP变动的百分比。

2. 根据以下资料计算我国2011—2018年居民消费价格变动的百分比（见表8-5）。

表8-5　我国2011—2018年居民消费价格变动百分比计算表

年份	居民消费价格指数（上年=100）	居民消费价格变动百分比（与上年相比）
2011	105.4	
2012	102.6	
2013	102.6	
2014	102.0	
2015	101.4	
2016	102.0	
2017	101.6	
2018	102.1	

3. 若某国GDP为10 000亿美元，总投资为1 500亿美元，净投资为500亿美元，消费为6 000亿美元，政府购买的产品和劳务价值为1 500亿美元，间接税为650亿美元，政府财政盈余为50亿美元，求该国的国内净产值（NDP）、国民收入（NI）、净出口（NX）、个人可支配收入（PDI）、个人储蓄（S）各为多少？

实 践 训 练

训练目标

1. 通过查阅国家统计局网站，能够了解宏观数据的来源，能够顺利查找各类宏观数据。

2. 通过查阅、分析我国的国民收入核算相关数据及与他国国民收入核算相关数据，能够找到我国国民收入核算与教材中的核算公式的差异，并对该差异进行合理解释。

3. 能够通过相关数据比较分析各国经济总量的变动趋势，并解析变动趋势下的影响因素。

训练 1 搜集中国、美国、日本、印度 1990—2018 年的 GDP 数据,并在数据整理、对比分析的基础上,从多角度阐释我国 GDP 排名变化的影响因素,并将调查情况填入表 8-6 中。

训练要求:

(1) 组成调研小组,明确分工。

(2) 各组提交书面研究报告,班内交流。

表 8-6 中国、美国、日本、印度四国 GDP 变动状况调研表

调查方式:			
小组成员:			
调查地点:			
调查时间	调查对象	调查内容	调查情况记录

训练 2 现实问题解析——新型冠状病毒性肺炎疫情对 GDP 的影响

2020 年 4 月中旬,国家统计局公布了一季度国内生产总值的初步核算结果,具体见表 8-7。初步核算结果表明,新型冠状病毒性肺炎疫情的肆虐给我国经济带来了较大的负面冲击。

表 8-7 2020 年一季度 GDP 初步核算数据

GDP 及其产业类别	绝对额/亿元	比上年同期增长/%
	1 季度	1 季度
GDP	206 504	-6.8
第一产业	10 186	-3.2
第二产业	73 638	-9.6
第三产业	122 680	-5.2
农林牧渔业	10 708	-2.8
工业	64 642	-8.5
#制造业	53 852	-10.2
建筑业	9 378	-17.5
批发和零售业	18 750	-17.8
交通运输、仓储和邮政业	7 865	-14.0
住宿和餐饮业	2 821	-35.3
金融业	21 347	6.0
房地产业	15 268	-6.1
信息传输、软件和信息技术服务业	8 928	13.2
租赁和商务服务业	7 138	-9.4
其他服务业	39 660	-1.8

注:资料来源于国家统计局网站,表中绝对额按现价计算,增长速度按不变价计算。

训练要求:

(1) 根据表中数据,谈谈对我国一季度宏观经济运行的感受,分析 2020 年一季度 GDP 负增长的主要原因。

(2) 结合表中数据,根据对疫情之下我国各产业所受影响的观察,辨析新型冠状病毒性肺炎疫情对哪些产业影响较大?为什么?

第 9 章 国民收入决定

学习导图

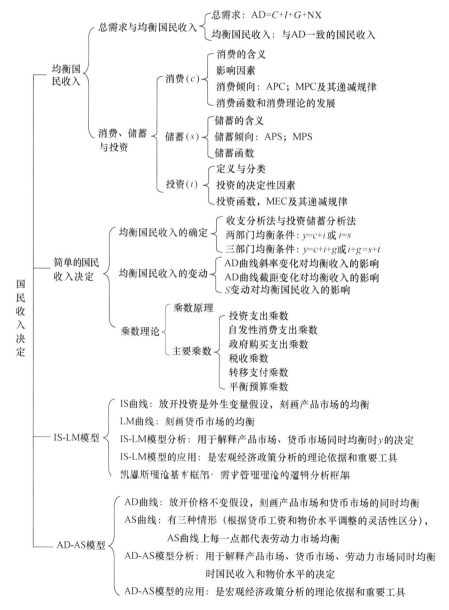

第9章 国民收入决定

经济问题

2020年5月22日,李克强总理在第十三届全国人民代表大会第三次会议上做的《政府工作报告》提出,"实施扩大内需战略,推动经济发展方式加快转变"。在不同的经济发展阶段,经济基础、经济结构以及技术水平存在差异,潜在的需求增长空间也会不同。因此,扩大内需要充分考虑经济发展所处的阶段,根据不同阶段的特征采取相应的扩大内需措施。

1998年实施扩大内需战略时,我国经济总体实力相对较弱,人均GDP为800多美元,城镇化率为30.4%,基础设施整体水平相对落后,商品住房和家庭汽车等消费刚刚起步。因此,通过采取增加基础设施投资、鼓励住房和汽车消费等需求侧管理措施,在短期内有效发挥了稳定经济增长的作用。

2008年我国人均GDP达到3 000美元以上,城镇化率已接近50%,基础设施水平明显改善,家电、汽车和住房等消费也逐步普及。通过采取扩大基础设施和产业投资,鼓励住房、汽车和家电消费等措施,虽然很好地扩大了国内市场需求,稳定了经济增长速度,但扩大内需的效应与1998年相比明显递减,并随后带来了产能过剩等问题。

资料来源:把握新形势下扩大内需的新特点和发力点. 经济日报,2020-08-12.

思考题:

分析我国此次扩大内需与以往扩大内需的根本区别。

章前导读

经济增长是一个古老而又新颖的话题,引用罗伯特·卢卡斯的话来讲,"一旦人们开始思考经济增长问题,将很难再思考其他问题。"可以说在经济增长和波动的过程中,一切宏观经济问题都蕴含于此。

经济增长的根本标志或者说衡量标准是国民收入的增长。长期来看,经济的波动也就是经济扰动所引起的国民收入的波动,因此国民收入决定理论作为整个宏观经济学的中心理论,贯穿其始终就是毋庸置疑的了。那么均衡的国民收入是如何决定的呢?是什么因素变化引致的国民收入波动?国民收入偏离均衡后,应该依据什么样的框架或模型来制定对症的宏观经济政策呢?政策效果又如何呢?本章将围绕这些问题展开,进入宏观经济学的核心内容。

9.1 均衡国民收入

9.1.1 总需求与均衡国民收入

1. 总需求

总需求(aggregate demand,AD),是指在其他条件不变的情况下,在某一给定的价格水平上人们愿意购买的产出总量。或者说,总需求是在价格和收入既定的条件下,消费者、企业、政府和国外经济部门愿意支出的数量,所以度量总需求规模的统计指标又称为总支出(aggregate expense,AE)。注意,这里的意愿支付(计划支出)是指既有需求的愿望,又有货币支付能力的支出总额。

从统计上看,总需求等于消费需求、投资需求、政府需求和国外需求的总和,即

$$总需求(AD) = AE = 消费 + 投资 + 政府支出 + 净出口$$

$$AD = C + I + G + NX$$

$$AD = C + I + G - M + X \tag{9-1}$$

从一定意义上讲，AD 代表的是对本国产品的净需求。

其中，居民的消费需求（C），根据西方经济学家对长期消费统计资料的分析，在总需求中所占的比重大且稳定，尤其是在崇尚消费的美国，消费在收入中所占的比重一直居于高位，是支撑美国经济增长的名副其实的发动机；投资（I）是拉动经济增长的第二驾马车，投资规模的波动相对较明显；随着国家对经济生活干预的加强，政府需求（G）在总需求中所占的比例也存在提高的趋势；净出口（NX）是出口与进口的差额，出口被看作是拉动经济增长的第三驾马车。

2. 均衡国民收入

均衡国民收入也叫均衡产出，是指和总需求相等时的产出，即总需求和总供给相等时的国民收入。可见，均衡国民收入取决于总需求，即计划支出。总供求一致时所对应的需求就是有效需求。

（1）两部门经济的情况。假设一国的经济是封闭的，不考虑政府的存在，仅考虑居民户和企业两类主体。那么，经济中总需求（或称计划支出）仅由居民计划的消费支出和企业想要有的投资支出构成，于是均衡国民收入可用公式表示为

$$y = c + i \quad (9-2)$$

式中，y 表示实际国民收入，其一般表达式为 $y = c + i + \text{IU}$（非意愿存货投资），均衡时，实际的国民收入恰好等于计划的支出，即供求一致，$y = c + i$，IU 等于 0；如果 $y > c + i$，说明产出水平（总供给或总收入）大于计划的总支出（总需求），企业的存货会意外增加，即非意愿存货投资（IU）大于零，那么企业就会削减产量；如果 $y < c + i$，则说明产出水平小于计划的总支出，企业的存货会意外减少，即非意愿存货投资小于零，那么企业会扩大生产，进而 y 向均衡收入靠拢；只有实际产出 $y = c + i$ 时，供求一致，非意愿存货投资为零，国民收入才会处于稳定的均衡状态。

注意：计划消费与实际消费、计划投资与实际投资、计划存货与非意愿存货投资的区别。其中，非意愿存货投资指的是实际存货投资与计划存货投资的差额，其数额等于实际产出（y）与计划的总需求间的差额，即 $\text{IU} = y - (c + i)$。

假设企业部门生产了 6 000 亿美元的产品，但是市场实际只需要 5 000 亿美元的产品，于是有 1 000 亿美元的产品积压，这 1 000 亿美元就是企业的非意愿投资，其产生的原因就是实际产出与需求不一致。

（2）三部门经济的情况。假设一国经济是封闭的，经济中存在居民户、企业和政府三类经济主体，那么经济中的总需求由计划的消费支出、计划的投资支出、政府的购买性支出三部分构成，则均衡国民收入的公式为

$$y = c + i + g \quad (9-3)$$

（3）四部门经济的情况。假设一国经济中存在居民户、企业、政府、国外经济部门四类经济主体，则总需求或总支出 AE = 居民计划支出 + 企业的计划支出 + 政府的计划支出 + 国外经济部门对目标国的净支出，那么均衡的国民收入可表示为

$$y = c + i + g + \text{nx} \quad (9-4)$$

其中

$$\text{nx} = x - m$$

注意：此处所研究的总需求针对的是一定时期内，一个国家或地区所生产的最终产品和劳务而言的，因此，当把国外经济部门考虑进来时，也就意味着在开放经济条件下，本国居

民、企业、政府所购买的最终产品和劳务包含进口的部分，所以研究本国均衡产出时，应扣除进口，即仅考虑对本国产品的总需求。另外，本书中所涉及的宏观经济变量，如消费、投资、政府购买等，其表示符号大写时一般表示事后核算的实际量，小写时一般表示计划的量。

9.1.2 消费、储蓄与投资

1. 消费

1）消费的含义

消费是人类社会的一项基本经济活动，在宏观经济学中，消费（consumption）是指人们为了满足需要而花费在最终消费品和劳务上的总支出，是决定一国总需求水平的重要因素。

按照联合国的定义："经济体中的最终消费，从支出角度来看，可以定义为常住户、为住户服务的非营利性机构和一般政府单位在个人及公共消费品和服务上所支出的价值；从实际最终消费来看，可定义为常住户获得的所有货物和服务的价值加上一般政府提供给社会或社会中某些部分的公共服务的价值。"

国家统计局对消费的定义是：常住户在一定时期内对于货物和服务的全部最终消费支出。消费分为家庭消费和政府消费两部分。家庭消费是指家庭在一定时期内对消费品和劳务的最终消费支出总额。政府消费是指政府部门为社会提供公共服务的消费支出，以及免费或以较低价格向居民户提供的货物和服务支出。

注意：宏观经济学中的消费：① 指最终消费，不包括生产性消费；② 是居民家庭的消费总支出，既包括耐用消费品的消费，也包括非耐用消费品的消费，还包括劳务，但不包括住房消费和政府消费。政府消费包含在政府支出中。

2）影响居民消费的因素

（1）收入水平。这是影响消费的最主要的因素。一般来讲，当前收入水平和预期未来的收入水平越高，消费水平也越高。

（2）物价水平。物价水平的高低及其变动会直接影响消费水平，在其他条件不变的情况下，物价水平越高，消费者为了维持现有的生活水平不变，货币支出必然增加；反之，物价水平越低，维持现有的生活水平所需的货币支出量就会减少。

（3）收入分配状况。在其他条件不变的情况下，收入分配越平均，消费支出水平越高；收入分配差距越大，总的消费支出越少，同时还可能引发一系列的社会问题。

（4）家庭财产。消费者拥有的财产数量是影响消费水平的重要因素之一。财富拥有量较多的家庭，在正常情况下，消费水平较高，这也被称为财富效应。

（5）利率水平。利率的高低可以看作是当期消费的机会成本，因此利率的高低对消费水平具有重要影响。当其他条件不变时，利率提高，消费者当前消费的机会成本增大，从而就会减少消费，增加储蓄。

（6）消费信贷。消费信贷规模的扩张和消费信贷市场的完善，有助于消费者获得更多的信贷支持，进而以未来的收入作担保，增加当前的消费支出。

（7）消费者的年龄构成。年龄构成不同必然引起消费构成的不同，进而影响消费水平的差异。例如，当一个国家进入老龄化阶段后，国内消费必然低迷，新的经济增长点必然是市场跨国界的竞争。

(8) 消费模式。消费模式从总体上反映居民消费行为的基本态势,其基本内容包括消费理念、消费动机、消费方式与消费习惯等。消费模式是历史、文化、制度、生产力发展水平、资源禀赋等因素长期积淀而成的,一旦形成,会对居民的消费观念和消费行为产生潜移默化的影响。

3) 消费倾向

消费与收入之间的关系可用消费倾向来描述,包括边际消费倾向和平均消费倾向。

边际消费倾向(marginal propensity to consume,MPC),是指消费增量在收入增量中所占的比例,用公式表示为

$$MPC = \Delta c / \Delta y \tag{9-5}$$

凯恩斯在《就业、利息与货币通论》中指出,随着人们收入水平的提高,消费也会增加,但是消费的增加不及收入的增加,这就是凯恩斯的边际消费倾向递减规律。据此,可知每增加一单位可支配收入,有一部分会用来增加消费,一部分会用来增加储蓄,因此一般情况下,MPC 的取值大于 0 而小于 1,即 $0 < MPC < 1$。

平均消费倾向(average propensity to consume,APC),是指消费在收入中所占的比例,用公式表示为

$$APC = c/y \tag{9-6}$$

由于收入可全部或部分地用于消费,甚至短期内收入不足以消费时,负债也要维持正常的消费,因此 c 可以小于、等于或大于 y,从而 APC 可以小于、等于或大于 1。但由于边际消费倾向递减规律的存在,APC 随着收入水平的提高呈递减的趋势。

【例题 9-1】假定某家庭的消费和收入如表 9-1 所示。

表 9-1 某家庭的消费和收入   单位:元

时期	收入(y)	消费(c)	边际消费倾向(MPC)	平均消费倾向(APC)
1	8 000	8 050	—	1.006
2	9 000	9 000	0.95	1.000
3	10 000	9 900	0.90	0.990
4	11 000	10 750	0.85	0.977
5	12 000	11 550	0.80	0.963
6	13 000	12 300	0.75	0.946
7	14 000	13 000	0.70	0.929

表 9-1 中的数据表明,当收入是 8 000 元时,消费支出为 8 050 元,收不抵支,平均消费倾向大于 1;当收入是 9 000 元时,消费增至 9 000 元,收支平衡,边际消费倾向 = $\Delta c/\Delta y$ = 0.95,平均消费倾向为 1;当收入依次递增至 11 000 元、12 000 元、13 000 元、14 000 元时,消费依次增加至 10 750 元、11 550 元、12 300 元、13 000 元,边际消费倾向和平均消费倾向均呈下降趋势。

4) 消费函数

如果仅考虑收入水平这个最关键的因素对消费的影响,其他因素视为固定不变,消费函数可写为

$$c = f(y)$$

（1）短期消费函数。

短期的线性消费函数描述的是短期内消费支出和个人可支配收入之间的对应关系，可以写成

$$c = a + by \tag{9-7}$$

式中，a 代表自发消费，即不随收入变动而变动的消费，是线性消费函数对应的直线在纵轴的截距；b 代表 MPC，是线性消费函数对应直线的斜率；by 代表引致消费，代表消费中随收入变动而变动的部分。式（9-7）所对应的消费曲线可用图 9-1 来描述。

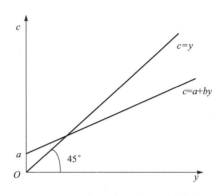

图 9-1　短期的线性消费函数曲线

另外，消费函数中的 y 代表的是国民收入经过调整后的个人可支配收入，其调整视具体情况而定。

（2）长期消费函数。

长期的线性消费函数可以写成

$$c = by$$

经济学家西蒙·库兹涅茨是 1971 年诺贝尔经济学奖得主，在其 1946 年出版的《1869 年以来的国民总收入》一书中指出在 1869—1938 年长达 70 年的时间内，美国消费函数的形式为 $c = by$（b 为常数）。也就是说，长期内 APC 和 MPC 都是很稳定的。

长期消费函数曲线可用图 9-2 来描述，与短期消费函数曲线不同，长期消费函数曲线是从坐标原点出发的，即长期内没有收入就没有消费。

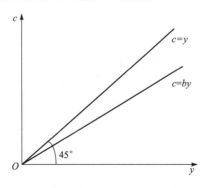

图 9-2　长期的线性消费函数曲线

5）消费理论的发展

（1）绝对收入假说。

前面所涉及的消费理论是以凯恩斯的绝对收入假说为前提的。凯恩斯的消费函数理论从家庭消费函数开始,把收入看成是决定消费的最主要因素,因此消费是收入的函数。并且凯恩斯指出,随着收入水平的提高,平均消费倾向和边际消费倾向递减。不过,社会消费函数(又称国民消费函数)不是家庭消费函数的简单相加。考虑各种因素的调整以后,社会消费函数与家庭消费函数的形状相似。

(2)相对收入假说。

相对收入假说是由美国经济学家詹姆斯·杜森伯里(James S. Duesenberry)提出的。他认为凯恩斯理论隐含着两个基本假设:一是假设消费者的行为决策以自身利益最大化为基础,不受其他个人或家庭的影响;二是假设消费支出可以随收入的变化而迅速调整。杜森伯里认为,这两个基本假设都存在错误。因此,他提出了相对收入假说,认为消费支出不是取决于消费者当前的绝对收入,而是取决于相对收入水平,即取决于消费者过去的收入水平和其他人的收入水平。

杜森伯里指出:从时间序列的角度看,消费水平随收入的增加而提高,但不易随收入水平的下降而减少,这种消费行为的不可逆性形成了"棘轮效应",类似于我们的古语"由俭入奢易,由奢入俭难";从横截面的角度看,消费者的消费受周围人的消费水平的影响,存在明显的示范效应(攀比效应)。正是由于消费行为"棘轮效应"和"示范效应"的共同作用,形成了短期消费函数和长期消费函数的区别,短期消费函数为 $c_s = a + by$,长期消费函数为 $c_l = by$。

(3)持久收入假说。

持久收入假说是由现代货币主义学派代表人物、美国经济学家米尔顿·弗里德曼(Milton Friedman)在1957年出版的《消费函数理论》一书中提出的。弗里德曼指出,家庭消费主要取决于持久收入,而不是当前收入。在这里,持久收入指的是消费者可以预计的他一生可得到的收入的期望值,或者说持久收入是预计的平均收入。他认为,家庭的现期收入由持久收入(y_p)和暂时收入(y_t)组成,家庭消费也由持久消费(c_p)和暂时消费(c_t)构成,暂时消费与暂时收入和持久收入都无关,持久消费与暂时收入无关,但是与持久收入之间存在固定的比例关系,即 $c_p = by_p$。其中,b 为平均消费倾向或边际消费倾向(长期内二者随着收入的增长是趋同的)。根据美国1905—1951年的资料(去除第二次世界大战期间的数据),弗里德曼得出持久消费与持久收入之间关系的长期消费函数:$c_p = 0.88y_p$。

(4)生命周期假说。

生命周期假说是美国经济学家弗朗科·莫迪利安尼(Franco Modigliani)、艾伯特·安多(Albert Ando)及里查德·布伦贝格(Richard Brumberg)在20世纪50年代提出来的。莫迪利安尼认为,消费不是取决于现期收入,而是取决于消费者一生的收入。消费者为了一生平平安安生活,会根据生命周期的收入变化规律来安排其消费与储蓄。他将人的一生分为三个阶段——青少年期、中年期和老年期。在青少年期,无收入或收入偏低,其消费可能大于收入,这时要举债消费;而到中年期,收入日益增加,收入大于消费,不但可以偿还青少年期欠下的债务,而且还可以储蓄余钱,以备养老;但到老年期,由于退休,收入减少或无收入,消费可能大于收入,形成负储蓄。

2. 储蓄

1)储蓄的含义

储蓄(saving),是指一个国家或地区在一定时期内居民收入中未用于消费的部分,或

个人可支配收入中扣除最终消费后的余额。宏观经济学注重的是储蓄总体，即总储蓄。储蓄、消费与个人可支配收入之间的关系为

$$s = y - c \tag{9-8}$$

注意：此处的 y 代表的是个人可支配收入，是一个通过对国民收入进行调整后得到的宏观经济总量。由于储蓄被定义为消费后的剩余，所以有 $y = c + s$。消费与储蓄存在此消彼长的关系，影响消费的因素也会影响储蓄。

2）储蓄倾向

储蓄与收入之间的关系可用储蓄倾向来描述，包括边际储蓄倾向和平均储蓄倾向。

边际储蓄倾向（marginal propensity to save，MPS），是指储蓄增量在收入增量中所占的比例，用公式表示为

$$\text{MPS} = \Delta s / \Delta y \tag{9-9}$$

因为一般情况下所增加的收入中一部分用于消费、一部分用于储蓄，同时 MPC 随着收入的增加会呈现递减的趋势，因此 MPS + MPC = 1，且 MPS 随着收入的增加会呈现递增的趋势。

平均储蓄倾向（average propensity to save，APS），是指储蓄在收入中所占的比例，用公式表示为

$$\text{APS} = s / y \tag{9-10}$$

由于个人可支配收入只分为消费和储蓄两部分，所以有 APC + APS = 1，其中 APC 随着收入水平的提高而递减，APS 随着收入水平的提高而递增。

3）储蓄函数

如果仅考虑收入水平这个最关键的因素对储蓄的影响，其他因素视为固定不变，储蓄函数可写为 $s = f(y)$。

短期的线性储蓄函数可以写成

$$s = y - c = -a + (1-b)y \tag{9-11}$$

其中，$-a$ 代表当收入为 0 时，维持自发消费水平所需的负债，即负储蓄，它不随收入变动而变动，它是储蓄函数曲线在纵轴上的截距；$(1-b)$ 代表 MPS，是线性储蓄函数所对应直线的斜率，如图 9-3 所示。

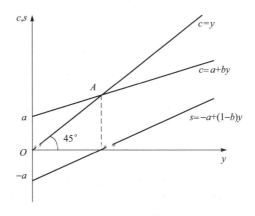

图 9-3 储蓄函数及消费函数

注意：从图 9-3 中可得，45°线上纵、横坐标相等，即代表了收支相抵，在消费函数曲

线与45°线的交点A处,$y=c$且$s=0$;在A点的左侧,$y<c$,$s<0$;在A点的右侧,$y>c$,$s>0$。显然,储蓄函数与消费函数呈互补关系,储蓄等于45°线与消费函数曲线的垂直距离,二者斜率之和等于1,即 MPS + MPC = 1。

3. 投资

在宏观经济学中,投资是指新资本的形成,即社会物质资本存量的增加,包括厂房、机器设备、存货的增加和新住宅的建造。正如第8章提到的,投资与资本是两个不同的概念,投资是一个流量概念,资本是一个存量概念,投资是资本这个"蓄水池"的注入性力量。投资对于国民产出具有双重作用:一方面影响总需求,从而影响国民产出;另一方面,投资导致资本积累,资本积累能够提高经济中的生产能力,从而增加潜在国民产出,并促进长期经济增长。

1)投资的分类

在国民收入核算中,投资分为生产性固定资产投资、住宅投资和存货投资三类。在美国历年的投资总额中,平均来看,厂房和设备上的固定资产投资约占70%,住宅投资约占25%,存货投资略高于5%。根据投资对资本存量影响的不同,投资又分为重置投资和净投资两类。

2)投资的决定性因素

(1)实际利率。

利率是决定投资的首要因素,在其他条件不变的情况下,利率越高,表明新投资的成本越大,利润空间越小,因而投资量会越小。一般来讲,在其他条件不变的前提下,投资量与利率之间呈反向变动关系。注意:此处的利率指的是实际利率而非名义利率,如果某年的名义利率为8%,而通货膨胀率为5%,则有实际利率 = 名义利率 − 通货膨胀率 = 8% − 5% = 3%。

(2)预期利润率。

预期利润率是决定投资的关键因素,在其他条件不变的情况下,预期利润率越高,表明利润空间越大,因而投资量会越大。一般来讲,在其他条件不变的前提下,投资量与预期利润率之间呈同向变动关系。

显然,在其他条件不变的前提下,若预期利润率≥实际利率,投资就有利可图。

(3)投资风险。

不确定性是指事件发生的概率和带来的不利影响无法确定。相对于投资,其收益是滞后的,因此未来的不确定性必然引致未来收益的不确定性,即投资的风险。在其他条件不变的前提下,不确定性越高,投资风险越大,投资水平越低,即投资量与投资风险呈反向变化关系。投资风险的大小除了取决于投资项目的特性外,还取决于投资者的预期等因素。

(4)托宾Q。

美国经济学家詹姆斯·托宾提出了股票价格影响投资的理论,他把企业的市场价值与重置成本的比值称作Q,并认为Q是衡量企业是否投资的标准。当$Q>1$时,表明建造新企业的投入低于收购旧企业的支出,于是会有新的投资;当$Q<1$时,表明建造新企业的投入高于收购旧企业的支出,因此收购一个旧企业更经济,但对于整个社会来讲,就不会有新资本的形成。

3）投资函数与资本边际效率

（1）投资函数。

投资量与其影响因素之间对应关系的函数表达式，即为投资函数。假定其他因素不变，只考虑利率这个决定投资的关键因素，则投资与利率的函数关系式为 $i=i(r)$。

线性的投资函数的表达式为

$$i = e - dr \qquad (9-12)$$

式中，i 代表企业的投资需求；e 表示不随利率变化而变化的自发性投资，$e>0$；d 代表利率每变动一个百分点所引起的投资量的变动，即投资的利率弹性，$d>0$，$-d$ 则说明利率变化会引起投资量的反向变动；r 代表实际利率。

投资量与利率的线性函数关系可用图 9-4 表示，其中横轴代表投资需求，纵轴代表利率，投资需求曲线是一条向右下方倾斜的直线，代表了投资量与利率之间的负相关关系。

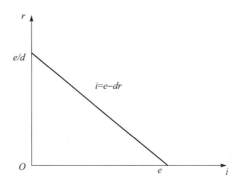

图 9-4 线性的投资需求曲线

根据投资与利率的函数关系可知：利率的变动将会引起投资需求沿着曲线滑动；利率以外的因素变动（如税收调整、预期改变、通货膨胀等）则会引起投资需求曲线的移动。

（2）资本边际效率。

资本边际效率（marginal efficiency of capital，MEC），是指使一项资本物品在使用期内各年预期收益的现值之和等于资本品的购买价格或者重置成本的贴现率。这一概念由凯恩斯首先提出，并用它来替代和说明预期投资收益率。

所谓现值，就是未来收益的现在价值；所谓贴现，就是把未来的价值折算为现在的价值的做法，其中这个折算的比率就是贴现率。

【例题 9-2】如果有一张企业债券，每年票息 1 000 元，第三年到期，那么你最多愿意为这张债券付多少元？也就是说，这张债券现在值多少钱？

假设今后三年的年利率都是 6%，那么这张债券的现值就是

$$R = \frac{1\,000}{1+6\%} + \frac{1\,000}{(1+6\%)^2} + \frac{1\,000}{(1+6\%)^3} = 2\,673 \text{（元）}$$

其中，每期的票面收益 1 000 元即未来各期的收益；6% 这个年利率就是这张债券的折现比率或者说贴现率；而 2 673 元则是未来 3 年的预期收益的现值之和，也即购买者愿意为这张债券支付的最高价格。

假定资本物品（如机器）在未来 n 年后报废并且报废时还有价值 J，各年的预期收益为 R_1，R_2，$\cdots$，R_n。R_0 代表资本的供给价格即资本品的现值，按定义，资本的边际效率 r 应

该满足

$$R_0 = \frac{R_1}{(1+r)} + \frac{R_2}{(1+r)^2} + \cdots + \frac{R_n}{(1+r)^n} + \frac{J}{(1+r)^n} \tag{9-13}$$

式中，R_0 表示已知的资本品购买价格；R_1，R_2，…，R_n 表示资本品使用期内，未来各年的预期收益；J 表示资本品报废时的残值。由此公式计算出的 r 值，即为资本边际效率。它表明一个投资项目应该按照贴现率 r 获取收益才能实现预期的收益目标，因此资本边际效率实际上也代表了该项目投资的预期收益率。

经济实践中，某项目投资的资本品价格给定后，由项目预期收益计算出来的资本边际效率越高越好。显然，在利息率不变的前提下，如果资本边际效率越大，项目投资的可行性越大。

（3）资本边际效率递减规律。

凯恩斯指出，在技术和其他条件不变的情况下，任何一类资本的边际效率都会随其投资的增加而递减，即资本品投资越多，资本边际效率越小。这就是《就业、利息与货币通论》中凯恩斯提出的造成有效需求不足的第二大心理规律，即资本边际效率递减规律，也称资本边际收益递减规律。

可从供求两个方面来解释：从需求的角度看，由于投资增加，对资本品的需求就会增加，进而引致资本品供给价格（R_0）上升，从而新增投资的预期收益率（即预期利润率）会降低；从供给的角度看，由于投资增加，产量提高、供给增加，从而这些产品的市场价格会下跌，这样投资的预期利润率会降低。所以，资本边际效率必然随着投资的增加而递减。

9.2　简单的国民收入决定

国民经济的整体运行是一个庞杂的有机体系，当人们试图观察其运行时，根据经济实践做出假设进而简化理论环境是第一步。

凯恩斯指出，社会的有效需求是决定国民收入变动的最主要因素，有效需求不足是经济增长乏力和失业现象严重的根源，所以他的分析主要侧重于总需求分析，有效需求理论也就成为宏观经济学的理论基石之一。凯恩斯从最简单的经济情况进行分析，假设如下。

第一，总供给不变。假定资源未得到充分利用，总供给曲线处于水平段，总需求的增加会引起均衡国民收入上升，即总供给会随着有效需求的增加而增加，即可以不考虑供给对国民收入决定的影响。

第二，潜在的国民收入水平不变。即考虑的是短期，生产技术水平和要素禀赋没有大的改变。

第三，价格水平既定。短期内如果大量资源闲置，总需求的增加首先会引起闲置资源的利用，因此要素价格不会很快上升，产品价格趋于稳定。

另外，本节研究简单的国民收入决定，仅考虑产品市场上的均衡，暂不考虑货币市场上利率变动对投资的影响，即假定利率不变，投资是一个外生变量。

9.2.1 均衡国民收入的确定

1. 两部门经济国民收入的决定

两部门经济的假设：不存在政府，也不存在对外贸易，只有家庭（居民户）和企业（厂商）两部门；社会经济能在现行的价格水平下提供社会所需的任意数量，即社会需要多少就能生产多少；企业的折旧和公司未分配利润为零。基于以上假设，两部门经济中的 GDP、NDP、NI、PI 和 PDI 均相等。

1）收入支出分析法

均衡国民收入取决于总需求，即计划支出总额。由于两部门经济中总需求仅包含居民消费需求和企业投资需求，计划支出总额等于计划的消费支出与计划的投资支出之和。于是，均衡国民收入可用公式表示为

$$y = c + i \tag{9-14}$$

式中，y 代表实际产出或国民收入，c、i 分别表示计划（意愿）消费数量和计划（意愿）投资数量。

式（9-14）的经济意义是：当产出量（y）正好等于计划的总需求量（等于计划消费与计划投资之和）时，就说明达到了均衡。如图 9-5 所示，均衡出现在 E_0 点，此处 $y = y_0 = c + i$，总供求相等，企业的非意愿存货投资 $IU = 0$，企业既不减少也不扩大产出，国民收入处于均衡状态；在 E_0 点的左侧，$y < y_0$，供给（产出）小于计划的需求，$IU < 0$，企业会扩大产出；在 E_0 点的右侧，$y > y_0$，供给大于计划的需求，出现产品积压，非意愿存货投资 $IU > 0$，企业会减产，重新趋于均衡。

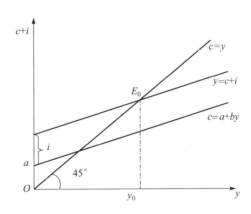

9-5 消费投资曲线和 45°线相交决定均衡国民收入

当消费函数为 $c = a + by$，计划投资（i）为外生变量时，由均衡条件 $y = c + i$ 可得到两部门经济的均衡国民收入为

$$y = \frac{a+i}{1-b} = \frac{1}{1-b}(a+i) \tag{9-15}$$

可见，均衡国民收入取决于自发性消费（a）、计划投资（i）和边际消费倾向（b）三因素。

【例题 9-3】已知两部门经济中的消费函数为 $c = 100 + 0.9y$，计划投资 $i = 50$ 亿美元，求均衡的国民收入。

解：两部门经济中均衡国民收入的条件是
$$y = c + i$$
把已知的消费函数 $c = 100 + 0.9y$ 代入 $y = c + i$，解得
$$y = \frac{a + i}{1 - b} = \frac{100 + 50}{1 - 0.9} = 1\ 500\ （亿美元）$$
另外，收入支出分析法又称45°线法或消费加投资法。

2）投资储蓄分析

均衡国民收入的条件 $y = c + i$ 也可用 $i = s$ 来表示。因为收入（即产出 y）等于计划消费加计划储蓄，即 $y = c + s$。由 $c + i = y = c + s$ 得
$$i = s \tag{9-16}$$

此均衡条件表示计划投资等于计划储蓄，即投资与储蓄（事前）的相等能够保证总供求相等，使国民收入达到均衡状态。

在简单的国民收入决定模型中，不考虑货币市场上利率变动对产品市场的影响，把投资看作是一个常数 $i = i_0$，所以投资曲线用一条在纵轴上截距为 i_0、平行于横轴的直线来表示。均衡国民收入决定的投资储蓄分析方法用几何图形来描述，如图9-6所示，均衡将出现在 E_0 点，此处 $i = s$，总供求相等，企业的非意愿存货投资 IU $= 0$，企业既不减少也不扩大产出，国民收入处于均衡状态；在 E_0 点的左侧，$i > s$ 且 $y < y_0$，供给（产出）小于需求（计划的总支出），企业的非意愿存货投资 IU < 0，企业会增加产出直至达到均衡；在 E_0 点的右侧，$i < s$ 且 $y > y_0$，供给大于需求，企业产品积压，非意愿存货投资 IU > 0，企业会减少产出，直至产出下降到均衡水平。

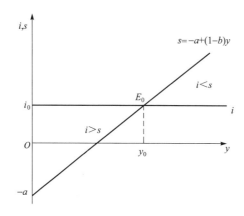

图9-6 储蓄曲线和投资曲线相交决定均衡国民收入

注意：$i = s$ 这一均衡条件与国民收入核算恒等关系中 $I = S$ 的区别，事后核算时，即实际的投资支出（I）和实际的储蓄（S）必然相等，但是事前，计划的投资（i）与计划的储蓄（s）往往不相等。这是因为投资与储蓄的行为主体不同，行为的动机也不相同，所以计划的投资支出和计划的储蓄不一致是常态，国民收入往往是失衡的，这也就有了事前调整的必要，国家的宏观经济管理也由此找到了理论依据。

【例题9-4】已知两部门经济中的储蓄函数为 $s = -100 + 0.1y$，自发性计划投资 $i = 50$ 亿美元，求均衡的国民收入。

解：两部门经济中均衡国民收入的条件是 $i = s$，把已知的储蓄函数 $s = -100 + 0.1y$ 代

入 $i = s$,解得

$$y = \frac{a+i}{1-b} = \frac{100+50}{0.1} = 1\,500 \text{（亿美元）}$$

2. 三部门经济国民收入的决定

三部门经济假设：经济社会是封闭的，存在家庭、企业和政府三类主体；撇开折旧，只讨论国内净产值（NDP）的决定，所以投资仍指净投资；政府的收入只有个人所得税，间接税、社会保险税（费）和公司所得税为零；公司不存在未分配利润。于是，NDP、NI 和 PI 都相等，但 DPI 为 $y_d = y - t$，其中 y_d 代表实际的个人可支配收入，y 代表实际的国民收入，t 代表政府的税收净额。（仅考虑定量税的情况，若用 t_0 代表政府的定量税税额，tr 代表政府的转移支付，则净税收 $t = t_0 - \text{tr}$。）

1）收入支出分析法

均衡国民收入取决于总需求，即计划支出。由于三部门经济中总需求（或称计划支出）包括居民消费支出、企业投资支出和政府购买性支出。于是，均衡国民收入的决定条件为

$$y = c + i + g \tag{9-17}$$

式中，y 代表实际产出或国民收入，c、i、g 分别表示计划消费、计划投资和政府购买性支出计划数量。

式（9-17）的经济意义是：当产出量 y 正好等于计划的总需求量时，经济达到均衡。否则，如果产出量小于计划需求量，就会出现短缺，企业非意愿存货投资 IU < 0；产出量大于计划需要量，就会出现产品积压，IU > 0。

图 9-7 反映了由总支出决定的均衡国民收入，均衡出现在 E_0 点，此处 $y = y_0 = c + i + g$，总供求相等，企业的非意愿存货投资 IU = 0，企业既不减少也不扩大产出，国民收入处于均衡状态；在 E_0 点的左侧，$y < y_0$，供给（产出）小于计划的需求，IU < 0，企业会扩大产出；在 E_0 点的右侧，$y > y_0$，供给大于计划的需求，就会出现产品积压，非意愿存货投资 IU > 0，企业会减产，重新趋于均衡。

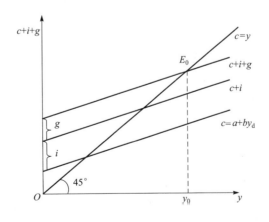

图 9-7 总支出曲线与 45°线相交决定均衡国民收入

当消费函数为 $c = a + by_d$，计划投资（i）为外生变量时，在仅考虑定量税的情况下，三部门经济中均衡国民收入的决定模型为

$$\begin{cases} y = c + i + g & \text{均衡条件} \\ c = a + by_d \\ y_d = y - t \\ t = t_0 - \text{tr} & \text{净税收} \\ i = i_0; g = g_0; \text{tr} = \text{tr}_0 \end{cases} \quad (9-18)$$

解方程组可得定量税下三部门经济的均衡国民收入为

$$y = \frac{a + i_0 + g_0 - bt_0 + b\text{tr}_0}{1 - b} \quad (9-19)$$

根据式 (9-19) 可知, 在三部门经济中均衡国民收入取决于自发性消费 (a)、投资 (i)、政府的购买性支出 (g)、政府税收 (t)、政府的转移支付 (tr) 和边际消费倾向 (b) 6 个因素。

【例题 9-5】 已知三部门经济中的消费函数为 $c = 100 + 0.8y_d$, 自发性计划投资 $i = 50$ 亿美元, 政府的购买性支出 $g = 200$ 亿美元, 政府的转移支付 tr = 50 亿美元, 定量税 $t = 250$ 亿美元, 求均衡国民收入。

解: 在三部门经济中, 均衡国民收入的条件是

$$y = c + i + g$$

根据题中已知条件, 均衡时有

$$\begin{cases} y = c + i + g \\ c = 100 + 0.8y_d \\ y_d = y - t_0 + \text{tr} \\ i = 50; g = 200; t = 250; \text{tr} = 50 = \text{tr}_0 \end{cases}$$

解得

$$y = \frac{a + i_0 + g_0 - bt_0 + b\text{tr}_0}{1 - b} = \frac{100 + 50 + 200 - 200 + 40}{1 - 0.8} = 950 \text{ (亿美元)}$$

即均衡国民收入是 950 亿美元。

2) 投资储蓄分析

在三部门经济中均衡国民收入的条件 $y = c + i + g$, 也可用 $i + g = s + t$ 来表示, 因为从收入 (或供给) 的角度看, 产出 $y = c + s + t$。

由 $c + i + g = y = c + s + g$, 得

$$i + g = s + t \quad (9-20)$$

式中, t 代表的是净税收, 即 $t = t_0 - \text{tr}$。此均衡条件表示计划投资加政府购买性支出等于计划储蓄加政府的净税收。

如图 9-8 所示, 投资曲线向上平移 g 个单位得到 $i + g$ 曲线, 储蓄曲线向上平移 t 个单位得到 $s + t$ 曲线, 均衡将出现在 E_0 点, 此处 $i + g = s + t$, 总供求相一致, 企业的非意愿存货投资 IU = 0, 企业既不减少也不扩大产出, 国民收入处于均衡状态; 在 E_0 点的左侧, $i + g > s + t$ 且 $y < y_0$, 供给 (产出) 小于需求 (计划的总支出), 企业的非意愿存货投资 IU < 0, 企业会增加产出直至达到均衡; 在 E_0 点的右侧, $i + g < s + t$ 且 $y > y_0$, 供给大于需求, 企业产品积压, 非意愿存货投资 IU > 0, 企业会减少产出, 直至产出下降到均衡水平。

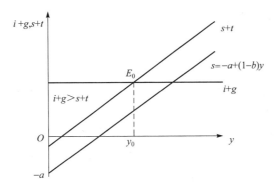

图 9-8　储蓄曲线和投资曲线共同决定均衡国民收入

当给出储蓄函数为 $s=-a+(1-b)y_d$，i、g 为外生变量时，在仅考虑定量税的情况下，三部门经济中均衡国民收入的决定模型为

$$\begin{cases} i+g=s+t & \text{均衡条件} \\ s=-a+(1-b)y_d \\ y_d=y-t \\ t=t_0-\text{tr} & \text{净税收} \\ i=i_0;g=g_0;\text{tr}=\text{tr}_0 \end{cases} \quad (9-21)$$

解方程组可得定量税下三部门经济的均衡国民收入为

$$y=\frac{a+i_0+g_0-bt_0+b\text{tr}_0}{1-b} \quad (9-22)$$

显然两种方法的结论是一致的，并且由式（9-22）可知，a、i、g、t、tr 和 b 这 6 个因素的变化都会影响总需求，进而影响均衡国民收入。

经济实践中，政府的税收总额（T）往往分为两部分：一部分是不受收入影响的自发性税收，即固定税收，是一个常数，用 t_0 表示；另一部分是随收入变化而变化的比例税收，用 $t'y$ 表示，t' 代表的是每增加一单位国民收入应缴纳的税收，即边际税率。在其他假设条件不变、在采用比例税制情况下，三部门经济中均衡国民收入的决定模型为

$$\begin{cases} y=c+i+g & \text{均衡条件} \\ c=a+by_d \\ y_d=y-t \\ t=(t_0+t'y)-\text{tr} & \text{净税收} \\ i=i_0;g=g_0;\text{tr}=\text{tr}_0 \end{cases} \quad (9-23)$$

解方程组可得在比例税制下三部门经济的均衡国民收入为

$$y=\frac{a+i_0+g_0-bt_0+b\text{tr}_0}{1-b(1-t')} \quad (9-24)$$

根据式（9-24）可知，在比例税制下，三部门经济中均衡国民收入取决于 a、i、g、tr、b、t 及 t' 这 7 个因素。

另外，四部门经济均衡国民收入的决定，其内容更为复杂，但是基本原理相同，此处不再赘述。

9.2.2 均衡国民收入的变动

通过前述分析可知，均衡国民收入是由总需求（或有效需求）决定的，总需求的规模可以用总支出（AE）来衡量，AE = c + i + g + nx。构成总支出的任何一部分发生变化，都会引起总需求的变化，进而对均衡国民收入产生影响。这里以三部门经济为例，分三种情况来分析均衡国民收入的变动。

1. 总需求曲线斜率的变动对均衡国民收入的影响

总需求可以用总支出来表示，在三部门经济中，在定量税的情况下，总需求可以表示为

$$\begin{cases} AD = AE = c + i + g \\ c = a + by_d \\ y_d = y - t_0 + tr \end{cases} \tag{9-25}$$

解式（9-25）得

$$AD = a + b(y - t_0 + tr) + i + g \tag{9-26}$$

根据假设前提，i 和 g 都是外生变量，是给定的常数，因此总支出曲线是消费曲线向上平移 $i + g$ 个单位得到的，其斜率取决于消费曲线的斜率。由式（9-26）和图 9-9 可知，总需求曲线的斜率为 b，边际消费倾向 b 提高会引起消费曲线斜率的增加，进而使总支出曲线从 $c_0 + i + g$ 逆时针旋转至 $c_1 + i + g$，均衡点沿 45°线由 E_0 移动至 E_1，国民收入的均衡水平由 y_0 增至 y_1。

反之，在其他条件不变的情况下，边际消费倾向 b 下降则会引起消费曲线的斜率减小，总需求减少，国民产出的均衡水平降低。

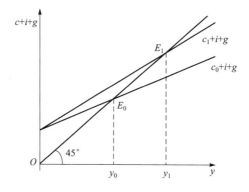

图 9-9 边际消费倾向或边际税率变动对均衡国民收入的影响

2. 总需求曲线平行移动对均衡国民收入的影响

曲线的平行移动往往是由于曲线截距的变化引起的，观察消费函数或总需求的表达式可知，总支出曲线在纵轴上的截距为 $(a + i + g - bt_0 + btr)$。所以，影响总需求曲线位置的主要因素有自发性消费支出、投资支出、政府购买性支出、政府的定量税额和政府转移支付，其中 a、i、g、tr 这 4 个外生变量的变化将引起均衡国民收入的同方向变化，t 的变化将引起均衡国民收入的反方向变化。

如图 9-10 所示，假定 a 和 g 不变，私人投资支出由 i_0 提高至 i_1，则总支出曲线从 $c + i_0 + g$ 向上平移至 $c + i_1 + g$，均衡点沿 45°线由 E_0 移动至 E_1，国民收入的均衡水平由 y_0 增至 y_1。

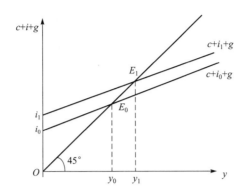

图 9-10 私人投资变动对均衡国民收入的影响

【例题 9-6】 假设例题 9-5 中的其他条件都不变,只是自发性投资 i 由 50 亿美元提高到 60 亿美元,求均衡国民收入及国民收入的变动量。

解:在三部门经济中国民收入均衡的条件是

$$y = c + i + g$$

根据题中已知条件,均衡时有

$$\begin{cases} y = c + i + g \\ c = 100 + 0.8 y_d \\ y_d = y - t_0 + \text{tr} \\ i = 60;\ g = 200;\ t_0 = 250;\ \text{tr} = 50 \end{cases}$$

解得

$$y = \frac{100 + 60 + 200 - 200 + 40}{1 - 0.8} = 1\,000 \text{(亿美元)}$$

$$\Delta y = 1\,000 - 950 = 50 \text{(亿美元)}$$

即投资增加 10 亿美元后,均衡国民收入增至 1 000 亿美元,增加了 50 亿美元。

除投资增加外,自发性消费支出 a、g、tr 的增加,同样会引起总支出曲线向上平移,总需求水平上升,国民收入的均衡水平提高;反之,总支出曲线将会向下平移,总需求水平下降,国民收入的均衡水平下降。

3. 储蓄的变动对均衡国民收入的影响

在个人可支配收入不变的情况下,储蓄与消费此消彼长,消费的增加会使总需求增加,进而引起均衡产出的提高。与之相反,储蓄的增加则会引起消费的减少、总需求的萎缩、均衡产出的下降。

如图 9-11 所示,假定其他条件不变,储蓄水平由 s_0 提高至 s_1,则曲线 $s_0 + t$ 向上平移至 $s_1 + t$,均衡点由 E_0 移动至 E_1,国民收入的均衡水平随着储蓄的增加由 y_0 降至 y_1。

综合以上分析可知:储蓄、税收的变动会引起均衡国民收入的反方向变化,因此储蓄和税收往往被看作是国民经济循环体中的漏出;消费、投资、出口的增加会使总需求增加,引起均衡国民收入的扩张,因此消费、投资和出口往往被看作是国民经济循环体中的注入。

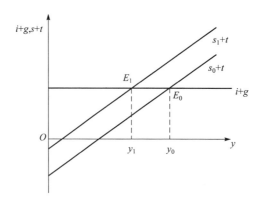

图 9-11 储蓄增加对均衡国民收入的影响

鉴于宏观经济运行中,消费是一种注入、储蓄是一种漏出的思想,凯恩斯提出了"节俭的悖论"。这一悖论描述的是:节俭本是传统的美德,节俭虽说对个人是好的,但对于整个社会来讲是不好的,因为崇尚节俭、增加储蓄会使总需求萎缩,进而导致国民收入减少,经济陷入衰退;而崇尚消费、减少储蓄则会刺激需求,促使经济繁荣。

注意:总需求的增加会引起国民收入的均衡水平的提高,这一结论的前提是经济社会中的资源未得到充分利用,否则总需求的增加更多地是拉动价格的上升,引发通货膨胀、经济过热等问题。

另外,在比例税的情况下,用总支出来衡量的总需求的表达式为

$$AD = a + b(1 - t')y - bt_0 + b\text{tr} + i + g$$

此时情况变得更复杂:边际消费倾向 b 下降或边际税率 t' 提高,都会引起消费支出曲线斜率的下降,总需求减少,国民产出的均衡水平降低;总需求曲线的位置除了受 a、i、g 的影响外,还受 b、t_0 和 tr 的影响。

案例评析 9-1

我国商务部副部长钱克明 1 月 21 日在国新办举行的 2019 年商务工作及运行情况新闻发布会上表示,2019 年,商务运行总体平稳,稳中有进,消费、外贸、外资质量提高,规模扩大,均创历史新高,商务高质量发展取得新成效,为经济社会发展做出了积极贡献。

2019 年,我国全年社会消费品零售总额为 41.2 万亿元,增长 8%,消费对经济增长贡献率为 57.8%,拉动 GDP 增长 3.5 个百分点,连续 6 年成为经济增长的第一拉动力;全年货物进出口额 31.5 万亿元,增长 3.4%;1 至 11 月,服务贸易进出口额 4.9 万亿元,增长 2.1%,预计连续 6 年保持世界第二,逆差收窄 10.5%;全年实际利用外资 9 415 亿元,增长 5.8%,新设外资企业超过 4 万家,保持了第二大外资流入国地位……一系列数据显示,2019 年,我国商务运行交出了亮眼的成绩单。

资料来源:消费连续 6 年成为我国经济增长第一拉动力 我国稳居全球第二大外资流入国. 金融时报,2020-01-22.

9.2.3 乘数理论

从例题9-6中知道，当投资由50亿美元增加到60亿美元时，均衡国民收入从950亿美元增加到1 000亿美元。显然，投资的增加引起了国民收入的大幅增加，国民收入增量是投资增量的5倍，这便是经济学中的乘数效应或倍数效应。国民收入乘数原理是凯恩斯需求管理理论的主要支柱之一。

1. 乘数原理

乘数（multiplier），是指由于自发支出（自发性投资、自发性消费、政府购买性支出、政府转移支付及净出口）或税收每变动一单位所引起的均衡产出的变动量。

乘数效应（multiplier effect）指的是自发支出的增加或税收的减少所引起的经济中总产出的放大效应。国民经济是一个内部相互关联的有机整体，自发性支出的增加或税收的减少，会在整个国民经济中产生连锁反应，并最终导致国民产出的大幅增加。假定在某一经济社会中，某公司为建立生产线新增投资100万美元，即$\Delta i = 100$万美元，总需求会因此立即增加100万美元，从而使国民收入也增加100万美元。然而，投资对经济的影响并没有结束，这最初的100万美元支出会转化为设备厂工人、设备安装工人及新增加工人的收入，其中一部分会被用于消费，从而引发第二轮新的支出。假设边际消费倾向为0.8，则Δi中的80%会用于消费，致使总支出又增加了80万美元，必然会带来国民收入增加80万美元。新增收入80万美元中的80%用于消费，从而形成又一轮总支出的增加，总支出的增加又会带来产出和收入的增加。如此循环往复，该公司最初的100万美元投资支出的增加会引起总支出的多次增加，使国民收入的增量Δy有倍加于初始投资增量Δi的乘数效应（见图9-12），计算过程可用数学公式表示如下。

$$\Delta y = \Delta i + b\Delta i + b^2\Delta i + b^3\Delta i + \cdots = \Delta i(1 + b + b^2 + b^3 + \cdots) = \frac{1}{1-b}\Delta i$$

$$\Delta y = 100 + 100 \times 0.8 + 100 \times 0.8^2 + 100 \times 0.8^3 + \cdots = \frac{100}{1-0.8} = 500（万美元）$$

上述例子中，投资变化引起的国民产出扩张效应明显。接下来的问题是，乘数有哪些种类？乘数的大小又是由什么因素决定的呢？

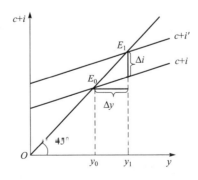

图9-12 乘数效应

2. 主要的乘数

在这里，先以三部门经济为例，考虑定量税的情况，从国民收入均衡条件出发可得

$$y = \frac{a + i_0 + g_0 - bt_0 + b\text{tr}_0}{1 - b}$$

可通过简单换算或简单求导得到以下乘数。

1) 投资乘数

投资乘数是指国民收入变动量与引起这种变动的投资变动量之间的比率。以 Δi 表示自发性投资的变动量，Δy 表示国民收入变动量，则投资乘数的计算公式为

$$k_i = \frac{\Delta y}{\Delta i} = \frac{1}{1 - b} \quad (9-27)$$

式中，b 为边际消费倾向，所以投资乘数的公式又可表示为

$$k_i = \frac{\Delta y}{\Delta i} = \frac{1}{1 - \text{MPC}} = \frac{1}{\text{MPS}} \quad (9-28)$$

由式（9-27）可知，投资乘数的大小与边际消费倾向的取值正相关，边际消费倾向越大（或者说储蓄倾向越小），乘数就越大。又因为 $0 < b < 1$，所以投资乘数 k_i 一定是大于 1 的。如上面的例子中，投资乘数 $k_i = \frac{\Delta y}{\Delta i} = \frac{1}{1 - 0.8} = 5$。

2) 自发性消费支出乘数

自发性消费支出乘数，指的是国民收入变动量与引起这种变动的自发性消费支出变动量的比率。以 Δa 表示自发性消费支出的变动量，Δy 表示国民收入变动量，则自发性消费支出乘数 k_a 为

$$k_a = \frac{\Delta y}{\Delta a} = \frac{1}{1 - b} \text{ 或 } k_a = \frac{1}{1 - \text{MPC}} = \frac{1}{\text{MPS}} \quad (9-29)$$

由式（9-29）可知，自发性消费支出乘数的大小与边际消费倾向的取值正相关，边际消费倾向越大（或者说储蓄倾向越小），乘数就越大。又因为 $0 < b < 1$，所以自发性消费支出乘数 k_a 一定是大于 1 的。

3) 政府购买性支出乘数

政府购买性支出乘数，指的是国民收入变动量与引起这种变动的政府购买性支出变动量的比率。以 Δg 表示政府购买性支出变动量，Δy 表示国民收入变动量，则政府购买性支出乘数 k_g 为

$$k_g = \frac{\Delta y}{\Delta g} = \frac{1}{1 - b} \text{ 或 } k_g = \frac{1}{1 - \text{MPC}} = \frac{1}{\text{MPS}} \quad (9-30)$$

由式（9-30）可知，政府购买性支出乘数的大小与边际消费倾向的取值正相关，边际消费倾向越大（或者说储蓄倾向越小），乘数就越大。又因为 $0 < b < 1$，所以政府购买性支出乘数 k_g 一定是大于 1 的。

综合前述分析有

$$k_i = k_a = k_g = \frac{1}{1 - b} = \frac{1}{1 - \text{MPC}} = \frac{1}{\text{MPS}}$$

即这三类乘数与边际消费倾向 b 同方向变化，与边际储蓄倾向 MPS 反方向变化，并且乘数的取值都大于 1。

4) 税收乘数

税收乘数指的是国民收入变动量与引起这种变动的税收变动量的比率。以 Δt 表示税收变动量，则税收乘数 k_t 为

$$k_t = \frac{\Delta y}{\Delta t} = \frac{-b}{1-b} \text{ 或 } k_t = \frac{-\text{MPC}}{1-\text{MPC}} = -\frac{\text{MPC}}{\text{MPS}} \quad (9-31)$$

由于 $0 < b < 1$，因此税收乘数为负，表明税收的变化会引起国民收入的反向变化。另外，一般来讲，$|k_t| > 1$。

5）政府转移支付乘数

政府转移支付乘数，是指国民收入变动量与引起这种变动的政府转移支付变动量的比率。以 Δtr 表示政府转移支付变动量，则政府转移支付乘数 k_{tr} 为

$$k_{\text{tr}} = \frac{\Delta y}{\Delta \text{tr}} = \frac{b}{1-b} \text{ 或 } k_{\text{tr}} = \frac{\text{MPC}}{1-\text{MPC}} = \frac{\text{MPC}}{\text{MPS}} \quad (9-32)$$

一般来讲，MPC > MPS，所以政府转移支付乘数大于 1，表明政府转移支付的变动会引起国民收入的大幅增长。政府转移支付乘数与税收乘数的绝对值相同，但符号相反，即 $|k_t| = k_{\text{tr}}$。

6）平衡预算乘数

平衡预算乘数，是指政府购买性支出和税收同时以一个相同的数额变动所引起的国民收入变动量与政府购买性支出变动量（或税收变动量）的比率。以 Δg、Δt 分别表示政府购买性支出和税收的变动量，且 $\Delta g = \Delta t$，则平衡预算乘数 k_b 可以表示为

$$k_b = \frac{\Delta y}{\Delta g} = \frac{\Delta y}{\Delta t} = \frac{1-b}{1-b} = 1 \quad (9-33)$$

推导过程如下：以 Δy_g 表示由政府购买性支出变动导致的国民收入变动量、Δy_t 表示由税收变动导致的国民收入变动量，Δy 表示政府购买性支出和税收同时以一个相同的数额变动所引起的国民收入变动量，则有

$$\Delta y = \Delta y_g + \Delta y_t = k_g \Delta g + k_t \Delta t = \frac{1}{1-b}\Delta g + \frac{-b}{1-b}\Delta t$$

由于假定 $\Delta g = \Delta t$，因此有

$$\Delta y = \frac{1}{1-b}\Delta g + \frac{-b}{1-b}\Delta g = \Delta g \quad \text{或} \quad \Delta y = \frac{1}{1-b}\Delta t + \frac{-b}{1-b}\Delta t = \Delta t$$

于是，可推导出

$$k_b = \frac{\Delta y}{\Delta g} = \frac{\Delta y}{\Delta t} = \frac{1-b}{1-b} = 1$$

由式（9-33）可知，当政府购买性支出和税收同时变动一个相同数额时，会引起国民收入同方向同数额变动。例如，政府同时增加 100 万美元的购买支出和 100 万美元的税收，在不改变政府预算平衡的情况下，就会使国民收入增加 100 万美元。

综合乘数理论的分析，可以得出如下结论。

第一，乘数的大小取决于边际消费倾向 b。如果 b 很大，收入的增加会引起人们大幅度增加消费支出，增加的收入中没有被消费的"漏出"较少，这时乘数效应很大。如果 b 很小，收入的增加不会引起人们大幅增加消费支出，增加的收入中没有被消费的"漏出"较多，乘数也就比较小。

第二，投资乘数、自发消费支出乘数、政府购买性支出乘数三者完全相等。这是因为计划投资、自发消费支出和政府购买性支出对总产出 y 的影响是直接的，它们的变动直接影响总支出，进而引起总产出或总收入的变动。

第三，税收乘数为负值，税收乘数与转移支付乘数符号相反，绝对值相等。税收乘数为

负，表明 t 的变动会引起 y 的反方向变动，即税收增加，国民收入减少。这是因为税收增加，会减少人们的可支配收入，从而消费支出减少，这等于减少了总支出，从而使均衡收入水平下降。另外，税收乘数较小，这与税收对 y 有反方向的间接影响有关。

第四，乘数作用的发挥是有前提的，并且乘数作用具有双重性。乘数发挥作用的前提是现实经济处于非充分就业状态，即资源未得到充分利用。乘数作用的双重性体现在：任何一项自发性支出增加或税收减少都会引起均衡产出的大幅增加；任何一项自发性支出减少或税收增加都会引起均衡产出的大幅减少。

如果在比例税的情况下研究乘数，则除平衡预算乘数保持不变外，其他乘数都会受到边际税率的影响。

9.3　IS–LM 模型

简单的国民收入决定模型揭示了产品市场上总需求（总支出）对总产出（总收入）的决定作用，但未考虑货币市场和利率因素的影响，即仅考虑了产品市场，并假定投资是一个外生变量（即常数）。在现实经济中，产品市场与货币市场相互制约、相互影响：货币供求的变化会引起利率的变动，利率的变动又会引起投资的变动，进而引起产品市场上收入的变动，收入的变动又会通过货币需求影响利率……于是凯恩斯理论陷入了循环推论。凯恩斯的后继者们发现了这一循环推论的错误，于是英国经济学家 J. R. 希克斯和美国经济学家 A. H. 汉森把产品市场和货币市场结合起来，同时考察了这两个市场的共同均衡问题，提出了著名的"汉森–希克斯模型"，即 IS–LM 模型，以说明当产品市场与货币市场同时均衡时，国民收入与利率之间的相互关系。

IS–LM 模型基本勾勒出了凯恩斯主义的整体思想，是对总需求分析的高度概括，为宏观经济政策的制定和实施提供了一个重要的理论模型和分析工具。

9.3.1　IS 曲线

1. IS 曲线的推导

IS 曲线也称为投资储蓄曲线，是描述产品市场达到均衡（$i=s$）时，国民收入与利率之间存在反向变化关系的曲线。

IS 曲线的推导有代数法与几何法两种，这里采用直观的代数法。由于投资 i 不再是外生变量，而是利率 r 的函数，因此两部门经济中产品市场的均衡模型可表示为

$$\begin{cases} i = s & \text{均衡条件} \\ i = e - dr & \text{投资函数} \\ s = -a + (1-b)y & \text{储蓄函数} \end{cases} \quad (9-34)$$

解方程组，得均衡的国民收入为

$$y = \frac{a+e}{1-b} - \frac{d}{1-b}r \text{ 或 } r = \frac{a+e}{d} - \frac{1-b}{d}y \quad (9-35)$$

【例题 9–7】 假设两部门经济中的投资函数为 $i = 160 - 50r$，消费函数为 $c = 100 + 0.9y$，即储蓄函数为 $s = -100 + 0.1y$，则产品市场均衡时有

$$\begin{cases} i = s \\ i = 160 - 50r \\ s = -100 + 0.1y \end{cases}$$

解该方程组得

$$y = \frac{a+e}{1-b} - \frac{d}{1-b}r = \frac{100 + 160 - 50r}{1 - 0.9} = 2\,600 - 500r$$

当 $r = 1\%$ 时，$y = 2\,100$（亿美元）

当 $r = 2\%$ 时，$y = 1\,600$（亿美元）

当 $r = 3\%$ 时，$y = 1\,100$（亿美元）

⋮

注意：在代入利率计算相关数据时，代入的不是百分比，而是百分点数。

如果以纵轴代表实际利率 r，横轴代表国民收入 y，根据上面的数据可在坐标图上画出一条向右下方倾斜的曲线，如图 9 – 13 所示。

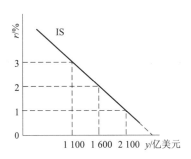

图 9 – 13　IS 曲线

在图 9 – 13 中，在向右下方倾斜的曲线上，利率与国民收入的组合点 (y, r) 都满足产品市场的均衡条件 $I = S$，故称此曲线为 IS 曲线，其描述的是产品市场达到均衡时，利率与国民收入之间的反向变化关系。通常情况下，随着 r 的上升，投资会减少，因此国民收入必须减少以维持产品市场的均衡（$I = S$）；反之，利率 r 下降，将会刺激投资，总需求增加，因此国民收入必须增加以维持产品市场的均衡（$I = S$）。

在三部门经济中，在考虑定量税 t_0 的情况下，产品市场上实现均衡时，其均衡模型为

$$\begin{cases} i + g = s + t & \text{均衡条件} \\ i = e - dr \\ s = -a + (1-b)y_d & \\ y_d = y - t \\ t = t_0 - \text{tr} & \text{净税收} \end{cases} \tag{9-36}$$

解方程组得

$$y = \frac{a + e + g - bt_0 + b\text{tr}}{1 - b} - \frac{d}{1-b}r \tag{9-37}$$

或

$$r = \frac{a + e + g - bt_0 + b\text{tr}}{d} - \frac{1-b}{d}y \tag{9-38}$$

由式（9-37）和式（9-38）可以看出，在其他条件不变的情况下，三部门经济中产品市场达到均衡时，均衡国民收入与利率之间也存在反向变化的关系。

四部门经济也是如此，在此不再推导。

2. IS 曲线的斜率

IS 曲线表示产品市场达到均衡时，利率与国民收入的关系。根据 IS 曲线的推导结论可知，利率与国民收入之间呈反向变化关系，因此 IS 曲线的斜率为负。

◇ 思考：IS 曲线所表示的利率与国民收入之间的反向变化关系是因果关系吗？为什么？

在三部门经济中，在定量税前提下，以产品市场实现均衡时所对应的 IS 方程为例，即式(9-38)：

$$r = \frac{a + e + g - bt_0 + b\mathrm{tr}}{d} - \frac{1-b}{d}y$$

与此相对应，IS 曲线的斜率为 $-(1-b)/d$，因此 IS 曲线的斜率取决于边际消费倾向 b 和投资对利率的敏感系数 d。

在三部门经济中，在比例税的情况下，由 IS 方程的表达式［式(9-38)］推导可得

$$r = \frac{a + e + g - bt_0 + b\mathrm{tr}}{d} - \frac{1-b(1-t')}{d}y$$

与此相对应，IS 曲线的斜率为 $-[1-b(1-t')]/d$，因此 IS 曲线的斜率取决于 b、d 和边际税率 t' 这三大因素。

结合图 9-14，综合分析可得以下 3 个结论。

（1）边际消费倾向 b 的取值越大，IS 曲线的斜率的绝对值就越小，曲线就越平坦，利率的变动对国民收入的影响就越大。因为在其他条件不变的情况下，b 值越大，各项支出乘数就越大，从而当利率变化引起投资变动时，会导致国民收入发生较大幅度的变动。反之，b 的取值越小，IS 曲线的斜率的绝对值就越大，曲线就越陡，利率的变动对国民收入的影响就越小。

（2）投资对利率的敏感系数或称投资的利率弹性 d，其取值越大，IS 曲线的斜率的绝对值就越小，曲线就越平坦，利率的变动对国民收入的影响就越大。因为在其他条件不变的情况下，d 值越大，意味着投资对利率变动越敏感，利率的较小变动都会引起投资需求的显著变化，从而引起国民收入的大幅变动；反之，投资对利率变动越不敏感，d 的取值越小，IS 曲线的斜率的绝对值就越大，曲线就越陡，利率的变动对国民收入的影响就越小。

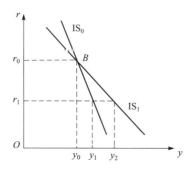

图 9-14　IS 曲线的斜率变动对收入与利率的影响

（3）在其他条件不变的情况下，边际税率 t' 的取值越大，IS 曲线的斜率的绝对值就越大，曲线就越陡，利率的变动对国民收入的影响就越小。因为在边际消费倾向 b 不变的情况下，t' 的取值越大，各项支出乘数就越小，利率的变动对国民收入的影响就越小；反之，t' 的取值越小，IS 曲线的斜率的绝对值就越小，各项支出乘数就越大，利率的变动对国民收入的影响就越大。

3. IS 曲线的移动

如果 IS 曲线的斜率不变，IS 曲线的位置取决于其在坐标轴上的截距，以三部门经济中定量税的情况为例，产品市场上实现均衡时所对应的 IS 方程为

$$y = \frac{a + e + g - bt_0 + b\text{tr}}{1 - b} - \frac{1}{1 - b}r$$

显然，IS 曲线在横轴上的截距为 $\dfrac{a + e + g - bt_0 + b\text{tr}}{1 - b}$。

假定在其他条件不变的情况下，政府购买性支出的增加量为 Δg 个单位，则均衡国民收入将因此而增加 $k_g \Delta g$ 个单位，IS 曲线也将向右平移 $k_g \Delta g$ 个单位，如图 9 - 15 所示，均衡的产出将由 y_0 上升到 y_1。

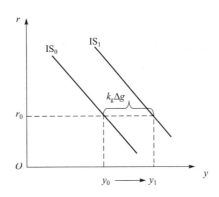

图 9 - 15 自发性支出变化对 IS 曲线位置和均衡国民收入 y 的影响

与政府购买性支出相似，在利率和边际消费倾向不变的前提下，自发性消费支出、自发性投资支出和政府转移支付的变动，都会通过相应的乘数引起国民收入的大幅同方向变动，IS 曲线则会随之平移；而政府税收的变动，则会通过税收乘数引起国民收入的大幅反方向变动。

9.3.2　LM 曲线

IS 曲线描述的是产品市场达到均衡（$i = s$）时，国民收入与利率之间存在的反向变化关系。其中的利率是由货币市场上货币的供、求共同决定的，因此现在把目光转到货币市场，研究货币市场均衡时 r 和 y 之间的关系。本节将在货币供求理论的基础上，探讨 LM 曲线的内涵、推导和变动。

1. 货币供求理论

1）货币的内涵

关于货币的定义至今没有定论，对其内涵的理解，理论与现实差别很大。在日常生活中，人们往往把货币与"钱"等同起来，但是钱的含义模糊而宽泛。马克思在《资本论》

中把货币定义为充当一般等价物的特殊商品。但金本位制解体后，货币的商品性就没了依托。美国经济学家曼昆把货币定义为："货币是经济中人们经常用于购买其他人的物品与劳务的一组资产"，显然其定义的角度是货币的功能。货币主义的代表人物弗里德曼通过实证研究，界定了货币的范围：现金和商业银行的存款。此外，法律上关于货币的定义是："法律规定的、由国家发行的、具有无限法定偿付能力的事物"。这一定义也存在一定的片面性，未能涵盖经济中的货币。

在经济学中，货币是人们普遍接受的交换媒介，无论货币采用何种形式（现金、存款、电子货币等），本质上体现的都是信用关系，因此货币可以定义为在商品、劳务交换或债务偿还中用于支付的信用工具，主要包括通货和活期存款。

关于货币的职能，一般认为包括交换媒介、价值尺度、支付手段和储藏手段四类，这里不再详述。

2）货币需求（L）

货币需求也称"流动性偏好"（liquidity preference），指的是人们宁肯牺牲利息收入而将不能生息的、流动性最强的货币保存在手中的心理倾向。凯恩斯认为，人们之所以宁可把不生息的货币保持在手中，是因为同其他资产相比，货币具有使用上的灵活性和便利性，而手持货币可以满足交易动机、预防动机和投机动机。这就是凯恩斯在《就业、利息与货币通论》中提出的影响有效需求的第三大心理规律——流动偏好规律。

（1）交易动机（transaction motive）。交易动机是指企业和个人出于正常交易的需要而产生的持有货币的愿望。这是基于货币的交换媒介职能而导致的一部分需求。此处的交易是指个人为了维持正常的生活而进行的购买活动，以及企业为了维持正常的生产活动而购买原材料、劳动力等的活动。由于收入与支出在时间上往往不同步，因此企业和个人为了正常的生产活动和生活需要，必须持有一定量的货币，而不能把全部的流动性资产都转化成债券。出于交易动机的货币需求主要取决于收入水平，一般地，收入水平越高，交易数量越大，需要的货币量越大；反之，收入水平越低，所购买的产品与劳务数量就越少，为应付日常开支所需的货币量也就越小。

如果短期内，假定收入与支出的时间间隔既定，那么出于交易动机对货币的需求量与收入水平的关系可以用函数关系表示为

$$L_t = k_1 y \qquad (9-39)$$

式中，L_t 代表基于交易动机产生的货币需求；k_1 代表每单位国民收入中用于满足交易动机的货币量，$0 < k_1 < 1$；y 代表实际国民收入。

（2）预防动机（preventive motive）。预防动机又称谨慎动机，是指为应付意外事故或紧急情况而持有一部分货币的愿望。现实生活中，人们面临着未来的不确定性，企业和家庭都会遇到临时的不可预料的开支，如原材料大幅涨价、赊销款不能如期收回、事故、疾病、失业或意外的购买机会等，因此要事先留出一部分货币以备不时之需。凯恩斯认为，因预防动机而产生的货币需求仍然与收入呈同方向变化关系。因此，出于预防动机而产生的货币需求量与收入水平之间的函数关系可表示为

$$L_p = k_2 y \qquad (9-40)$$

式中，L_p 代表基于预防动机产生的货币需求；k_2 代表每单位国民收入中用于满足预防动机的货币量，$0 < k_2 < 1$；y 代表实际国民收入。

由交易动机和预防动机产生的货币需求统称为货币的交易需求，用 L_1 表示，则货币的

交易需求 L_1 与实际国民收入 y 之间的关系可表示为

$$L_1 = L_1(y) = k_1 y + k_2 y = ky \quad (0 < k < 1) \tag{9-41}$$

式(9-41)中的 k 代表货币交易需求的收入弹性，可用来衡量 L_1 对 y 变动的敏感程度，即当 y 增加一个单位时所导致的交易性货币需求的变动量。例如，若实际国民收入 $y = 300$ 万元，$k = 0.4$（即收入增加1元，货币的交易需求增加0.40元），那么 $L_1 = 300 \times 0.40 = 120$ 万元。

货币的交易需求量与实际国民收入之间的同方向变化关系可以用图9-16来表示。

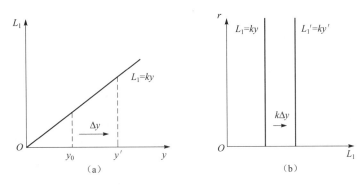

图9-16 货币的交易需求曲线

在图9-16(a)中，横轴表示实际国民收入，从坐标原点出发向右上方倾斜的 L_1 曲线表示货币的交易需求量与实际国民收入按比例 (k) 同方向变化；在图9-16(b)中，纵轴表示实际利率，垂直于横轴的曲线表示货币的交易需求与利率无关。随着国民收入从 y_0 上升至 y' 时，图9-16(b)中的 L_1 曲线将向右平移 $k\Delta y$ 个单位，移至 L_1' 的位置。

（3）投机动机（speculative motive）。投机动机，是指人们为了抓住购买有价证券的有利时机而持有货币的愿望。这里假定人们一时不用的财富只有货币和有价债券两种保有形式。货币的投机性需求是凯恩斯最早提出的，他认为，人们之所以宁肯持有不生息的货币，除了交易和预防的动机外，还因为持有货币可用于投机性债券买卖。凯恩斯把人们一时不用的财富资产分为货币和有价证券两类。持有货币没有收益，而持有有价债券可以获得收益。债券能够给资产持有者带来的收益包括两部分：第一，持有债券的利息收益；第二，出售债券时的价格大于购买时债券的价格，出售债券所能带来的潜在的资本收益。债券价格的决定公式如下。

$$债券价格 = \frac{债券固定的利息收益}{市场利率}$$

显然，股票、债券等有价证券的价格随利率的变化而变化。一般情况下，当利率下降时，有价证券的价格上涨；反之，当利率上升时，有价证券的价格下跌。如果当前利率处于高位，人们预期未来利率将下降，有价证券价格将上升，出于赚钱的目的，他会在现期价格较低时用货币买进有价证券，则手中持有的货币量减少；反之，若当前利率处于低位，人们预期利率将上升、有价证券价格将下跌，就会在高价位卖出有价证券而保留货币，从而手中持有的货币量增加。因此，投机动机产生的货币需求与市场利率呈负相关关系，这种反向变化关系可表述为

$$L_2 = L_2(r) = A - hr$$

式中，A 代表自发性的货币投机需求，与利率变动无关。为了理论分析的方便，西方经济学理论中常常把上式简化为

$$L_2 = L_2(r) = -hr \qquad (9-42)$$

式（9-42）中，L_2 代表由投机动机产生的货币需求；r 代表实际利率；h 代表货币投机需求的利率弹性，即利率变动一个百分点时货币投机需求量的变动，负号表示货币的投机需求与利率负相关。

货币的投机需求与利率的负相关关系还可以用图 9-17 表示。图中，横轴代表投机性货币需求，纵轴代表实际利率，向右下方倾斜的 L_2 曲线反映了投机性货币需求与利率之间的反向变化关系。当利率极高时，货币的投机性需求将走向一种极端，即 L_2 为零，因为此时人们认为，利率不可能再提高，或者说，有价证券的价格不可能再降低，出于投机的目的，人们会将所持有的货币全部购买证券，所以货币的投机性需求 $L_2 = 0$，此时 $h \to 0$（表示货币的投机性需求不受利率变动的影响），货币投机需求曲线接近垂直；而当利率极低时，货币的投机性需求走向另一个极端，即 $L_2 \to \infty$，由于利率极低时，人们认为利率不可能再降低，或者说，有价证券的价格不可能再上涨，出于规避风险的目的，人们会将所持有的证券全部卖出换回货币，所以货币的投机需求 $L_2 \to \infty$，此时 $h \to \infty$（表示货币的投机性需求对利率变动非常敏感）。在利率极低的情况下，无论手头有多少货币，人们都不愿去购买有价证券，而是作为储藏手段保留在手中，这种现象被称之为"凯恩斯陷阱"或"流动偏好陷阱"（liquidity trap），正如图 9-17 中阴影部分所反映的。

综合上述三种货币需求动机的分析，可以得到凯恩斯的货币需求函数：

$$L = L_1 + L_2 = L_1(y) + L_2(r) = ky - hr \qquad (9-43)$$

注意式（9-43）中的 L、y 和 r 皆为扣除价格变化后的实际值，因此 L、L_1 和 L_2 代表的都是货币的实际需求量，即具有不变购买力的实际货币需求量。实际货币需求量与名义货币需求量的关系可以表示为

$$L(y, r) = \frac{名义货币需求量}{P} \qquad (9-44)$$

式中，P 代表的是价格指数，价格指数反映的是一般物价水平。

凯恩斯的货币需求函数或称流动偏好函数可以用图 9-18 表示。

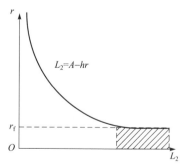

图 9-17 货币的投机需求曲线及流动偏好陷阱

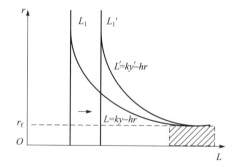

图 9-18 货币需求函数

由图 9-18 可知，国民收入的变动会影响货币需求曲线的位置。

3)货币供给

货币供给是一个国家在某一时点上所保持的不属于政府和银行所有的硬币、纸币和银行存款的总和。显然货币供给是一个存量概念。从计量的角度看,根据流动性的高低,可以将货币分为狭义的货币 M_1、广义的货币 M_2 和更广义的货币 M_3,计量的范围不同,统计出的货币供应量也不同。

$$\text{狭义的货币 } M_1 = \text{通货} + \text{活期存款} = \text{纸币} + \text{硬币} + \text{活期存款}$$

$$\text{广义的货币 } M_2 = M_1 + \text{小额定期存款} + \text{短期储蓄} + \text{货币市场互助账户}$$

$$\text{更广义的货币 } M_3 = M_2 + \text{长期大额定期储蓄} + \text{其他流动性较差的金融资产}$$
$$(\text{包括国债、商业票据等})$$

与货币的计量范围相对应,货币供应量也有狭义和广义之分,狭义的货币供应量是指 M_1,包括通货和活期存款;广义的货币供应量是指 M_2。现代宏观经济学中,货币的供应量指的是 M_1,即为了分析的简便,通常假定名义货币供给由中央银行决定,它是一个外生的政策性变量,计作 M,其与利率的变动无关。

如果价格水平 P 给定,则名义货币供给量 M 和实际货币供应量 m 之间的关系是

$$m = \frac{M}{P} \tag{9-45}$$

4)货币市场均衡

当货币市场上货币的需求与供给一致时,货币市场就实现了均衡,均衡时的利率就是均衡利率或称市场利率。基于前面关于货币需求与供给的分析可知,货币市场上实现均衡时有

$$L = m$$

即

$$ky - hr = \frac{M}{P} \tag{9-46}$$

显然,在一定时期内的货币市场上,货币需求量 L 和货币供应量 m 相等时的利率即为均衡利率。均衡利率的决定可用图 9-19 表示。

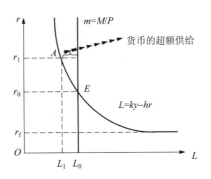

图 9-19 货币市场的均衡

如图 9-19 所示,因为名义货币供应量 M 是由中央银行决定的,与利率无关,而短期内一般物价水平 P 是固定的,所以货币供给曲线是一条垂直于横轴的直线。这条供给曲线与向右下方倾斜的货币需求曲线相交于 E 点,E 点则为均衡点,与均衡点对应的 r_0 就是均衡利率,L_0 就是均衡的货币供求数量。

由于实际货币供应量 M/P 是既定的，所以均衡的利率就由货币的需求量决定。一旦中央银行的货币政策不调整，货币市场的失衡就只能通过货币需求的变化来调整。例如，当货币需求量小于货币供应量时，如图 9-19 中的 A 点，表明经济中有超额的货币供给，人们会把手中的余钱用于购买证券，从而导致证券的价格上升，这种变化过程将持续到利率由 r_1 下降至 r_0、货币需求量由 L_1 增加到 L_0 为止。

当然，均衡利率不是固定不变的，当货币需求和货币供给发生变动而引起货币需求曲线或货币供给曲线移动时，均衡利率会相应地发生变动。一般情况下，中央银行货币供应量的扩张，会引起货币供给曲线向右平移，进而引起均衡利率下降（如图 9-20(a) 所示）；国民收入的增加会使货币的交易需求增加，货币需求曲线会向右平移，进而引起均衡利率的上升（如图 9-20(b) 所示）。

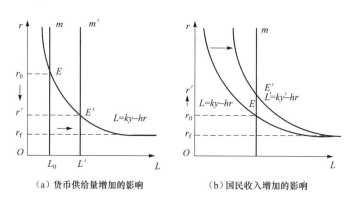

(a) 货币供给量增加的影响　　(b) 国民收入增加的影响

图 9-20　均衡利率的变动

2. LM 曲线的推导

LM 曲线又称为货币市场均衡曲线，是货币市场均衡时（$L=m$）所有国民收入 y 和利率 r 的组合点的连线，描述的是货币市场实现均衡时国民收入与利率的同方向变化关系。LM 曲线实际上是从货币的投机需求与利率的关系、货币的交易需求与收入的关系，以及货币需求与货币供给相等的关系中推导出来的。据此得货币市场均衡的模型为

$$\begin{cases} L = m & \text{均衡条件} \\ L = L_1(y) + L_2(r) = ky - hr & \text{货币需求} \\ m = M/P & \text{货币供给} \end{cases} \quad (9-47)$$

求解上述方程组得

$$y = \frac{hr}{k} + \frac{m}{k} \quad (9-48)$$

或

$$r = \frac{k}{h}y - \frac{m}{h} \quad (9-49)$$

式(9-48)和式(9-49)都是 LM 曲线的代数表达式。从这两个公式可以看出，货币市场实现均衡时，国民收入和利率之间存在同方向变化的关系。

【例题 9-8】假设某经济社会的货币交易需求函数为 $L_1=0.4y$，货币的投机需求函数为

$L_2 = 1\,300 - 80r$,货币的名义供应量为 $M = 1\,500$ 亿美元,价格水平 $P = 1$,则由货币市场的均衡条件可得

$$\begin{cases} L = m \\ L = L_1(y) + L_2(r) = 0.4y + 1\,300 - 80r \\ m = M/P = 1\,500 \end{cases}$$

求得 LM 方程为

$$y = 200r + 500 \text{ 或 } r = 0.005y - 2.5$$

当 $y = 700$ 亿美元时,$r = 1\%$

当 $y = 900$ 亿美元时,$r = 2\%$

当 $y = 1\,100$ 亿美元时,$r = 3\%$

$\vdots$

注意:在计算利率时,计算的不是百分比,而是百分点数。

如果以纵轴代表实际利率 r、横轴代表国民收入 y,根据上面的数据可在坐标图上画出一条向右上方倾斜的 LM 曲线,如图 9-21 所示。

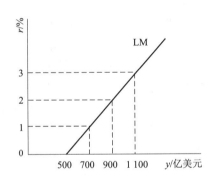

图 9-21 LM 曲线

在图 9-21 中,在向右上方倾斜的曲线上,利率与国民收入的组合点 (y, r) 都满足货币市场的均衡条件 $L = m$,故称此曲线为 LM 曲线,其描述的是货币市场达到均衡时,利率与国民收入之间的同向变化关系。一般地,在货币供给 m 不变的前提下,随着国民收入 y 的上升,货币的交易需求会增加,货币市场上利率必须上升才能保证货币市场的均衡;反之,随着国民收入 y 的下降,货币的交易需求会减少,货币市场上利率必须下降才能保证货币市场的均衡。

3. LM 曲线的斜率

LM 曲线表示货币市场达到均衡时利率与国民收入的关系。根据 LM 曲线的推导结论可知,利率与国民收入之间同向变动,因此 LM 曲线的斜率为正值。

> ◇ **思考**:LM 曲线所表示的利率与国民收入之间同向变化的关系是因果关系吗?为什么?

根据描述货币市场均衡的 LM 曲线的代数表达式(9-49)可知,LM 曲线的斜率为 k/h,因此 LM 曲线的斜率取决于货币交易需求的收入弹性 k 和货币投机需求的利率弹性 h。

当 k 既定时，h 越大，LM 曲线的斜率越小，LM 曲线越平缓；当 h 既定时，k 越大，LM 曲线的斜率越大，LM 曲线越陡峭。经济学家认为，货币交易需求的收入弹性系数 k（$0 < k < 1$）比较稳定。因此，LM 曲线的斜率主要取决于货币投机需求的利率弹性系数 h（$0 < h < \infty$），根据不同利率水平下 h 的取值特点，可将 LM 曲线划分为三个区域。

（1）凯恩斯区域。如图 9-22 所示，当利率水平极低（$r \to r_f$）时，货币的投机需求 $L_2 \to \infty$，此时 $h \to \infty$，表示货币的投机需求对利率的变动极为敏感，与此种情况相应，LM 曲线的斜率 $k/h \to 0$，所以 LM 曲线几乎是一条水平线。这种情况对应了前面分析的"凯恩斯陷阱"，因此图中水平段被称为 LM 曲线的"凯恩斯区域"。

（2）古典区域。如图 9-22 所示，当利率水平极高（$r \to r_h$）时，货币的投机需求 $L_2 \to 0$，此时 $h \to 0$，意味着利率的变动对货币的投机需求影响极小，与此种情况相应，LM 曲线的斜率 $k/h \to \infty$，所以 LM 曲线几乎是一条垂直于横轴的垂线。古典学派的解释是：这时人们只有货币的交易需求量，而无货币的投机需求量，因此利率的调整不会影响国民收入水平，LM 曲线的垂直段也被称为 LM 曲线的"古典区域"。

（3）中间区域。如图 9-22 所示，介于凯恩斯区域和古典区域之间的 LM 曲线段则被称为"中间区域"。中间区域的斜率 k/h 为正值，反映了利率与国民收入呈同方向变化的关系。在这一区域，利率水平介于极高和极低之间，货币的投机需求 L_2 随利率的上升而减少，于是在货币供应量 m 既定的前提下，为了保持货币市场的均衡，货币的交易需求量 L_1 必须随利率的上升而增加，相应的国民收入也必须增加。因此，"中间区域"的利率和国民收入必须同方向变化，才会使货币市场保持均衡，这要求 LM 曲线向右上方倾斜。

凯恩斯区域与古典区域是经济发展中可能出现的两种极端情况，一般情况下，经济中的货币市场均衡大多数与中间区域的描述相符，所以经济学中常用 LM 曲线的中间区域来代表 LM 曲线。

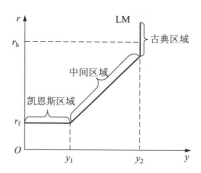

图 9-22 LM 曲线的三个区域

4. LM 曲线的移动

货币供应量的变化会导致 LM 曲线同方向变动，即货币供给增加，LM 曲线右移。原因在于：货币供给增加使得利率下降，即同样的国民收入水平现在对应着较低的利率，LM 曲线右移。这一规律根据 LM 曲线的代数表达式也可得出。由式（9-48）可知，$\frac{m}{k}$ 就是 LM 曲线在横轴上的截距，由于 k 是较稳定的，实际货币供应量 $m = M/P$（本章假定 P 不变），因此名义货币供应量 M 或者直接说实际货币供应量 m 的变动，将会引起 LM 曲线的同方向变动，如图 9-23 所示。

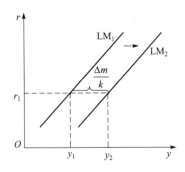

图 9-23 货币供应量变化引起的 LM 曲线的移动

当然，如果价格水平 P 上升则会引起实际货币供应量 m 的减少，从而引致 LM 曲线向左平移；反之，价格水平 P 下降则会引起实际货币供应量 m 的增加，进而引致 LM 曲线向右平移。

在图 9-23 中，假定由于货币政策的调整，使得货币实际供应量增加，若其增加量为 Δm，则 LM 曲线向右平移 $\Delta m/k$ 个单位。

在货币供应量是一国货币管理部门可以根据宏观经济运行的需要随时加以调整的外生变量。通过货币供应量的调整，进而调节利率和投资水平，从而引起总需求的变动，使宏观经济运行趋于理想状态，这正是货币政策的理论基础。

9.3.3 IS-LM 模型分析

IS-LM 模型就是把 IS 曲线和 LM 曲线结合在一起，分析产品市场和货币市场同时达到均衡时，利率与国民收入的决定。

1. 产品市场与货币市场同时均衡：IS-LM 模型

IS 曲线代表了产品市场均衡时利率和国民收入的关系，即在 $i=s$ 的条件下，利率与国民收入呈反向变化关系；LM 曲线代表了货币市场均衡时利率和国民收入的关系，即在 $L=m$ 的条件下，利率与国民收入呈同向变化关系。在产品市场上，要决定收入，首先要决定利率，否则投资水平无法确定；在货币市场上，决定利率，关键是要确定一个特定的收入水平，而收入水平是由产品市场决定的。显然两个市场互为条件、相互影响，单独考虑任何一个市场都不能唯一地决定均衡的利率和国民收入。现在把 IS 曲线和 LM 曲线结合在一起，来分析产品市场与货币市场同时均衡时，均衡利率与均衡国民收入的决定。

如图 9-24 所示，产品市场均衡时利率与国民收入的组合点都在 IS 曲线上，货币市场均衡时国民收入与利率的组合点都在 LM 曲线上，两条曲线的交点 E 则对应了产品市场和货币市场同时均衡。在 E 点，投资 i 等于储蓄 s（代表了总供求一致），货币的需求 L 等于货币的供给 m，E 点的横坐标 y_0 为均衡国民收入（产出），E 点的纵坐标 r_0 为均衡利率，（y_0, r_0）代表了产品市场与货币市场同时均衡情况下的国民收入与利率的组合点。

显然，两市场同时达到均衡时，均衡利率与均衡国民收入可以在 IS 曲线与 LM 曲线的交点处求得，其值可通过 IS、LM 的联立方程求得。

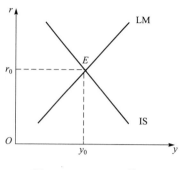

图 9-24 IS-LM 模型

【例题 9-9】某国家产品市场、货币市场的情况如下。

已知产品市场的均衡模型为

$$\begin{cases} i = s \\ i = 160 - 50r \\ s = -100 + 0.1y \end{cases}$$

解该方程组得 IS 方程为

$$y = 2\,600 - 500r$$

又知货币市场均衡模型为

$$\begin{cases} L = m \\ L = 0.4y + 1\,300 - 80r \\ m = M/P = 1\,500 \end{cases}$$

据此解得 LM 方程为

$$y = 200r + 500$$

当两市场同时均衡时有

$$\begin{cases} y = 2\,600 - 500r \\ y = 200r + 500 \end{cases}$$

解上述方程组得

$$\begin{cases} r = 3 \\ y = 1\,100 \end{cases}$$

如图 9-25 所示，当 $r = 3\%$，$y = 1\,100$ 亿美元时，产品市场与货币市场同时实现了均衡，E 即为均衡点，既满足 $i = s$ 又满足 $L = m$。

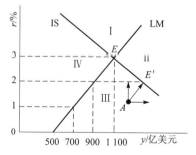

图 9-25 产品市场和货币市场的一般均衡

然而，对于均衡点 E 以外的区域，则处于失衡状态。IS 曲线上的点代表产品市场均衡时国民收入与利率的组合点，IS 曲线右上方区域中的利率和收入的组合点上，投资一定小于储蓄，与之相应，IS 曲线左下方区域中的利率和收入的组合点上，投资一定大于储蓄。LM 曲线上的点代表货币市场实现均衡时国民收入与利率的组合点，LM 曲线左上方区域中的利率和收入的组合点上，货币需求一定小于货币供给。因此，从图 9-25 中可以看到，IS 曲线与 LM 曲线把坐标平面分成了四个区域：Ⅰ、Ⅱ、Ⅲ、Ⅳ，在这四个区域中都存在产品市场和货币市场的非均衡状态，其非均衡关系如表 9-2 所示。

表 9-2 产品市场与货币市场的非均衡关系

区域	产品市场	货币市场
Ⅰ	$i<s$，有超额的产品供给	$L<m$，有超额的货币供给
Ⅱ	$i<s$，有超额的产品供给	$L>m$，有超额的货币需求
Ⅲ	$i>s$，有超额的产品需求	$L>m$，有超额的货币需求
Ⅳ	$i>s$，有超额的产品需求	$L<m$，有超额的货币供给

只要投资、储蓄、货币需求和供给的关系不变，即 IS、LM 方程不变，任何失衡情况的出现都是不稳定的，最终都会向均衡状态收敛。产品市场不均衡会导致收入变动：$i<s$ 会导致收入下降；$i>s$ 会导致收入上升。货币市场失衡会导致利率变动：货币需求小于货币供给会导致利率下降；货币需求大于货币供给会导致利率上升。这种调整最终都会趋向均衡利率和均衡国民收入。

例如，图 9-25 中 A 点的情况，假定经济处于 A 点所表示的收入和利率组合的非均衡状态，一方面经济中产品市场上有超额的产品需求，从而收入会上升，收入从 A 点沿平行于横轴的箭头向右移动；另一方面货币市场上存在超额的货币需求，从而利率会上升，利率从 A 点沿平行于纵轴的箭头向上移动。这两方面的合力引起收入和利率沿对角线箭头向右上方移动至 E' 点，产品市场实现了均衡，货币市场仍失衡，于是调整继续，直至调整到 E 点才会停止。

2. 均衡状态的变动

以上是静态分析，即在假设 IS 曲线和 LM 曲线既定的条件下讨论产品市场和货币市场同时均衡的问题。当决定 IS 曲线和 LM 曲线的因素发生变动时，IS 曲线和 LM 曲线就会发生移动，均衡国民收入和均衡利率就会发生相应的变动。

1）LM 曲线既定，IS 曲线移动

影响 IS 曲线位置移动的因素有：自发消费（a）、储蓄（s）、自发投资支出（e）、政府购买性支出（g）、税收（t）和政府转移支付（tr）［当然还包括净出口（nx）］等。这些因素的变动都会引起 IS 曲线位置的移动，进而引起均衡状态的改变。具体来说，a、e、g、tr 和 nx 的增加，t 和 s 的减少，会使 IS 曲线向右移动；a、e、g、tr 和 nx 的减少，t 和 s 的增加，会使 IS 曲线向左移动。其中，政府购买性支出和税收的影响尤为重要，这两项由政府直接控制，政府可以通过对二者的调整来影响宏观经济的运行。

产品市场均衡的变动对均衡状态的影响可用 IS 曲线的移动加以说明。如图 9-26 所示，图中 IS_0 曲线与 LM 曲线的交点 E_0，对应的均衡利率和均衡国民收入分别是 r_0 和 y_0。假定政府的购买支出 g 增加，这会增加经济中的总支出水平（总需求），IS_0 曲线向右移动，均衡国

民收入由 y_0 上升至 y_1，均衡利率也由 r_0 上升至 r_1，对应新的均衡点 E_1。显然，在新的均衡状态下，均衡国民收入和均衡利率都上升了。

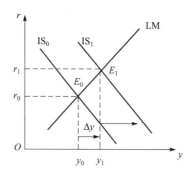

图 9-26　IS 曲线移动对均衡国民收入和均衡利率的影响

总之，a、e、g、tr 和 nx 的增加或 t、s 的减少，都会使 IS 曲线向右移动，在 LM 曲线不变的情况下，均衡利率和均衡国民收入都会上升；反之，则引起 IS 曲线向左移动，在 LM 曲线不变的情况下，均衡利率和均衡国民收入都会下降。

2）IS 曲线既定，LM 曲线移动

前面讨论过，货币供应量、货币的交易需求和投机需求的变动都会引起均衡状态的变动，表现为 LM 曲线的移动。其中，货币供应量是最重要的影响因素。在其他因素不变的情况下，货币供应量的增加会引起 LM 曲线右移；反之，引起 LM 曲线左移。

货币市场均衡的变动对均衡状态的影响可用 LM 曲线的移动加以说明。如图 9-27 所示，图中 IS 曲线与 LM_0 曲线的交点 E_0 对应的均衡利率和均衡国民收入分别是 r_0 和 y_0。假设中央银行增加货币供应量，如图 9-27(a) 所示，LM_0 曲线随之右移至 LM_1，均衡利率由 r_0 下降至 r_1，均衡国民收入则由 y_0 上升至 y_1，对应新的均衡点 E_1。显然，在新的均衡状态下，均衡利率下降了，而均衡国民收入上升了。这是因为，此处 LM 曲线右移是由于货币供应量增加，使货币市场上货币的供大于求，利率下降；利率下降导致投资和消费增加，进而导致总支出也就是总需求增加，国民收入自然提高。

如果一国货币管理部门减少货币供给量，如图 9-27(b) 所示，LM 曲线将会向左移动，相应地，均衡利率上升，均衡国民收入减少。

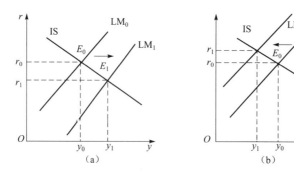

图 9-27　LM 曲线移动对均衡国民收入和均衡利率的影响

3）IS 曲线和 LM 曲线同时移动

如果 IS 曲线和 LM 曲线由于各种因素的共同作用同时变动，均衡利率和均衡国民收入的变动情况则取决于 IS 曲线和 LM 曲线变动的方向和程度。假定政府购买和货币供应量同时增加，则会导致 IS 曲线和 LM 曲线一起向右平移，均衡国民收入会增加，但是均衡利率的变动不确定。由于政府购买性支出增加了总需求、扩张性货币政策会使利率下降进而刺激投资和消费，因此在二者的共同作用之下，均衡国民收入肯定会上升；但是政府购买的增加会引起 IS 曲线右移，均衡利率会上升，而货币供应量的增加会使利率下降，两项政策对于利率的影响方向相反，因此最终利率的变动结果取决于两项政策的力度。假设两项政策力度相等，则如图 9 - 28 所示，均衡点由 E_0 移至 E_2，均衡利率 r_0 保持不变，均衡国民收入由 y_0 增至 y_2。

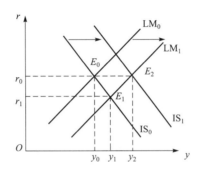

图 9 - 28　IS 曲线、LM 曲线同时移动对均衡国民收入和均衡利率的影响

9.3.4　IS - LM 模型的应用

IS - LM 模型研究了在价格水平不变的情况下，产品市场和货币市场同时达到均衡时利率和国民收入的决定。该模型是对简单国民收入模型的一种发展，是宏观经济分析的重要工具，是宏观经济政策分析的理论基础。

1. 宏观经济政策实施的理论基础

IS 曲线移动对均衡利率与均衡国民收入的影响是政府实施财政政策的理论基础。当均衡国民收入低于充分就业水平时，政府可以通过改变政府购买性支出、政府转移支付和税收等财政政策工具，以实现充分就业。积极财政政策对利率和国民收入的影响可参见图 9 - 26。

LM 曲线移动对均衡利率与均衡国民收入的影响是政府实施货币政策的理论基础。当均衡国民收入低于充分就业水平时，货币管理部门可以通过改变货币供应量的措施调控宏观经济运行状态。扩张性（积极）货币政策对利率和国民收入的影响可参见图 9 - 27。

IS 曲线和 LM 曲线同时变动对国民收入和利率的影响，则是政府的财政政策和货币政策搭配使用的理论基础，具体可参见图 9 - 28。

2. 不同经济阶段的宏观经济政策效果

财政政策与货币政策在不同经济状态下对宏观经济运行的影响程度是不同的。典型的三种经济状态对应了 LM 曲线的三个区域，即"凯恩斯区域""古典区域""中间区域"。

1）凯恩斯区域

LM 曲线的"凯恩斯区域"对应了经济发展过程中的萧条阶段，这一阶段的经济特征表现为国民产出下降或增长缓慢、失业率高、企业大量倒闭、消费和投资不振等。凯恩斯指出，这些都是由于有效需求不足造成的，所以重点对需求进行管理。如图 9 - 29 所示，在

"凯恩斯区域"或称"萧条区域",实施扩张性财政政策,IS 曲线向右平移,在利率水平不提高的情况下(即无挤出效应),国民收入增加量与 IS 右移的数量一致,这说明财政政策完全有效。而货币政策的实施,即 LM 曲线向右平移,对国民收入和利率都没有影响。因此,在经济萧条区域或者说在 LM 曲线水平段,货币政策完全无效。

2)古典区域

LM 曲线的"古典区域"近似对应了经济发展过程中的繁荣时期,这一阶段的经济特征表现为资源已经得到充分利用。此阶段的 LM 曲线垂直于横轴,在此区域实施财政政策只会导致利率的变动,对国民收入没有影响,即财政政策无效;而在此区域内实施货币政策,在引起利率变动的同时,国民收入水平也会改变,且由于货币政策所导致的 LM 曲线移动的水平距离等于国民收入的增加量,因此货币政策完全有效。如图 9-29 所示,在"古典区域",实施扩张性财政政策,IS 曲线右移,只有利率效应没有产出效应,这说明财政政策无效。而扩张性货币政策的实施,引起 LM 曲线向右平移,进而利率降低、国民收入上升,且收入的增加量 $\Delta y = \Delta m / k$,因此货币政策完全有效。

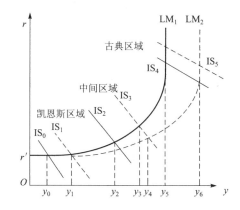

图 9-29 LM 曲线三个区域内财政政策和货币政策的有效性

3)中间区域

LM 曲线的"中间区域"对应了经济发展过程中的扩张阶段,这一阶段的经济特征表现为国民产出增加、消费上升和投资规模不断扩大、资源的利用程度不断提高等。此阶段的 LM 曲线向右上方倾斜。观察图 9-29 可知,此区域内财政政策和货币政策的实施,都会通过 IS 曲线或 LM 曲线的移动改变均衡利率和均衡国民收入,即财政政策和货币政策均有效。

9.4 AD-AS 模型

在本节之前的宏观经济理论分析中,都是在一般物价水平 P 固定不变的假设前提下进行的,最终解决的是均衡国民收入的决定和利率与国民收入的同时决定问题,没有说明国民收入和价格水平之间的关系。本节将取消价格水平固定不变这一假设,引入 AD-AS 模型,重点讨论由总需求和总供给共同决定的一般价格水平和国民收入。

9.4.1 AD 曲线

总需求(aggregate demand,AD),是指在其他条件不变的情况下,在某一既定的价格水平上人们愿意购买的产出总量，即消费者、企业、政府和国外经济部门愿意支出的总量。

1. AD 曲线的含义

在宏观经济学中，通常假定在其他条件不变的情况下，价格水平与全社会总需求之间的函数关系（称为总需求函数）可表示为

$$y = \mathrm{AD}(P) \text{ 或 } y = f(P) \tag{9-50}$$

总需求函数的几何表示即总需求曲线（aggregate demand curve，AD 曲线）。

微观经济学部分讲过，一般情况下，商品的需求量与其价格呈反方向变动关系。总需求曲线反映的是总需求量与一般物价水平之间的关系，总需求曲线向右下方倾斜，即物价水平与总需求量之间呈反方向变动关系。

如图 9 – 30 所示，在以价格水平 P 为纵坐标、产出水平 y 为横坐标的直角坐标系中，AD 曲线是向右下方倾斜的曲线。

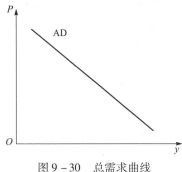

图 9 – 30　总需求曲线

◇ **思考**：总需求曲线 AD 可以通过 IS – LM 模型推导出来吗？

2. AD 曲线的特征

AD 曲线向右下方倾斜，表明总需求（总支出）与价格水平呈反方向变动。AD 曲线向右下方倾斜主要有以下 4 个方面的原因。

1）利率效应

在名义货币供应量 M 给定的前提下，价格水平的下降意味着实际货币供应量 m（$m = M/P$）的增加，在货币需求不变的情况下，利率水平会下降，进而引致投资支出上升，进一步带来总需求水平的提高。由此传导过程可见，价格水平与总需求反方向变动。在宏观经济学中，将价格水平变化引起利率同方向变化，进而引起投资、产出的反方向变动的情况，称为利率效应。因为此效应是凯恩斯首先提出的，故又称为凯恩斯效应。

2）财富效应

价格水平的变化会引起财富实际价值的改变，进而导致人们消费行为的改变，这种反映财富变化对人们行为产生影响的效应称为财富效应或实际余额效应。例如，当价格水平上升时，以货币面值表示的金融资产就会贬值，人们会变得相对贫穷，于是消费水平相应减少，进而引致总需求下降。由于这种实际财富量变化所带来的效应是由英国经济学家庇古首先提出的，故又称为庇古效应。

3）税收效应

价格水平的上升，会使人们的名义收入增加，名义收入的增加会使人们进入更高纳税档

次，进而使人们的税负增加、可支配收入下降，进一步地消费水平下降，抑制了总需求。

4) 对外贸易效应

在开放经济条件下，国内价格水平变化后，会引起国内外商品的相对价格水平发生变化，从而影响本国的进出口水平，引致总需求水平变化。例如，当国外价格水平不变、国内物价水平上升时，在汇率不变的条件下，本国产品相对价格提高，会引起进口增加、出口减少，即净出口下降，而净出口下降会直接抑制总需求。显然，对外贸易效应之下价格与总需求之间同样存在反向变动关系。

3. AD 曲线的移动

总需求由消费支出、投资支出、政府购买性支出和净出口四部分组成，任何一部分的变动都会引起总需求的变动，在几何图形上表现为 AD 曲线的移动。

如图 9-31 所示，在其他条件不变的情况下，消费者的需求、投资需求、政府购买性支出或净出口的增加，都会引起每一价格水平下对应的总支出增加，从而 AD 曲线向右移动；反之，需求减少，AD 曲线向左移动。

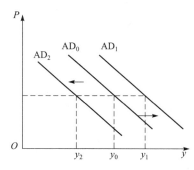

图 9-31 AD 曲线的移动

9.4.2 AS 曲线

可以说，在现代西方经济学中，关于总需求曲线的认识大致相同，但是对于总供给曲线的认识却存在很大的分歧。下面仅从阐释 AD-AS 模型的角度，对总供给曲线进行简单说明。

1. AS 与 AS 曲线

总供给（aggregate supply，AS），是指经济社会所提供的总产量或总产出，即经济社会的基本资源（主要包括劳动力、生产性资本存量和技术水平）用于生产时可能有的产量。

由定义可见，经济社会的总产出或总供给也可以说是实际 GDP，主要取决于资源投入和利用的状况。这里要再次区分一下实际产出与潜在产出。实际产出或实际 GDP，指的是一定时期内经济社会的基本资源用于生产时所提供的总产出（以基期的不变价格计算，剔除了物价水平的波动）。潜在产出又称充分就业时的产出，指的是在现有资本和技术水平条件下，经济社会实现充分就业时所能生产的产量，一般用 y^* 或 y_f 来表示。

总供给函数，是指在其他条件不变时，经济社会的总产量与一般价格水平之间的关系，可表示为

$$y = \mathrm{AS}(P) \tag{9-51}$$

在以价格水平为纵坐标、总产量为横坐标的坐标系中，总供给函数的几何表达就是总供给曲线，简称 AS 曲线，表明了价格水平与国民产出之间的对应关系。

2. AS 曲线及其特征

在宏观经济学中,根据货币工资和价格水平进行调整所需的时间长短,或者根据资源利用的状况,可将总产出和价格水平之间的关系分为三种情况,即古典总供给曲线、凯恩斯总供给曲线和常规总供给曲线。

1)古典总供给曲线(长期总供给曲线,LAS)

古典总供给曲线是一条位于充分就业产出水平上的垂线,如图9-32所示。这表明,经济社会的基本资源已经得到了充分利用,无论社会总需求如何增加、价格水平如何上升,总供应量都是固定不变的。

凯恩斯之前的古典总供给理论假设货币工资具有完全的伸缩性。在此假设之下,货币工资随劳动供求关系的变化而变化,即劳动力市场是完全竞争的,劳动力的供求总能通过货币工资的灵活调整,达到均衡以维持充分就业的状态。因此,无论价格水平如何变化,经济中的产量总是与劳动力充分就业下的产量(即潜在产量)相对应,故总供给曲线是一条与价格水平无关的、位于潜在产出水平 y_f 上的垂线。

但在短期中,经济并不一定总处于充分就业状态,因此古典总供给曲线只是总供给曲线的一种特例。

另外,古典经济学家关于货币工资伸缩性的假设虽然备受争议,但从长期来看,经济是可以实现充分就业的,因此古典总供给曲线也称为长期总供给曲线(LAS)。

2)凯恩斯总供给曲线(短期总供给曲线的极端)

凯恩斯总供给曲线是一条水平的总供给曲线,一直到充分就业的状态为止,如图9-33所示。这表明,短期内,在既定的价格水平下,在没有达到资源的充分利用(或没有实现充分就业)之前,厂商愿意供给经济社会所需求的任何数量的产品。

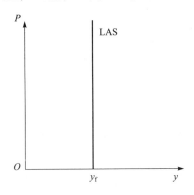

图 9-32 古典总供给曲线

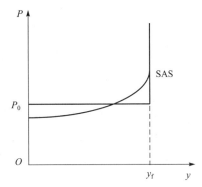

图 9-33 凯恩斯总供给曲线

凯恩斯不赞同古典经济学关于劳动力市场的假设,他认为货币工资(W)和价格(P)具有"刚性",即短期内不能调整。在此基础上,凯恩斯指出,当失业严重、大量厂房和机器设备闲置时,生产成本不会随产量的变动而变动,从而价格水平也就不会随产量的变动而变动。所以,当总需求增加时,企业将在现行的价格水平下供给任意需求的产品数量,总供给曲线平行于横轴,这种情况将持续到实现充分就业的国民收入水平 y_f 为止。

鉴于凯恩斯理论产生的背景和其主要采用短期分析方法的局限性,这种情况仅仅存在于经济萧条、失业严重时,因此它也仅仅是一种特例。

3) 常规总供给曲线（短期总供给曲线）

常规总供给曲线是一条向右上方倾斜的曲线，随着产出水平的提高，曲线会变得越来越陡峭，即总供给曲线的斜率随产出水平的提高而增大，如图 9-34 所示。

应该注意的是，西方主流经济学派的学者们，在借助总需求曲线和总供给曲线来解释宏观经济波动时，往往同时使用长期总供给曲线和短期总供给曲线。也就是说，他们把垂直的总供给曲线称为长期总供给曲线，把向右上方倾斜的总供给曲线称为短期总供给曲线，因此图 9-34 中的常规总供给曲线又称为短期总供给曲线（SAS）。

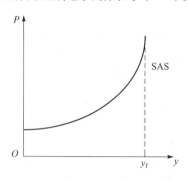

图 9-34 常规总供给曲线

一般而言，古典情形对应了长期内经济增长与发展的理想状态；凯恩斯情形对应了短期内经济社会发展的另一种极端情况，即经济严重萧条、大量资源闲置、失业严重；常规情形则描述了一般情况下，总供给与价格水平之间同向变动的对应关系。但是短期内经济萧条、扩张与繁荣都是可能的。因此，当产出水平较低时，短期总供给曲线的斜率很小，对应失业严重的经济萧条期，经济社会能以几乎不变的价格水平满足增长的需求；随着产出水平的上涨，资源的利用程度越来越接近充分利用，经济摆脱萧条后日益扩张，价格水平随之上升且越来越快，从而短期总供给曲线越来越陡峭，直至垂直，对应经济的繁荣期。

3. AS 曲线的移动

总供给曲线并不是一成不变的，它受经济社会基本资源的投入量、利用效率、制度变革、政治事件、自然条件等因素的影响。

1）长期总供给曲线的移动

长期总供给曲线，其位置唯一地取决于经济社会的潜在产出水平。而影响一个国家潜在产出能力的因素只有基本资源的拥有数量和利用效率（一般认为由技术水平和制度安排决定）。例如，技术水平的进步会使同样的资源投入得到更大的产出，引起潜在产出的增加，表现为长期总供给曲线向右平行移动。

2）短期总供给曲线的移动

一般认为，在经济社会资源总量既定的情况下，长期总供给曲线是不会变动的。但短期总供给曲线是可以变动的。短期总供给曲线的移动是潜在产出和生产成本变动共同作用的结果。

例如，一个国家的资本使用量增加、技术水平上升都会使总供给曲线右移；大面积的粮食歉收或石油供给的紧缺、原材料价格猛涨会使总供给曲线左移。

9.4.3 AD-AS 模型分析

1. AD-AS 模型

将总需求（AD）与总供给（AS）结合在一起，放在同一个坐标系上，用以解释国民收入和价格水平的决定，这就是总供求模型或简称 AD-AS 模型。如图 9-35 所示，总需求曲线和总供给曲线的交点 E 表示产品市场、货币市场和劳动力市场三者的同时均衡，由 E 点所决定的国民收入 y_0 和价格水平 P_0 就是均衡国民收入和价格水平。

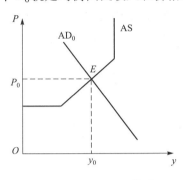

图 9-35 AD-AS 模型

应该指出的是，该模型是在凯恩斯的收入-支出模型和希克斯的 IS-LM 模型的基础之上，进一步将总需求和总供给结合起来解释国民收入的决定及相关经济现象，是对前两个模型仅强调总需求的片面性进行的补充和修正。所以，AD-AS 模型所依据的理论已不再是纯粹的凯恩斯理论。

2. 总需求变动对均衡的影响

在总供给曲线不变的前提下，总需求曲线的移动对均衡的影响大致分为三种情形，如图 9-36 所示。

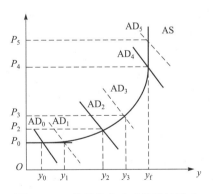

图 9-36 总需求变动对均衡的影响

（1）凯恩斯极端情形，即在总供给曲线的水平段。在此种情形下，总需求增加，总需求曲线由 AD_0 向右平移至 AD_1，会使国民收入增加，由 y_0 增至 y_1，而价格水平维持 P_0 不变；反之，如果总需求减少，国民收入会随之减少，但价格水平维持不变。也就是说，总需求的变动只会引起均衡产出的同方向变化，而不会引起价格水平的变化。

（2）古典情形，即在总供给曲线的垂直段。在此种情形下，总需求增加，总需求曲线

由 AD_4 向右平移至 AD_5,价格水平上升,由 P_4 移至 P_5,而国民收入不变,依然位于潜在的产出水平 y_f;反之,如果总需求减少,价格水平会随之下降,但国民收入 y_f 维持不变。也就是说,总需求的变动只会引起价格水平的同方向变化,而不会引起国民收入的变化。

(3)常规情形,对应总供给曲线向右上方倾斜的部分。在此种情形下,总需求增加,总需求曲线由 AD_2 向右平移至 AD_3,价格水平增加,由 P_2 增至 P_3,国民收入也随之增加,由 y_2 移至 y_3;反之,如果总需求减少,价格水平会随之下跌,国民收入也随之减少。也就是说,总需求的变动会引起均衡产出和均衡价格水平的同方向变动。

总之,总需求的变动,会引起总需求曲线的移动,而总需求曲线的移动对均衡的影响,则要视经济社会所处的经济背景具体问题具体分析。

3. 总供给变动对均衡的影响

在总需求曲线不变的前提下,总供给曲线的移动对均衡的影响分为两种情况,如图 9-37 所示。

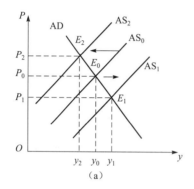
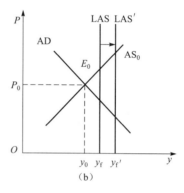

图 9-37 总供给变动对均衡的影响

1)短期总供给变动对均衡的影响

短期总供给的变动会引起短期总供给曲线向左或向右移动,从而会使均衡国民收入和价格水平发生变动。如图 9-37(a)所示,假定成本上升(如重要能源或原材料价格的大幅上升、劳动力价格的普遍提高、汇率冲击等因素的影响),短期总供给会减少,短期总供给曲线左移,由 AS_0 向左移至 AS_2,均衡点由 E_0 沿总需求曲线移至 E_2,均衡国民收入减少,物价水平上升;如果成本降低,短期总供给曲线向右移动,由 AS_0 右移至 AS_1,均衡点由 E_0 移至 E_1,会使均衡国民收入上升,物价水平下降。

2)长期总供给变动对宏观经济的影响

长期总供给也就是充分就业的总供给,即充分就业 GDP 或潜在 GDP。随着潜在产出水平的变动,长期总供给曲线会发生移动。在正常情况下,长期总供给曲线随经济增长而向右平行移动。如图 9-37(b)所示,长期来看,资源禀赋的改善和技术的进步往往会使潜在的产出增加,进而引起长期总供给曲线向右移动,经济社会可以实现更高水平的充分就业均衡。

9.4.4 AD-AS 模型的应用

1. 宏观经济中的均衡状态

总供求曲线交点所对应的均衡国民收入可能大于、小于或等于充分就业的国民收入,经济实践中的均衡状况取决于不受物价水平影响的长期总供给曲线,如图 9-38 所示。

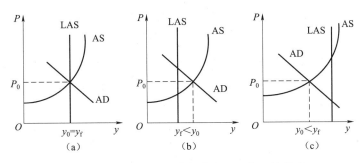

图 9-38 均衡国民收入与潜在国民收入的关系

在图 9-38(a)中，总需求曲线、短期总供给曲线和长期总供给曲线正好交于一点，在此均衡点上，均衡国民收入即国内生产总值正好等于潜在国民收入，经济中实现了充分就业的均衡，是宏观经济运行中最理想的状态。

在图 9-38(b)中，长期总供给曲线在总需求曲线和短期总供给曲线交点的左侧，此时实现的均衡为大于充分就业的均衡，与之相应的均衡国民收入大于潜在国民收入。在这种经济状况下，资源利用过度，资源的短缺致使资源价格上升，最终又引致物价上升，因此存在通货膨胀的压力，经济过热。

在图 9-38(c)中，长期总供给曲线在总需求曲线和短期总供给曲线交点的右侧，此时实现的均衡为小于充分就业的均衡，也称为非充分就业均衡，与之相应的均衡国民收入小于潜在国民收入。在这种经济状况下，资源没有得到充分利用，经济中存在需求不足型失业。

2. AD-AS 模型的应用

在经济实践中，长期内理想的均衡状态在理论上是可以实现的；在短期内，萧条状态、繁荣状态和滞胀状态都可能出现。凯恩斯认为，经济社会运行的常态是小于充分就业的均衡，因为经济中的有效需求往往不足，资源得不到充分利用，失业存在。为解决有效需求不足，必须发挥政府的作用，用财政政策和货币政策来调节总需求。

西方经济学的主流学派认为 AD-AS 模型可以用来解释萧条状态、繁荣状态和滞胀状态的短期收入和价格水平的决定，可以用来解释充分就业状态的长期收入和价格水平的决定，也可以用来分析宏观经济的波动及波动过程中宏观经济政策的效果。这些都是以后章节中要应用和讲解的内容，此处不再展开。

经济问题分析

当前新一轮扩大内需与以往扩大内需的最根本区别在于：我国经济已由高速增长阶段转向高质量发展阶段，我国已成为世界第二大经济体、制造业第一大国、货物贸易第一大国、商品消费第二大国，2019 年我国人均 GDP 已超过 10 000 美元，产业体系和基础设施已较为完善，但同时也面临供给侧结构性问题越来越突出的挑战。在这一阶段，如果再将扩大内需侧重于需求侧管理，强调短期政策效应，不仅可能使扩大内需的效果不明显，而且有可能加剧产能过剩。因此，此次扩大内需在采取短期的财政政策和货币政策刺激投资需求或消费需求的同时，应着重通过深化供给侧结构性改革，做大内需市场容量，形成需求与供给相匹配、投资与消费相协调的更高水平、更高层次、更多样性的内需市场。

本章小结

(1) 均衡国民收入是指与总需求相等时的产出。国民收入达到均衡的基本条件是总需求等于总供给。总需求包括消费、投资、政府购买性支出和净出口。简单国民收入决定研究的是产品市场实现均衡时国民收入的决定问题。

(2) 凯恩斯的消费函数理论把收入看成是决定消费的最主要因素,因此消费是收入的函数。随着收入水平的提高,平均消费倾向和边际消费倾向递减。平均消费倾向+平均储蓄倾向=1;边际消费倾向+边际储蓄倾向=1。

(3) 本章的投资理论,主要分析了投资的决定因素及投资函数、凯恩斯的第二条心理规律——资本边际效率递减规律,并说明了只有当资本的边际效率大于市场利率时,投资才是有利可图的。

(4) 本章分别考察了在资源存在闲置、价格水平固定和利率不变假设条件下,产品市场上两部门、三部门经济中均衡国民收入的决定问题,并揭示了影响国民收入水平的主要因素。均衡国民收入的决定条件:

两部门经济条件下,$y=c+i$ 或 $i=s$;

三部门经济条件下,$y=c+i+g$ 或 $i+g=s+t$。

(5) 总需求变动对国民收入的变动具有乘数效应,主要的乘数有:投资乘数、政府购买性支出乘数、税收乘数、政府转移支付乘数、平衡预算乘数和对外贸易乘数。乘数作用发挥的前提是社会资源未得到充分利用,乘数作用的发挥具有双重性。

(6) IS 曲线描述的是产品市场达到均衡时,均衡利率与均衡国民收入之间存在反方向变化关系。导致 IS 曲线移动的因素有:投资、消费或储蓄、政府购买性支出、政府转移支付、税收和净出口。IS 曲线是政府财政政策实施的理论基础。

(7) 货币供应量有狭义和广义之分,狭义的货币供应量是指 M_1,包括通货和活期存款;广义的货币供应量是指 M_2。在现代宏观经济学中,货币的供应量指的是 M_1。货币需求是指人们出于交易动机、预防动机和投机动机而对持有货币的需要。均衡利率是货币的供应量和需求量达到均衡时所确定的利率。

(8) LM 曲线描述的是货币市场达到均衡时,均衡利率与均衡国民收入之间存在正向变化关系。货币供应量和货币交易需求的变动导致 LM 曲线与其同向变动,而货币投机需求的变动,会使 LM 曲线发生与其相反方向的变动。LM 曲线是政府调控货币供应量、执行货币政策的理论基础。

(9) IS-LM 模型说明了产品市场和货币市场是相互影响、相互依存的,描述了在假设价格水平不变的条件下,产品市场和货币市场共同均衡(即 $i=s$,$L=m$)时,宏观经济短期内均衡利率与均衡国民收入的决定。IS-LM 模型是西方宏观经济政策的理论基础。

(10) 总需求曲线表示社会需求的产量与价格水平之间的关系,这一关系可从 IS-LM 模型中推导出来。总需求曲线是向右下方倾斜的。

(11) 总供给曲线的形状取决于货币工资和价格水平之间的调整速度。古典学派认为工资、价格完全有弹性,可随时调整,因此总供给曲线是位于充分就业产出水平的垂线;凯恩斯认为工资、价格存在刚性,因此在实现充分就业以前总供给曲线呈水平状,构成总供给曲线的凯恩斯极端;然而,一般情况下,总供给曲线位于古典总供给曲线和凯恩斯总供给曲线两个极端之间,它在两个极端之间的倾斜度是一个有争议的问题。

(12) 总需求曲线和总供给曲线的交点决定整个社会的产量和价格水平。在短期内,总需求曲线的移动比较频繁,而总供给曲线则不易移动。总需求曲线和总供给曲线的移动将导致产量的变化和价格水平的波动。

练 习 题

一、概念

均衡产出　边际消费倾向　边际消费倾向递减规律　平均消费倾向　储蓄　资本的边际效率　投资乘数　政府购买性支出乘数　税收乘数　转移支付乘数　平衡预算乘数　IS 曲线　流动偏好陷阱　交易动机　预防动机　投机动机　LM 曲线　IS-LM 模型　AD 曲线　AS 曲线　充分就业的国民收入　AD-AS 模型

二、单选题

1. 凯恩斯绝对消费函数理论或者说凯恩斯的消费函数主要是将家庭消费与（　　）相联系。

    A. 当前收入　　　　B. 利率　　　　C. 未来收入　　　　D. 永久收入

2. 假设边际消费倾向与边际储蓄倾向之和用 M 表示,平均消费倾向和平均储蓄倾向之和用 N 表示,那么（　　）。

    A. $M<1$, $N<1$　　　　　　　　B. $M=1$, $N<1$
    C. $M<1$, $N=1$　　　　　　　　D. $M=1$, $N=1$

3. 对应凯恩斯消费函数,消费曲线的斜率和在纵轴（消费轴）上的截距分别为（　　）。

    A. 平均消费倾向,自主消费　　　　B. 平均消费倾向,引致消费
    C. 边际消费倾向,自主消费　　　　D. 边际消费倾向,引致消费

4. 在两部门经济模型中,均衡发生于（　　）之时。

    A. 计划储蓄等于计划投资　　　　B. 实际消费加实际投资等于产出
    C. 实际储蓄等于实际投资　　　　D. 总支出等于企业部门的收入

5. 在产品市场两部门经济模型中,若 MPC 为 0.9,那么投资乘数等于（　　）。

    A. 1　　　　B. 5　　　　C. 1.5　　　　D. 10

6. 在资源未充分利用的条件下,若政府购买性支出增加,那么 GDP 将（　　）。

    A. 减少,但其减少量多于政府购买性支出的增加量
    B. 减少,但其减少量小于政府购买性支出的增加量
    C. 增加,其增加量小于政府购买性支出的增加量
    D. 增加,其增加量多于政府购买性支出的增加量

7. 在其他条件不变的情况下,税收增加将引起国民收入（　　）。

    A. 减少,同时消费水平下降　　　　B. 减少,但消费水平上升
    C. 增加,但消费水平下降　　　　　D. 增加,同时消费水平提高

8. 在产品市场四部门经济模型中,政府同时等量地增加购买支出与税收,则 GDP（　　）。

A. 将下降，且下降量等于税收的增加量
B. 将下降，但下降量少于税收的增加量
C. 将增加，且增加量等于政府购买性支出的增加量
D. 将增加，但增加量少于政府购买性支出的增加量

9. 产品市场收入决定模型中，如果净出口增加，GDP（　　）。
   A. 将增加，且增加量多于净出口的增加量
   B. 将增加，且增加量等于净出口的增加量
   C. 将下降，且下降量等于净出口的增加量
   D. 将下降，但下降量多于净出口的增加量

10. 短期内，实际GDP可能（　　）潜在GDP。
    A. 大于　　　　　　　　　　　　B. 等于
    C. 小于　　　　　　　　　　　　D. 以上情况都有可能

11. 在产品市场收入决定模型中，若实际GDP低于均衡GDP，则表明（　　）。
    A. 储蓄大于实际投资　　　　　　B. 储蓄大于计划投资
    C. 储蓄小于实际投资　　　　　　D. 储蓄小于计划投资

12. 已知某经济社会充分就业时的国民收入是4 000亿美元，均衡收入是3 800亿美元，边际储蓄倾向为20%，增加（　　）投资将使经济达到充分就业。
    A. 40亿美元　　B. 50亿美元　　C. 100亿美元　　D. 200亿美元

13. 一般情况下，产品市场两部门经济中的投资乘数（　　）三部门经济中的投资乘数。
    A. 大于　　　　　　　　　　　　B. 等于
    C. 小于　　　　　　　　　　　　D. 大于或等于两种情况均可能

14. 一般情况下，产品市场三部门经济中的投资乘数（　　）四部门经济中的投资乘数。
    A. 大于　　　　　　　　　　　　B. 等于
    C. 小于　　　　　　　　　　　　D. 以上情况都有可能发生

15. 其他条件不变，所得税税率提高时，投资乘数将（　　）。
    A. 增大　　　　　　　　　　　　B. 缩小
    C. 不变　　　　　　　　　　　　D. 以上情况都有可能发生

16. 在其他条件不变的情况下，自发性投资增加20亿美元，会使IS曲线（　　）。
    A. 右移20亿美元　　　　　　　　B. 左移20亿美元
    C. 右移支出乘数乘以20亿美元　　D. 左移支出乘数乘以20亿美元

17. 假定其他因素既定不变，当投资对利率变动的反应程度提高时，IS曲线将（　　）。
    A. 平行向右移动　　　　　　　　B. 平行向左移动
    C. 变得更加陡峭　　　　　　　　D. 变得更加平坦

18. 货币供应量一般是指（　　）。
    A. 流通中的现金量　　　　　　　B. 活期存款量
    C. 流通中的现金量和活期存款量之和　　D. 流通中的现金量和活期存款量之差

19. 假定其他因素既定不变，当货币的投机需求对利率变动的反应程度提高时，LM曲线将（　　）。

A. 平行向右移动　　　　　　　　B. 平行向左移动
C. 变得更加陡峭　　　　　　　　D. 变得更加平坦

20. 假设货币需求为 $L = ky - hr$，货币供给增加 20 亿美元而其他条件不变，则会使 LM 曲线（　　）。
    A. 右移 20 亿美元　　　　　　B. 右移 k 乘以 20 亿美元
    C. 右移 20 亿美元除以 k　　 D. 右移 k 除以 20 亿美元

21. 利率和收入的组合点出现在 IS 曲线右上方，在 LM 曲线左上方的区域中，表示（　　）。
    A. $i > s$，$L < M$　　　　　　B. $i > s$，$L > M$
    C. $i < s$，$L < M$　　　　　　D. $i < s$，$L > M$

22. 在 IS-LM 模型中，如果经济处于凯恩斯区域，投资增加将导致（　　）。
    A. 收入增加，利率上升　　　　B. 收入减少，利率上升
    C. 收入增加，利率不变　　　　D. 收入减少，利率下降

23. 在 IS-LM 模型中，如果经济处于中间区域，投资增加将导致（　　）。
    A. 收入增加，利率上升　　　　B. 收入减少，利率上升
    C. 收入增加，利率降低　　　　D. 收入减少，利率降低

24. 在 IS-LM 模型中，如果经济处于中间区域，货币供给增加将导致（　　）。
    A. 收入增加，利率上升　　　　B. 收入减少，利率上升
    C. 收入增加，利率降低　　　　D. 收入减少，利率降低

25. 在 AD-AS 模型框架中，AD 曲线与 AS 曲线的交点代表了（　　）。
    A. 产品市场的均衡　　　　　　B. 货币市场的均衡
    C. 劳动力市场的均衡　　　　　D. 以上三类市场的同时均衡

26. 经济繁荣时，政府增加税收、减少政府购买性支出或减少转移支付等政策安排，都会使 AD 曲线（　　）。
    A. 向右平移　　　B. 向左平移　　　C. 位置不变　　　D. 不确定

27. 关键能源的价格上升，如石油价格的持续攀升，对短期总供给曲线（SAS）和长期总供给曲线（LAS）的影响是（　　）。
    A. 引起 SAS 向右平移，LAS 不受影响
    B. 引起 SAS 向左平移，LAS 不受影响
    C. 引起 SAS、LAS 向右平移
    D. 不确定

三、简答题

1. 在均衡产出水平上，计划存货投资和非计划存货投资都必然为零吗？
2. 影响消费的因素有哪些？
3. 能否说边际消费倾向和平均消费倾向都大于 0 而小于 1？
4. 在两部门经济中，产品市场上均衡国民收入是如何决定的？
5. 简述乘数原理及乘数发挥作用的前提。
6. 影响投资的主要因素有哪些？
7. 什么是货币需求？货币需求有哪些动机？
8. 影响货币供给的因素有哪些？

9. 如何理解"流动偏好陷阱"?
10. 简述 IS – LM 模型及其政策含义。
11. 在三部门经济中影响 IS 曲线和 LM 曲线移动的因素有哪些?
12. 描述总需求曲线的特征。
13. 简述 AD – AS 模型及其政策含义。

四、计算题

1. 假设在两部门经济中,社会消费函数 $c = 200 + 0.8y$,投资为 150（单位均为 10 亿美元）。求:

（1）均衡收入;

（2）如果当时实际产出（即收入）为 2 000,试求企业非计划存货投资。

2. 假设在三部门经济中,社会消费函数（国民消费函数）为 $c = 370 + 0.9y_d$,投资为 760 亿美元,政府购买为 240 亿美元,总税收（定额税）为 350 亿美元,转移支付 50 亿美元,求:

（1）均衡收入;

（2）投资乘数、政府购买性支出乘数、税收乘数、政府转移支付乘数与平衡预算乘数。

3. 假设投资函数为 $i = e - dr$,求:

（1）当 $i = 300 - 5r$ 时,找出 r 等于 10%、8%、6% 时的投资量,画出投资需求曲线;

（2）若投资函数为 $i = 300 - 10r$,找出 r 等于 10%、8%、6% 时的投资量,画出投资需求曲线;

（3）说明 e 的增加对投资需求曲线的影响;

（4）若 $i = 200 - 10r$,投资需求曲线将怎样变化?

4. 在两部门经济中,消费函数 $c = 100 + 0.7y$,投资函数 $i = 200 - 2r$,名义货币供应量 $M = 100$ 亿美元,价格水平 $P = 1$,货币需求函数 $L = 0.2y - 2r$。求:

（1）IS 曲线的方程与 LM 曲线的方程;

（2）产品市场和货币市场同时均衡时的国民收入和利率。

5. 如果总供给函数为 $y_s = 3\,000 + P$,总需求函数为 $y_d = 3\,400 - P$,

（1）求供求均衡点;

（2）如果总需求曲线向右平移 500 个单位,求新的供求均衡点。

实 践 训 练

训练目标

1. 通过查阅相关省份统计局网站,能够了解省级宏观经济数据的来源,能够顺利查找各类宏观数据。

2. 通过查阅、分析各省的城镇居民消费支出、城镇居民个人可支配收入、农村居民消费支出、农村居民可支配收入、资本形成总额、金融机构人民币法定贷款利率等相关数据,借助 Excell 软件或统计分析软件（SPSS 或 Stata）拟合消费函数、投资需求函数等,并能对实证检验结果进行合理解释。

3. 能够通过实证分析结果指出宏观经济运行过程中存在的相关问题,并尝试提出对策。

训练 1 搜集北京、天津、河北、江苏、浙江、福建、广东、山东等省市 1990—2018 年的城镇居民消费支出、城镇居民个人可支配收入、农村居民消费支出、农村居民个人可支配收入数据,将调查结果填入表9-3中,并在数据整理、对比分析的基础上,借助Excell软件或统计分析软件(SPSS或Stata)拟合各省市的城镇居民消费函数、农村居民消费函数,并对拟合结果进行评析。

训练要求

(1) 组成调研小组,选定感兴趣的省市,明确组内分工。

(2) 各组提交书面研究报告,班内交流。

表9-3 我国部分省市消费函数的拟合比较分析

省市:			
小组成员:			
数据来源与拟合方法选择:			
调查时间	调查对象	调查内容	调查情况记录

训练2 现实问题解析——资本形成总额变动对地区生产总值的影响分析

资本形成总额在一定程度上可以代表同期内的投资规模。表9-4列示了1978—2017年河北省、江苏省、浙江省按当期价格计算的地区生产总值和资本形成总额的时序数据。

表9-4 1978—2017年河北省、江苏省、浙江省按当期价格计算的地区生产总值和资本形成总额

	地区生产总值/亿元			资本形成总额/亿元		
	河北省	江苏省	浙江省	河北省	江苏省	浙江省
1978	183	249	124	64	78	18
1979	203	299	158	69	86	22
1980	219	320	180	64	97	26
1981	223	350	205	51	97	33
1982	251	390	234	74	133	37
1983	283	438	257	90	142	42
1984	332	519	323	115	199	53
1985	397	652	429	157	271	78
1986	437	745	503	163	342	103
1987	522	922	607	177	412	126
1988	701	1 209	770	242	528	174
1989	823	1 322	849	295	528	199
1990	896	1 417	905	335	588	215
1991	1 072	1 601	1089	385	695	248
1992	1 279	2 136	1 376	475	1 069	301

续表

	地区生产总值/亿元			资本形成总额/亿元		
	河北省	江苏省	浙江省	河北省	江苏省	浙江省
1993	1 691	2 998	1 926	679	1 590	902
1994	2 187	4 057	2 689	884	2 019	1 186
1995	2 850	5 155	3 558	1 226	2 479	1 787
1996	3 453	6 004	4 189	1 548	2 799	2 035
1997	3 954	6 680	4 686	1 839	2 925	2 230
1998	4 256	7 200	5 053	2 030	3 321	2 482
1999	4 569	7 619	5 370	2 184	3 554	2 520
2000	5 089	8 483	6 040	2 364	3 945	2 674
2001	5 578	9 403	6 749	2 512	4 239	2 891
2002	6 123	10 533	7 796	2 661	4 809	3 467
2003	7 099	12 461	9 395	3 129	6 182	4 639
2004	8 837	15 512	11 243	3 997	8 026	5 749
2005	10 012	18 599	13 418	4 728	9 462	6 449
2006	11 660	21 645	15 743	5 506	10 674	7 297
2007	13 710	25 741	18 780	6 761	12 371	8 512
2008	16 012	30 982	21 463	8 278	15 018	9 326
2009	17 236	34 457	22 990	9 265	17 572	10 607
2010	20 394	41 426	27 722	11 037	21 173	12 951
2011	24 516	49 110	32 319	13 890	25 049	14 744
2012	26 575	54 058	34 665	15 245	27 258	15 461
2013	28 301	59 162	37 569	16 386	28 634	17 112
2014	29 421	65 088	40 173	17 362	29 800	17 827
2015	29 806	70 116	42 886	17 352	30 601	18 879
2016	32 070	77 388	47 251	18 637	33 123	21 394
2017	34 016	85 870	51 768	19 083	37 353	22 764

注：资料来源于中经网数据库。

训练要求：

（1）根据对各省经济状况的观察，结合表9-6中河北省、江苏省、浙江省的地区生产总值和资本形成总额的相关数据及其变动趋势，深入分析资本形成总额变动对地区生产总值的影响。

（2）结合前述分析，探讨促进河北省经济增长的相关对策。

第 10 章 经济周期与经济增长

 学习导图

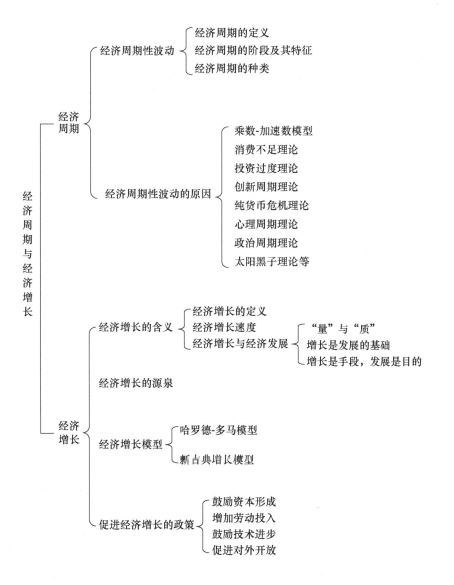

经济问题

2020年7月30日,中共中央政治局召开会议。在此次重要会议上,首次出现了一个新的提法——完善宏观调控跨周期设计和调节,实现稳增长和防风险长期均衡。这是首次提及"宏观调控跨周期设计和调节"这一重要概念。

相对于此次提出的"宏观调控跨周期设计和调节"概念,此前比较常见的提法是"宏观政策逆周期调节"或"逆周期调节工具"。比如在2019年7月30日召开的政治局会议上,提及"适时适度实施宏观政策逆周期调节,有力推动高质量发展"。在2019年12月6日召开的政治局会议上,则提及"提高宏观调控的前瞻性、针对性、有效性,运用好逆周期调节工具"。

资料来源:政治局会议把脉下半年中国经济 首提"宏观调控跨周期设计和调节". 每日经济新闻,2020-08-3.

思考题: 从"逆周期"到"跨周期"之变,背后反映我国宏观调控政策出现了怎样的演进?

章前导读

在各国经济发展过程中,都会经历不同程度的增长,即随着时间的推移,国民收入水平会有一定程度甚至大幅度的增加。比如美国1870—1990年人均实际GDP增长了11倍以上。而日本的增长更为惊人,100年前,日本并不是一个富国,日本的平均收入相对较低,仅为842美元。但是,经过一个世纪特别是1960—1990年的高速增长(在此期间,日本以5%的速度增长),人均实际GDP在1990年达到了16 144美元,超过了美国的14 288美元。日本从原本相对较贫穷的农业化国家转变成极其富裕的工业化国家,人民的生活水平大幅度提高,步入了发达国家的行列。我国更是如此,在近几十年的发展中,人均GDP大幅增加,人民生活水平也迅速提高。然而经济的发展从来都不是直线式的,一个国家虽然可以享受多年令人兴奋的经济繁荣,但往往接下来就是一场经济衰退,甚至是一场经济危机。简而言之,经济在增长的发展趋势中经常会伴随周期性的波动,即经济周期。

本章将主要探讨经济周期与经济增长理论,分析经济周期的波动及其各阶段的特征,以及影响经济增长的因素和如何更好地实现经济增长。

10.1 经济周期

10.1.1 经济周期性波动

1. 经济周期的定义

自从第一次经济危机(1825年)在英国爆发以来,经济学家们就开始注意并研究经济的周期性波动问题。然而,真正专门研究经济波动则始于20世纪20年代中后期,特别是20世纪30年代经济"大萧条"之后,经济周期理论得到了极大发展。

经济周期的定义有很多种,比较有代表性的是英国经济学家凯恩斯给出的定义及美国经济学家米歇尔和伯恩斯给出的定义。凯恩斯在《就业、利息与货币通论》中指出"循环运动是指当经济体系向上前进时,促使其上升的各种力量刚开始逐渐扩大,互相加强,发展到极致后又会逐渐衰退,最后让位于相反的力量。"1946年,美国经济学家伯恩斯和米歇尔在《衡量经济周期》一书中给出了一个经典性的经济周期的定义:"经济周期是在某些国家发生的经济活动的波动,一个经济周期包括经济活动的扩张、衰退、紧缩和复苏四个阶段。通常情况下，复苏阶段又融入下一周期的扩张阶段之中。每个经济周期持续的时间不同，较短的经济周期持续一年以上，较长的经济周期持续时间达到十年以上。"

所谓经济周期，是指在一个经济体系的总体运行中，国民收入及生产、物价水平和就业水平等经济活动水平有规律地经历扩张和收缩的周期性波动。

从这一定义可以知道，经济周期是总体经济活动的波动，也就是说，扩张和收缩是在许多经济活动中发生的，不仅仅是国民收入的波动，而且还表现为生产、就业水平、价格水平、市场利率、政府等许多方面具有规律性的周期性变化。

2. 经济周期的阶段及其特征

从经济周期的定义可以看出，经济周期是扩张与衰退的有规律的周期性波动。但这种波动不是围绕一个固定的经济水平进行的，实际上从长期看，经济水平存在一个或多或少的增长趋势，所以经济增长的长期趋势线不是水平的，而是具有一个向上的斜率，如图 10-1 所示。

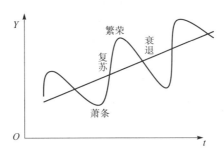

图 10-1 总产出波动的曲线

经济周期的波动是周期性的或循环性的，并且各周期的时间长短存在很大的差异。但无论时间长短，根据其波动的状况可以将一个经济周期划分为 4 个阶段：萧条、复苏、繁荣和衰退。然而，当前由于各国政府都采取了一系列措施熨平经济波动，导致经济周期的波动周期越来越短，幅度越来越小，出现了界限不太明显，复苏与繁荣、萧条与衰退不易划分的情况。所以当前经济学家更经常地把经济周期划分为扩张和衰退两个主要阶段：衰退阶段是从波峰到波谷的下降时期，扩张阶段则是从波谷到波峰的上升时期。

衰退阶段的特征如下。

（1）消费者购买急剧下降，同时汽车和其他耐用消费品的存货会出乎意料地增加。厂商必然会对此做出减少生产的反应，实际 GDP 将会因生产的减少而下降。然而，由于当前经济周期的波动幅度越来越小，有可能在衰退中实际 GDP 并不下降，而只是表现为实际 GDP 增长率的降低或增长速度趋缓。接着，企业投资也会因减少生产而急剧下降。

（2）由于减少生产，对劳动的需求下降。首先是平均每周工作时间不断减少，然后是工厂解雇工人，并且解雇数量不断上升，导致失业率上升。

（3）产出下降，导致物价上涨速度放慢。对原材料的需求下降，从而使其价格开始下跌。虽然工资和服务的价格具有向下的刚性，下降的可能性比较小，但在经济衰退期它们的增长速度会放慢。

（4）企业利润在衰退中会急剧减少，甚至会有企业破产倒闭。由于预期到这种情况，普通股票的价格一般都会下跌。同时，由于企业倒闭和企业生产下降，对贷款的需求也会减少，所以利率在衰退期一般也会下降。

扩张阶段的特征正好与衰退阶段相反，通常表现为总需求增加、生产规模扩大，就业因此而增加，价格也有所提高，企业利润提高，利率水平增加等，整个经济呈上升的良好势头。

现实中，可以根据经济表现出来的具体特征，判断经济发展处于哪个阶段，以便采取正确的经济政策，降低经济波动带来的负面影响。

◇ 思考：采用适当的经济政策，能够消除经济的周期性波动吗？

3. 经济周期的种类

在研究经济周期时，西方经济学家根据一个经济周期时间的长短将经济周期划分为长周期、中周期、短周期、库兹涅茨周期和熊彼特周期等。

（1）长周期，又称康德拉季耶夫周期，是俄国经济学家康德拉季耶夫在 1925 年发表的《经济生活中的长波》一文中提出的。他分析了美国、法国、英国、德国等一些国家长期的时间序列资料，根据这些国家批发价格水平、利率、工资、对外贸易、煤炭、钢铁与消费量的变动特点，发现有一种较长的时间循环，其平均长度为 50～60 年。他认为，从 18 世纪末到 20 世纪 30 年代，出现了三次长期波动。

第一次长周期：1789—1849 年，上升阶段 25 年，下降阶段 35 年，共 60 年。

第二次长周期：1849—1896 年，上升阶段 24 年，下降阶段 23 年，共 47 年。

第三次长周期：从 1896 年起，上升阶段 33 年，1929—1949 年是下降时期。

后来美国经济学家罗斯托和戈登等人对康德拉季耶夫周期进行了补充和延伸，增加了一个长周期，1950—2010 年，上升阶段 32 年，下降阶段 28 年。目前世界经济正处于第四个长周期的衰退时期。

（2）中周期，又叫朱格拉周期，是由法国经济学家朱格拉提出来的，是经济学家最早提出的一种经济周期。最初经济学家关注的并不是整个周期，而是衰退阶段所呈现出来的危机或恐慌，并把恐慌当做一个独立事件来研究。法国经济学家朱格拉经过细致研究后，在 1860 年出版的《论法国、英国和美国的商业危机及其发生周期》一书中提出，危机或恐慌不是一种独立的现象，而是经济中周期性波动的三个连续阶段，即繁荣、危机、清算中的一个。这三个阶段在经济中顺序地反复出现，就形成了经济周期现象。他在对统计资料的分析中，根据物价水平、生产等指标，确定了经济中平均每一个经济周期为 8～10 年。熊彼特后来把这种周期称为中周期，美国经济学家 A. 汉森则把这种周期称为"主要经济周期"，并根据统计资料计算出美国在 1795—1937 年共有 17 个这样的周期，其平均长度为 9.35 年。

（3）短周期，又叫基钦周期，是美国经济学家基钦在 1923 年发表的《经济因素中的周期与趋势》一文中提出来的。他根据美国和英国的详细资料，研究，提出经济周期实际上有大周期和小周期两种。小周期，也称次要周期，平均为 3.5 年（40 个月）；大周期，也称主要周期，则是若干个小周期的总和。一个大周期一般可包括两个或三个小周期。这里的大周期相当于朱格拉所说的中周期。熊彼特将基钦所说的小周期称为短周期。A. 汉森根据统计资料计算出美国在 1807—1937 年共有 37 个这样的周期，其平均长度为 3.51 年。

（4）建筑周期，又称库兹涅茨周期，是美国经济学家库兹涅茨在 1930 年出版的《生产和价格的长期波动》中提出的。他分析了美国、英国、德国、法国和比利时 1866—1925 年

60 种商品的历史统计资料之后,认为在经济中存在为期 15~20 年的长期波动。这种波动在美国的建筑业中特别明显,所以称其为"建筑周期"。

(5) 熊彼特周期。熊彼特在 1939 年出版的《经济周期》一书中对长、中、短周期进行了综合。他认为这三种方法并不矛盾,长周期的不同阶段中仍有中周期波动,中周期的不同阶段中还有短周期波动。每个长周期包括 6 个中周期,每个中周期包括 3 个短周期。短周期为 40 个月,中周期为 9~10 年,长周期为 48~60 年。

10.1.2 经济周期性波动的原因

由于经济危机的出现,长期以来,经济学家一直非常关注经济周期,经济周期为什么会产生?西方经济学家对此进行了大量研究,提出了各种解释,形成了各种经济周期理论,根据对经济周期产生的根源来划分,可以分成内因论和外因论。内因论认为经济周期的产生是由市场经济体系内部的某些因素,如消费、储蓄、投资、货币供给和利率等之间的相互关系或矛盾冲突产生的,主要有乘数 – 加速数模型、消费不足理论、投资过度理论、创新周期论、纯货币危机理论等。外因论是指经济周期波动是由于经济体系之外的某些要素的波动而产生的,如战争、革命、选举、石油价格、新土地和新资源的发现等,主要有心理周期理论、政治周期理论、太阳黑子论等。

1. 乘数 – 加速数模型

乘数 – 加速数模型又称汉森 – 萨缪尔森模型,是由美国著名经济学家汉森和他的学生萨缪尔森最先提出来的。这一理论运用乘数原理和加速原理说明引起经济周期性波动的原因。

在前一章已经对乘数原理进行了研究,它说明自发总需求的变动通过乘数引起国民收入或产量的变动,在这里要用它来解释经济周期。加速原理说明国民收入或产量对投资的影响,国民收入或产量的增加或减少,引起投资的更大幅度的增加或减少。增加一定产出所需要增加的净投资量,即净投资量与产出增加量之比,称为加速数。汉森认为乘数与加速数的相互作用导致了经济的周期性波动。

萨缪尔森于 1936 年在《经济学条件评论》上发表了论文《乘数分析和加速原理的相互作用》,详细解释了乘数 – 加速数的作用机制,提出了对经济周期的看法,称为汉森 – 萨缪尔森模型或乘数 – 加速数模型。萨缪尔森的乘数 – 加速数模型有以下三个基本方程:

$$Y_t = C_t + I_t + G_t \tag{10-1}$$

$$C_t = \alpha Y_{t-1}, \quad 0 < \alpha < 1 \tag{10-2}$$

$$I_t = \beta(C_t - C_{t-1}) \tag{10-3}$$

其中,Y_t 为第 t 期的国民收入,C_t 为第 t 期的消费,I_t 为第 t 期的投资,G_t 为第 t 期的政府开支。式(10 – 1)实际上是产品市场第 t 期的均衡公式;式(10 – 2)为长期消费函数,它表明本期消费与上一期收入成正比,其中 α 为边际消费倾向;式(10 – 3)反映投资与消费增量的关系,从而间接地反映了投资与国民收入增量的关系,其中 β 是一个大于零的常数,相当于加速系数。

如果将式(10 – 1)和式(10 – 2)代入式(10 – 3),可得

$$\begin{aligned} Y_t &= \alpha Y_{t-1} + \beta(C_t - C_{t-1}) + G_t = \\ &\quad \alpha Y_{t-1} + \beta(\alpha Y_{t-1} - \alpha Y_{t-2}) + G_t = \\ &\quad \alpha(1+\beta)Y_{t-1} - \alpha\beta Y_{t-2} + G_t \end{aligned} \tag{10-4}$$

式(10-4)中 Y_{t-2} 前面的系数为负（即 $-\alpha\beta<0$），表明式(10-4)所描述的经济系统是一个在面临外来冲击的情况下能够自我恢复均衡的稳定系统。

2. 消费不足理论

消费不足理论把经济衰退产生的原因归结为收入中用于储蓄的部分所占比例过大，而用于消费的部分太少。这导致社会对消费品的需求赶不上消费品供给的增长。消费不足论者主张通过各种手段增加社会有效需求，以避免衰退。

3. 投资过度理论

投资过度理论是哈勒伯在其名著《繁荣与萧条》中总结出的一种经济周期理论。该理论认为，某些因素会引发投资增加，结果资本品部门的生产超过了消费部门，出现了过度发展，形成了经济扩张，此时资本品比消费品增长得快；当经济衰退时，资本品下降的速度也比消费品快，因而导致了整个经济的波动。

根据引起投资过度因素的不同，投资过度理论可以分为货币投资过度理论、非货币投资过度理论和引致货币投资过度理论三种。

4. 创新周期理论

著名经济学家熊彼特在1939年出版的《经济周期》一书中提出了创新周期理论。该理论认为：创新是引起经济波动的主要因素，创新包括技术创新和制度创新；"创新"具有不确定性，是不连续的，有时集中在一个短时间内出现，有高潮和低潮的周期性波动；当出现创新时，投资会快速大量增加，产生繁荣。但是创新的刺激减退后，投资增长放慢甚至减少，使得经济出现衰退。正是这种技术创新波动的影响，导致了经济的繁荣和萧条。

5. 纯货币危机理论

纯货币危机理论认为经济周期波动纯粹是一种货币现象，认为经济波动是银行货币和信用波动的结果，货币数量的增减是使经济周期波动的唯一的、充分的原因。这一理论的代表人物有霍特莱和弗里德曼。

6. 心理周期理论

心理周期理论认为经济周期波动的原因是公众心理反应的周期变化。当公众对未来预期乐观时，会导致过多投资，形成经济繁荣。这种乐观预期会由于经济高涨超过理性经济思考下应有的程度，当这种错误的乐观情绪被察觉后，又会形成过度悲观的预期，投资会大幅度减少，造成经济萧条。

7. 政治周期理论

政治周期理论是波兰经济学家莱斯基提出的。该理论认为，经济波动是由于政府周期地制造通货膨胀、治理失业、刺激经济增长等执行扩张性经济政策引起的。

8. 太阳黑子论

美国经济学家杰文斯及穆尔等人认为，经济周期是由太阳黑子造成地球的环境和气候变化，从而引起农业变化，进而影响了工商业的生产活动，使经济出现波动。

经济周期是一个复杂的现象，是由多种因素决定的，所以西方经济学界在解释这一现象时也形成了许多不同的理论。除上述理论之外，还有真实经济周期理论、随机游走理论等。

10.2 经济增长

经济增长是经济学领域中最基本也是人们最关心的问题之一。

10.2.1 经济增长的含义

1. 什么是经济增长

经济增长是指一个国家或地区经济活动或生产能力的扩大,是一个国家或地区在一定时期内所生产的产品和服务总量不断增加的过程,即实际产量的增加。它是反映一个国家或地区经济实力和生活水平最重要的指标。严格地讲,经济增长是指一种长期的经济现象,是指一个国家或地区潜在国民产出或经济生产能力的持续增加,或者说,是一个国家或地区生产可能性边界曲线的向外移动。

潜在国民产出是指生产资源在其正常使用强度下得到充分利用时一国经济能够生产的总产值。其大小取决于由经济中的资本、劳动力、资源和技术状况所形成的生产能力,又称为充分就业的 GDP,即在这一产出水平上实现了充分就业,经济中仅存在自然失业率。也是在生产资源(包括技术和人口)既定时,能够维持下去而又不致使通货膨胀加速的最高产出水平。应该指出的是,由于在目前情况下,潜在国民产出难以准确计算出来,所以目前各国一般使用实际国民产出,即实际 GDP 或 GNP、国民收入等具体的国民产出指标度量经济增长。在现实中,既可用这些指标的总量描述经济增长情况,也可用人均量描述经济增长情况,有时用二者一起来描述经济增长情况。

2. 经济增长速度

经济增长速度是指国民产出或人均国民产出水平的变化幅度,或者说,是指经济增长的快慢程度,可以用国民产出指数或经济增长率来表示。通常使用经济增长率来反映经济增长速度。

国民产出指数是指某一时期的国民产出水平与基期国民产出水平之比。一般以 GDP 表示国民产出总量,其计算公式为

$$G = \frac{\text{GDP}_i}{\text{GDP}_0} \tag{10-5}$$

式中,G 表示国民产出指数,GDP_i 表示某一时期的国内生产总值,GDP_0 表示基期的国内生产总值。

经济增长率是某一时期国民产出水平与基期国民产出水平相比的变化量与基期国民产出水平的比值,其计算公式为

$$g = \frac{\text{GDP}_i - \text{GDP}_0}{\text{GDP}_0} \tag{10-6}$$

国民产出指数与经济增长率的关系是 $g = G - 1$。

3. 经济增长与经济发展

在现实生活中,人们一般把经济增长与经济发展混为一谈,认为经济增长了,就是经济发展了;度量经济增长的指标 GDP 高速增长了,就是经济快速发展了。其实经济增长与经济发展并不是一回事。20 世纪 50 年代以前,"经济发展"等同于经济增长,但是许多发展中国家在 20 世纪五六十年代出现了有增长无发展的情况,二者也就开始区别开来。20 世纪

60年代，经济发展包含经济增长加结构变化；20世纪70年代，经济发展强调分配不公、失业和贫困问题的改善；20世纪80年代，经济发展强调可持续发展，重视人口、资源和环境。这一概念的发展，可以从库兹涅茨对经济增长的定义中得以体现。库兹涅茨认为："一个国家的经济增长，可以定义为给居民提供种类日益繁多的经济产品能力的长期上升。这种不断增长的能力是建立在先进技术及所需要的制度和思想意识相适应的调整的基础之上的。"他在《各国的经济增长》一书中，根据英、美、法等国近百年的经济增长统计分析，提出了经济增长的特征。

（1）产出和人口都有较高的增长率。包括高产出增长率（实际国内生产总值增长率）、高人口增长率和高人均产出增长率（人均国内生产总值增长率）。由此可见，实际国内生产总值增长率应高于人口增长率，这样才能真正实现经济增长及人民生活水平的提高。

（2）具有很高的生产率增长率。促进生产率提高的主要因素是技术进步。

（3）经济增长中，经济结构得以优化。经济增长中，应伴随有第三产业的扩张与传统产业中劳动力的下降。

（4）社会出现良性变迁。即社会结构和意识形态得到提升，如城市迅速发展、城市化速度加快、人们的法律意识增强等。

（5）经济增长的范围迅速扩大至整个世界，而不仅仅是在发达国家。发展中国家可以引进发达国家的先进技术，以促进自身的经济增长。

（6）各国的经济增长率是不同的。由于资源、技术、制度等影响经济增长的因素有差异，所以各国的经济增长是不平衡的。并且由于发达国家的优越条件，有可能出现贫富差距拉大的趋势。

实际上，库兹涅茨提出的经济增长与一般情况下提到的经济增长是不同的，它包括了我们所定义的经济发展的主要内容。当代经济学界认为，经济增长主要是指物质财富的增长，诸如国内生产总值、人均国内生产总值的增长，它的主要目标是数量的增加而非质的变化，是一个偏重于数量的概念。而经济发展是反映一个经济社会总体发展水平的综合性概念，是指一个国家经济、政治、社会文化、自然环境、结构变化等方面的均衡、持续和协调的发展。经济发展不仅包括经济增长，而且还包括国民的生活质量、经济效益问题、资源消耗问题、生态环境问题、分配不公问题、道德建设问题及整个社会经济结构和制度结构的总体进步。

经济增长与经济发展有着密切的联系，一般而言，没有经济增长就不可能有经济发展。经济发展是在经济增长的基础上，社会福利的普遍提高，生活质量的进一步上升，生活环境的不断改善。经济发展所强调的政治、经济、文化、社会的协调发展必须以经济增长为基础，只有经济持续增长，才有可能实现物质财富的极大丰富、人民生活质量的普遍提高。所以，经济增长是决定经济发展的基本动力，是经济发展的必要的、首要的物质条件。没有经济增长，经济发展将成为无源之水。反过来，有经济增长不一定就有经济发展，世界许多国家经济发展的历史说明了这一结果。可以把经济增长与经济发展的关系概括为：经济增长是经济发展的手段，经济发展是经济增长的目的。不能离开经济发展这个目的去一味追求经济增长速度，那样会导致经济发展中的比例失调、经济大起大落、社会不公和社会剧烈动荡。

10.2.2 经济增长的源泉

从经济增长的定义可以知道，经济增长是一国生产能力的扩大，是实际产量的增加，并且现阶段经济增长是以 GDP 来衡量的。所以在研究经济增长的源泉时，西方经济学家通常都借助于宏观生产函数：

$$Y = AF(N, K) \tag{10-7}$$

式中，Y 为产出总量，A 为生产技术水平，N 为劳动投入量，K 为资本投入量。式（10-7）表明产出总量随资本、劳动投入量和技术水平的变化而变化。

宏观生产函数可以将经济增长量分解为几个要素的贡献，如下式：

$$\Delta Y = \mathrm{MP}_N \times \Delta N + \mathrm{MP}_K \times \Delta K + F(N, K) \times \Delta A \tag{10-8}$$

式（10-8）两边同除以 Y 得

$$\frac{\Delta Y}{Y} = \frac{\mathrm{MP}_N}{Y}\Delta N + \frac{\mathrm{MP}_K}{Y}\Delta K + \frac{\Delta A}{A} \tag{10-9}$$

进一步有

$$\frac{\Delta Y}{Y} = \left(\frac{\mathrm{MP}_N \times N}{Y}\right)\frac{\Delta N}{N} + \left(\frac{\mathrm{MP}_K \times K}{Y}\right)\frac{\Delta K}{K} + \frac{\Delta A}{A} \tag{10-10}$$

式（10-10）中，令 $(\mathrm{MP}_N \times N)/Y = \alpha$，$(\mathrm{MP}_K \times K)/Y = \beta$，又可写为

$$\frac{\Delta Y}{Y} = \alpha\frac{\Delta N}{N} + \beta\frac{\Delta K}{K} + \frac{\Delta A}{A} \tag{10-11}$$

从推导过程可以看出，α 实际上是劳动的产出弹性，β 是资本的产出弹性。

此增长核算方程及增长率分解式可用来说明经济增长的源泉、衡量经济的技术进步。由此可以看出，经济增长的源泉可以归结为劳动、资本和技术进步。

1. 劳动

劳动投入不仅包括劳动数量，而且也包括劳动质量，二者对经济增长都非常重要。从劳动的投入数量来说，就业的人数越多，投入量就越大。其投入量的增加来源于人口的增长、劳动参与率的提高、劳动时间的增加等。然而，如果劳动投入数量的增加来源于人口增长，有可能带来产出总量的增加，而并不会提高人均产出。并且如果其他要素投入和劳动力质量不变，由于边际报酬递减的存在，会制约经济增长。

劳动力质量又称为劳动力素质，其提高将会提高劳动生产率，带来经济增长。例如一个经过教育培训的工人的产出要高于未经过培训的工人的产出，即劳动生产率会因为劳动者素质的提高而提高，从而促进经济增长。经济学家认为，劳动力在接受教育、培训等过程中，会积累专业知识、技能和经验，提高人力资本，这可以极大地提高劳动生产率。劳动力质量或素质包括劳动者的技术、知识、技能、健康等方面，并且在现代经济中，劳动力的质量比数量更重要。发达国家经济发展的经验表明，教育投资作为人力资本投资的主要方面，能促进人力资本的形成和质量提升。人力资本存量的增加和质量提升，能促进经济增长方式的转变，进而推动经济快速发展，这是发达国家经济发展的突出表现。"二战"以后，美国教育事业更加蓬勃发展，教育经费支出占 GDP 的比重一直保持在 6%～7% 的水平上。20 世纪 90 年代以来，美国经济呈现出连续 110 多个月持续增长的"新经济"现象，这与长期以来重视教育有关。日本在"二战"以后经济实力迅速增强。日本之所以能够迅速地实现经济增长方式的转变，得益于其有力的政策措施，尤其是其教育和科技政策。"二战"后日本政府重视

发展教育事业，重视人才培养与劳动者素质提高。1955—1975 年，日本中央政府和地方政府的教育经费从 4 567 亿日元增加到 97 948 亿日元，增加了 20 倍。除各种正规教育外，日本各大公司、企业都设有职业培训机构，对职工进行职业技术教育，使其不断适应新技术和新环境的要求。随着人力资本水平的不断提高，日本的经济增长方式迅速向集约化发展。

2. 资本

这里所提到的资本是一种广义的资本，不仅包括各种机器设备、生产性建筑物、存货、基础性设施等生产出来的资本，而且包括土地、矿产等自然资本。

资本尤其是机器设备是决定劳动生产率的又一个重要因素。借助于先进的机器设备，人们可以大大提高劳动生产率。例如，由于高效率物质资本的投入，现代社会完成或高效率地完成了过去无法或很难完成的任务，如修建铁路、制造飞机等。工具、专业化设备等资本条件能够极大地提高劳动生产率，给工人配备的资本数量越多、越先进，工人的生产效率就越高，因此资本对一个国家的经济增长而言是至关重要的。西方经济学家认为，自工业革命以来，资本数量的增加是推动经济增长的重要因素，对新工厂、新设备的投资对于经济增长是很关键的。一般而言，一个国家要保持快速增长，净资本投入应占到全部产出的 10%～20%，而且那些大量的产出用于投资的国家有更快的经济增长。

自然资本也可以称为自然资源，包括土地、矿产、水利、生物、海洋、自然环境等。自然资源是有限的，而且是天赋的、客观存在的，丰富的自然资源对经济增长有重要的促进作用。例如，加拿大和挪威就是凭借其丰富的自然资源，在农业、林业和渔业方面获得高产而发展起来的。美国早期的经济发展，很大程度上得益于其辽阔的疆域和良田。自然资源的有限性将会限制经济增长。尽管这一观点看起来有些合理，但自然资源匮乏的国家也可以创造出很高的生产率并享受富裕的生活，如日本、新加坡就是这样的例子。而且从历史的发展来看，技术进步避免了自然资源成为经济增长的限制。一百多年前人们使用的容器都是用铜和锡制造的，曾有人担心铜和锡用完后怎么办。但是技术进步使人们今天可以用塑料取代铜和锡作为制造容器的材料，而电话通信则可使用沙子生产的光导纤维，现在没人这样担心了。所以，自然资源的拥有量并不是经济发展取得成功的必要条件。

3. 技术进步

从式（10-11）可以看到，影响经济增长的最后一项是技术进步率，又称为全要素生产率。这是一个很关键的因素，现代经济增长理论认为，没有技术进步，只有劳动、资本投入的增加，产量的增加会出现递减的趋势。然而，技术进步会逆转这一趋势。作为一个过程，技术进步提高了劳动生产率。这里所指的技术进步是广义的，包括科学技术、管理水平和企业家精神等方面。由于技术进步的存在，使得生产过程并不是一个简单机械的程序，而是有新生产要素的采用、生产过程的改进、新产品及新劳务的引入等。尤其是管理水平的提高和企业家精神等更是为技术进步提供了一个有利的良好环境。技术进步会带来生产效率的提高，使一国生产潜力获得巨大提高，实现经济增长。根据索洛的估算，1909—1940 年，美国 2.9% 的年增长率中由于技术进步而引起的增长率为 1.49%，即技术进步在经济增长中所做出的贡献占 51% 左右。随着经济发展，技术进步的作用越来越明显。

此外，有时为了强调教育及自然资源对经济增长的贡献，经济学家还把人力资本和自然资源作为一种单独的投入写进生产函数，并在分析经济增长的源泉时，将这两个因素作为独立的要素进行详细分析。这些要素的结合决定了经济增长的水平和增长速度，并且其差异也导致了不同国家经济增长的不同。

案例评析 10-1　　中国经济再创奇迹　全要素生产率是关键

中国经济转型能否成功,能否完成从高速增长向高质量发展的转型,全要素生产率至关重要。北京大学光华管理学院院长刘俏教授在第二十一届北大光华新年论坛演讲时提出了这一观点。

全要素生产率能否继续提高,取决于能否找到中国经济增长的新动能以及如何有效释放新动能。目前,还没有任何国家在完成工业化进程之后还能保持3%左右的全要素生产率年均增速,中国有没有可能再创造一个奇迹?答案或许藏在四大新动能之中:"再工业化""新基建"、大国工业,以及更彻底的改革开放带来的资源配置效率提升。

"再工业化",也就是"产业的数字化转型"。利用互联网大数据驱动产业的变革,可以带来全要素生产率(TFP)的提升空间。

"新基建"——"再工业化所需的基础设施"。围绕产业变革、产业互联网所配套的基础设施建设,如5G基站、云计算设备等。

上面两个新动能密切相连。中国经济从消费互联网的上半场进入产业互联网的下半场,大数据、AI、物联网等会给大量行业带来数字化转型的契机,这个"再工业化"与全要素生产率的提升是紧密联系的。而围绕"再工业化"的"新基建",一方面涉及跟产业变革以及跟产业互联网相配套的基础设施建设,另一方面也涉及跟民生相关的基础设施投资。这些领域投资规模可观,而且如果能够通过市场化的方式吸引民营资本投入,还可以提升投资效率和TFP。

对于大国工业,到现在为止,虽然我们建成了全世界最完整的工业门类,但是在一些关键的零部件或技术上还无法形成"闭环",我们的大国工业还有发展空间。未来诸如民用航空、飞机发动机、集成电路等领域发展也会带来全要素生产率提升的可能性。

更彻底的改革开放带来资源配置效率提升,推动全要素生产率主要靠两点:技术创新和激励机制。"制度改革"和"进一步的改革开放"能形成一个庞大的制度红利空间,合在一起也许会创造出"保持全要素生产率较高增速"的奇迹。这是最重要的一点。

资料来源:中国经济再创奇迹　全要素生产率是关键. 中国财经报,2019-12-24.

10.2.3　经济增长模型

经济增长一直是经济学家关注的重要问题之一,在现代西方经济学中,把经济增长作为一个独立的领域,是从英国经济学家哈罗德和美国经济学家多马开始的。萨缪尔森把经济学分为宏观经济学和微观经济学之后,各种经济增长模型应运而生。实际上这些模型在某种意义上,都可以看做是对哈罗德-多马模型中的假设的修改或补充。本书仅介绍在宏观经济学中占有突出地位的哈罗德-多马模型和新古典增长模型。

1. 哈罗德-多马模型

宏观经济学自凯恩斯以来蓬勃发展,然而凯恩斯在分析国民收入决定时仅采用了短期静态均衡分析,忽视了动态经济关系。英国经济学家哈罗德和美国经济学家多马都注意到了凯恩斯理论的严重缺陷,致力于将短期宏观经济分析长期化、动态化。哈罗德在1939年发表了《论动态理论》一文,提出了经济增长理论的构想。他在1948年出版的《动态经济学导论》中，系统地提出了其经济增长模型。几乎与此同时，美国经济学家多马在1946年发表的《资本扩张、增长率和就业》和1947年发表的《扩张和就业》两篇论文中独立地提出了与哈罗德经济增长模型相似的主要结论，两个模型的内容基本相同，人们将这两个模型称为哈罗德－多马模型。该模型将经济增长的长期因素整合进凯恩斯的短期分析中，主要研究了产出增长率、储蓄率和资本产出比三个变量之间的相互关系，说明了社会经济实现稳定增长所需具备的条件，即为了使经济能够保持一个稳定的增长率，收入、投资、资本存量应按什么速度增长。

前面已经详细介绍了凯恩斯总供给和总需求决定均衡国民产出的理论，当经济社会处于均衡状态时，厂商所进行的投资必须刚好等于人们所进行的储蓄。但是，在投资如何趋向于与储蓄相等的分析中，哈罗德－多马模型考虑了经济的长期动态发展，指出了凯恩斯关于国民收入均衡理论的局限性，即要使经济长期均衡地增长，必须使资本需求（即投资）也要保持一定的增长率。

哈罗德－多马模型的假设前提条件如下。

(1) 全社会只生产一种产品，该产品既可以作为消费品，也可以作为资本品。

(2) 生产中只使用劳动和资本两种生产要素，而且两者不能互相替代，只能以固定比例进行生产，即 $Y = \min\{K/v, L/u\}$。其中，$u > 0$，是劳动对总产出的比率；$v > 0$，是不变的资本－产出比，即 $v = K/Y$。

(3) 假定生产规模报酬不变，即不存在规模收益递增或递减。

(4) 储蓄倾向不变，且边际储蓄倾向等于平均储蓄倾向。

(5) 劳动力按照一个不变的比率增长，即 $n = \Delta L/L$，n 是常数。

(6) 不存在技术进步和资本存量的折旧。

哈罗德－多马模型的基本方程有以下几个。

1) 资本－产出比方程

资本－产出比是指一个社会的资本存量与实际国民产出（实际GDP）的比率，即生产单位产品所需使用的资本量，用公式表示为

$$v = K/Y \tag{10-12}$$

式中，K 表示资本存量，Y 为总产出，v 为资本－产出比。

2) 增量的资本－产出比与平均的资本－产出比方程

随着社会资本存量的增长，社会的产出量也应该增长，由于假定生产规模报酬不变，所以当投入增加时，资本存量与社会产出量应该是等比例增加的，即二者增加时比例保持不变，并且应与平均的资本－产出比相等，用公式表示为

$$v = K/Y = \Delta K/\Delta Y \tag{10-13}$$

式中，ΔK 为资本的增量，ΔY 为产出的增量。

3) 均衡方程

由于假设不存在折旧，当期的投资全部用来增加资本存量，成为净投资，即 $\Delta K = I$，由式（10-13）可知

$$\Delta K = v\Delta Y \tag{10-14}$$

另外，由假定知

$$S = sY \tag{10-15}$$

按照凯恩斯理论，宏观经济均衡的条件是 $I = S$，也就是说只有当投资等于储蓄时，经济活动才达到均衡状态。哈罗德－多马模型以此条件为基础，提出在经济增长过程中，同样只有

实现了 $I=S$ 这一条件,经济才能实现均衡增长。根据式(10-14)和式(10-15)可以得到

$$v\Delta Y = sY \text{ 或 } s/v = \Delta Y/Y = G \quad (10-16)$$

式(10-16)即为均衡的增长率公式,是哈罗德经济增长模型的基本方程。该式表明,要实现均衡的经济增长,产出增长率必须等于储蓄率除以资本-产出比。在资本-产出比一定的条件下,产出增长率与储蓄率成正比,储蓄率越高,经济增长率越高;反之,经济增长率越低。而在储蓄率一定时,经济增长与资本-产出比成反比。

多马经济增长模型也在凯恩斯静态宏观均衡模型的基础上,着重从需求因素考察经济增长问题。本书仅对结果简单介绍,过程不再推导。多马经济增长模型的基本公式是

$$\Delta I/I = s\delta \quad (10-17)$$

式中,I 和 ΔI 分别代表投资和投资的增量;s 代表储蓄率;δ 代表资本生产率,指每一单位的投资所能增加的产量,即 $\Delta Y/I$,实际上是加速数 v 的倒数。

在多马经济增长模型中,$\Delta I/I$ 为投资增长率,而投资增长率等于经济增长率 $\Delta Y/Y$。因此多马经济增长模型可以写成

$$\Delta Y/Y = s\delta \quad (10-18)$$

这一方程非常类似于哈罗德经济增长模型。

哈罗德又进一步把经济增长率分为三种。第一种是实际增长率,用 G_A 表示,它等于储蓄率除以实际的资本-产出比,即

$$G_A = s/v \quad (10-19)$$

第二种是有保证的增长率,是指企业家感到满意的增长率,或者说,人们想进行的储蓄为投资全部吸收时所必须保证的增长率。其表达式为

$$G_W = s/v_r \quad (10-20)$$

式中,G_W 表示有保证的经济增长率,v_r 表示合乎企业家意愿的资本-产出比的比值。

第三种是自然增长率,它是由人口、资源等自然因素决定的,社会在人口增长和技术进步允许的范围内所能达到的长期最大的增长率,用 G_N 表示,即

$$G_N = n + a \quad (10-21)$$

式中,n 为劳动力增长率,a 为劳动生产率的增长率。

例如,劳动力年增长率为 1.5%,劳动生产率的年增长率为 2%,则自然增长率 G_N = 1.5% + 2% = 3.5%。

从长期来看,要实现连续充分就业的增长,就必须使实际的增长率、自然增长率与有保证的增长率三者相等。

哈罗德-多马模型引入了时间因素,使其理论具有说服力和应用价值。但也存在一定问题,第一个问题是经济沿着均衡途径增长的可能性是否存在。哈罗德认为,虽然 $G_A = G_W = G_N$ 这种理想的充分就业均衡增长的途径是存在的,但是一般来说,实现充分就业均衡增长的可能性极小,在一般情况下,经济很难按照均衡增长途径增长。第二个问题是经济活动一旦偏离了均衡增长途径,其本身是否能够自动地趋向于均衡增长途径。哈罗德认为,实际增长率与有保证的增长率之间一旦发生了偏差,经济活动不仅不能自我纠正,而且还会产生更大的偏离。

2. 新古典增长模型

哈罗德-多马模型唤起了经济学界研究经济增长问题的热潮。由于哈罗德经济增长模型存在的缺陷,使得经济学家不断修正其模型,提出了不同的增长模型。美国经济学家索洛于1956年初发表的《经济增长的一个理论》一文中提出了一个修正的增长模型。同年11月,

美国经济学家斯旺在《经济增长与资本积累》一文中提出了类似的模型,所以这一模型称为"索洛－斯旺模型"。后来英国经济学家米德在《经济增长的一个新古典理论》(1961年)一文中也提出了基本相同的模型,由于他们的模型和古典经济学相同,认为充分就业是必然的趋势,所以被称为新古典增长模型。

1) 新古典增长模型的基本假定和思路

基本假定:第一,生产中只有资本和劳动两种生产要素,且两要素之间可相互替代,但存在边际报酬递减且大于0。同时假定劳动和资本任何时候都可以得到充分利用,不存在生产要素闲置问题。

第二,假定生产函数形式为

$$Y(t) = F(K(t), L(t)) \tag{10-22}$$

第三,假定社会储蓄函数为 $S = sY$,其中 s 为储蓄率,是外生给定的,是一个常数,且 $0 < s < 1$。

第四,假定资本折旧率 $\delta > 0$,也是一个常数。在一个时点上物质资本存量的变化等于总投资减去生产过程中的资本损耗,即

$$\frac{dK}{dt} = I - \delta K = sF(K(t), L(t)) - \delta K \tag{10-23}$$

第五,假定生产的规模报酬不变。总产出与生产要素等比例增长。在生产技术不变的条件下,如果生产投入增加到原来的 λ 倍,则产出也增加到原来的 λ 倍,即

$$\lambda Y = F(\lambda K(t), \lambda L(t)) \tag{10-24}$$

第六,劳动力按一个不变的比率 n 增长,且每个人的工作强度是给定的。

在不考虑技术进步的情况下,经济的生产函数为式(10-22),由第五个假定有式(10-24)。令 $\lambda = 1/L$,可得

$$Y/L = F(1, K/L) \tag{10-25}$$

假定全部人口都参与生产,则式(10-25)可写成

$$y = f(k) \tag{10-26}$$

式中,y 为人均产量,k 为人均资本。可以给出一个特定的生产函数——柯布－道格拉斯生产函数:

$$Y = AK^{\alpha}L^{1-\alpha}, \quad 0 < \alpha < 1$$

$$y = Y/L = (AK^{\alpha}L^{1-\alpha})/L = A(K/L)^{\alpha} = Ak^{\alpha} \tag{10-27}$$

图10-2表示了式(10-26)的生产函数的图形。从图中可以看出,随着每个工人拥有的资本量的上升,即 k 值的增加,每个工人的产量也增加,但由于边际报酬递减规律,人均产量增加的速度是递减的。

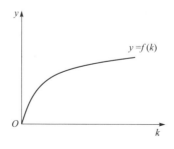

图10-2 人均生产函数曲线

在增长率分解式中,在假定劳动力按照一个不变的增长率（n）增长和不考虑技术进步的条件下,产出增长率就唯一地由资本增长率来解释。

资本与产量的关系如下：一般情况下,资本增长由储蓄（或投资）决定,而储蓄又随收入变化而变化,收入或产量又取决于资本。于是,资本、产量和储蓄（或投资）之间建立了一个如图 10-3 所示的相互依赖的体系。

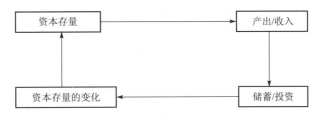

图 10-3 资本、产量和储蓄（或投资）之间的相互依赖

在这一体系中,资本对产出的影响可由人均生产函数［式（10-27）］或图 10-2 来描述,资本存量变化对资本存量的影响是明显和直观的,无须进一步说明,产出对储蓄的影响可以用储蓄函数来描述。因此,在这一体系中,需要着重说明的是储蓄对资本存量变化的影响。

2）新古典增长模型的基本方程

在一个两部门经济中,只有家庭和厂商,经济的均衡为

$$I = S$$

即投资等于储蓄。资本存量的变化亦即净投资等于投资减去折旧,这在前面已经分析过。当资本存量为 K 时,假定折旧是资本存量的一个固定比率 δK（$0<\delta<1$）,则资本存量的变化 ΔK 为

$$\Delta K = I - \delta K$$

根据 $I = S = sY$,上式可写为

$$\Delta K = sY - \delta K$$

上式两边同时除以劳动数量 L,有

$$\Delta K/L = sY/L - \delta K/L$$

即

$$\Delta K/L = sy - \delta k \tag{10-28}$$

另外,注意到 $k = K/L$,于是 k 的增长率可写为

$$\Delta k/k = \Delta K/K - \Delta L/L = \Delta K/K - n$$

最后一个等式用到了第六个假定条件,即劳动力按一个不变的比率 n 增长,于是有

$$\Delta K = (\Delta k/k)K + nK$$

上式两端同时除以 L,则有

$$\Delta K/L = \Delta k + nk \tag{10-29}$$

将式（10-28）和式（10-29）合并,得到

$$\Delta k = sy - (n+\delta)k \tag{10-30}$$

式（10-30）是新古典增长模型的基本方程。这一关系式表明,人均资本的增加等于人均储蓄 sy 减去 $(n+\delta)k$。$(n+\delta)k$ 可以这样解释：劳动力的增长率为 n,一定量的人均储蓄必须用于装备新工人,每个工人占有的资本为 k,这一用途的储蓄为 nk。另外,一定量的储

蓄必须用于替换折旧资本,这一用途的储蓄为 δk。总计为 $(n+\delta)k$ 的人均储蓄被称为资本的广化;人均储蓄超过 $(n+\delta)k$ 的部分则导致人均资本 k 的上升,即 $\Delta k>0$,这被称为资本的深化。因此,新古典增长模型的公式(10-30)可以描述为

$$资本深化 = 人均储蓄 - 资本广化$$

3)稳态分析

在新古典增长模型中,所谓稳态,指的是一种长期均衡状态,是指人均资本不再变化,人均产出水平也因此稳定下来的一种状态。在稳态下,k 和 y 达到一个持久性的水平。当经济偏离稳态时,会有一种向稳态运动的趋势。根据这一定义,要实现稳态必须要求 $\Delta k=0$,由式(10-30)可知稳态的条件是 $sy=(n+\delta)k$。

应该注意到,虽然在稳态时,人均资本和人均产出是固定的,但总产量和资本存量却是在以人口增长率 n 的速度增长的。因为 $k=K/N$ 和 $y=Y/N$ 固定,而模型中又假定劳动人口以 n 的速度增长,所以资本存量与总产出必须按比率 n 增长。在新古典增长理论中,稳态意味着 k 和 y 不变,而

$$\Delta Y/Y = \Delta K/K = \Delta N/N = n$$

10.2.4　促进经济增长的政策

从长期来看,实现经济增长所要采取的措施与短期内为实现充分就业而采取的一系列经济政策措施是有些差异的。实际上长期的经济增长的目的是要实现潜在国民产出的增长,在对经济增长进行定义时,也可以看出这一点,经济增长是潜在产出的增长,只是在度量中由于潜在产出难以确定,而采用了实际 GDP 作为衡量指标。而短期内的经济政策的主要目标是调节实际产出与充分就业产出(即潜在产出)之间的不一致而采取的措施。所以,长期经济增长的一系列政策应围绕提高潜在产出而制定,与短期为实现经济稳定的政策是有区别的。根据对经济增长源泉的分析,可以知道经济增长的各要素增长了,就能实现经济增长,所以促进经济增长的政策也就是促进各要素增长的政策,具体包括:增加资本投入和劳动供给及支持技术进步。另外,还有经济学家认为对外贸易也会促进一国经济增长。

1. 鼓励资本形成

物质资本存量是决定经济增长的一个重要因素。工人配备资本量的高低决定了其劳动生产率,专业化工具与设备等资本条件能够极大地提高一个社会的劳动生产率,从而促进经济增长。进入 21 世纪,一个普通美国工人所配备的资本装备已超过 10 万美元。这种巨大的资本投入是较高劳动生产率的基本源泉,也是美国经济增长的动力。然而,资本存量的增加取决于投资数量,所以投资与经济增长有着密切的关系,二者同向变化,投资来源于储蓄。因此,政府可以通过采取政策鼓励私人增加储蓄,如对新投资的税收减免和对资本收入减税、提高资产折旧率等都可以增加企业和个人的储蓄。同时不断完善资本市场,以加速储蓄向投资转化,实现资本量的增加。另外,政府也可以通过直接投资来影响经济增长,如修建公路、桥梁、机场等公共基础设施。

2. 增加劳动投入

一个国家或地区若想加快经济增长,增加劳动投入是一个非常重要的手段。增加劳动投入的政策可以从以下两方面着手。

一方面是增加劳动力数量的政策。例如,可以采取刺激劳动力增加供给的政策,如降低个人所得税,使人们提供更多的劳动,或者可以采取政策,提高劳动参与率。然而,劳动力

数量的增长有很大的局限，目前世界各国的人口出生率处于下降过程中。

另一方面是提高劳动力的质量。为了提高劳动力质量，可以增加对人力资本的投资。教育是提高人力资本的重要途径，受过良好教育并拥有熟练技术的工人通常比那些没有接受培训的工人具有更高的生产效率。一个国家或地区为了加快经济增长，必须在增加人力资本存量和提高技术水平上增加投资和采取重大措施。如政府应增加对教育的投入，加强职工的培训学习。另外，也可以通过一系列重视知识的政策刺激个人投资并主动进行教育培训，以提高技能等人力资本。

3. 鼓励技术进步

"科技是第一生产力"这一观念，在经济发展中越来越被广泛认可。科学技术具有极大的正外部性，当其被发明创造出来，其他人学习和利用这一科技时成本要低得多，甚至无须付出任何成本，但科学技术的创新却要付出很多艰辛的劳动。这就需要政府对科学技术的研究与创新给予政策支持，如对科学研究给予大量资金支持、加强对知识产权和专利的保护。只有知识产权和专利得到保护，才能从制度上保证专利者的利益，从而刺激科技人员和劳动者参加学习和技术创新的积极性，保证专利的不断增加、技术创新成果的不断出现，进而促进经济增长。

技术进步是广义的，不仅包括科学技术，而且也包括管理创新、制度创新。合理的制度会大大激发劳动者的积极性，进而促进经济增长。例如，我国农村的联产承包责任制，大大提高了我国的经济增长水平。所以政府和企业家应进行制度创新，以推动经济发展。

4. 促进对外开放

实行开放性政策，降低贸易壁垒，使一国能够充分利用国际市场、国际分工和比较优势，同时也有利于引进先进的技术、管理知识和国外资本，促进本国经济增长。我国的外向型政策成功推动了自身经济的高速发展。

经济问题分析

逆周期调节指的是在经济周期运行的不同阶段，宏观经济政策采取各不相同的针对性对冲措施，应对经济的波动。比如说，经济增速过快时，要使用逆周期政策让经济降温；当经济处于相对较弱的运行阶段时，宏观经济政策就会增加刺激措施，保持相对稳定的运行。不过，如果仅仅注意逆周期调节，可能出现政策虽适应当下周期，但有可能带来更长期后遗症的情况。而提出"宏观调控跨周期设计和调节"，意味着宏观调控不会简单考虑一个经济周期内的问题，而更加关注一项宏观经济政策延续的时间、覆盖的效果。宏观政策的推进不仅仅简单考虑当前的情况，还要结合并纳入更长远的情况。

本 章 小 结

（1）经济周期和经济增长描述了一国宏观经济长期的运行态势，是宏观经济学的基本研究范畴，也是经济学家关注的主要经济问题。

（2）经济周期是指一个经济体系的总体运行中，国民收入及生产、物价和就业等经济活动水平有规律地经历扩张和收缩的周期性波动。经济学家把经济周期划分为扩张和衰退两个主要阶段，并根据一个经济周期时间的长短将经济周期分为长周期、中周期、短周期、熊彼特周期和库兹涅茨周期等。根据产生的根源，经济周期可以分成以下两类：内因论认为经济周期的产生是由市场经济体系内部某些因素，如消费、储蓄、投资、货币供给和利率等之间的相互关系或矛盾冲突产生的，主要理论包括乘数-加速数模型、消费不足理论、投资过度理论、创新周期论、纯货币危机理论等；外因论认为经济周期的波动是由于经济体系之外的某些要素（如战争、革命、选举、石油价格、新土地和新资源的发现等）的波动而产生的，主要理论包括心理周期理论、政治周期理论、太阳黑子论等。

（3）经济发展中，经济不仅有周期性波动，而且从长期来看有增长的趋势，因为经济增长直接关系到人们生活水平的提高，所以是人们最关心的问题。经济增长是指一国经济活动或生产能力的扩大，是一个国家或地区在一定时期内所生产的产品和服务总量不断增加的过程，即实际产量的增加。一般使用实际国民产出（即实际GDP或GNP）及国民收入（NI）等具体的国民产出指标进行衡量。

（4）现实生活中，人们认为经济发展就是经济增长，实际上前者的外延大于后者。经济增长是指物质财富的增长，而经济发展是反映一个经济社会总体发展水平的综合性概念。经济增长是经济发展的必要条件，决定着经济发展的基本动力，但有经济增长不一定有经济发展，二者不能等同。

（5）经济增长的源泉可以归结为劳动、资本和技术进步。

（6）为了实现经济增长，要采取一定的措施，也就是促进各要素增长的政策，具体包括：增加资本投入和劳动供给、支持技术进步。另外，对外贸易也会促进一国经济增长。

练 习 题

一、概念

经济周期　经济增长　经济增长速度　经济发展　资本-产出比　有保证的增长率　自然增长率　稳态

二、单选题

1. 下面哪一个指标不能用来判断经济的周期性波动？（　　）
    A. GDP　　　　　　B. 物价水平　　　　　C. 失业率　　　　　D. 汤姆的收入
2. 下述关于经济周期的描述，哪一个是错误的？（　　）
    A. 实际GDP、就业、价格水平和金融市场变量等是理解经济周期的重要变量
    B. 经济周期一般可以分为波峰和谷底两个阶段
    C. 经济周期具有循环性
    D. 经济周期的时间长短具有较大的差别
3. 中周期的每一个周期为（　　）。
    A. 50年左右　　　　　　　　　　　　B. 25年左右
    C. 8～10年　　　　　　　　　　　　D. 5～6年
4. 50～60年一次的经济周期称为（　　）。
    A. 康德拉季耶夫周期　　　　　　　　B. 朱格拉周期
    C. 基钦周期　　　　　　　　　　　　D. 库兹涅茨周期
5. 以下哪一种情况在经济衰退中不会发生？（　　）

A. 产量增长下降 　　　　　　　　　B. 每位工人工作小时数增加
C. 通货膨胀率降低 　　　　　　　　D. 实际工资降低

6. 建筑周期，又称（　　）。
   A. 康德拉季耶夫周期 　　　　　　B. 朱格拉周期
   C. 基钦周期 　　　　　　　　　　D. 库兹涅茨周期

7. 下列不能用来衡量经济增长的指标是（　　）。
   A. 实际 GDP 　　　　　　　　　　B. 实际 GNP
   C. 人均 GDP 　　　　　　　　　　D. 总需求

8. 下列（　　）不能归结为经济增长的源泉。
   A. 劳动 　　　　　　　　　　　　B. 扩张性的经济政策
   C. 资本 　　　　　　　　　　　　D. 技术进步

9. 在新古典增长模型中的稳态时，下列哪些指标是不变的？（　　）
   A. 人均资本 　　　　　　　　　　B. 劳动人口数量
   C. 总产出 　　　　　　　　　　　D. 总投资

10. 根据新古典增长模型，n 表示人口增长，δ 表示折旧率，k 表示人均资本，则人均资本变化等于（　　）。
    A. $sy+(n+\delta)k$ 　　　　　　　B. $sy+(\delta-n)k$
    C. $sy-(n+\delta)k$ 　　　　　　　D. $sy-(\delta-n)k$

11. 设资本量为100，所生产的产出为50，则资本－产出比为（　　）。
    A. 0.5　　　　B. 2　　　　C. 0.67　　　　D. 1.49

12. 下面哪一个不是哈罗德模型提出的三个增长率之一？（　　）
    A. 实际增长率 　　　　　　　　　B. 有保证的增长率
    C. 技术进步增长率 　　　　　　　D. 自然增长率

13. 下列（　　）不是内因论所认为的经济周期产生的因素。
    A. 货币供给 　　　　　　　　　　B. 储蓄
    C. 消费 　　　　　　　　　　　　D. 发现了新资源和新能源

14. 下列论断中正确的是（　　）。
    A. 经济发展等同于经济增长 　　　B. 经济发展即国内生产总值的增长
    C. 有经济发展必然有经济增长 　　D. 有经济增长必然有经济发展

15. 下列不属于促进资本形成政策的是（　　）。
    A. 对新投资的税收减免和对资本收入减税
    B. 政府增加对教育的投入，加强职工的培训学习，以增加人力资本存量。
    C. 提高资产折旧率
    D. 修建公路、桥梁、机场等公共基础设施

三、判断题

1. 经济周期是 GDP 的波动。（　　）
2. 经济的周期性波动是围绕一个固定的经济水平进行的。（　　）
3. 根据乘数－加速数模型，随着时间的推移，经济波动虽然是周期性的，但波动的幅度越来越小。（　　）
4. 消费不足论把经济衰退产生的原因归结为储蓄过大。（　　）

5. 国民产出指数即经济增长率。（　　）
6. 经济发展即经济增长。（　　）
7. 实际GDP是现代经济学家衡量经济周期的唯一变量。（　　）
8. 技术进步仅包括科学技术的发展。（　　）

四、简答题

1. 经济衰退的特征是什么？
2. 如何区分经济增长与经济发展？
3. 简述哈罗德-多马模型中实现连续充分就业的条件。
4. 经济周期可以划分为哪些类型？
5. 经济增长的源泉有哪些？
6. 采用什么样的政策能刺激经济增长？

五、计算题

1. 假定不存在技术进步，设资本增长率为5%，劳动增长率为2%，资本产出弹性为0.4，劳动产出弹性为0.6。用经济增长率分解式计算经济增长率。
2. 接题1，如果存在技术进步，并且产出增长率为8%，试计算技术进步对经济增长的贡献。
3. 在新古典增长模型中，已知生产函数为 $y = 2k - 0.5k^2$，y 为人均产出，k 为人均资本，储蓄率 $s = 0.2$，人口增长率 $n = 0.05$，资本折旧率 $\delta = 0.15$。试求稳态时的人均资本和人均产量值。

实 践 训 练

训练目标

1. 通过查阅国家统计局网站，能够了解国家层面宏观经济数据的来源，能够顺利查找各类宏观数据。
2. 通过查阅、分析中国、美国、日本、印度等国家的GDP、人均GDP、GDP增长率、就业总量、失业率、固定资产投资总额、居民消费价格指数（以上一年为100）等相关年度数据，借助Excel软件或统计分析软件（SPSS或Stata）验证各国长期内的经济波动，并能对实证检验结果进行合理解释。
3. 能够通过各国GDP增长率波动的对比分析，尝试探讨经济周期理论的适用性。

训练1　搜集中国、美国、日本、印度等国1978—2018年的GDP增长率、人均GDP增长率、失业率、居民消费价格指数（上一年为100）、固定资产投资额，并在数据整理和对比分析的基础上，借助Excel软件或统计分析软件（SPSS或Stata）制图，观察1978—2018年各国经济增长的总体趋势、增长率波动特征，以及衰退期和扩张期内各宏观经济指标的变动特征。

训练要求

（1）组成调研小组，选定感兴趣的国家，明确组内分工。
（2）各组进行资料调查，将调查情况记录在表10-1中。
（3）各组提交书面研究报告，班内交流。

第10章 经济周期与经济增长

表 10-1 世界主要国家经济波动的数据调查与比较分析

国家:			
小组成员:			
数据来源与拟合方法选择:			
调查时间	调查对象	调查内容	调查情况记录

训练 2 现实问题解析——经济增长源泉与经济增长波动原因解析

表 10-2 为我国 31 个省、市、自治区 2018 年第一季度、2019 年第一季度、2020 年第一季度的 GDP 同比实际增长率数据。

表 10-2 2018—2020 年各省、市、自治区第一季度 GDP 增长率　　单位:%

区域	2018年第一季度	2019年第一季度	2020年第一季度	区域	2018年第一季度	2019年第一季度	2020年第一季度
北京	6.8	6.4	-6.6	湖北	7.6	8.1	-39.2
天津	1.7	4.5	-9.5	湖南	8	7.6	-1.9
河北	5.9	7.4	-6.2	广东	7	6.6	-6.7
山西	6.1	7.2	-4.6	广西	7.1	6.4	-3.3
内蒙古	4.5	5.5	-5.8	海南	5.1	5.5	-4.5
辽宁	5	6.1	-7.7	重庆	7	6	-6.5
吉林	2.1	2.4	-6.6	四川	8.2	7.8	-3
黑龙江	5.3	4.5	-8.3	贵州	10.1	9.2	-1.9
上海	7	5.7	-6.7	云南	9.3	9.7	-4.3
江苏	7.1	6.7	-5	西藏	9.3	9.1	1
浙江	7.4	7.7	-5.6	陕西	8.3	6.3	-5.6
安徽	8.1	7.7	-6.5	甘肃	5.1	7.9	-3.4
福建	7.9	8.2	-5.2	青海	7.1	5.7	-2.1
江西	9	8.6	-3.8	宁夏	7.7	7.9	-2.8
山东	6.7	5.5	-5.8	新疆	6.7	5.3	-0.2
河南	7.9	7.9	-6.7				

数据来源:中红网数据库。

训练要求:

(1) 结合本训练所提供的数据,分析各省、市、自治区经济增长的差异,并针对2020年第一季度的 GDP 增速严重下滑或负增长态势,深入解析造成经济波动的主要原因。

(2) 结合宏观经济运行实践,探讨经济增长的源泉和促进经济增长的对策。

第 11 章 失业与通货膨胀

 学习导图

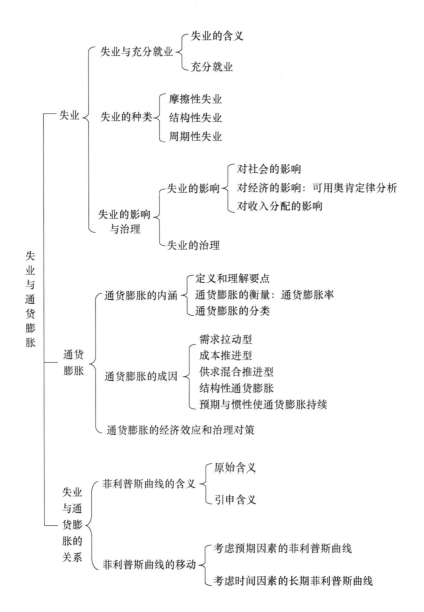

第11章 失业与通货膨胀

经济问题

就业是民生之本。在当前国际国内形势下,保居民就业的重要意义是什么?

就业一头连着经济发展,一头连着民生保障。目前,工资是我国居民收入的主要来源,个人和家庭的保障从根本上仍有赖于劳动收入。只有保住了市场主体,才能有效地保住居民就业,保住基本民生。正如习近平总书记指出的那样,"企业正常生产就能保障国家经济正常运行,就能给大家创造就业机会,大家有收入,家里就有了保障"。

今年以来,中央及地方全面强化稳就业举措,出台了一系列实招硬招,比如加大信贷投放、减免增值税、减免部分社保费用、返还失业保险费等,维护了产业链、供应链稳定,稳住了经济大盘,也让千家万户端稳了"饭碗"。从主要就业指标看,1至8月,全国城镇新增就业781万人,完成全年目标任务的86.8%;城镇调查失业率从2月份的峰值6.2%回落至8月份的5.6%。就业优先政策效果已初步显现。

就业一头牵着消费,一头牵着供给。习近平总书记在经济社会领域专家座谈会上提出"提升供给体系对国内需求的适配性,形成需求牵引供给、供给创造需求的更高水平动态平衡"。供给、需求体系之间的连接点和发力点,就是就业。

资料来源:千方百计稳定和扩大就业——访中国财政科学研究院院长刘尚希.人民日报,2020-09-26.

思考题:为什么说就业是供给、需求体系之间的连接点和发力点?

章前导读

长期来看,一个经济社会应该处于充分就业、物价稳定的均衡状态,第9章所介绍的总需求曲线、短期总供给曲线和长期总供给曲线三者的交点,即为宏观经济运行过程中最理想的状态。但在短期中,在各种因素的综合影响之下,宏观经济均衡总是处在低于充分就业或高于充分就业水平的非均衡状态,与之相伴,失业与通货膨胀越来越成为宏观经济运行中的常见问题。这两个问题困扰着各国经济的增长与发展。本章将结合经济实践并运用第9章所学理论对失业问题和通货膨胀问题进行深入分析。

11.1 失 业

11.1.1 失业与充分就业

1. 失业的含义

失业是指在一定年龄范围内,具有劳动能力的人愿意工作而没有工作,并正在努力寻找工作的状态。处于失业状态的劳动力就是失业者。失业的本质是劳动者不能与生产资料相结合进行社会财富的创造,是一种经济资源的浪费。

劳动力是指在法定年龄范围内,有劳动能力且正在工作或正在寻找工作的人。

需要注意的是,下列人员不包括在失业人员中:正在就读的学生和转学人员;在调查期内各种经济类型单位中从事临时性工作并获得劳动报酬的人员;已达到国家规定退休年龄而无业的人员;个体劳动者及帮工;家务劳动者;尚有劳动能力但需要特殊安置的残疾人;自愿失业人员及其他不符合失业定义的人员。

衡量一个经济社会中失业状况的最基本指标是失业率,失业率是失业人数占全部劳动力

人数的百分比，用公式表示为

$$失业率 = \frac{失业人数}{劳动力总数} \times 100\% = \frac{失业人数}{就业人数 + 失业人数} \times 100\% \qquad (11-1)$$

式中，劳动力总数是指适龄范围内的就业者和失业者的数量。

2. 充分就业

在前面章节中屡次提到了充分就业，充分就业是宏观经济政策的第一目标。充分就业在广义上是指一切生产要素（包含劳动）都有机会以自己意愿的报酬参加生产的状态。由于各种资源参与生产或者说就业的程度很难度量，因此西方经济学家通常以失业率的高低作为衡量充分就业的尺度。需要注意的是，充分就业并非人人都有工作，这是因为经济中仍然存在由某些难以克服的原因造成的自然失业，这种客观存在的失业为劳动市场提供了人力资源储备，为社会所接受。

11.1.2 失业的种类

按照不同的标准，可以对失业进行不同的分类。例如，按照失业的性质，把失业划分为摩擦性失业、结构性失业和周期性失业三种类型；按照能否接受现行的工资水平把失业划分为自愿失业和非自愿失业两种类型；按照凯恩斯的解释，失业一般划分为摩擦性失业、自愿失业和非自愿失业（周期性失业）三类，等等。从严格意义上来讲，各种类型的失业之间有时界限并不十分清晰。目前比较全面的分类方法是，根据失业的性质和引起失业的原因，将失业分为自然失业和周期性失业。

1. 自然失业

自然失业（natural unemployment），是指由于经济中某些难以避免的原因所引起的失业。它是在排除了经济周期的影响以后，经济正常时期存在的失业，又称长期均衡失业。自然失业的存在不仅是必然的，而且是必要的。因为自然失业的存在，失业者能作为劳动后备军随时满足经济对劳动的需求，这种威胁能迫使就业者提高生产效率。同时由于失业保障的存在使自然失业不会影响社会安定，是社会能够接受的失业。

美国经济学家米尔顿·弗里德曼（M. Friedman）认为自然失业率是一种在没有货币因素干扰的情况下，让劳动力市场和商品市场的自发供求力量发挥作用时，处于均衡状态的失业率，它与劳动力市场的实际工资相对应，而且是不断变化的。

引起自然失业的原因很多，例如劳动力的正常流动、以获得更好工作机会为目的的跳槽、工作的季节性、制度变革、技术变动等，其中最主要的是劳动力的正常流动引起的摩擦性失业和技术变动引起的结构性失业。

1）摩擦性失业

摩擦性失业（frictional unemployment），是指在生产过程中由于难以避免的摩擦而造成的短期、局部性失业。

从劳动力需求的角度看，在一个动态经济中，各部门、各地区之间劳动需求是经常发生变动的，如两家公司合并会导致一部分职能重合的员工被辞退；从劳动力供给的角度看，劳动者由于偏好和能力不同，或者想寻找更理想的工作，总是在不断地变换自己所从事的工作，由此所引起的劳动力流动中必然有一部分劳动者在一定时期内处于失业状态。这部分人能够而且可以找到满意的工作，社会上也存在适合他们的工作岗位，只是由于劳动力市场上的信息不对称，暂时还没有进入就业状态，这就形成了摩擦性失业。例如，刚毕业尚未找到合适工作的大学生就处于摩擦性失业状态。

摩擦性失业的大小主要取决于劳动力市场运行机制的完善程度、劳动力流动性的大小及寻找工作所需要的时间和成本。此外，政府的有关政策，如失业保障政策，也会影响摩擦性失业的数量。

2）结构性失业

结构性失业（structural unemployment），是指在经济结构的变化过程中，由于劳动力供给和对劳动力的需求在职业、技能、产业、地区分布等方面的不一致所引起的失业。

伴随着经济结构的变动，一些产业部门逐渐衰落，另一些产业部门不断发展，这会引起原来的工作岗位减少，新的工作岗位增加。但由于技能要求存在差异，即使新兴产业需要雇用更多的劳动力，从传统产业中分流出来的劳动力也不能完全胜任新出现的工作岗位的要求，势必出现失业与空位并存的局面。这种劳动力供需结构不一致所造成的失业称为结构性失业。

这种失业的特点是劳动力供求总量是均衡的，但是供求的结构不匹配，因此既有职位空缺又有失业，这种状况是经济发展中不可避免的，也可以看做是摩擦性失业的极端形式。

在一个不断发展的经济社会中，经济结构必然不断调整，各产业对劳动力数量和技能的需求也不断变化，再加上劳动力市场上信息不可能完全对称，因此摩擦性失业和结构性失业的存在是自然的、不可避免的。这两种失业构成了自然失业的主要内容。除此之外，自愿失业也属于自然失业的范畴，与自然失业相对应的失业率就是自然失业率。

自然失业率一般用自然失业人数占总劳动力人数的比例来表示。自然失业率的高低取决于各国的制度和人口因素。劳动力市场机制的改善、政府对职业培训的提供、失业保险制度的改进、最低工资立法的取消及工会垄断的破除等，都能减少自然失业人数，但永远不可能消灭自然失业。当经济社会的实际失业率等于自然失业率时，就可认为实现了充分就业，或者说，实现充分就业时的失业率即自然失业率，因此自然失业率又称为充分就业的失业率或长期均衡的失业率。正是基于此，各国政府要重点防范的、宏观经济学要重点分析的并不是自然失业而是周期性失业。

2. 周期性失业

周期性失业（cyclical unemployment），是指在经济的周期性波动过程中，由于总需求不足而引起的失业。当经济处于繁荣时期时，总需求水平提高，促使企业增加雇用工人，提高产出水平，因此失业率比较低；当经济处于萧条时期时，总需求不足，企业降低产量，解雇工人，由此造成失业增加。周期性失业与摩擦性失业和结构性失业的根本区别在于：周期性失业是劳动力需求不足引起的失业，存在周期性失业的劳动力市场必然处于非均衡状态，因此周期性失业基本上属于非自愿失业。

显然，周期性失业是由于对劳动力的总需求量小于社会劳动力总供应量而产生的失业。对劳动力的需求过少，又是由商品和劳务的需求过低引致的，因而周期性失业又称为"需求不足失业"。对于总需求不足的原因，凯恩斯认为是由于三大心理规律的作用：一是边际消费倾向递减规律造成了消费需求不足；二是资本的边际效率递减规律使得利润率与利息率之间的差距缩小，引致投资需求不足；三是流动性偏好规律的存在使得利息率的下降有一定的限度，同样限制了利润空间，进而引致投资需求不足。消费与投资需求的不足造成了总需求的不足，从而引起了非自愿失业，即周期性失业的存在。因此，周期性失业是可以消除的短期失业，一个社会只要消除了周期性失业就算实现了充分就业。

11.1.3 失业的影响与治理

1. 失业的影响

失业历来是困扰个人、家庭及政府的难题，也是国家宏观经济调控中必然要面对和解决的宏观经济问题。从失业导致的最终结果看，主要有三方面的影响：社会影响、经济影响及对收入分配的影响。

1) 失业对社会的影响

失业会造成严重的社会问题，虽然失业的社会影响难以估量，但它最容易被人们感知。劳动者一旦失业，不仅会给个人和家庭带来很大的经济损失，而且会给失业者及其家庭带来极为沉重的心理负担，这种负担无法用金钱来衡量。失业率上升往往会引起犯罪率升高、离婚率上升、心脏病高发、自杀现象层出不穷等，甚至会引起社会的动荡。

2) 失业对经济的影响

失业给经济带来的最大损失就是资源的浪费和实际 GDP 的减少。因为高就业率意味着高产量和高收入，从机会成本的角度来看，当失业率上升时，经济中本可由失业工人生产出来的产品和劳务就损失了。因此，当社会出现严重失业时，产量损失就很大，收入急剧下降。

失业与实际 GDP 损失之间的关系可以用奥肯定律（Okun's law）来说明。1962 年美国经济学家阿瑟·奥肯在为总统经济顾问委员会分析失业与经济增长的关系时发现，失业率的变动率与实际 GDP 增长率的变动率之间存在反方向变动关系，这条经验性的规律称为奥肯定律。该定律的内容是：失业率每高于自然失业率一个百分点，实际 GDP 将低于潜在 GDP 两个百分点。换一种方式说，相对于潜在 GDP，实际 GDP 每下降两个百分点，实际失业率就会比自然失业率上升一个百分点，反之则下降。奥肯定理用公式表示为

$$(y - y_f)/y_f = -\alpha(u - u_f) \tag{11-2}$$

式中，u 表示实际失业率，对应的实际 GDP 为 y；u_f 表示自然失业率，对应的潜在 GDP 为 y_f；α 表示失业率变动与实际 GDP 增长率变动之间的关系系数，因为二者呈反方向变动，所以 α 前面为负号。

潜在 GDP 是一国经济应该生产出来的产值，而实际 GDP 是一国经济实实在在生产出来的产值，潜在 GDP 与实际 GDP 之差称为 GDP 缺口或产出缺口。如图 11-1(a) 所示，图中总需求曲线、短期总供给曲线、长期总供给曲线三者交于一点 E，这表明经济处于充分就业的均衡，此时实际 GDP 与潜在 GDP 一致，即 $y_0 = y_f$，无产出缺口，实际的失业率等于自然失业率，即 $u = u_f$；在图 11-1(b) 中，总需求曲线与短期总供给曲线的交点 E 位于长期总供给曲线的右侧，这表明经济处于大于充分就业的均衡，此时实际 GDP 大于潜在 GDP，即 $y_0 > y_f$，存在产出缺口，$u < u_f$，经济过热并存在通货膨胀的压力，在图 11-1(c) 中，总需求曲线与短期总供给曲线的交点 E 位于长期总供给曲线的左侧，这表明经济处于小于充分就业的均衡，此时实际 GDP 小于潜在 GDP，即 $y_0 < y_f$，存在负产出缺口，$u > u_f$，资源没有得到充分利用。结合奥肯定律的公式可以看出，实际 GDP 必须保持与潜在 GDP 同样快的增长，才能防止失业率的上升；如果政府想让失业率下降，那么该经济社会的实际 GDP 增长必须快于潜在 GDP 增长。这正是奥肯定律的一个重要结论。

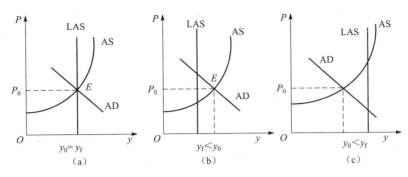

图 11-1 GDP 缺口与失业

应该指出的是，奥肯所提出的经济增长与失业率之间的具体数量关系只是针对特定时期的美国经济所作的描述，因此在不同时期不同国家并不完全相同。

最后，失业除了造成实际 GDP 的减少外，还会造成人力资本的双重损失：一方面，失业者已有的人力资本得不到运用，这会减少经济中的产出；另一方面，失业者无法通过工作增加自己的人力资本，长期的失业会大大降低人力资本的价值。这是最宝贵的资源的浪费，不仅对于失业者个人产生消极影响，而且对整个经济社会也会产生深远的负面影响。

3）失业对分配的影响

严重的失业一方面导致收入分配的不公平、贫富差距拉大，进而会带来心理冲击，给社会添加不稳定因素；另一方面，会导致政府福利支出加大，造成财政困难。

总之，过高的失业率会带来一系列的经济、社会、个人和家庭问题，影响经济正常发展甚至有可能引致社会动荡。因此，世界各国非常重视失业问题，都把增加就业作为首要的政策目标。

2. 失业的治理

对于经济中的失业问题，要对症下药，这样才能最大限度地消除失业所带来的负面影响。

1）自然失业的治理

自然失业是由于经济中难以克服的原因而产生的失业，主要包括摩擦性失业和结构性失业两大类。摩擦性失业是临时的、过渡性的，主要是由于劳动力市场机制的不完善、信息的不对称及劳动力正常流动等因素造成的。基于此，可以通过增强就业服务、缩短搜寻工作的时间来减少摩擦性失业，具体措施包括增设职业介绍所、青年就业服务机构和建立人才库网站等。造成结构性失业的主要原因是劳动力不能适应经济结构变化后的工作岗位的需要。基于此，应该积极开展职业性技术教育和资助大学教育来提高工人的技术水平和应变能力，使结构性失业的工人适应新兴工作岗位的需要，改善劳动力供给情况，降低失业率。另外，可以通过帮助劳动力迁移，使劳动力很容易在不同的工作与地域之间流动，以此来降低结构性失业。

2）周期性失业的治理

周期性失业，即有效需求不足失业，是凯恩斯主义重点关注的失业，是各国宏观调控防范的主要"敌人"。

凯恩斯认为，有效需求是由消费需求与投资需求构成的。但由于资本主义社会三大基本心理规律——边际消费倾向递减规律、灵活偏好规律和资本边际效率递减规律，导致经济存在消费需求不足和投资需求不足，从而形成失业。既然有效需求不足是失业产生的根源，国家就应该积极干预经济，设法刺激"有效需求"，这样才有可能消除失业，实现充分就业。他提出的主要措施有：第一，刺激私人投资，为个人消费的扩大创造条件；第二，促进国家投资，主张国家调节利息率和实行"可控制的通货膨胀"，以刺激私人投资，增加流通中的货币量以促进生产的扩大和商品供给的增加，还强调扩大军事开支对增加国家投资、减少失业所起的积极作用。

因此，对于周期性失业，政府可以采取扩张性财政政策和货币政策，积极扩大消费需求和投资需求，鼓励企业增加产出和雇用工人；支持各类民营企业和中小企业发展，创造更多的就业机会；鼓励外商投资设厂，吸纳更多的劳动力；合理发展劳动密集型产业，缓解失业压力。此外，政府还可以增加公共部门就业。公共部门就业是指在各级政府投资的工程项目中的就业。为了解决某些在劳动力市场上缺少就业竞争优势的工人的就业问题，或者为了解决某一个地区的失业问题，政府可以有意识地兴办公共工程来吸收这些劳动力，从而降低经济中的失业率。

失业会造成严重的经济和社会影响，政府应该通过各种努力最大限度地缓解失业问题。在治理失业问题上，政府除了采取适当的财政政策和货币政策措施、加强就业服务和实施人才培训计划外，还应建立一套完善的失业保障体系，以对失业者进行有效救济。失业保障制度虽然不能从根本上解决周期性失业问题，但却是反失业政策体系中不可或缺的组成部分，是反失业的"稳定器"和"安全网"。

11.2 通货膨胀

金本位制度崩溃之后，通货膨胀就成为宏观经济运行过程中的常见现象。例如在20世纪70年代，美国的物价每年上涨7%；20世纪80年代以来，阿根廷、巴西、秘鲁等国的通货膨胀异常严重。进入21世纪后，全球性的通货膨胀席卷而来。据联合国统计，2007年全球食物通胀指数上涨40%，美国、欧盟自不必说，即使日本这个通常被认为是长期经历通货紧缩的国家，通货膨胀的压力也开始显现，一些国家甚至发生了恶性通胀。

面对通货膨胀这个世界性难题，人们该如何看待呢？本节将探讨通货膨胀的内涵、通货膨胀的成因、通货膨胀的影响及治理对策。

11.2.1 通货膨胀的内涵

1. 通货膨胀的定义

通货膨胀（inflation），是指一般物价水平在比较长的时期内以较高幅度持续上涨的一种经济现象。理解此概念要把握以下三点：首先，通货膨胀是指一般物价水平（价格总水平）的上涨，即经济社会中大多数商品和劳务价格的普遍上涨；第二，通货膨胀是指一般物价水平在较长时间内的持续上涨过程，而非物价水平的一次性上涨，属于经济运行的非稳定状态；第三，通货膨胀对应的价格水平的上涨幅度必须是显著的。例如，在美国，如果物价水平持续上涨幅度高于2.5%，就可认定发生了通货膨胀。在我国，这个比率是3%。

除了此种定义之外，还有一种被大多数经济学家认同的定义，即通货膨胀是指由于货币供应量太多而造成的价格总水平普遍而持续的上升。

2. 通货膨胀的衡量

通货膨胀的程度通常用通货膨胀率来衡量。通货膨胀率是指一个时期到另一个时期价格水平变动的百分率，用公式表示为

$$\pi_t = \frac{P_t - P_{t-1}}{P_{t-1}} \times 100\% \tag{11-3}$$

式中，π_t 为 t 时期的通货膨胀率；P_t 和 P_{t-1} 分别表示 t 时期和 $(t-1)$ 时期的一般物价水平。

【例题 11-1】 假设某经济社会的价格指数从 2019 年的 100 增加到了 2020 年的 124，则 2020 年的通货膨胀率为

$$[(124-100)/100] \times 100\% = 24\%$$

需要注意的是，通货膨胀的程度是通过一般物价水平变动百分比来衡量的，而一般物价水平又是用价格指数来表示的。价格指数即多种产品和劳务价格的加权平均数，常用的价格指数主要有消费价格指数（consumer price index，CPI）、生产价格指数（producer price index，PPI）和国内生产总值折算指数（GDP 平减指数）。

1）消费价格指数（CPI）

消费价格指数亦称零售物价指数，是指选取一组有代表性的产品和劳务，然后比较它们按当期价格和基期价格购买的花费。消费价格指数能直接反映影响居民生活水平的物价变动情况，与人们的日常生活密切相关，其原始数据比较容易采集，一般每月公布一次。消费价格指数用公式表示如下。

$$\text{CPI} = \frac{\text{一组固定商品按当期价格计算的价值}}{\text{一组固定商品按基期价格计算的价值}} \times 100 \tag{11-4}$$

【例题 11-2】 假设某经济社会对于相同的一组代表性的商品，2018 年的购买费用为 2 400 元，2019 年的购买费用为 2 500 元，2020 年的购买费用为 4 000 元；以 2019 年为基期，2018 年、2020 年的消费价格指数各为多少？

2018 年的 CPI 为：$(2\,400/2\,500) \times 100 = 96$

2020 年的 CPI 为：$(4\,000/2\,500) \times 100 = 160$

如果以 2018 年为基期，以 CPI 代表一般物价水平，那么 2019 年、2020 年的通货膨胀率各为多少？

首先计算 2018 年、2019 年和 2020 年的 CPI，以 2018 年为基期，因此 2018 年的 CPI 为 100。

2019 年的 CPI 为：$(2\,500/2\,400) \times 100 \approx 104.2$

2020 年的 CPI 为：$(4\,000/2\,400) \times 100 \approx 166.7$

于是，有 2019 年和 2020 年的通货膨胀率分别为

$$\pi_{2018} = \frac{P_{2019} - P_{2018}}{P_{2018}} \times 100\% = \frac{104.2 - 100}{100} \times 100\% = 4.2\%$$

$$\pi_{2020} = \frac{P_{2020} - P_{2019}}{P_{2019}} \times 100\% = \frac{166.7 - 104.2}{104.2} \times 100\% = 60.0\%$$

CPI 测量的是随着时间的变化，八大类商品（包括 200 多种各式各样的商品和服务）零售价格的平均变化值。在计算消费者物价指数时，每一个类别都有一个能显示其重要性的权数，这些权数是通过向成千上万的家庭和个人调查他们购买的产品和服务确定的。权数每两年修正一次，以使它们与人们改变了的偏好相符。我国 CPI 包括食品、烟酒、衣着、家庭设

备、医疗卫生保健、文化教育娱乐、交通通信、居住等八大类。

2）生产价格指数（PPI）

生产价格指数又称批发价格指数，是根据制成品和原材料的批发价格编制而成的指数，即通过计算生产者在生产过程中所有阶段所获得的产品的价格水平变动而得出的指数。PPI 能够反映商业流通领域的价格走势，它的计算方法与 CPI 相仿，这里不再详细介绍。

3）国内生产总值折算指数

GDP 折算指数或 GDP 平减指数（GDP deflator）是衡量不同时期内一切商品与劳务价格变化的指标，它是按当年价格计算的 GDP 与按基期价格计算的 GDP 的比率。

与 CPI、PPI 两个指标相比，GDP 折算指数所包括的商品和劳务的范围更广泛，能够较准确地反映最终产品和劳务的总体价格水平的变动情况。我国自 1988 年开始公布 GDP 折算指数。

3. 通货膨胀的分类

对于通货膨胀，西方学者根据不同的标准进行了分类。

1）根据价格上升的幅度的不同进行分类

按照价格上升的幅度，通货膨胀分为三种类型。

第一，爬行的或温和的通货膨胀。指每年的物价上升比例介于 3%～10% 之间。这种通货膨胀程度较轻，对经济负面影响较小。一些持乐观态度的经济学家认为，温和的通货膨胀或爬行的通货膨胀在一定程度上可以激励经济主体的积极性，有利于经济活动的扩张，从而有利于促进就业。但另外一些经济学家则认为，缓慢的物价水平上涨在短时期内可能会暂时地促进经济扩张，但若不加以控制而任其发展，最终可能导致物价水平大幅上涨。

第二，奔腾的或加速的通货膨胀。指每年的物价上升比例介于 10%～100% 之间。这种通货膨胀的发生，会导致严重的经济扭曲，短期内货币流通速度加快和货币购买力迅速下降。公众的悲观预期和恐慌心理会进一步导致通货膨胀加剧，给整个经济带来较大伤害，不加控制就会发展成恶性通货膨胀。例如美国在 1980 年的通货膨胀率达到了 13%，给当时美国的经济活动和居民生活都带来了不利的影响。图 11-2 为我国改革开放以来的 CPI 变动趋势图（1978—2018 年），可用于表征我国该时期内各年的通货膨胀率。

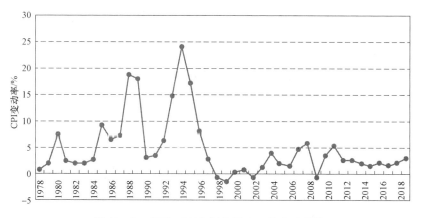

图 11-2　1978—2018 年我国 CPI 的变动趋势

第三，超级通货膨胀。指一般物价水平失去控制而加速直线上涨，年通货膨胀率高于

100%。当一国的年通货膨胀率超过1 000%时,则被称为恶性通货膨胀。超级通货膨胀意味着经济失控,价格持续猛涨,人们都尽快地使货币脱手,从而大大加快了货币的流通速度。其结果是公众对货币失去信任,货币购买力骤降,各种正常的经济联系遭到破坏,致使货币体系和价格体系完全扭曲,社会、经济、政治濒临崩溃。例如,1920—1922年的德国,物价上升得如此迅速,以至于人们拿到工资后立即冲向市场,害怕在他们赶到那里之前价格又会上升;第二次世界大战结束初期匈牙利也出现过类似情况;1980—1990年的以色列,物价每年上升的幅度超过100%,同一时期的玻利维亚,物价每年几乎上升400%;更有甚者,2008年7月,津巴布韦的通货膨胀率达到了2 200 000%。

2)根据对通货膨胀的预期程度分类

依照这种划分标准通货膨胀可分为两种类型。

(1)未预期到的通货膨胀。即价格上升的速度超出人们的预期,或者根本没有料到价格会上涨。

(2)预期到的通货膨胀。指的是人们可以正确预见到的通货膨胀。这是由社会预期因素所导致的通货膨胀。社会预期包括价格预期和非价格预期。例如,当某国的物价水平连年按4%的速度上升或一国政府有意识地公布货币增长率时,经济主体往往会预计到物价水平将以同一比例上升或上升速度加快。在理性预期之下,经济主体会相机抉择,把预期到的通货膨胀率考虑到日常行为中。所以,最终劳动者所要求的工资、厂商所要求的利润率、资本提供者所要求的利率、相应的租金收入等都会与商品的价格保持相同的速度上涨,显然能够预期的通货膨胀有自我维持的特点,因此又被称为惯性通货膨胀。

3)按照对价格影响的差别分类

依照这种划分标准通货膨胀也可被分为两种类型。

(1)平衡的通货膨胀。即每种商品和劳务的价格都按相同的比例上升。这里所指的商品价格包括生产要素及各种劳动的价格,显然所有商品价格同比例上升后,商品间的相对价格并没有发生变化。

(2)非平衡的通货膨胀。即各种商品和劳务的价格上升的比例并不相同。例如,大部分商品价格上升,但个别商品的价格却下降了;甲类商品价格上涨幅度大于乙类商品;工资的上涨幅度小于租金的上涨幅度等。

4)按照通货膨胀发生的原因分类

(1)需求拉动型通货膨胀。即在商品供给保持正常增长的情况下,由于总需求的过度上涨所导致的通货膨胀。总需求膨胀包括如下几种情况:国内消费需求膨胀、国内投资需求膨胀、国内消费与投资需求同时膨胀、出口需求膨胀及内外需求同时膨胀。需求拉动型通货膨胀的第一推动力来源于货币发行量。

(2)成本推动型通货膨胀。即由于成本上升进而导致供给减少所引致的通货膨胀,也称供给推动型通货膨胀。商品生产成本上升可能是由要素价格上升所致,也可能是由于生产者为了获得更高利润而提高价格所致,也可能是由于制度变革所致。

(3)结构型通货膨胀。即商品总供求不匹配或局部供求关系失衡所导致的通货膨胀。技术的进步、产业结构的调整、居民收入水平变化等会引致需求结构的变化:新兴扩张部门的产品往往供不应求,其价格水平会上升;传统的收缩部门的产品往往供过于求,但是由于工资下降的刚性,因此其生产成本不会下降,相应地,商品的价格也不会下降。总的来看,社会的总价格水平上升,严重时就会引发通货膨胀。

（4）混合型通货膨胀。即需求因素和供给因素交织推进的通货膨胀。经济实践中，纯粹意义上的需求拉动型通货膨胀、成本推动型通货膨胀或结构型通货膨胀都不能长期持续地进行，最终都会演化为复杂的混合型通货膨胀。

（5）政策型通货膨胀。即由于政府实行过度扩张性经济政策而导致的通货膨胀。如果政府长期实行扩张性货币政策，会导致货币供应量过多，市场上的流动性过剩，必然导致总需求水平上升，从而引发通货膨胀。

（6）输入型通货膨胀。即由于国外商品或生产要素的价格上升进而引致国内物价水平的持续上升。在经济全球化的今天，一个国家的对外开放程度越高，国内物价受外来冲击的可能性就越大，发生输入型通货膨胀的可能性也就越大。

综上所述，不难发现，无论从哪个角度去挖掘通货膨胀的原因，最终的落脚点都会是总供求量的失衡或总供求结构性的失衡。所以接下来，本书从总需求、总供给和结构的角度详细分析通货膨胀的成因。

11.2.2 通货膨胀的原因

在以往的经济实践中，对通货膨胀的治理一般都采取紧缩政策，有时收效甚微，甚至可能出现"滞胀"。因此，对通货膨胀的主要成因做进一步分析，有助于理解通货膨胀过程中的各种现象，并制定相应的治理措施。

关于通货膨胀的原因，西方经济学家提出了种种解释。这里，本书从需求、供给和结构变动的角度来解释通货膨胀。

1. 需求拉动型通货膨胀

需求拉动型通货膨胀，是指由于总需求超过总供给所引起的一般价格水平的持续显著上涨。总需求表现为用于支出或购买的货币，总供给表现为总产出或市场上的产品和服务，因此需求拉动型通货膨胀意味着"用过多的货币追求过少的商品"。对于引起总需求过大的原因又有两种解释：其一是凯恩斯主义的解释，强调实际因素（消费、投资、政府支出、税收、净出口等的变动）对总需求的影响；其二是货币主义的解释，强调货币因素对总需求的影响。与此相应，就有两种需求拉动型通货膨胀理论。

1）凯恩斯主义的解释

图 11-3 常被用来说明需求拉动型通货膨胀，图中的横轴代表总产量（国民收入），纵轴 P 代表一般物价水平，AD 为总需求曲线，AS 为总供给曲线。

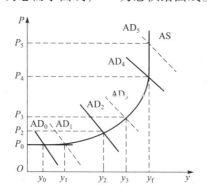

图 11-3 需求拉动型通货膨胀的形成

在产出水平较低，即总供给曲线的水平段（凯恩斯情形），对应经济的萧条期，在此种情况下，总需求的增加不会引起价格上涨。如图 11-3 所示，在 AS 的水平段，随着总需求的增加，总需求曲线右移，产量增加到 y_1，但价格水平始终稳定。

当总产量达到 y_1 以后，继续增加总供给，就会遇到生产过程中所谓的"瓶颈现象"，即由于劳动、原料、生产设备等的不足而使成本提高，从而引起价格水平的上升。因此，总供给曲线开始向右上方倾斜（常规情形）。如图 11-3 所示，在 AS 向右上方倾斜段，当总需求持续增加，总需求曲线继续向右上方移动时，产出水平由 y_1 增加到 y_2、y_3 和 y_f，价格水平逐渐上涨，由 P_0 增加到 P_2、P_3 和 P_4。价格水平从 P_0 增加到 P_2、P_3 和 P_4 的现象被称为瓶颈式通货膨胀，有时也被称为半通胀。

当总产量达到充分就业的水平 y_f 以后，如果总需求继续增加，总供给却不能再增加，因此总供给曲线呈垂直状（古典情形）。如图 11-3 所示，在 AS 的垂直段，随着总需求的增加，总需求曲线从 AD_4 提高到 AD_5，产出依然维持在充分就业的水平 y_f，但是价格水平已经从 P_4 增加到 P_5。这就是需求拉动型通货膨胀或称为完全的通货膨胀。

凯恩斯强调通货膨胀与周期性失业不会并存，通货膨胀是在实现充分就业之后才产生的。但应该指出的是，经济现实是复杂的，充分就业之前的经济运行并非模型表示的这么简单。

2）货币主义的解释

货币主义认为，实际因素即使对总需求有影响也是不重要的，由此所引起的通货膨胀也不可能是持久的，引起总需求过度的根本原因是货币的过量发行。这就是货币数量论的基本思想，即每一次通货膨胀背后都有货币供给的迅速增长。通货膨胀和货币增长之间的关系可用下面的公式表示：

$$\pi = \hat{m} - \hat{y} + \hat{v} \tag{11-5}$$

式中，π 为通货膨胀率，$\hat{m}$ 为货币增长率，$\hat{y}$ 为产出增长率，$\hat{v}$ 为货币流通速度的变化率。

从式(11-5)可知，通货膨胀来源于三个方面，即货币流通速度的变化、货币增长和产量增长。假定国民产出（国民收入）位于充分就业的产出水平上，在货币流通速度不变的前提下，通货膨胀的产生主要是由于货币供给增加的结果。

西方经济学家认为，无论需求的冲击是来自消费需求、投资需求、政府需求、国外需求等实际因素的变动，还是来自财政政策、货币政策的调整，或者来自消费习惯、市场预期的改变，只要引起了总需求的过度增长，就会引发需求拉动型通货膨胀。

2. 成本推动型通货膨胀

成本推动型通货膨胀又称供给推动型通货膨胀，是指在没有过度需求的情况下，由于供给方面成本的提高所引起的一般价格水平持续、显著地上涨。

供给推动型通货膨胀理论是一种侧重从供给或成本方面来解释物价水平的持续上升，把通货膨胀的原因主要归咎于总供给曲线的位移的理论假说。20 世纪 60 年代，有些国家未达到充分就业，甚至失业增加，物价总水平却持续上涨，即出现了失业与通货膨胀共存的"滞胀"现象。为了解释这种现象，便出现了成本推动型通货膨胀理论。成本推动型通货膨胀包括三种类型。

（1）工资推动型通货膨胀。是指不完全竞争的劳动力市场造成的过高工资所导致的一般价格水平的上涨。西方经济学家的解释是，工资是生产成本中的主要部分，在完全竞争的劳动力市场上，工资完全取决于劳动力的供求，工资的提高只是劳动力供求变动的反映，不会导致通货膨胀；在不完全竞争的劳动力市场上，强大的工会组织的存在往往会使工资高于竞争工资，致使工资的增长率超过生产率增长率，工资的提高使企业生产成本增加，从而导致一般价格水平的上涨，这就是所谓的工资推动型通货膨胀。

西方学者还指出，工资提高引起价格上涨，价格上涨又会进一步引起工资的增加，彼此交错形成了螺旋式的上升运动，即形成"工资-价格螺旋"。工资与物价不断互相推动，必然引致严重的通货膨胀。

（2）利润推动型通货膨胀。是指市场上具有垄断地位的企业利用市场势力谋取过高利润所导致的通货膨胀。西方学者认为，不完全竞争的产品市场是利润推动型通货膨胀的前提，在不完全竞争的商品市场上，垄断厂商操纵价格，使价格上涨速度超过成本支出的增长速度，以赚取垄断利润。这种垄断行业的作用大到一定程度，就会形成利润推动型通货膨胀。

（3）其他成本推动型通货膨胀。进口原材料价格的上涨及由资源枯竭、环境保护政策造成的原材料、能源等生产成本的提高也会引起成本推进型通货膨胀。例如20世纪70年代，西方国家发生滞胀的重要原因之一就是石油价格的大幅度上涨，引起与进口石油有关的行业价格上涨，进而波及整个经济，出现进口成本推动型通货膨胀。

无论哪种类型的成本推动型通货膨胀，都可以用图11-4来说明。假定总需求既定，仅考虑由于工资、利润或关键的进口原料价格上涨导致生产成本增加，进而总供给变动的情况。图中的横轴代表总产量（国民收入），纵轴代表一般物价水平，AD 为总需求曲线，AS 为短期总供给曲线，LAS 为长期总供给曲线。初始的总供给曲线与总需求曲线的交点 E_0 决定的总产量为 y_0，价格水平为 P_0。当工资、利润或关键的进口原料价格提高时，成本随之提高，短期总供给曲线由 AS_0 向左上方移动至 AS_1 时，新的均衡点 E_1 决定的总产量为 y_1，价格水平为 P_1。显然，由于供给方面成本的上升，总产量比之前下降，而价格水平较之前上涨。而一般价格水平上涨后，工会会要求雇主提高工人工资，工资的提高又会进一步使供给成本提高，总供给曲线又由 AS_1 向左上方移动至 AS_2，产出水平进一步下降，价格水平进一步上升。这样在总需求保持不变的情况下，由于供给方面的成本提高而引发了通货膨胀。

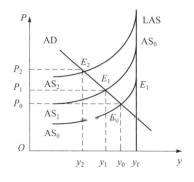

图 11-4 成本推动型通货膨胀的形成

3. 供求混合推动型通货膨胀

供求混合推动型通货膨胀是由于需求拉动和供给推动共同作用而引起的通货膨胀。在现实生活中,单纯的需求拉动型通货膨胀和单纯的成本推动型通货膨胀是难以找到的,绝大多数通货膨胀的发生都包含了需求和供给(成本)两个方面因素的共同作用。

如图 11-5 所示,如果通货膨胀是由需求拉动开始的,那么总需求曲线由 AD_0 向右上方移动至 AD_1,均衡点 E_0 沿不变的总供给曲线 AS_0 移至 E_1,产出上升的同时,价格水平由 P_0 上升至 P_1。这种物价上升会使工资增加,从而使供给成本增加,总供给曲线 AS_0 向左上方移至 AS_1,产出因此下降,但价格水平却进一步上升至 P_2,从而引起成本推动型通货膨胀。如果通货膨胀是由成本推动开始的,也是同样的道理。

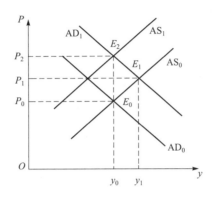

图 11-5 混合推进型通货膨胀的形成

4. 结构型通货膨胀

结构型通货膨胀,是指在社会资源不能在各行业间迅速流动的前提下,由于经济结构因素的变动,而导致的一般价格水平的持续显著上涨。该理论把通货膨胀的起因归结为经济结构自身的特点,包括生产部门之间的需求结构差异、生产率差异、劳动力市场结构特征和各生产部门收入水平差异等情况。这里以生产率差异的存在和劳动力市场的结构特征来说明结构型通货膨胀的形成。

在一国经济中,由于不同生产部门的生产率提高的速度不同,因而不同部门的工资增长也有区别。不同部门由于经济发展状况不同,工资水平应该不同,但由于工会或其他力量的作用,生产率提高慢的部门要求工资增长向生产率提高快的部门看齐,出现工资"攀比"效应,结果使全社会工资增长速度超过生产率增长速度,因而引起通货膨胀。

另外,在劳动力市场上,由于生产效率高的部门的快速扩张,对劳动力的需求也会增加,生产效率低的部门由于日趋衰落,对劳动力的需求有减少的趋势。但是由于劳动力市场的技术结构、地区结构及性别结构等方面缺乏流动性,劳动力难以在部门之间快速转移。在这种背景下,结构性失业必然产生。与之相应,劳动力市场结构的特点是失业与职业空缺并存。由于工资刚性的存在,虽然有失业,但衰落部门的工资并不会下降;扩张部门很多职位虚席以待,进而引起工资上升。最终工资总水平增加,成本上升,从而导致通货膨胀。

5. 预期和通货膨胀惯性

经济实践中,通货膨胀一旦形成,便会持续一段时期,这种现象称为通货膨胀惯性或通货膨胀的螺旋。西方经济学者认为,通货膨胀产生惯性的主要原因是人们会对通货膨胀做出相应的预期。

预期对人们的经济行为有重要的影响，人们对通货膨胀的预期会导致通货膨胀产生惯性。如果人们预期的通货膨胀率为8%，在订立有关合同时，厂商会要求价格上涨8%；而工人与厂商签订合同时也会要求增加8%的工资；银行在贷款时也会剔除8%的通货膨胀率，以确保一定的实际收益率。这意味着，在其他条件不变的情况下，以货币计量的名义变量（包括工资、租金、利润等）的提高和价格水平上涨之间存在因果关系，即表现为工资－价格螺旋、利润－价格螺旋等，从而通货膨胀率按8%持续下去，形成通货膨胀惯性。

如图11－6所示，在预期的作用之下，无论通货膨胀最初的原因是什么，只要通货膨胀开始了，需求拉动和成本推动就会交替发挥作用，致使通货膨胀的压力在整个经济中不断地循环持续。

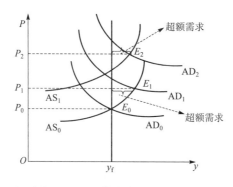

图11－6　通货膨胀惯性（螺旋）

11.2.3　通货膨胀的经济效应和治理对策

1. 通货膨胀的经济效应

如果通货膨胀是不能预期的、非均衡的，那么这样的通货膨胀会产生一系列的后果。考察通货膨胀的经济效应，也就是要弄清楚通货膨胀的影响。通货膨胀一旦产生就会持续并四处扩散其影响。一般来讲，通货膨胀会影响国民收入分配、资源配置和国民产出，相应地有以下三个方面的经济效应。

1）公平效应

通货膨胀的公平效应是指通货膨胀对收入分配的影响，也称为通货膨胀的再分配效应。在通货膨胀率不能完全预期的情况下，通货膨胀会改变原有的收入分配比例和原有的财富占有比例。

(1) 通货膨胀将有利于债务人而不利于债权人。通常情况下，借贷的债务契约都是根据签约时的通货膨胀率来确定名义利息率，所以当发生了未预期的通货膨胀之后，债务契约无法更改，从而就使实际利息率下降，债务人受益，而债权人受损。显然，通货膨胀对储蓄者不利，对银行有利；对发放贷款方不利，对于贷款的企业有利。

(2) 通货膨胀将有利于雇主而不利于工人。在不可预期的通货膨胀之下，工资增长率的调整相对于通货膨胀率是滞后的，在名义工资不变或略有增长的情况下，实际工资是下降的，而实际工资下降会使雇主的利润增加。因此，未预期的通货膨胀对雇主有利，对工人不利。

(3) 通货膨胀将有利于政府而不利于公众。在不可预期的通货膨胀之下,名义工资总会有所增加,达到纳税起征点的人增加,更多的人进入更高的纳税等级,这样就使得政府的税收增加;但对于公众来说,纳税数额增加,实际收入却减少了。一些经济学家认为,这实际上是政府对公众的掠夺。

(4) 通货膨胀将有利于进口而不利于出口,即通货膨胀不利于国际收入的增加。在固定汇率情况下,本国币值下跌,物价上涨,这会削弱出口产品在国际市场上的竞争力,出口减少,进口增加,外贸收入减少。

案例评析 11-1

假设学生 Sam 以 7% 的利率从银行贷款 2 万美元用于上大学,10 年后贷款将到期。这笔债务将按 7% 的复利计算,10 年后 Sam 将欠银行 4 万美元。这笔债务的真实价值将取决于这 10 年间的通货膨胀。如果 Sam 走运,这 10 年间经济中将发生超速通货膨胀。在这种情况下,工资和物价将上升的如此之高,以至于 Sam 只用了一点零钱就可以偿还这 4 万美元的债务。与此相反,如果经济中发生了严重的通货紧缩,那么工资和物价将下降,Sam 将发现 4 万美元的债务负担比他预期的要大得多。

这个例子说明,未预期到的物价变动在债务人和债权人之间进行财富再分配。超速通货膨胀以损害银行的利益为代价使 Sam 变得更富有,因为这种通货膨胀减少了债务的真实价值,Sam 可以用不如他预期的那样值钱的美元来偿还贷款。通货紧缩以损害 Sam 的利益为代价使银行变得更富有,因为债务的真实价值增加了。在这种情况下,Sam 必须用比他预期的更值钱的美元来偿还债务。如果通货膨胀可以预期,那么银行和 Sam 在确定名义利率时就可以考虑到通货膨胀。但是如果通货膨胀难以预期,它就把风险加在都想回避它的 Sam 和银行身上。

资料来源:曼昆. 经济学原理. 7版. 北京:北京大学出版社,2015.

总之,通货膨胀改变了收入和财富的分配。对于某些人来说,通货膨胀像一种税收,而对另一些人来说,通货膨胀则像一种补贴。通货膨胀改变收入分配格局的任意性证明了这一断言:通货膨胀是不公平的。

2) 效率效应

通货膨胀的效率效应是指通货膨胀对资源配置格局的影响,有时也被称为价格信号效应。许多经济学家认为,通货膨胀尤其是未预期的、严重的通货膨胀会扭曲资源配置格局,降低资源配置的效率。主要体现在三个方面:一是通货膨胀造成价格信号紊乱、扭曲,不能真实反映商品供求关系的变化,致使资源盲目流动组合,从而引起社会资源的巨大浪费;二是通货膨胀促使每个人做出调整,并从生产中抽出时间和资源,增加交易成本(如菜单成本、皮鞋成本等),故而降低了经济效率;三是通货膨胀使货币符号的价值储藏职能丧失,价值尺度和价格标准混乱,容易出现挤兑现象,有可能引起银行破产、倒闭,甚至引起信用危机,经济效率下滑。

3) 产出效应

通货膨胀的产出效应是指通货膨胀对国民产出和就业的影响。前面关于通货膨胀的公平效应和效率效应的讨论,是建立在实际产出水平固定的假设之上的。但经济实践中,通货膨胀对实际产出是有冲击的,不同类型的通货膨胀对产出和就业的影响不同,可能出现以下三种情况。

(1) 需求拉动型通货膨胀会使产出提高,失业减少。受需求拉动的通货膨胀的刺激,社会总产出提高,吸纳劳动力能力提高,就业增加,失业减少。当通货膨胀率较低,属于温和的通货膨胀时,在某种程度上能激励产出和就业,对经济的负面影响较小。

(2) 成本推动型通货膨胀会引致失业。若发生成本推动型通货膨胀,则按原来总需求所能购买的实际产品的数量会减少,因而实际产出会下降,失业会上升。

(3) 超级通货膨胀不但会对经济增长造成恶性影响,也会给社会带来严重后果。一方面会使生产发生停滞甚至倒退,另一方面收入再分配极度不公也会引发社会冲突,导致灾难性的后果,甚至致使经济崩溃、政局动荡。

> ◇ **思考:** 痛苦指数 (misery index) 代表令人不快的经济状况,等于通货膨胀率与失业率之总和。其公式为:痛苦指数=通货膨胀率+失业率,表示一般大众对相同升幅的通货膨胀率与失业率感受到相同程度的不愉快。一些学者常常借助痛苦指数来描述通货膨胀对经济产生的负面冲击。
>
> 谈谈你对此指数的理解?

2. 通货膨胀的治理对策

如前所述,通货膨胀尤其是恶性通货膨胀,给经济和社会所带来的破坏性极大,因而治理通货膨胀、稳定物价已成为宏观经济政策的主要目标。

在宏观经济学中,关于通货膨胀的治理,不同的流派思路不同。凯恩斯主义者认为,应该采取适度从紧的货币政策,并搭配收入政策来管理需求,进而控制通货膨胀;货币学派的观点是,应该通过逐步降低货币供给增长率抑制通货膨胀,并通过降低工人要求的货币工资水平,从而使失业率收敛于自然失业率的水平;理性预期学派主张使用降低货币供给增长率的方法来控制通货膨胀;供给学派则主张通过减税,增强人们工作和储蓄的积极性,同时增强厂商投资的积极性,进而促进产出、就业和总供给增加,使价格水平下降。

关于治理通货膨胀的具体对策,不同的西方经济学流派的侧重点虽然有所不同,但立足点都是如何减少货币供应或降低总需求。总体而言,治理通货膨胀可以采取以下两大类方法。

1) 用衰退来降低通货膨胀

采取紧缩性的需求管理政策,即通过实施紧缩性财政政策和货币政策人为制造衰退,以达到降低总需求、抑制通货膨胀的目的。政府制造衰退程度的大小决定了通货膨胀率下降的速度,衰退幅度越大,通货膨胀率下降越快。

紧缩性财政政策如提高税收、降低政府支出、减少转移支付等,都会引起总需求的减少,总需求曲线左移,产出减少,价格水平下降,如图 11-7 所示。紧缩性货币政策则是通过货币供应量的减少,使市场利率提高,进而抑制投资需求和消费需求,与之相应,总需求曲线也会向左移动,从而达到抑制通货膨胀的目的。

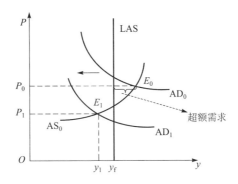

图 11-7 需求拉动型通货膨胀的治理

在经济实践中，存在两种不同的政策选择，即渐进主义政策和激进主义政策。渐近主义政策是政府逐步紧缩总需求，以较小的失业率和较长的时间来降低通货膨胀率。激进主义政策有时也称为"休克疗法"，主张政府采取突然性的、大规模的、紧缩性的需求管理政策，以较高的失业率和较短的时间来降低通货膨胀率，但是在通货膨胀率迅速下降的同时，会造成较大的经济衰退。

2) 收入政策

收入政策是指政府通过影响实际因素来达到控制通货膨胀目的的政策安排。收入政策是政府从控制总供给方面抑制通货膨胀的主要手段，其中的实际因素包括工资与物价的控制、道德的劝说和改变预期。

(1) 工资与物价的控制。工资与物价的控制即收入政策，是指政府为了降低一般价格水平上升的速度，所采取的强制性或非强制性的限制货币工资和价格的政策。收入政策的理论基础主要是成本推动型通货膨胀理论，其目的在于影响或控制价格、货币工资和其他收入的增长率，进而抑制成本的上涨。

在不完全竞争的市场条件下，发生通货膨胀时，工会和企业会利用自身的垄断地位保证实际收入，使货币工资和价格轮番增长。这种增长威胁到他人的实际收入，因而导致更高的工资和价格。因此，需要采取收入政策来抑制货币工资和价格。工资与物价的控制一般有两种方式：一是工资－价格指导，这是以自愿为基础的工资、价格指导，但这种措施缺乏约束力，因此效果很小；二是工资－价格管制，政府与企业和工人就工资、价格问题进行协商，以限制工资和价格的增长。这是作用最猛烈的一种收入政策，但其副作用也最大。由于企业和工人往往视协议是否对自己有利来决定是否遵守，因此也常常起不到预期的效果。"二战"后，美国、英国、法国、荷兰等国家都曾实施过收入政策。

(2) 道德劝说。政府不直接控制物价和工资，而是借助于道德劝说或施加压力的办法，劝说企业和工人不要涨价或涨工资。例如，肯尼迪总统曾担心美国钢铁公司提价会引起通货膨胀螺旋，他通过对钢铁公司施压，成功地使钢铁公司撤销了提价的企图。但是，一般情况下，道德劝说很难对市场的心理反应做出预测，常常陷入被动的境地。

(3) 改变预期。稳定的预期会使通货膨胀产生惯性，但是政府持续的紧缩政策所传导的信息、政府道德劝说的导向等都会逐渐改变人们的预期，进而对自身的行为进行调整。但是人们预期的改变非常缓慢，因此常常观察到的是，当通货膨胀逐步得到控制时，人们的预期才随之改变。

除了以上两大类措施外,增加商品有效供给、调整经济结构等措施也是治理通货膨胀的措施。总之,随着经济环境不断改变,通货膨胀的起因和表现也越来越复杂,通货膨胀的治理已经成为错综复杂的系统工程。

◇ 思考:在经济快速扩张阶段,常常会出现通货膨胀现象;在经济衰退阶段,则可能会面临通货紧缩问题。通货紧缩的内涵是什么,与通货膨胀有何异同?

11.3 失业与通货膨胀的关系

按照传统的凯恩斯理论,未实现充分就业之前,总需求增加只会使国民收入增加,而不会引起价格上升。这也就是说,在未实现充分就业的情况下,是不会发生通货膨胀的。充分就业实现,即资源得到充分利用之后,总需求的增加无法使国民收入增加,而只会引起价格上升。这一理论说明,通货膨胀和失业不会并存。这种理论适用于 20 世纪 30 年代经济大萧条的特殊时期,但是"二战"后至 20 世纪 90 年代之前,世界各国大多处于通货膨胀状态,同时也被失业问题所困扰。这期间,传统的凯恩斯理论陷入困境,而菲利普斯的研究成果则首次表明了失业与通货膨胀之间的关系。

11.3.1 菲利普斯曲线的含义

1. 菲利普斯曲线的原始含义

1958 年,新西兰经济学家菲利普斯(A. W. Phillips)根据英国 1861—1957 年失业率和工资变动情况的统计资料,利用数理统计方法计算出一条货币工资变动率与失业率的依存关系曲线,这就是后来被西方经济学家奉为替政府提供了"一张政策选择的菜单"的著名的菲利普斯曲线。

菲利普斯曲线的原始含义是:描述失业率和货币工资增长率之间反向变化关系的曲线。

如图 11-8 所示,纵轴代表的是货币工资增长率 $\dot{w}$,$\dot{w} = \Delta w/w$,横轴代表的是失业率 U,图中向右下方倾斜的曲线则为菲利普斯曲线(PC)。显然,失业率越高,货币工资增长率则越低,甚至是负数;反之,当失业率越低时,货币工资增长率则越高。

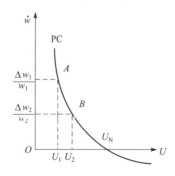

图 11-8 原始的菲利普斯曲线

2. 菲利普斯曲线的引申含义

1960 年,美国新古典综合派经济学家萨缪尔森和索洛发表文章,用美国的统计资料同样证明了菲利普斯曲线所描述的关系是存在的,并进一步把菲利普斯曲线解释为失业和通货膨胀之间的关系。这是因为,根据成本推动型通货膨胀理论,货币工资增长率可以表示通货膨胀率。

由此,菲利普斯曲线的引申含义是:反映失业率与通货膨胀率之间反向变化关系的曲线。如图 11-9 所示,纵轴代表的是通货膨胀率 π,横轴代表的是失业率 U,图中向右下方倾斜的曲线则为菲利普斯曲线。显然,失业率越高,通货膨胀率越低,甚至是负数;反之,当失业率越低时,通货膨胀率则越高;当通货膨胀率等于 0 时,失业率等于自然失业率 U_N。

新古典综合派还把菲利普斯曲线运用于指导政策,并运用政策对经济进行微调,以实现宏观经济稳定。具体做法是先确定一个社会临界点,失业率与通货膨胀率在此之内,政府不用调节。如图 11-10 所示(考虑工资向下的刚性及为了分析的方便,把菲利普斯曲线移至横轴之上),阴影部分表示"社会可接受"的"安全区域",临界点为 6% 的通货膨胀率和 6% 的失业率。对于图中的 A 点,通货膨胀率高于临界点,这时可以采取紧缩性政策,以提高失业率为代价降低通货膨胀。反之,对于图中的 C 点,失业率高于临界点,可以采用扩张性政策,以提高通货膨胀率为代价降低失业率。当经济中的失业率和通货膨胀率组合位于"安全区"时,政府不用干预。

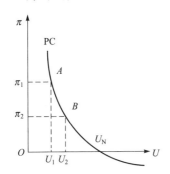

图 11-9 引申的菲利普斯曲线

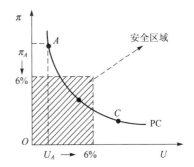

图 11-10 附加预期的菲利普斯曲线

11.3.2 菲利普斯曲线的移动

原始的与引申的菲利普斯曲线基本符合 20 世纪五六十年代西方国家的实际情况,但是到了七八十年代,西方国家产生了"滞胀"现象,这是菲利普斯曲线无法解释的。其中,一个重要的原因是,前述的简单菲利普斯曲线忽略了预期因素的影响。以弗里德曼为代表的货币主义学派根据适应性预期对该曲线做了新的解释,下面分两种情况讨论。

1. 考虑预期因素的菲利普斯曲线

菲利普斯曲线反映的并不是一种固定不变的替代关系,当通货膨胀预期发生改变时,菲利普斯曲线会发生移动。

假设 π_e 为预期的通货膨胀率,π 为实际通货膨胀率,U 为失业率,U_N 为自然失业率,则菲利普斯曲线方程可以表述为

$$\pi = \pi_e - \varepsilon(U - U_N) \tag{11-6}$$

式中,ε 表示价格对失业率的反应程度,其大小由各国的经济发展水平决定。

根据式(11-6)可知,预期通货膨胀率增加或自然失业率增加,菲利普斯曲线都会向右上方移动。如图 11-11 所示,当预期通胀率为 π_e 时,菲利普斯曲线由 PC 向上或向右移至

PC′；当预期通胀率由 π_e 上升至 π'_e 时，菲利普斯曲线由 PC′向上或向右移至 PC″。这类向右上方移动的菲利普斯曲线称为附加预期的菲利普斯曲线。

短期内，由于实际的通货膨胀率往往大于预期通货膨胀率，因此工人要求的货币工资增长率实际上低于通货膨胀率，使得企业的利润率增加，进而增雇工人，失业率下降。可见短期内，通货膨胀率与失业率之间存在替代关系，以引起通货膨胀为代价的扩张性财政政策与货币政策能减少失业，这就是宏观经济政策的短期有效性。

2. 考虑时间因素的长期菲利普斯曲线

长期内，通货膨胀预期一旦形成，菲利普斯曲线就面临不断向上移动的压力，直至实际通货膨胀率与预期通货膨胀率相等。这个过程中，人们根据过去的经验不断调整通货膨胀预期，工人会要求调整工资，以适应价格水平的上涨，这样就业就会不断地恢复到自然失业率水平，因此长期的菲利普斯曲线是垂直的。如图 11-12 所示，π 为通货膨胀率，U 为失业率，U_N 为自然失业率，PC 为菲利普斯曲线，LPC 为长期菲利普斯曲线。

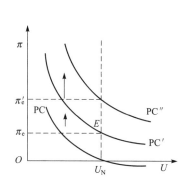

图 11-11　附加预期的菲利普斯曲线

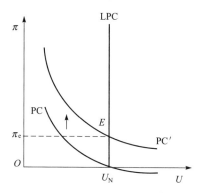

图 11-12　长期的菲利普斯曲线

垂直的菲利普斯曲线表明：无论通货膨胀率如何变动，失业率在长期内总是固定在自然失业率的水平上，以引起通货膨胀为代价的扩张性财政政策与货币政策并不能减少失业，这就是宏观经济政策的长期无效性。

经济问题分析

一方面，就业大局稳定可以改善居民收入预期，提升消费意愿，是扩大最终消费、拉动内需的基本条件；另一方面，也为改善供给提供支撑。比如，个体工商户、小微企业等瞄准市场需求的创业，更好地满足了人民群众的消费需求，繁荣了国内市场；高科技企业、制造业企业等不断招贤纳士，与高技能人才之间实现良性互动，为中国制造迈向中国创造、中国智造提供了人力资本支撑。

本章小结

（1）失业是指处于一定年龄范围内的人，目前没有工作，但有工作能力，愿意工作并且正在寻找工作的现象或者说劳动力市场上的供给大于需求，从而使一部分劳动力找不到工作的状态。

(2) 失业可分为自然失业和周期性失业两种。自然失业由摩擦性失业和结构性失业组成。自然失业难以避免，消灭了周期性失业时的就业状态就是充分就业。

(3) 失业意味着资源的浪费，会减少经济中的产出，失业还会给失业者个人和家庭带来经济损失和精神压力，给社会带来不稳定因素。失业率与GDP变动之间的关系可以用奥肯定律来估计。

(4) 通货膨胀是指经济社会中较长时期内商品和劳务的货币价格水平持续和显著地上涨。不同类型的通货膨胀其成因往往不同。通货膨胀依据不同的标准可以划分为不同的类型。

(5) 通货膨胀会影响一个国家的收入分配、资源配置和经济产出，这对应了通货膨胀的公平效应、效率效应和产出效应。

(6) 政府对通货膨胀的治理对策主要有：用衰退来降低通货膨胀；通过对收入政策的调整来控制通货膨胀，主要包括对工资与物价的控制、进行道德劝说和改变公众预期。

(7) 原始的菲利普斯曲线描述的是货币工资增长率和失业率之间的反向变化关系；引申的菲利普斯曲线描述的是通货膨胀率和失业率之间的反向变化关系；附加预期的菲利普斯曲线则引入预期和时间因素，对通货膨胀和失业之间的关系做出了更完善的解释。

(8) 短期内，菲利普斯曲线所描述的是通货膨胀率与失业率之间此消彼长的关系，因此在一定范围内，可以根据宏观经济需要，以提高失业率为代价，达到治理通货膨胀的目的，或以制造轻度通货膨胀为代价，达到降低失业率的目的。

(9) 虽然西方国家各经济学流派对菲利普斯曲线的政策含义的看法存在分歧，但是对于长期内菲利普斯曲线垂直于横轴，即失业率与通货膨胀率无关，在这一点上是一致的。因此长期来看，无论是政府的财政政策还是货币政策均无效。

练 习 题

一、概念

失业　摩擦性失业　结构性失业　周期性失业　自然失业　奥肯定理　通货膨胀　价格指数　需求拉动型通货膨胀　成本推进型通货膨胀　结构型通货膨胀　菲利普斯曲线

二、选择题

1. 应计入失业人数的有（　　）。

    A. 大学毕业前参加企业招工但没有被录用

    B. 退休人员

    C. 企业待岗人员

    D. 儿童

2. 奥肯定律认为实际GDP相对于潜在GDP每下降2个百分点，失业率将上升（　　）百分点。

    A. 1个　　　　　B. 2个　　　　　C. 5个　　　　　D. 3个

3. 以下关于自然失业率的说法中，正确的是（　　）。

    A. 自然失业率是历史上最低限度水平的失业率

    B. 自然失业率与经济效率之间有密切的联系

C. 自然失业率是固定不变的

D. 自然失业率中包含着摩擦性失业

4. 由于劳动者素质较差而导致的失业属于（　　）。
    A. 结构性失业　　　　　　　　　　B. 摩擦性失业
    C. 自愿失业　　　　　　　　　　　D. 需求不足性失业

5. 为降低失业率，应采取的财政政策手段是（　　）。
    A. 提高财产税　　　　　　　　　　B. 增加货币供应量
    C. 提高失业救济金　　　　　　　　D. 增加政府支出

6. 为降低失业率，应采取的货币政策手段是（　　）。
    A. 提高税收　　　　　　　　　　　B. 增加货币供应量
    C. 提高失业救济金　　　　　　　　D. 增加政府支出

7. 通货膨胀是指（　　）。
    A. 主要消费品价格上涨　　　　　　B. 生活必需品价格上涨
    C. 社会物价水平持续普遍上涨　　　D. 主要生产要素价格上涨

8. 在充分就业的情况下，下列（　　）最可能导致通货膨胀。
    A. 进口增加　　　　　　　　　　　B. 工资不变但劳动生产率提高
    C. 出口减少　　　　　　　　　　　D. 政府支出不变但税收减少

9. 下列引起通货膨胀的原因中，（　　）最可能是成本推进型通货膨胀的原因。
    A. 银行贷款的扩张　　　　　　　　B. 财政预算的赤字增加
    C. 世界性商品价格的上涨　　　　　D. 投资率的下降

10. 下列哪两种情况不可能同时发生？（　　）
    A. 结构性失业和成本推进型通货膨胀
    B. 需求不足性失业和需求拉动型通货膨胀
    C. 摩擦性失业和需求拉动型通货膨胀
    D. 失业和通货膨胀

11. 根据菲利普斯曲线，降低通货膨胀率的办法是（　　）。
    A. 提高失业率　　　　　　　　　　B. 降低失业率
    C. 实现充分就业　　　　　　　　　D. 增加货币供应量

12. 长期菲利普斯曲线说明了（　　）。
    A. 自然失业率可以变动　　　　　　B. 政府需求管理政策无效
    C. 政府需求管理政策在一定范围内有效　　D. 政府需求管理政策在一定范围内无效

13. 下面哪一类通货膨胀对人们的收入影响不大？（　　）
    A. 超速通货膨胀　　　　　　　　　B. 恶性通货膨胀
    C. 可预期的通货膨胀　　　　　　　D. 不可预期的通货膨胀

14. 企业为了获得更多的利润而提高产品价格所引起的通货膨胀属于（　　）。
    A. 需求拉动型通货膨胀　　　　　　B. 成本推动型通货膨胀
    C. 预期的通货膨胀　　　　　　　　D. 惯性的通货膨胀

15. 通货膨胀的公平（收入分配）效应是指（　　）。
    A. 通货膨胀会使居民的收入普遍下降
    B. 通货膨胀会使居民的收入普遍上升

C. 通货膨胀会使债权人的收入上升

D. 通货膨胀会使居民的收入结构发生变化

16. 引起通货紧缩的原因是（　　）。
    A. 社会总需求持续小于总供给　　　B. 经济预期因素
    C. 货币发行量过少　　　　　　　　D. 以上都是

17. "滞胀"现象不符合（　　）的观点。
    A. 货币主义　　　　　　　　　　　B. 供应学派
    C. 理性预期学派　　　　　　　　　D. 凯恩斯主义

18. 下面关于充分就业的说法中正确的是（　　）。
    A. 充分就业就是指失业率为零
    B. 充分就业是指人人都有工作
    C. 充分就业是指劳动力供求一致时的就业状态
    D. 实现充分就业时，依然会存在摩擦性失业和结构性失业

19. 关于摩擦性失业和结构性失业，下面说法中正确的是（　　）。
    A. 摩擦性失业是流转过程中难以避免的失业现象
    B. 结构性失业是由于有效需求不足造成的
    C. 二者相比，摩擦性失业更难以治理
    D. 充分就业时，结构性失业现象会消失

三、简答题

1. 简述失业的种类，并分析其形成的原因。
2. 简述失业的影响。
3. 什么是自然失业率？哪些因素影响自然失业率的高低？
4. 简述摩擦性失业与结构性失业的区别与联系。
5. 应如何治理失业？
6. 简述通货膨胀的分类。
7. 形成通货膨胀的原因有哪些？
8. 通货膨胀对经济的影响有哪些？
9. 政府治理通货膨胀的对策通常有哪些？
10. 菲利普斯曲线描述的是什么关系？这一关系的政策含义是什么？

四、计算题

1. 已知某国的情况如下：人口 2 500 万人，就业人数 1 000 万人，失业人数 100 万人。求：

   (1) 该国的劳动力人数是多少？
   (2) 该国的失业率是多少？
   (3) 如果摩擦性失业和结构性失业人数为 60 万人，则自然失业率是多少？
   (4) 如果实现充分就业，则该国应该有多少人就业？
   (5) 如果在失业人口中有 20 万人是由于嫌工作不好而不愿就业，则真正的失业率应该是多少？

2. 假设某国某年的自然失业率为 5%，实际失业率为 7%，试计算：

   (1) 若该国潜在 GDP 每年以 2% 的速度增长，根据奥肯定律，要想使该国在 2 年内实

现充分就业,该国经济每年应以多快的速度增长?

(2) 若该国实际 GDP 每年以 4% 的速度增长,则要多少年才能实现充分就业?

实 践 训 练

训练目标

1. 通过查阅国家统计局网站,能够了解国家层面宏观经济数据的来源,能够顺利查找各类宏观数据。

2. 通过查阅、分析中国、美国、日本、印度等国家的 GDP、GDP 增长率、劳动力人口总量、失业率、居民消费价格指数(以上一年为 100)等相关数据,借助 Excel 软件或统计分析软件(SPSS 或 Stata)验证奥肯定律或菲利普斯曲线的引申含义(通货膨胀率与失业率之间此消彼长的关系),并能对实证检验结果进行合理解释。

3. 能够通过各国失业率、通货膨胀率的对比分析,尝试描述我国宏观经济增长的趋势和特征。

训练 1 搜集中国、美国、日本、印度等国 1990—2018 年的失业率、居民消费价格指数(以上一年为 100)等相关数据,并在数据整理、计算各国通货通胀率和对比分析的基础上,借助 Excel 软件或统计分析软件(SPSS 或 Stata)拟合失业率和通货通胀率的关系,并对拟合结果进行评析。

训练要求

(1) 组成调研小组,选定感兴趣的国家,明确组内分工。

(2) 各组进行资料调查,将调查情况记录在表 11-1 中。

(3) 各组提交书面研究报告,班内交流。

表 11-1 世界主要国家失业率、通货膨胀率的数据调查与比较分析

国家:			
小组成员:			
数据来源与拟合方法选择:			
调查时间	调查对象	调查内容	调查情况记录

训练 2 现实问题解析——失业率高涨的原因及对于经济增长的影响分析

图 11-13 刻画了美国 2018 年 4 月至 2020 年 3 月的调查失业率。与此同时,根据美国劳工部公布的 4 月非农就业报告,受新型冠状病毒影响,美国非农就业人数减少了 2 050 万人,2020 年 4 月份的失业率飙升至 14.7%。这两个数字都轻松打破了"二战"后的纪录,也反映了在抗击病毒过程中的巨大损失。

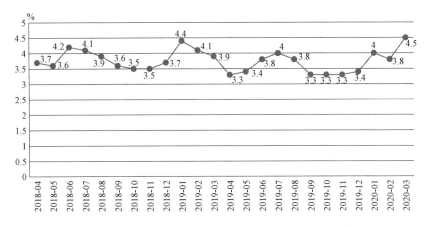

图 11-13　2018 年 4 月至 2020 年 3 月美国调查失业率

数据来源：中经网数据库。

训练要求

（1）请根据自身对宏观经济运行的观察，结合本训练提供的数据，分析失业率变动受哪些因素影响，失业率持续升高又会给社会经济带来哪些方面的影响。

（2）探讨失业治理的相关对策。

第 12 章 宏观经济政策实践

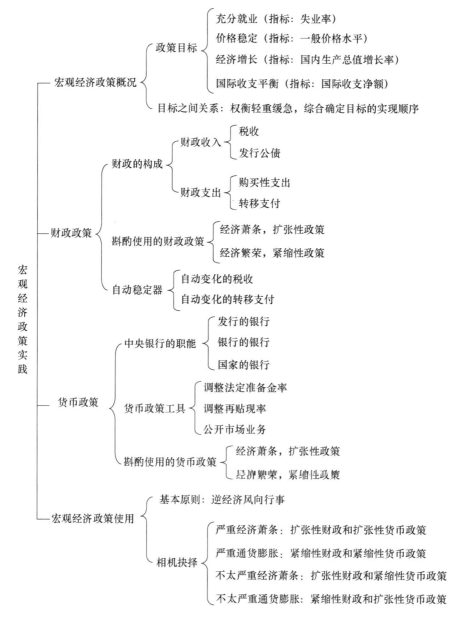

第12章 宏观经济政策实践

经济问题　　　　　税费"瘦身" 助力高质量发展

税收是国家宏观调控的重要政策工具。2019年，我国普惠性与结构性并举的减税降费持续推进，涉及增值税、企业所得税、个人所得税等12个税种，教育费附加、地方教育附加等19个费种。数据显示，2019年1月份至10月份，全国实现减税降费19 688.94亿元，其中减税16 473.26亿元，降低社保费3 215.68亿元。具规模、有重点、成体系的减税降费政策在减轻微观主体负担、激发市场运行活力、确保经济稳中求进等方面发挥着重要作用，极大促进了经济高质量发展。

思考题：结合经济现实分析我国2019年采取减税政策的原因。

资料来源：经济日报，2020-01-07，第6版.

章前导读

在现代市场经济中，政府需要密切观察宏观经济运行情况，采取适当的宏观经济政策对国家经济运行进行调节，最常用的调节工具包括财政政策和货币政策。宏观经济政策的运用和老百姓的生活有着密切的关系。政府时刻高度关注物价、就业和收入等关系国计民生的问题，一旦出现异常，政府就会制定政策进行调节。

12.1 宏观经济政策概况

任何一项经济政策都是根据一定的目标制定的，西方经济学理论认为，宏观经济政策有4个目标：充分就业、物价稳定、经济持续均衡增长和国际收支平衡。宏观经济政策不是仅考虑一个目标，而是要同时兼顾这些目标。

12.1.1 宏观经济政策目标

1. 充分就业

充分就业是宏观经济政策的第一目标。充分就业泛指一切生产要素都有机会以自己愿意的报酬参加生产的状态，即全社会的经济资源被充分利用的经济状态。西方经济学中通常以失业率的高低作为衡量实现充分就业与否的尺度。失业率的计算公式为

$$失业率 = 失业者人数 / 劳动力人数$$

达到充分就业状态并不意味着失业率为零。实现充分就业，就是把失业率保持在自然失业率的水平，自然失业率要在社会可允许的范围之内，能为社会所接受。一般认为，经济社会存在4%~6%的失业率是正常的。实现充分就业状态，经济社会中仍然存在摩擦失业、结构失业和自愿失业。

2. 价格稳定

价格稳定是宏观经济政策所要实现的第二个目标。价格稳定是指一般价格水平的稳定。西方经济学一般用价格指数来表达一般价格水平的变化。价格稳定之所以成为宏观经济政策的目标，主要是由于通货膨胀对经济有不良影响，过高的通货膨胀对社会经济生活的危害更是极其严重。价格稳定既不是指单个商品价格水平不发生变化，也不是指一般价格水平固定不变，而是指一般价格水平不出现剧烈的、大幅的、持续的变动。西方经济学学者认为，价格稳定和一般价格水平的温和上涨并不矛盾。有人认为缓慢而逐步上升的价格对产出和就业

的增长有积极的刺激作用。

3. 经济增长

经济增长是宏观经济政策所要实现的第三个目标。经济增长是指一个特定时期内经济社会的人均产量和人均收入的持续增长。一般用实际国民生产总值或国内生产总值的增长率来衡量经济增长。一般来说，处于较低经济发展阶段的国家经济增长率较高，而处于较高经济发展阶段的国家经济增长率较低。"二战"后，西方国家的经济普遍经历了从高速增长到低速增长的过程。目前，发展中国家正处于经济高速增长阶段。经济增长和就业是相互关联的，高经济增长率往往伴随着高就业率。

4. 国际收支平衡

实现国际收支平衡要求做到汇率稳定，外汇储备稳步增加，进出口平衡。在开放经济条件下，实现国际收支平衡对于一个国家来说至关重要。当一个国家的国际收支处于失衡状态时，必然会给国内的经济带来不利的影响。

12.1.2 目标之间的关系

四个宏观经济政策目标之间有着密切的联系。政府在制定政策实现宏观经济目标时，经常会出现某些政策有利于一个目标的实现，而不利于另一个目标的实现的现象。例如，为了实现充分就业，政府运用扩张性财政政策和货币政策，而过度的扩张政策可能引起通货膨胀。又例如，政府为了降低通货膨胀率采取紧缩性政策，紧缩性政策有可能导致失业率上升和经济增长速度下降。

因此，为了实现经济长期发展，首先，政府必须对经济政策目标进行价值判断，权衡目标的轻重缓急，确定目标的实现顺序，对各个目标的实现程度进行最优组合，制定一个综合的政策目标体系。其次，政府运用的各种政策手段必须相互配合、协调一致。例如，财政政策和货币政策的"松紧搭配"往往可以有效避免政策的一些负面后果。

◇ 思考：你认为目前我国宏观经济运行中最大的问题是什么？

12.2 财 政 政 策

财政政策是指政府为促进就业水平提高、减轻经济波动、防止通货膨胀、实现稳定增长而对政府收入和支出水平做出的决策。在市场经济国家，财政政策是政府调节和干预经济运行的主要政策之一。

12.2.1 财政收入与财政支出

国家财政由政府财政收入和政府财政支出两个方面构成。政府财政收入包含税收和公债两个部分，政府财政支出包含政府购买和转移支付。政府的宏观财政政策主要体现在政府对税收、公债、购买性支出、转移支付等工具的运用上。

1. 财政收入

政府税收是政府财政收入中最主要的部分。在发达的市场经济国家，政府税收在国民生产总值中经常占到20%以上，甚至高达50%以上。政府税收具有强制性、无偿性和固定性三个基本特征。在现代社会，政府税收已不仅仅是市场经济国家获取收入的手段，实际上已成为政府调控经济运行的有力措施。

按照不同的标准，政府税收可以划分为不同的类型。

（1）按照课税对象的不同，税收可以分为财产税、所得税和流转税。财产税是对私人财产征收的税。遗产税和馈赠税都包括在财产税中。所得税是对个人收入和公司利润征收的税。所得税分为个人所得税和公司所得税。所得税在西方国家的总税收中占据很大比重，政府调整所得税税率会对经济活动带来重大影响。流转税是对流通中的商品和劳务征收。

（2）按照税收负担能否转嫁，税收可以分为直接税和间接税。直接税是指纳税人必须自己承担、无法将其转嫁给他人的税。间接税是指纳税人可以将税赋全部或部分转嫁给他人的税。一般来说，所得税和财产税是直接税，消费税和关税等是间接税。

（3）按照税率调整的方式不同，税收可以分为比例税、累进税和累退税。比例税是指税率不随征税对象数量的变化而变化的税。累进税是指税率随着征税对象数量的增加而递增的税。累退税是指税率随着征税对象数量的增加而递减的税。在西方国家的税收制度中，所得税一般为累进税，财产税一般为比例税。

公债是政府财政收入的另一组成部分。公债分为内债和外债。内债是政府向本国公众借的债务。外债是政府向国外借的债务。在西方国家的经济活动中，可以通过发行公债弥补财政赤字，也可以通过在公开市场上买卖公债调节货币供给。

对于公债的利弊得失，人们的看法不一。传统理论认为，公债是政府加在民众身上的负担，因为公债的还本付息最终要由纳税人负担。而当代西方经济学理论认为，内债是政府欠民众的债，也就是"自己欠自己的债"，因而不构成债务负担。内债对子孙后代也不是负担，因为其投入生产后可以带来更多的资本形成和更快的经济增长，给子孙后代带来更多的消费和享受。而外债则不同，外债的本息必须依靠本国的资源来偿还，因此外债是一种真正的负担。

2. 财政支出

政府财政支出一般包括政府购买性支出和政府转移支付两部分。

政府购买是指政府对商品和劳务的购买，政府购买性支出的主要内容包括国家安全支出、国家机关的办公设施及用品、政府雇员的劳动报酬、政府兴建公共工程的支出等。政府购买性支出是一种实质性支出，有着商品和劳务的实际交易，对总需求水平有直接的影响，是决定一个国家产出水平的重要因素。

政府转移支付是指政府在社会福利方面的各种支出、社会保险支出及政府津贴，如养老保险、失业救济金、残疾人补贴、贫困救济等，还包括政府对农业和部分企业的津贴等方面的支出。政府转移支付的特点是它是政府对企业和个人的单方面价值转移，不以取得商品和劳务为目的。政府转移支付实质上是政府对现有收入的一种再分配，并没有增加收入。转移支付在消费者和厂商的手中会形成潜在的购买力，然后依据边际消费倾向的大小形成实际购买。一般来说，穷人的边际消费倾向要高于富人。各个国家的转移支付的方向主要是低收入阶层。

12.2.2 自动稳定器

自动稳定器又叫内在稳定器，是现代西方财政制度自身具有的能够调节政府收支、减缓经济周期波动的功能。

当经济出现波动时，财政制度本身会做出反应，自行发挥调节作用，而不需政府专门采取干预行动。在经济出现衰退、国民收入减少时，政府支出的自动增加和税收自动减少，可阻止经济进一步衰退；反之，国民收入增加时，政府支出自动减少和税收自动增加，能够避免出现经济的过度膨胀。这种灵活性有助于经济的稳定。

财政制度的自动稳定器作用主要表现在两个方面。

1. 政府收入的自动变化

当经济出现衰退时，个人和企业的收入都会减少，政府税收会自动下降。在累进税率的情况下，税收下降幅度超过收入下降幅度，会抑制消费需求的降低。当反之，经济出现高涨时，个人和企业的收入都会增加，政府税收会自动增加。在累进税率的情况下，税收增加幅度会超过收入增加的幅度，从而抑制消费需求的提高。政府税收在通货膨胀时提高，在经济衰退时降低，起到了缓和经济波动的作用，成为有助于经济稳定的重要因素。

2. 政府转移支付的自动变化

政府转移支付包括失业救济及其他社会福利开支。政府对领取失业救济规定了具体的标准。当经济出现衰退时，失业人数增加，符合领取失业救济标准的人数就会增加，政府发放的失业救济就要增加。当经济高涨时，失业人数减少，符合领取失业救济标准的人数就会减少，政府发放的失业救济就减少。政府转移支付在经济衰退时增加，在经济高涨时减少，这种自动变化能够调节总需求，起到缓和经济波动的作用。

自动稳定器对轻微的经济衰退和经济高涨能够起到良好的作用，具有减缓经济波动的作用。但当经济出现严重的衰退和通货膨胀时，自动稳定器的作用是十分有限的，单纯依靠自动稳定器的作用不能改变经济波动的总趋势，它只能对财政政策起到自动配合作用，而不能代替财政政策。要保持经济稳定，政府仍需要采取主动性的经济政策来调节经济。

12.2.3 斟酌使用的财政政策

同自动稳定器自动发挥作用不同，斟酌使用的财政政策是一个国家的政府根据对经济形势的判断，主动采用的调整政府收支的决策。斟酌使用的财政政策的基本原则是"逆经济风向行事"。斟酌使用的财政政策包括扩张性财政政策和紧缩性财政政策。

当一个国家的经济处于萧条状态时，总需求不足，均衡产出水平小于充分就业水平时，政府就要通过扩张性财政政策来刺激总需求，解决衰退和失业问题，实现充分就业均衡。政府刺激需求所实施的财政政策措施包括减税和增加政府支出。减税可以使个人可支配收入和企业利润增加，刺激消费和投资需求。增加政府支出包括增加政府购买性支出和增加政府转移支付。政府公共工程支出与购买的增加直接增加总需求，刺激经济。政府转移支付的增加可以起到刺激消费的作用。这些措施通过乘数效应会带来国民收入的成倍增长，最终克服经济衰退。

当一个国家的经济出现通货膨胀时，总需求过旺，均衡产出水平大于充分就业水平时，政府就要通过紧缩性财政政策来抑制总需求，稳定物价，实现充分就业均衡。政府抑制需求所实施的财政政策措施包括增税和减少政府支出。增税可以使个人可支配收入和企业利润减少，抑制消费和投资需求。减少政府支出包括减少政府购买性支出和减少政府转移支付。这些措施通过乘数效应会带来国民收入的成倍减少，最终抑制经济的膨胀。

自20世纪30年代以来，财政政策就成为国家调控经济运行的有效手段。各国政府审时度势，根据经济运转的情况见机行事，随时做出最优政策选择。

案例评析 12-1　　积极财政政策应着力关注三方面

展望 2021 年，在经济发展面临的内外形势仍然十分复杂、不确定因素较多的背景下，我国应保持积极财政政策的取向不变，同时更加注重实效，着力扩大内需，保障和改善民生，继续推动经济结构调整，促进经济回稳向好。其中应着力关注以下三个方面。

一是灵活把握财政赤字规模和赤字率。随着疫情减退和经济不断好转，财政增收获得更好基础，大规模财政刺激的必要性下降，同时也为宏观调控留下了更多政策空间，因此可根据实际需求灵活把握赤字规模和赤字率。

二是通过推进税费改革，实行结构性减税。结合改革和优化税制，实行结构性减税，重点减轻制造业、小微企业和居民税收负担，扩大企业投资，增强居民消费能力。

三是进一步优化财政支出结构，更加注重和保障民生。继续增强地方特别是中西部地区财力；统筹财力配置，把更多的财政资源用于保障民生重点领域发展，基建投资增长的优先级将偏弱；坚持政府过紧日子，严控公用经费等一般性支出，降低行政成本；改进完善直达机制，同时加强直达资金管理，着力提升管理的科学性、规范性和有效性。

资料来源：积极财政政策应着力关注三方面. 经济日报，2020-12-08（有删减）.

12.2.4　功能财政

政府可以通过调整财政收支调控经济运行，避免严重的经济波动。当经济陷入衰退时，政府应该采用扩张性财政政策，即增加支出、减少税收，刺激经济复苏；当经济过度繁荣时，政府应该采用紧缩性财政政策，即减少支出、增加税收，减轻通货膨胀的压力。实行扩张性财政政策，减税和增加支出就会造成预算赤字。实行紧缩性财政政策，增税和减少支出就会造成预算盈余。政府运用财政政策的目标是实现无通货膨胀的充分就业水平。为了实现这一目标，财政预算可以是赤字，也可以是盈余，这就是功能财政的核心思想。

功能财政是凯恩斯主义者的财政思想，是对原有财政平衡预算思想的否定。财政平衡预算思想分为年度平衡预算和周期平衡预算两种。年度平衡预算是指每个财政年度收支平衡。周期平衡预算是指政府收支在一个经济周期中保持平衡。凯恩斯主义者认为刻意追求财政收支平衡不利于发挥财政调控经济运行的作用，只会使经济波动更加严重。

◇ 思考：功能财政与财政预算平衡有何区别？

12.2.5　财政政策的局限性

1. 政策时滞

政府发现经济波动，然后针对波动制定政策，最终政策对经济发生影响。这整个过程要经历一段时间，这段时间就叫政策时滞。政策时滞分为内部时滞和外部时滞。内部时滞是指从认识波动发生到制定政策所花费的时间。内部时滞又分为认识时滞、决策时滞和行动时滞。认识时滞是确认经济波动所花费的时间。决策时滞是指制定政策所花费的时间。行动时滞是指从决策完毕到政策付诸实施的时间间隔。外部时滞是指从政策开始实施到对经济产生影响的时间。

在制定财政政策时，政府首先要发现问题的根源所在，才能对症下药。发现了问题后，还要经历一系列程序才能形成决策。一项财政政策措施可能会涉及不同阶层、不同集团和不同部门的利益，要达到大多数人意见一致需要较长时间的协商。往往出现这种情况：一项财政政策终于面临实施时，最佳调节时机可能已经过去，甚至经济已经进入相反的周期。例如，扩张性财政政策在经济衰退时制定，到实施时经济可能已经复苏，扩张性财政政策只会加剧经济波动，引起通货膨胀。

2. 挤出效应

扩张性财政政策导致利率上升，利率上升抑制了私人投资的作用机制被称为挤出效应。如图12-1所示，一个国家的经济初始均衡点位于点 E_0，政府增加购买性支出，这使得总需求增加，IS_0 曲线右移。如果不考虑货币市场的作用，利率不变，该国的经济均衡点会移动到 E_1，均衡产出将从 y_0 增加到 y_2。但实际上货币市场会发生作用，政府购买性支出的增加提高了总支出水平，总支出的增加带来总收入水平的提高，而收入提高会增加货币需求，在货币供给不变的情况下，出现货币的供不应求。为了平衡货币市场，利率必须上升。利率的上升会抑制消费和私人投资支出，进而减少了总需求，这会部分抵消政府购买性支出增加所产生的扩张性效果。只有在点 E_1，产品市场和货币市场才同时处于均衡状态。

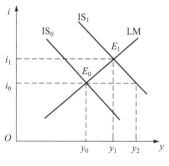

图 12-1 挤出效应

12.3 货币政策

货币政策是指国家根据经济形势，通过中央银行运用货币政策工具控制经济中的货币供应量以调节利率水平进而影响总需求，实现经济稳定发展的措施的总称。货币政策是国家调节和干预经济的主要政策之一。

12.3.1 货币政策的基本知识

1. 银行体系

货币政策是通过银行体系来实施的。银行体系运作涉及中央银行、商业银行和公众三个方面。

1）中央银行

中央银行的主要职能是代表政府控制国家的货币和银行体系。中央银行并不经营银行业务，不以盈利为目标。几乎每个国家都设立了自己的中央银行。美国的中央银行是联邦储备银行,英国的中央银行是英格兰银行,日本的中央银行是日本银行,我国的中央银行是中国人民银行。一般认为,中央银行具有以下三个职能。

第一,中央银行是发行的银行。中央银行垄断本国的货币发行权,政府可以通过中央银行调整、控制货币供应量来影响经济。

第二,中央银行是银行的银行。中央银行集中保管商业银行缴存的存款准备金,办理各商业银行在全国范围内的结算业务。中央银行以票据再贴现、抵押贷款等方式给商业银行提供贷款,以避免银行破产所引起的金融风暴。

第三,中央银行是国家的银行。中央银行代理国库,管理国家的黄金和外汇,经办政府的各项财政收支。中央银行执行国家的货币政策,对商业银行进行监督和管理。

2)商业银行

商业银行是一国银行体系的主体。商业银行的主要业务包括负债业务、资产业务和中间业务。负债业务是指银行吸收存款,包括活期存款、定期存款和储蓄存款。资产业务包括放款和投资两类业务。放款是指为企业、个人的投资、消费提供贷款。投资是指购买有价证券以取得利息收入。中间业务是指商业银行代客结算、理财和咨询等,银行从中收取手续费。

2. 货币创造

商业银行的主要资金来源是存款。国家为了确保银行的信誉与整个银行体系的稳定,规定商业银行不能把全部的存款贷出,必须保留一部分作为随时支付顾客取款的准备金。法定准备金率是中央银行以法律形式规定的商业银行吸收存款中必须保留的准备金的比例。商业银行吸收存款后,必须按照法定准备金率将法定准备金存进中央银行,其余的部分才可以作为贷款放贷给企业和个人。

活期存款是指事先不用通知可随时提取的银行存款。商业银行的活期存款实际上就是货币,它可以用支票在市场上流通。客户在得到商业银行的贷款以后,一般并不取出现金,而是把所得到的贷款作为活期存款存入自己开户的商业银行,需要使用时可以随时开支票,所以银行贷款的增加又意味着活期存款的增加和货币供应量的增加。通过以上的分析可以知道,商业银行的存款与贷款活动会创造货币,在中央银行货币发行量并未增加的情况下,使流通中的货币量增加。商业银行创造货币的数量取决于法定准备金率。

某国的法定准备金率为20%,假定银行客户会将其所有货币收入以活期存款的形式存入银行。某商业银行A吸收的存款为100万元,A银行可放款80万元,得到这80万元贷款的客户把这笔贷款存入商业银行B,B银行又可放款64万元,得到这64万元贷款的客户把这笔贷款存入银行C,C银行又可放款51.2万元……这样不断存贷下去,最终整个商业银行体系可以增加的存款总和是:100+80+64+51.2+…=500万元,100万元的存款创造出了500万元的货币。

以R代表最初的存款;D代表存款总和,即创造出的货币;r代表法定准备金率(<1),商业银行体系能创造出的货币的计算公式为

$$D = R/r$$

公式显示,商业银行体系能创造出来的货币量与法定准备金率成反比,与最初存款成正比。

假设上面例子中的这笔原始存款来自中央银行新增加的一笔原始货币。通过货币创造的这个过程,将使货币供应量(活期存款总和)扩大为新增原始货币量的若干倍。这个倍数被称为货币创造乘数。一般以K_m表示货币创造乘数,即

$$K_\mathrm{m} = \frac{1}{r}$$

货币创造乘数和投资乘数一样,可以放大政府对经济调控的作用。中央银行调整法定准备金率对货币供给会产生重大影响。

3. 金融市场

金融市场也称做公开市场,是资金供求双方进行金融交易活动的场所。金融市场按照金融工具期限的长短可分为货币市场和资本市场。货币市场主要从事短期金融工具的买卖。短期金融工具主要包括商业票据和国库券等。资本市场主要从事长期金融工具的交易。长期金融工具主要有公债和公司债券等。

案例评析 12-2　　美联储宣布开放式量化宽松政策

美国联邦储备委员会3月23日宣布,将继续购买美国国债和抵押贷款支持证券以支持市场平稳运行,不设额度上限,相当于开放式的量化宽松政策。

美联储在一份声明中说,将购买"必要规模的"国债和抵押贷款支持证券,以支持市场平稳运行和货币政策的有效传导,并将把机构商业抵押贷款支持证券纳入购买范畴。同时,美联储还宣布将扩大货币市场流动性便利规模。

美联储说,新冠肺炎疫情正在美国和世界造成巨大困难。美国经济"显然"将面临严重混乱。公共和私营部门必须采取积极措施,将损失限制在就业和收入方面,并在疫情得到控制后促进经济迅速复苏。

自新冠肺炎疫情在美国暴发以来,美联储已多次出台货币宽松政策支撑美国经济。目前,美联储已将联邦基金利率目标区间下调到0%至0.25%之间。此前,美联储还宣布启动7 000亿美元量化宽松政策,并启动商业票据融资机制,但依然难以遏制美国股市不断下探趋势,美国经济很可能受疫情影响而陷入衰退。

资料来源:美联储宣布开放式量化宽松政策. 人民日报, 2020-03-24.

12.3.2　货币政策工具

中央银行主要通过公开市场业务、调整再贴现率和调整法定准备金率三种政策工具调整货币供应量。

1. 公开市场业务

公开市场业务是指中央银行在金融市场上买进或卖出政府债券,以增加或减少流通中的货币供应量的一种政策手段。

经济萧条时期,中央银行买进政府债券,把货币投放到金融市场。这样,一方面,出卖债券的商业银行、企业和家庭得到货币,把它存入商业银行,增加银行存款,商业银行可以增加贷款,在货币创造乘数的作用下,货币供应量将成倍扩大。另一方面,中央银行买进政府债券的行为还会引起债券需求扩大而导致债券价格提高,从而引起利息率下降。利息率的下降将刺激消费和投资的增加。在通货膨胀时期,采取相反做法会抑制或消除通货膨胀。

公开市场业务是中央银行稳定经济最重要、最灵活的政策手段。这是因为中央银行在实施公开市场操作过程中可以对货币供应量进行微调,也可以在出现政策失误时进行反向操作,及时纠正错误。此外,中央银行在公开市场操作中占据主动地位,有利于政策调控目标的实现。

2. 调整再贴现率

再贴现率是中央银行向商业银行发放贷款的利率。调整再贴现率是指中央银行通过调整贴现率来引导商业银行的行为,从而控制流通中的货币供应量。

经济萧条时期,中央银行采取扩张性货币政策,降低再贴现率,商业银行因为贷款成本降低,会增加向中央银行的再贴现,从而增加中央银行基础货币的投放,这会扩大信用规模,导致货币供应量增加。经济过度繁荣时期,中央银行可提高再贴现率,商业银行因为贷款成本增加,会减少向中央银行的再贴现,从而减少中央银行基础货币的投放,这会收缩信用规模,导致货币供应量减少。

调整再贴现率的缺点是实行起来比较被动。例如,中央银行希望通过降低再贴现率吸引商业银行来贴现,但商业银行为了不给外界留下财务状况不良的印象,尽量避免去中央银行贴现,这样再贴现率政策就无法执行了。

3. 调整法定准备金率

中央银行根据本国的经济状况调整法定准备金率,货币创造乘数同法定准备率成反比。调高法定准备金率,银行能够创造的货币减少;调低法定准备金率,银行能够创造的货币增加。

在经济衰退时期,中央银行调低法定准备金率,货币创造乘数变大,货币供应量增加,利息率降低,刺激总需求扩大,使得收入、就业和价格都提高。在通货膨胀时期,中央银行调高法定准备金率,货币创造乘数变小,货币供应量减少,利息率上升,抑制总需求,使得收入、就业和价格都降低。

各国中央银行一般不轻易使用调整法定准备金率这一手段。主要是由于法定准备金率调整的效果十分猛烈,微小的调整会引起货币供给的巨大波动,因此不适合作为日常的货币政策操作工具加以运用。此外,频繁地调整法定准备金率会干扰银行正常的信贷业务,从而使银行无所适从。

以上三种货币政策工具可以单独使用,也可以配合使用。通常情况下,中央银行通过公开市场业务和贴现率的相互配合来调节宏观经济活动水平。

◇思考:我国在近年来的宏观调控中经常使用的货币政策工具是什么?

12.3.3 斟酌使用的货币政策

斟酌使用的货币政策同财政政策一样,也要"逆经济风向"行事,它包括扩张性货币政策和紧缩性货币政策。

当经济进入衰退时期时,总需求不足,失业率持续上升,为了刺激总需求,中央银行应采用扩张性货币政策。扩张性货币政策包括降低贴现率和法定准备金率,在证券市场上买进政府债券等。这些政策可以增加货币供应量,进而降低利息率,刺激总需求,解决衰退和失业问题。经济进入繁荣时期,总需求过旺,价格水平持续上涨,为了抑制总需求,中央银行应采用紧缩性货币政策。紧缩性货币政策包括提高贴现率和法定准备金率、在证券市场上卖出政策债券等。这些政策可以减少货币供应量,进而提高利息率,减少投资,抑制总需求,解决通货膨胀问题。

案例评析 12-3　　降准周期难言结束

新年首次降准今日实施,预计可一次性释放长期稳定流动性逾 8 000 亿元。分析人士认为,我国法定存款准备金率仍然存在进一步调整优化的空间,未来有望继续在保持流动性合理充裕和社会融资规模合理增长、降低社会融资成本及促进经济结构调整等方面发挥积极作用。

中国人民银行决定于 2020 年 1 月 6 日下调金融机构存款准备金率 0.5 个百分点(不含财务公司、金融租赁公司和汽车金融公司)。这是 2020 年中国人民银行第 1 次降准,也是 2018 年以来中国人民银行第 8 次动用存款准备金率工具。

降准并不影响基础货币的总量,而是通过影响基础货币结构,释放之前冻结的准备金来增加银行体系流动性,可起到不扩张资产负债表就增加流动性供应的作用。在当前形势下,这有利于在保证合理流动性供应与避免过度扩张之间求得平衡。事实上,在刚过去的 2019 年,中国人民银行公开市场操作的结果为资金净回笼,全年流动性供应主要就是通过降准来保障的。

不仅如此,与公开市场业务、再贷款等工具相比,降准释放的流动性更具普惠性、长期性、稳定性,低成本优势突出,操作也比较简便。存款准备金率实质上是集量、价调节功能于一身的流动性管理工具。以降准为例,不仅提高了银行体系的流动性总量,而且释放出的流动性成本低,在其他条件不变的情况下,有助于市场利率下行。

综合考虑,在当前形势下,降准是逆周期调节的体现,有助于保持流动性合理充裕,也契合降低社会融资成本的宏观调控取向,是调节流动性的合适选择。展望未来,我国法定存款准备金率仍存在进一步调整优化的空间。

资料来源:中国证券报,2020-01-06.

12.3.4　货币政策的缺陷

1. 企业和个人的预期

经济进入萧条时期,政府调整货币政策使利息率降低,但商业银行为了避免风险一般会惜贷。在通货膨胀期间,政府调整货币政策使利息率提高,如果企业和个人对投资前景有好的预期,仍然可能选择贷款。企业和个人的预期使政府政策的效果降低。

2. 流动偏好陷阱

根据流动偏好理论,利息率的下降有一个最低限度,在这个限度之下,货币政策失效,政府无论怎样增加货币供给都不能让利息率进一步降低。

3. 政策时滞

货币政策的实施同样存在时滞。从发现经济问题,到制定相应对策,集体讨论形成决策,最后付诸实施产生效果,这一系列环节都需要耗费时间。一般来说,在成熟市场经济国家,货币政策变动对总需求发生较大作用需要 6～9 个月。

12.4　财政政策与货币政策的配合使用

宏观经济政策的选择必须依据国家的经济形势。如果出现严重的经济衰退,就应该采用猛烈的经济手段。如果是刚出现衰退的苗头，就应该采取相对缓和的手段。在各种经济政策手段中，政府增加支出和调整法定准备金率对经济的影响比较大，调整税收和公开市场业务对经济的影响比较缓和。

宏观经济政策的选择要依据"逆经济风向行事"的原则，根据具体情况把各种政策手段搭配起来使用。

(1) 紧缩性财政政策和紧缩性货币政策配合运用。如果出现严重的通货膨胀，可以采用"双紧"政策，用紧缩性货币政策来提高利息率，降低总需求水平，用紧缩性财政政策在抑制总需求的同时，防止利率过分提高。

(2) 扩张性财政政策和扩张性货币政策配合运用。如果出现严重的经济萧条，可以采用"双松"政策，用扩张性财政政策增加总需求，用扩张性货币政策降低利息率以克服"挤出效应"。

(3) 扩张性财政政策与紧缩性货币政策配合运用。当出现不太严重的通货膨胀时，可以采用"松紧"的搭配，用紧缩性财政政策压缩总需求，用扩张性货币政策降低利息率，避免财政过度紧缩引起衰退。

(4) 紧缩性财政政策和扩张性货币政策配合运用。当出现不太严重的经济萧条时，可以采用"紧松"的搭配，用扩张性财政政策刺激总需求，用紧缩性货币政策控制通货膨胀。

通过前面的分析可知，政府在使用扩张性财政政策刺激经济时，由于利息率上升会抑制私人投资，出现挤出效应。如果政府采用扩张性货币政策配合扩张性财政政策，不仅可以使利息率不上升，而且还能使国民收入有较大的增加，从而可以有效地刺激经济。如图12-2所示，扩张性财政政策使IS_0曲线右移到IS_1，利息率上升；扩张性货币政策使LM_0右移到LM_1，使利息率下降到原来的水平。

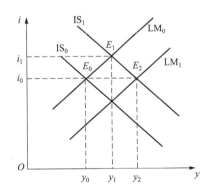

图 12-2 财政政策与货币政策的配合

经济问题分析

2019年3月5日，国务院总理李克强在做政府工作报告时说，2018年，世界经济增速放缓，保护主义、单边主义加剧，国际大宗商品价格大幅波动，不稳定不确定因素明显增加，外部输入性风险上升，国内经济下行压力加大，消费增速减慢，有效投资增长乏力。

在这种情况下，我国实行了积极的财政政策。减税降费是积极财政政策最重要的体现。2019 年，我国实施了"史上最大规模"的减税降费，预计超过 2 万亿元，占 GDP 的比重超过 2%，明显高于世界其他国家。减税降费有效减轻了企业负担，激发了市场活力，企业和社会公众普遍反映减税降费政策力度超出预期，是最直接、最有效、最公平的惠企措施。我国减税降费不是临时性的举措，而是制度性、持续性的。2020 年，巩固和拓展减税降费成效，将进一步落实落细已出台各项政策，特别是增值税、个税等减税政策，同时完善其他相关政策，充分发挥叠加累积效应。此外，应继续密切关注各行业税负变化，及时研究解决新情况、新问题，给企业、个人更多获得感，更好地助力供给侧结构性改革，推动经济高质量发展。

资料来源：积极财政政策助力经济开好局. 经济日报，2020-01-20.

本章小结

（1）在市场经济国家，宏观经济政策是政府调控经济的最主要手段。宏观经济政策所要实现的目标有四个：充分就业、价格稳定、经济持续均衡增长和国际收支平衡。

（2）财政政策是政府调控经济的主要宏观经济政策。财政政策是指政府为促进就业水平提高、减轻经济波动、防止通货膨胀、实现稳定增长而对政府收入和支出水平做出的决策。财政政策手段包括：调整税收、调整政府购买性支出、调整政府转移支付。

（3）货币政策也是政府调控经济的主要宏观经济政策。货币政策是指国家根据经济形势通过中央银行运用货币政策工具调节经济中的货币供应量和利率水平以影响总需求，实现经济稳定发展的措施的总称。货币政策手段包括：调整法定准备金率、调整再贴现率、公开市场业务操作。

（4）政府宏观经济政策具有"逆经济风向行事"的特点。针对各种具体情况，财政政策和货币政策可以搭配使用。

练 习 题

一、概念

财政政策　货币政策　自动稳定器　法定准备金率　货币乘数

二、单选题

1. 财政政策是指（　　）。

   A. 调整政府支出和税收以稳定国内产出、就业和价格水平

   B. 调整政府支出和税收以便收入分配更公平

   C. 改变利息率以改变总需求

   D. 政府支出和税收的等额增加会起到紧缩经济的作用

2. 之所以命名为紧缩性财政政策是因为（　　）。

   A. 政策中包含了国家货币供给紧缩的内容

   B. 政策的实施必然使政府规模缩小

   C. 政策的目的在于减少总需求，从而实现物价稳定

D. 政策是设计用于减少实际GDP的
3. 扩张性财政政策对经济的影响是（　　）。
   A. 缓和了经济萧条，但增加了政府债务
   B. 缓和了经济萧条，但减轻了政府债务
   C. 加剧了通货膨胀，但减轻了政府债务
   D. 缓和了通货膨胀，但增加了政府债务
4. 降低贴现率的政策（　　）。
   A. 将增加银行的贷款意愿　　　　　　B. 将制止经济活动
   C. 与提高法定存款准备金率的作用相同　D. 通常导致债券价格下降
5. 紧缩性货币政策的运用会导致（　　）。
   A. 减少货币供应量，降低利息率　　　B. 增加货币供应量，提高利息率
   C. 减少货币供应量，提高利息率　　　D. 增加货币供应量，降低利息率
6. 法定准备金率越高，（　　）。
   A. 银行越愿意贷款　　　　　　　　　B. 货币供应量越大
   C. 越可能引发通货膨胀　　　　　　　D. 商业银行存款创造越困难

三、思考题

1. 论述财政政策的内容与运用。
2. 论述货币政策的内容与运用。
3. 举例说明应怎样依据不同经济形势选择财政政策和货币政策的组合。

实 践 训 练

训练目标

1. 通过查阅相关网站，了解我国运用货币政策工具的情况，能够根据收集到的数据分析我国当时实施的货币政策。
2. 通过查阅相关网站，了解我国运用财政政策工具的情况，能够根据收集到的数据分析我国当时实施的财政政策。

训练1　搜集我国近十年来法定存款准备金率变化的情况，绘制变化趋势图。结合当时的经济形势，分析我国调整法定存款准备金率的原因。

训练要求

（1）组成调研小组，明确组内分工。
（2）各组进行资料调查，将调查情况记录在表12-1中。
（3）各组提交书面研究报告，班内交流。

表12-1　我国法定存款准备金率变化表　　　　　　单位：%

生效时间	调整前	调整后	生效时间	调整前	调整后

训练 2 搜集我国近十年来制造业增值税税率变化情况,绘制变化趋势图。结合当时的经济形势,分析我国调整制造业增值税税率的原因。

训练要求

(1) 组成调研小组,明确组内分工。

(2) 各组进行资料调查,将调查情况记录在表 12-2 中。

(3) 各组提交书面研究报告,班内交流。

表 12-2 我国制造业增值税税率变化表　　　　　　　　单位:%

生效时间	调整前	调整后	生效时间	调整前	调整后

参 考 文 献

[1] 萨缪尔森,诺德豪斯. 经济学 [M]. 萧琛,译. 19版. 北京:商务印书馆,2013.
[2] 曼昆. 经济学原理 [M]. 梁小民,译. 5版. 北京:北京大学出版社,2015.
[3] 平狄克. 微观经济学 [M]. 王世磊,译. 5版. 北京:中国人民大学出版社,2020.
[4] 斯密. 国富论 [M]. 富强,译. 北京:北京联合出版公司,2014.
[5] 斯蒂格利茨. 经济学 [M]. 姚开建,等译. 5版. 北京:中国人民大学出版社,2013.
[6] 范里安. 微观经济学:现代观点 [M]. 费方域,译. 5版. 上海:格致出版社,2015.
[7] 海恩. 经济学的思维方式 [M]. 史晨,译. 12版. 北京:世界图书出版公司,2012.
[8] 高鸿业. 西方经济学 [M]. 7版. 北京:中国人民大学出版社,2019.
[9] 缪代文,曾瑶. 西方经济学 [M]. 4版. 北京:中国人民大学出版社,2017.
[10] 吴宇晖,张东辉,许罕多. 西方经济学 [M]. 4版. 北京:高等教育出版社,2014.
[11] 吴汉洪. 经济学基础 [M]. 北京:中国人民大学出版社,2017.
[12] 张红智. 经济学基础 [M]. 3版. 北京:对外经济贸易大学出版社,2019.
[13] 尹伯成,刘江会. 西方经济学简明教程 [M]. 9版. 上海:格致出版社,2018.
[14] 张宗斌. 现代西方经济学教程 [M]. 7版. 北京:北京师范大学出版社,2017.
[15] 丁冰. 当代西方经济学原理 [M]. 6版. 北京:首都经济贸易大学出版社,2019.
[16] 陈建萍,杨勇. 微观经济学:原理、案例与应用 [M]. 3版. 北京:中国人民大学出版社,2019.
[17] 唐树伶,张启富. 经济学基础 [M]. 大连:东北财经大学出版社,2019.
[18] 张宗斌. 现代西方经济学教程 [M]. 北京:北京师范大学出版社,2017.
[19] 徐辉,刘元发. 经济学基础:"理论·案例·实训"一体化教程 [M]. 2版. 北京:电子工业出版社,2018.
[20] 李伯兴,韩国丽. 西方经济学 [M]. 大连:东北财经大学出版社,2017.
[21] 赵英军. 西方经济学 [M]. 5版. 北京:机械工业出版社,2019.
[22] 茅于轼. 生活中的经济学 [M]. 广州:暨南大学出版社,2010.
[23] 侯俊华,程国江. 西方经济学案例分析 [M]. 南京:南京大学出版社,2018.
[24] 刘吉双,蔡柏良. 宏观经济学:中国案例分析 [M]. 北京:中国经济出版社,2018.